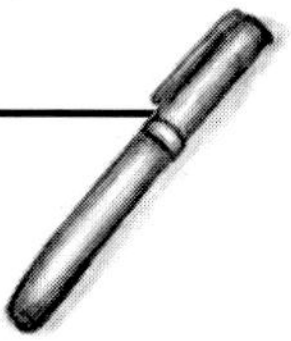

「知識分子」の思想的転換

建国初期の潘光旦、費孝通とその周囲

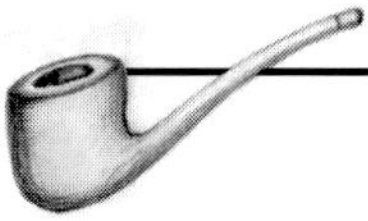

聶 莉莉

風響社

まえがき

本書の研究目的及び研究方法などは、第一章に委ねるが、本文に入る前に、まず本研究の問題意識がどのように形成されてきたかについて簡潔に述べる。

一九八〇年代前期、私は、設立されたばかりの北京大学社会学系で修士課程の学生として社会学を学んだ。社会学は、新中国が成立して以後、「資本主義の学問」と見なされ、一九五二年に廃止された。二〇数年にもわたって中止された後、一九七九年に政府に許可されて回復された。当時、社会学系は限られた少数の大学で設立され、大学院生のみが募集され、教材らしいものもまだ作成されていなかった。教えられた社会学理論は、マルクス主義の唯物史観を根幹とするうえ、欧米から導入した現代社会学理論を混合したものであった。教材も研究文献も欠乏しているので、社会学の再開にとり組んでいる人びとの間では、「ゼロからのスタート」と頻繁に言われていた。

中国において社会学は「ゼロ」であったのか。けっしてそうではなかった。実際、共産党政権によって廃止されるまでに、中国の社会学はすでに半世紀以上の歴史をもち、清末から民国期にかけて多くの大学で社会学系が成立していた。特に一九二〇年代以後、アメリカやヨーロッパ諸国へ留学して帰国した社会学者、人類学者、民族学者などが、各大学の社会学系で教鞭を執り、人材を育て、様々な角度から中国の社会や文化に関する研究成果を世に送った。民国期に、社会学は人類学、歴史学、政治学などの研究領域と併合して学部を編成し、専門教育を行なっていた[1]。

ところで、再開した社会学は、民国期の社会学研究を基本的に視野に入れずに、第一世代の社会学者たちが築いた学問の基礎とほぼ無関係に再スタートした。私たち学生は在学中、民国期の社会学に触れる機会がわずかしかなかったので、それに関してはほとんど無知であり、知ろうとさえしなかった。

教員は、社会学が廃止されて以後、社会学と無関係な仕事をしてきており、一九五七年に反右派闘争の際に右派とされた者も複数いた。例えば、本書の研究対象の一人である費孝通は右派であり、社会学系主任の袁方も右派であった[2]。かなり後になって気づいたことだが、教員らは誰一人自らの紆余曲折の人生を学生に語ることがなかったのである[3]。学生は、教員が元右派であることを知っていたものの、当時流行していた「向前看」、即ち過ぎ去ったことは追及せずに前向きに考えるというスローガンに影響されたか、彼らの人生経験にさほど関心をもたなかった。

費孝通は、「社会学の方法と調査」を担当し、講義をする際、主として当時自身がとり組んでいた郷鎮企業や、少数民族地域の経済発展などの研究を事例として紹介したが、民国期の研究については極めて限られたものしか言及しなかった[4]。学生たちは費が有名な学者であることを知っていたものの、かつてどのような研究をしたか、何を著したかをあまり知らなかった。

しかし、私たちはある出来事をきっかけに費の過去の研究を知ることとなった。どういう訳か同級生の一人が大学図書館の閉架書庫から一九四八年に刊行された費の『郷土中国』を見つけ出した。それはたちまち学生の間で回覧され、一種の衝撃を与えた。『郷土中国』は、当時の私たちの、筒に入れられたような狭い視野、教条主義的な「条条框框」（原理原則）に縛られた思考から見れば、学問の対象になるとは全く思えなかった中国社会の様々な側面が生き生きとした筆致で如実に描かれた「異様」な書物であった。その活発で躍動感に溢れながらも落ち着いて理路整然とした分析からは、日常生活やありふれた経験的事実と密接している新鮮さや平易さ、現象の裏に潜んでいる文脈を提示する深さや鋭さが伝わってきた。

例えば、社会関係について、私たちが熟知している階級関係の視点ではなく、血縁や地縁、同業の縁などの概念で社会生活に根付いた錯綜している人間関係の「網」を描いていた。そこには、経済的な利害関係による単純な対立や抗争という構図ではなく、階級を超えた文化的なファクターの社会生活全般に与える影響が見られた。また、個人を捨象するような社会的全体像ではなく、個人を組み入れた社会像、個々人の「己」から水紋のように広がっていく「差序格局」と名付けられた人間関係の「親疎遠近」（親しい、疎い、遠い、近い）の関係図が提示されていた。そして、民族性について、「中華民族は勤勉で勇敢な民族」という一面的な褒め称えではなく、[5]利己主義や、土地に束縛されている「郷土性」、公徳や普遍性に欠けるような特殊主義などを忌避することなく、冷静に分析し、社会生活を省察するうえでの透徹した議論を繰り広げていた。いずれの論述も、私たちにとって目から鱗が落ちるものであった。

いまになって考えてみれば、『郷土中国』との出会いは、私たちにとって、共産党のイデオロギー以外の視点からの、中国人学者によって書かれた社会認識に関する学術書と接する最初の経験だったと言える。この経験は、私たちに、少なくとも私に、教条的な道理に縛られ多面的に社会現実を捉えられず、現実と向き合う方法さえ知らない自分自身の現状を意識させ始めた。

この衝撃は、すぐに、もっと多くの学生にこの気鋭の中国社会論を読んでもらおうという衝動と行動に変わった。私たちは、業者に頼んでタイプライターで入力した『郷土中国』を数百部作製してもらい、学生食堂の前に立って販売した。[6]やがて、『郷土中国』の衝撃は、社会学系以外の学生にも広がった。二〇〇五年に費が死去した際、北京大学法律系卒業の蘇力が新聞に寄せた追悼文を偶然に読んだ。そこには、食堂の前で『郷土中国』を購入した後、法律系の学生の間に広がった波紋が次のように綴られていた。[7]

北京大学の大学院で勉強していた頃、親友が社会学系の学生から謄写版刷りの『郷土中国』を購入した。この本は、法律系の学生の間で回覧され、愛読された。費先生から受けた影響は、親友のその後の人生を変えた。私も『郷土中国』及び当時天津人民出版社で再版された費先生の『生育制度』を読んだ後、知的震撼を受け、視野が一気に広がったように感じた。日常生活や人びとの経験的事実からの費先生の論証は、その時に流行していた教条的で直感的な議論とは、正反対であった。この本によって、私は、これまで得た中国の社会や歴史に関する見解は社会生活の現実とはかなりかけ離れているものだ、中国のことを私たちはまだ理解していないのだ、と悟った。私は方法論的な啓発を受けた。それは、即ち社会の現実に目を向けて、実際の状況から認識を得るということであった。

この一件により、私たちは上の世代の学者の業績を知らず、学問の継承に関して、過去と現在との間に大きな断絶があることに気づかされた。先輩の智恵や、思考を受け継ぐことは、後輩である私たちの知の力となるはずなのに、長い間それは闇に蔽われて不問とされてきた。この断絶は現代中国の政治と学問を理解するうえに重要な問題ではないかと考え始めた。

一九八四年の夏から秋にかけて、私は修士論文を作成するために、費が郷鎮企業の調査を行なっていた江蘇省南部地域に赴き、農村地域における郷鎮企業の工業技術の取得について実地調査をした。数か月滞在している間に、素朴な疑問を抱いた。農村地域のあちこちに建てられた紡績、製紙、化学肥料などの工場から、処理しないまま排出された赤や黒の汚水が河や池を汚染しているにもかかわらず、地元の政府も、農村の発展を研究する学者も、見て見ぬふりをしていて、経済発展や、地元のGDPの成長ぶりばかりを謳歌していた。このままでは、環境は危ないのではないかと私は危惧した[8]。翌年に、江蘇省で開かれた郷鎮企業に関する研究フォーラムに参加したが、参加者の関心は、もっぱら経済の発展に集中していた。なぜ社会学の研究は政府の政策と同じ視点で物事を捉えるばかりなのか。問題が存在するのにどうして異論を唱えないのか。中国における学問と政府の政策との関係、学問的思考の独立性について、疑問を抱き始めた。

一九八六年に来日して以来、毎年夏休みに実地調査などで中国に戻ると、費の自宅を訪ねた。毎回、出版されたばかりの自著をいただいたが、一九八八年の夏は、『経歴、見解、反省——費孝通教授が客の問いに答える』という小冊子であった。それは、ニューヨーク市立大学の文化人類学教授バートン・パスターナック（Burton Pasternak）の費に対するインタビューの記録であった。六時間にも及ぶインタビューのなかで、費は「自分の困難が満ちた人生を紹介し、個人や民族の歴史に対する反省を語った[9]」。

私はその小冊子を一気に読んだ。費が自らの人生を語るような文章とはじめて出会った。インタビューの内容は、人類学との出会い、学問の道における模索と挫折、中国農村の発展に関する一貫した思考など多岐にわたったが、その中で、私が深く打たれたのは、反右派運動において批判されたくだりだった。右派のレッテルが貼られたことで、繰り返し群衆に批判され、「あらゆる人に裏切られた」。そして、自己懐疑に陥ったというのだ。

私は自己懐疑をし始めた。いったいどこが誤ったのか？　批判された通り資産階級を守ったのか。私には答えることができなかった。一方、ややこしいことには、私は群衆が誤ったとも思わなかった。ただ、彼らはこのように私に対処すべきではないということだけは、はっきりと分かっていた。

二〇年以上もわたって研究活動が停止されたことについては、次のように語っている。

私は完全に敵のようには対処されなかったにもかかわらず、二〇年も失った。それは、悪夢であった。知力は進歩しないまま、内面はたいへん混乱し、自信を失った。希望と目標を捨てるしかなく、未来を失った。そして、過去を回想するのも耐えられず、回顧を止めた。ただ生きていただけで、その状態は本当に最悪であった。

上の世代の知識分子の運命を知って嘆くのを禁じ得なかった。学生に一言も語らなかったあの時期の苦労はこのようなものだったのか。このような政治運動を経て、過去に築き上げられた『郷土中国』のような社会認識は封じ込められたのか。多くの学者が「希望のない」日々を送ったゆえに、学問が政府の方針と政策の方に傾いたのか、と感想を抱いた。

やがて、学生時代からこのように少しずつ蓄積してきた疑問や思考により、知識分子や学問と政治体制や政治文化との関係について調べたいという考えが芽生えた。二〇〇〇年以降、『潘光旦文集』『費孝通全集』などが相次いで出版されたことによって、この問題にとり組む条件も徐々に熟したのである。

本書の焦点は建国初期に置かれている。その理由は、いろいろとあるが、ひとつには、この時期は知識分子が共産党体制と出会った最初の時期なので、本来の学問や思想がいかに放棄されてゆき、独立した立場がいかに失われていったかは、この時期の歴史的事実を追跡すればその過程をよりはっきりと捉えることができると考えたからである。

激変する時期における学者の思想的変化に注目することは、かつて彼らが創り出した豊かな社会認識、歴史研究を学習する過程でもあった。過去に築き上げられた学問を熟知して、はじめてそれがどのように変化したかが分かる。この数年の間、潘光旦、費孝通の著作集の関連部分を精読したばかりではなく、馮友蘭、呉景超、雷海宗などの関連著書も読破した。研究者の養成に、先輩の学者の築いた学問の地平を知ることが不可欠とすれば、学問における世代間の断絶により、私たちの世代はその基礎的訓練に欠けていた。私にとって、本研究は単なる学史的追究ではなく、一学者としてもこの空白を埋めるものとなった。

本書は、八章から構成されている。

第一章は、本書の研究視点、考察対象者、考察する具体的な諸問題、及び建国初期の知識分子に関する研究の現状を紹介する。

第二章は、革命以後展開された最初の政治運動である政治理論学習について考察する。それが展開された背景や、政治統合における役割、教育や学問に対する影響などを視野に入れながら、知識分子の受け入れ方や、潘光旦、費孝通、馮友蘭らのそれぞれのとり組む姿勢や思想的転換の有り様を考察する。

第三章は、知識分子の思想的転換に大きな影響を与えた土地改革参加について考察する。具体的には、全国で数十万の知識分子も動員された大規模な土地改革への参加は、いかに開始され拡大され、参加者にいかなる影響を与え、彼らの思想にどのような変化をもたらしたかを分析し、そして、史料や先行研究を踏まえて土地改革の現場の実像に迫り、階級闘争論に支配された土地改革運動の性格を考える。

第四章は、清華大学を例として土地改革工作隊がいかに組織されたか、「潘光旦日記」や関連する檔案資料を総合的に分析してその過程を再現する。また、一九四九年に大学が軍によって接収された後の馮友蘭と雷海宗の境遇に注目し、彼らの土地改革への参加が、本人が新聞や雑誌で発表した動機や目的以外に、新政権下での挫折や、それによって生じたプレッシャー、内面の緊張感と無関係ではないことを指摘し、馮らと類似する沈従文の状況も併せて考察し、知識分子の抱えていた深刻な内面の葛藤を分析する。

第五章は、政治理論学習に「消極的な」潘光旦に注目し、日記の分析を通じて、潘は、いかに時代の潮流に対応し、身構えていたかを分析する。また、潘を費孝通など周囲の人びとと比較しながら、彼に独自性を保たせたのはどういうものなのかを考える。彼の思想に「民主」と「自由」、「個人」と「社会」の関係性を中心とした成熟した社会観が存在することが、より根本的な理由と推定される。そして、心の底に独立性を放棄しなかった沈従文にも注目し、沈の「家書」（家族への手紙）や日記の分析を通して沈の思想構造を考察する。

第六章は、江蘇省南部の土地改革を見学した潘らが出版した『蘇南土地改革訪問記』をめぐって考察する。この小冊子における階級区分、階級関係、土地制度、及び土地改革に関する内容を紹介したうえで、それらを潘の民国期の関連研究と比較する。潘らが土地改革の現場で収集した様々な事実やデータを以て農業経済学者董時進の「江南には封建がない」という説に反駁し、「蘇南では封建勢力が濃厚に残っている」と主張することを踏まえて、潘の「封建」という言葉の使用法に注目し、彼の民国期における「封建論」と比較する。また、董時進の土地制度と土地改革に関する観点はそもそもどういうものなのかを追究すると同時に、同時期に董を厳しく批判した他の経済学者の論点を紹介し、それらを批判者たちの民国期の関連研究と比較する。

第七章は、潘らの『訪問記』が取り上げた蘇南に注目し、土地改革期の資料ばかりではなく、民国期の研究や論考、近年の追跡調査や考察などを総合的に分析することを通して、土地改革以前のこの地域における土地制度や階級の実態に迫る。そして、土地改革期の階級や土地制度に関する認識、地主打倒の階級闘争を再考し、この革命運動に潜んでいる様々な問題点を明確にした。

終章としての第八章は、先の各章を総括するというより、むしろ、一つの社会階層としての知識分子が、どうして集団的に思想改造を受け入れたかという問題をめぐって、彼ら自身と政治体制の両方からその理由を分析する。

そして、思想改造をやり遂げたとしても、結局最後まで共産党政権に信頼されるような存在にはなれなかったという本書の研究対象者たちの運命を紹介し、その主要な理由はやはり知識分子の性格と政治体制の性質の両方にあると指摘する。

学問と政治との関係は、革命以後、根本的に変わった。新中国の成立と共に、学問は政権の管轄下に置かれた。学問や思想に独立する空間を与えないことは、根本的には政治制度、社会統合の有り様によるものだが、知識分子群が革命と共産党政権を受け入れて自らの思想や学問を批判し、封印したこととも無関係なことではない。彼らの中には、そうせざるを得ない態度の者もいたが、大多数は革命運動や革命思想に未来性を感じ、それに傾倒したために、自ら進んで自らの思考や学問を放棄したのである。したがって、知識分子の思想的転換に注目する本書は、一つの歴史時期にいる知識分子個々人に関する研究のみではなく、彼らを吸引する革命運動、傾倒させた革命思想そのものに対する考察でもある。

革命は、中国の社会や文化を、学問も含めていろいろな面において大きく変えた。実際に起きた革命の巨大な影響に比べて、その影響下にあった様々な現実に対する反省や、事象への客観的認識はまだまだ少ない。本書がこの課題に少しでも寄与できれば幸いである。

注

（1）　閻明『中国における社会学――一個の学科と一つの時代』（北京：清華大学出版社、二〇〇四年）によると、民国期における社会学の発展は次のようである。一九二二年、学術誌『社会学雑誌』発行、一九三〇年、学術団体「中国社会学社」成立、一九三〇年代初期、一六の大学に社会学系を設置、そのうち、歴史専攻と併合するのは二校、政治学と併合するのは二校、人類学と併合するのは一校、一九四七年、全国の大学における社会学の教員は合計一四三名、留学経験者一〇七名、社会学系の卒業生はのべ一〇〇〇人以上。

（2）ほかには、人口学を教える蔡文娟（一九二五～二〇〇四）も元右派である。実際、反右派闘争の際、代表的な社会学者はほとんど右派とされた。例えば、（一九五七年当時の所属）中国民族学院教授潘光旦、呉文藻、費孝通、中国人民大学教授李景漢、呉景超、清華大学教授陳達、講師袁方、全慰天、上海華東師範大学教授言心哲、西南民族学院呉沢霖、北京大学教授趙承信、広西大学教授黄現璠、等々。

（3）袁方が右派とされた後、「北大荒」（北の荒れ地）と呼ばれる黒龍江省の国境線近くの「労働改造農場」に送られて長く生活したことは、全く知らされなかった。教員の授業によく質問に行く私は、袁方と話す機会が多かったにもかかわらず、過去のことはまったく話題にしなかった。近年、闔明の前掲書（序文）を読んで初めて袁の「労働改造」の経験を知った。

（4）費孝通の『郷土中国』を翻訳したハミルトン（Gary G. Hamilton）、ワン　ジェン（Wang Zheng）は、英語版の「序文」において、「一九七九年に社会学が回復された後、費は中国社会学会の会長に任命されたが、一九四九年以前の著述はしばらく再販されなかった。一九八〇年代初期、北京大学大学院で少人数の大学院生を教えはじめた際、謄写版の『郷土中国』と『郷土重建』を使わざるを得なかった」と述べた。*From the Soil The Foundations of Chinese Society,* (University of California Press, 1992, p.3)。しかし、筆者（一九八二年入学、北京大学社会学系二期生）及び同窓楊小東（一九八一年入学、一期生）の回想によると、費は授業においてこれらの著書に触れることさえなかった。なお、「謄写版」の『郷土中国』については注（6）を参照。

（5）毛沢東『毛沢東選集』（日本語版二巻：四一一～四一二頁、北京：外文出版社、一九七七〈一九六八〉年）。

（6）小冊子作製は大学院生たちの自発的な行動であった。一期生任大衛は結婚のために用意した資金を出して製作費を立て替えた。その後、任の結婚日が近づいたために、院生一人ひとりが金を出し合った。

（7）蘇力「費孝通先生の学術と中国の法学」『南方週末』（二〇〇五年四月二八日、広州：南方報業伝媒集団）。

（8）一九八四年六～九月、江蘇省沙州、揚中、無錫などの県で実地調査を行なった。郷鎮企業による汚染状況を見て、このままにしておけば大きな環境問題となると思い、私の現地調査を応援してくれた江蘇省共産党委員会政策研究室に手紙を出して、政府が経済の発展ばかりに注目し、それによってもたらされた環境汚染を不問にしている現状を改善すべきだと訴えた。当政策研究室は、私の手紙を「北京大学の一大学院生の手紙」と名付けて、省以下各レベル政府の政策研究部門へ配布した。

（9）バートン・パスターナック（Burton Pasternak, 中国名＝巴博徳、ニューヨーク州立大学人類学教授）、潘乃穆訳「経歴・見解・反省——費孝通教授に対するインタビュー」『中央盟訊増刊』（一九八八年七月、中国民主同盟中央委員会）。

●目次

装丁＝佐藤一典・オーバードライブ

「知識分子」の思想的転換――建国初期の潘光旦、費孝通とその周囲

第一章　問題の所在と考察対象者

一　本書の考察対象と研究の視点

1　考察対象

本書は、新中国の成立初期、共産党政権下で展開された最初の二つの政治運動、即ち「政治理論学習」と「土地改革」における「知識分子」を考察することを目的とする。(1)

具体的には、この時期の潘光旦《パングアンダン》（一八九九～一九六七）、費孝通《フェショウトン》（一九一〇～二〇〇五）、及び清華大学を中心とする周囲の知識分子の言動に注目し、共産党政権と実際に接触するこの最初の時期に、知識分子は、新政権やそのもとで行なわれた政治運動に、いかに対応したか、その経験が彼らにいかなる変化をもたらしたか、或いは、いかなる状況のもとで彼らは自らを変えざるを得なかったのか、その後の彼らの社会や政治に関する言論が、民国期と比べていかに異なっていくのかなどを、時代背景や共産党政権の動向と関連させながら考察する。

ここで言う「知識分子」とは、一九〇五年に科挙制度が廃止されて以後、新教育制度のもとで大学や高等専門学校以上の教育を受けた者を意味し、その人数は、一説によると、一九四九年の時点では、一五〇万人ほどであった。

知識分子群の中核をなしていたのは、「高級知識分子」と呼ばれた欧米留学の経験者たちであった。[2]

一九四九年の夏から、すでに共産党に接収された大学では、「新思想」と呼ばれたマルクス主義理論と革命思想を学ぶ「政治理論学習」が行なわれた。「弁証法唯物論と史的唯物論」や「新民主主義」などが授業課目に組み入れられ、学生はその学習を義務づけられ、教員や職員も「学習班」に編成され毎週学習会が開かれた。

政治理論学習において、新思想を学ぶ知識分子が直面した重要な課題は、「人民革命」に対する認識を深め、各自が内面に有する個人主義や改良主義、「超階級観」（階級闘争否定論）などの錯誤思想を自己批判し、個人のブルジョアやプチブルの「階級的立場」をプロレタリアのそれへと転換することであった。

学習が開始されてまもなく、新聞や雑誌は有名な知識分子の感想文を掲載し始めた。費孝通も、比較的早く学習体験を寄稿する一人であった。多くの感想文から、彼らは真剣に新思想の学習に取り組み、自ら進んで思想改造をしていたことが伝わる。

一方、一九四〇年代後半、共産党は土地改革運動を、共産党解放区や、国民党政権から新たに奪取した地域において順次展開し、一九四九年の政権掌握に伴いさらに全国に拡大した。この「千古未曾有の社会制度の大変革」と呼ばれた政治運動に、大学の教授や芸術家、作家などの知識分子も積極的に、或いは、巻き込まれて参加した。一九五二年までの間、全国範囲で数十万と言われる知識分子が、[3]「工作隊」や「参観団」のかたちで土地改革に参加し、「封建的土地制度を取り除き」、「千百年来人民を搾取してきた封建的地主階級を打倒する」といった革命闘争のなかで、村落において農民を組織し、土地改革の進行を取り仕切りながら、自らも階級闘争の概念や人民的視点を形成し、プロレタリアの階級的立場に立つよう自己改造した。多くの人が体験や感想を手記や記事に綴り新聞や雑誌に投稿し、土地改革の現場や個人の思想改造の状況を報告した。潘光旦も、江南地域に赴いて土地改革を見学し、その見聞を新聞に連続的に寄稿した。

このように、政治理論学習と土地改革参加は、知識分子が共産党政権のもとで歩む長い思想改造の道の始まりであり、そこで思想的転換の第一歩を踏み出した。それにより、一九五〇年代中期までに連続的に展開された「大学教師政治学習と資産階級思想批判運動」や、三反運動、紅楼夢研究批判、胡適批判、反右派闘争などの政治運動における知識分子改造の端緒が開かれたのである。[4]

潘と費が所属していた清華大学は、[5]民国期には北京大学と並ぶ中国国内一流の国立総合大学であり、欧米留学の経験者が集結していた。校内の最高機構であった校務会議のメンバーは、全員欧米大学の学位取得者であり、[6]教授陣も留学経験者が多数を占めていた。このようなエリート校に対して、共産党政権は一九四九年初めに接収した当初から、対知識分子工作の重点校として、政治運動の進行ばかりではなく、大学の管理機構の改造や役職の配置、学科の設置、著名な学者の評価や待遇などに関するまで、様々な面において具体的に介入し、たえまなく指示を出した。

清華大学は、二つの政治運動において、全国の大学の先頭に立った。費が責任者だった政治理論学習の展開経験が、全国紙に紹介された。また、土地改革においても、清華大学はかなり早く「土地改革工作隊」を送り出した。

「高級知識分子」の多くは、本来、国民党政権に批判的な態度をもっていながらも、共産党の革命に「存疑」、即ち、疑問をもち、無条件に賛成することはなかった。しかし、革命が勝利し、大学が共産党政権に接収されるにつれて、彼らは、基本的に短期間で政治態度を変え、異口同音に共産党やその思想、政策を擁護するようになった。中国知識分子群の代表的存在であった彼らは、それぞれ独自な社会思想や歴史観、豊かな社会研究や調査の経験、或いは、国民党政府の経済政策のブレーンを担当した政治経験など、共産党とは異なる体系の思想や学問、国家建設のプランの持ち主であったにもかかわらず、たちまち自らの社会思想や歴史観を「旧思想」というレッテルで封じ込め、「新思想」と銘打った共産党の言説を取り入れて、自分たちも未消化のうちに新しいレトリックで語り始めた。

2　研究の視点

中国知識分子の集団的転向の速さと付和雷同の如き言動に対して、後述するように（第四節）、現在、様々な分析や議論が行なわれており、肯定的に捉えるものもあれば、否定的に捉えるものもある。肯定的なものは、主としてそれを人民から遊離した知識分子層が人民へと近寄った一歩として評価するのに対して、否定的なものは、それを知識分子に対する洗脳の開始として批判した。後者には、その原因を共産党体制の抑圧性に帰するものもあれば、非難の矛先を王権に仕える士の伝統を受け継いだ知識分子の軟弱さに向けたものもある。

本書は、できるだけ価値判断を避けて、むしろダイナミックな歴史的現場の状況に近づくことに力を入れ、様々な要素が複雑に絡み合っていた「事実」から、知識分子の集団的思想転換に至る文脈を探求したい。この作業は、その時代の政治的仕組みを把握することに帰結する。

ここで言う「事実」は、歴史学者遅塚忠躬の理論を参考にしている。遅塚は、歴史家が①問題設定、②史料選び、③史料批判・照合・解釈、④事実の間の関連性を把握、⑤歴史像を構築など五つの作業工程を述べる際、二つの意味で「事実」に言及した[7]。第一に、関心を抱いている「過去の問題を究明することに適した事実」、これは雑多な史料群の中から選び出した関連史料に記載された過去の出来事を意味する。第二に、関連史料を検討することを通して発見した「史料の背後にある事実」、これは様々な出来事間の因果関係や相互連関という歴史的文脈を意味する。歴史家は、具体性をもつ第一種の事実を取捨、照合、考証することを通して、現象の背後にある関連性をつかみ、歴史像を構築する。そして、その全体像の中で個々の出来事の意味を解釈する。

筆者は、新中国初期の知識分子を分析するために、当時の主要な新聞や雑誌、大学の議事録、個人の日記、年表、回想、著述などから、関連する事実を析出し、それらを総合的に分析し、次の四つの次元において研究を展開した。

第一に、研究対象となる個人に関する記述を整理し、この時期における各々の活動軌跡を追究する。これは、個人サイドに立ち、一人ひとりの置かれた環境を把握しながら、彼らの視線の向かうところを捕捉し、関心事を汲みとり、それぞれがいかに時代を感知し、いかなる行動論理を立てて社会変動に対応したかを理解する、即ち、個人言動のダイナミックスを理解することである。

個人に焦点を当てるにあたって、新聞や雑誌への投稿や自白書など公的発言ばかりではなく、日記に記載された「本音」や内輪的な談話も、言論ばかりではなく、行動も、単独のものだけではなく、周囲との人間関係も視野に入れて、それらを相互検証しながら総合的に分析する。

個々人の共産党との距離や、国民党時代における政治活動の経歴、共産党政権による評価などはそれぞれ異なって、個人差があるものの、後述するマクロな要因に規定された政治環境のもとで、緊張感や危機感、疎外感などの感情をもっていたことが彼らの共通点であった。また、自分の思想と行動を深く顧みて本気で改造しようとしながらも、建前と本音を使い分けたり、時代について行こうとしても、戸惑ったりするなど、知識分子の矛盾する姿も見られた。

おそらく、これは、遅塚の言う第一種の「事実」に相当する。

第二に、個人の記述から読みとることができた、彼らの思想転換に影響を与えた直接的、間接的な様々な要因を整理し、それらの相互関連性を分析する。

それらの要因は、マクロなものもあれば、ミクロなものもある。

マクロの要因としては、例えば、共産党が政権を掌握する前、知識分子の間で、すでに国民党政権に対する失望感や怒り、共産党に対する期待感が充満していたこと。知識分子が共産党思想の核心にある階級分析によって与えられた不利な、微妙な階級的位置づけとそれに伴う緊張感。知識分子の思想改造問題の提起及び「延安知識分子」や「党内知識分子」、「マルクス主義知識分子」による詳細な論証がなされたこと。[8] 土地改革に参加したことで共産党政権を熱烈に擁護する人口の多数を占める貧困農民との出会い。所属する民主党派の共産党政権への参加及び共産党に追従する方針の実施。共産党政権に接取された大学の運営形態が本来の大学自治から政府に管理される教育組織へと変化したこと。「国計民生」(国の経済と人民の生活)が短期間で著しく改善されたことで共産党政権の威信が高まったことなどが挙げられる。

ミクロの要因としては、例えば、個々人の国民党時代の政治言論や政治活動を内容とする「個人史」に対する「政治表現」の格付けや、国民党や三民主義青年団などの「反動党団」に参加した者の登録制と登録者に対する監視制度。[9] それらと連動する個人の待遇の差。知識分子同士の「進歩」を目指す競り合い。共産党の指導者たちとの個人的なつながり、などが挙げられる。

これらが相互に複雑に絡み合い、総じて、知識分子を包摂、激励して奮起させ、時代に順応させるような環境が形成された。

知識分子の思想的転換のプロセスは、政治学的には、一つの社会階層を政権に服従させる政治統制の問題として捉えることができる。政治学において、権力に関しては、「実体概念」と「関係概念」の二種類の権力観がある。前者は、権力の所有者が権力を一方的に行使する側面を重視するのに対して、後者は、「権力者と服従者の間には程度の差はあれ何らかの相互作用があり、それを分析するのでなければならないとする立場である」。加藤秀治郎によれば、丸山真男は「この二つの視角は、それぞれ長所と短所を有しており、『具体的な状況に応じ、分析のために相対的に有利な方法を操作』することが必要だとしている[10]」。

上記の要因分析から見ても、知識分子の新政権への服従は、共産党の政策や、組織制度の変革など為政者側による要因ばかりではなく、社会状況や、他の階層の影響、知識分子の内面における新たな動機や認識の形成なども、複合的に作用したと考えてよい。

実際、建国初期の政治統制は、一九五〇年代中期以降の共産党による一党独裁が徐々に強化し、プロレタリア独裁が著しく強調されるようになる局面とは異なり、民主党派などの政治勢力との連携や、知識分子などの革命の主体でもなく革命の敵でもない中間的な階層との連帯を重視したものであった。権力行使も、ストレートな強制ではなく、むしろそれなりのストラテジーを立てて、対象に対する効果や、その反応により細心の注意を払った。したがって知識分子に対する思想的統制も、直接指示や命令、抑圧より、むしろ、政治理論学習や、土地改革の体験を通して、結果において共産党に心服するように仕向ける「説得」の手法が用いられた。

但し、手法が柔軟であっても、思想を改造することの内実は厳しかった。それに対して知識分子は、消極的に抵抗したり、黙従したりすることもできたが、そうした人は極めて少なく、大多数は、むしろ、それを「進歩」への試練として受け入れ、翻然として自己改造することを選んだ。彼らは、階級区分による不利な位置づけや後ろめたさ、エリート層としての存在価値が剥奪された危機感や心許なさ、自らの思想を否定する「思想闘争」の辛さに焦燥感を抱きながら、理論学習から啓発を受けたり、農民の新政権擁護の態度に衝撃を受けて「共産党政権は人民の政権だ」と悟りを開いたりして、その時までになかった内的会得、共鳴、喜悦も味わった。

いずれにせよ、統制する側と統制される側の間に、一種の「合意」が形成されていた。それは、単純に権力の強制によるものでもなく、まったく強制力の伴わない「理性的合意」でもなかった[(11)]。

知識分子の思想的転換の背後にある政治統制の仕組みは、おそらく、遅塚の第二種の「事実」に相当する。

第三に、知を生産する知識分子を研究対象とする場合、もう一つの歴史的「事実」を取り上げる必要がある。即ち、彼らが著した数多くの文章を通して、彼らの思想や、それを公表した環境の変化を見ることである。

この時期に、彼らは、新聞や雑誌の記事、自己批判書、手紙、日記など、様々な文章を残した。それらを分析すれば、上記二種の歴史的「事実」が浮かび上がるのみではなく、①彼らの歴史観や社会観、個人観、②それを形成する思考様式、③思考や意見を公表する手段や環境などの転換を読み取ることができる。

そこに見られる主要な傾向は、言うまでもなく、マルクス主義や共産党文化の浸透とそれへの思想的傾倒である。

①歴史観や社会観、個人観の変化について

例えば、漸進的な社会改良を主張することから革命手段の賛同へ、伝統文化の精髄を研鑽することから伝統批判へ、個人の価値を重視することから集団主義の提唱へ、自由を謳歌することから党や「人民の利益」への服従を賞賛することへ、中国における階級間の混淆性、流動性を強調することから厳然たる階級の区分と対立を認めることへ、中国諸社会問題の根源にある土地制度や地主階級の問題を政治的、経済的、国際環境的諸要素と関連づけながら捉えることから、革命の対象である「封建主義」という絶対的な悪の性質をもつものとしてのレッテルを貼り付けて論じることへと、移行が見られた。

視点や価値観の変化には、レトリックの変化が伴った。この時期から、彼らの文章や語りに、共産党の政治や社会、歴史に関する様々な概念が引用され、キー・タームとして使用されることとなった。それは、もちろん言葉を換えて物事を叙述することに止まらず、それ以上に、社会や歴史の様々な事象に対する分類や、意味づけ、ひいては当該事象の思想的文脈との関連性も変えたことで、パラダイムが転換したことを意味した。

②思考様式の変化について

マルクス主義を「真理」として認めることは、社会や歴史に関する視点のみに止まらず、視点の「なかに潜んでいる存在論や認識論も聖なるものとして[12]」受け入れることになるので、以前の機能主義やプラグマティズムなどに根ざした思考様式を放棄せざるを得なくなった。

物事の構成要素や機能、それらの相互関係を実証的に検討することを重要視する機能主義や、プラグマティズムの方法論から、マルクス主義という「真理」の教義や概念を用いて社会や歴史の現象を裁可し判断することへと変わると、それに伴い、思考様式に一連の変化が起こった。例えば、個別性を重要視することから、「真理」の普遍的法則を絶対視することへ、具体的な事象を帰納的に分析してはじめて結論に至ることから、「絶対正確」(無謬性)な概念の演繹的「革命道理」を説明することへ、主観や善悪の価値判断を避ける客観主義的立場から、意義や道徳的判断を優先することへと、移行し始めた。

③思考や意見を公表する手段や環境をめぐる変化

手段や環境をめぐる変化は、政治に干渉されない知識分子独自の意見交換の空間が喪失したことを意味した。民国期、知識分子の間では、志を同じくする者同士が組んで、いろいろな時期に数多くの雑誌・新聞を刊行し、時局に関する見解や、学術研究の論考を公にする手段とし、また民衆に向かって発信する場とした。国民党政権の取り締まりで、停刊されたり封鎖されたりしたことがしばしばあったが、題名を変更したり、代表者を変更したりして、再び発行したりした[13]。言わば、彼らの知は、そうした場で、自由や民主主義の理想を求め、社会の弊害を診断し、政治批判をすると共に、互いに切磋琢磨し、成長していった[14]。

新中国が成立して以降、新聞や雑誌、放送などマス・メディアを「党の喉舌」、即ち、党の思想と政策を宣伝する道具として位置づけた共産党政権は、国民党政権時代以来のマスコミ各社を全面的に接収し、改組した[15]。たとえ出版社が留保され、雑誌が本来の題名で発行されていても、中味は変わった。言わば、独立した知を育てる場が根こそぎ抜き取られて、あたかもかつて存在したことがなかったように黙殺され、封印された。かつて著名な知識分子が執筆陣であった雑誌『観察』[16]さえも、一九四九年末に、共産党中央政府の主導で復刊されて以後、共産党やその政策を擁護する論稿一色に染まった。

知識分子が独自に刊行物を作る「自由」がなくなり、意見を発表する拠点を失ったことは、単に個々人にとって見解や研究成果を公表する手段やルートを無くしたことを意味するのみではなく、それ以上に、「天下」や社会に対する責任をもつと自負し、知識を生産する社会階層とされてきた知識分子群にとって、知を育成し、民衆に発信する公共の場がもはやどこにも存在しないことを意味した。

以上の他に、文化人類学者として、どうしてももう一つ付け加えたいのは、社会思想を社会現実と照合することである。即ち、知識分子たちを傾倒させた土地改革の思想と政策を中国農村の社会現実と照らし合わせて考察することである。それらははたして社会の現実に符合する適切なものなのか、複雑かつ流動的な社会様態ははたして単一な階級区分の基準で片付けられるか、などの問題を同時代の社会に戻して考えてみたい。特に潘光旦が見学した江南地域に注目し、地主階級、土地制度、義田などに関して、民国期の調査や論考、土地改革期の関連資料、近年来の研究、及び日本人研究者の考察などを総合して、できるだけその本来の様相に近づき、それを以て、共産党の相応政策及びそれに順応する論調の問題点を浮き彫りにしたい。

本書は、一つの歴史時期における知識分子の姿勢や言動に対する考察を通して、革命勝利直後の知識分子の思想的転換の足どりを明らかにするのみではなく、共産党政権の教育界思想界のコントロールに乗り出す方法や、共産党の政治的思想的統合のメカニズム、共産党の中国農村社会認識など、政治体制や思想統制、政治思想そのものに関する諸問題の考察にも「投石問路」してみる。

建国初期に焦点を当てて研究する理由について、「まえがき」に述べた以外、もう一言述べたい。

筆者の問題意識のコアにあるのは、革命の体質やその思想的特徴を相対化することである。中国の伝統思想や西洋の民主主義、現代思想に学問の源流をもつ、「異質」な知識分子が共産党政権下に身を置かざるを得なかった最初の時期こそ、知識分子に深く内省させ、思想的転換を猛烈に促した革命の「衝撃力」や、迎える「新」と放棄せざるを得ない「旧」との対峙がより明確であり、言わば、革命と向かい合うもう一つの「座標軸」が存在したわけである。この対比を通してこそ、革命の「すがた」を浮かび上がらせるのではないかと思う。

二　本書の考察対象者

本書は、この時期の潘光旦と費孝通に関する分析を主軸に、それぞれの出来事に関わりのあった周辺の人物も視野に入れて考察することにする。

1　潘光旦と費孝通

潘光旦は、民国期に成長した近代中国知識人の代表者の一人であり、早年アメリカに留学し、生物学、動物学、遺伝学などを専攻したが、一九二六年に帰国した後、上海の光華大学を経て、一九三四年から一九五二年に社会学が廃除されるまで清華大学社会学系で教鞭を執り、その後中央民族学院（現在中央民族大学）研究部に配属された。一九五七年に右派とされて以後、再び教壇に立つことができないまま、一九六七年に文化大革命の嵐の最中、非道な扱いに耐えきれずに死去した[17]。

潘光旦は、生涯にわたって多数の著書を残したが、その大部分は民国期に上梓されたものである。その論述は、①家族や親族、②婚姻、生育と人口、③科挙制度、人材養成と歴史人物、④教育思想と青年、⑤中国文化、儒家思想と倫理道徳観、⑥民族論、民族史、少数民族、中国在住外国人、⑦政治制度、個人の自由と民主主義政治、⑧歴史観、⑨欧米の人文社会科学研究の紹介と翻訳など[18]、中国と西洋の社会や文化、歴史、政治批判、時評など広範囲に及ぶ。諸問題を考察する際、彼の視点は、優生学や生物学、歴史学、社会学、人類学、思想史など数多くの学問領域を横断している。

「学貫中西」、即ち、中国の古典や歴史と、英文や欧米の歴史文化、学問の方法論の両方に造詣が深いと評価された潘の中国社会文化分析は、随所で中国の古典や歴史の出来事と関連するのみではなく、欧米の事情をも参照して比較文化的に展開された。彼は、無批判に欧米の社会科学の方法論を応用するのではなく、むしろ事実を認識し、中国的論理を引き出すために「為我所用」、即ち、自己主体的にそれを利用した。潘は、中国人の西洋の学問や世界の情勢に関する理解を広げるために、書評や記事などで欧米の最新の学術研究成果を紹介するばかりではなく、分厚い名著をじっくりと時間をかけて自ら翻訳もした。

費孝通は、潘を優れた学者として尊敬し、「国学に造詣が深い者は少なくないが、兼ねて西学も通じる者なら潘先生は指折りの存在だ」、「学識の広さ、理解の鋭さ、文思の流暢、語彙の豊富などから見れば、潘先生ほど達者な者はない」と、褒め称えていた。また、潘の性格について、穏和で、「靭性」が特徴であり、「弾性に富むゴムの如く、曲げても折れず、引っ張っても切れることせず、柔に剛あり、焦らず、怠らず、平易から優れた業績を築き上げられている」と、称賛した[19]。

革命以後、潘は土地改革に関する論述以外に、少数民族の土家族研究や、マルクス主義著書の翻訳と解釈など限られた領域に集中した。右派とされて以後、政府に委託された辞典編纂や翻訳以外、自らの関心点に沿っての著述はほぼ中止した。

潘光旦の死後しばらくの間、その研究業績は「無人問津」、即ち、顧みる人がなかった。ところが、一九八〇年代以降、絶版となった旧著や出版できなかった翻訳本などが出版されたことを皮切りに、一九九九年に『選集』(四巻)、二〇〇〇年に『文集』(一四巻)が相次いで編集された[20]。それ以降、潘光旦は再び中国の学界に注目され、その人生や学問に関する論考が徐々に現れてきた[21]。

一九四九〜一九五一年の間、潘のステータスと主要な活動は、次のようである。

〈役職〉

清華大学：校務委員会委員、図書館長、社会学系主任、教授

民主同盟：中央委員会委員

政府機関：中央人民政府政務院文教委員会委員(一九四九年一〇月〜一九五四年)

〈主要な活動〉

・江南地域で土地改革を見学(一九五一年二〜四月)

・中国人民政治協商会議第一回全国委員会第三次会議に出席(一九五一年一〇月二三日〜一一月一日)

本書は、この時期の潘光旦を考察するにあたって、潘の日記分析に力を入れた。潘の日記は、個人の活動を詳細に記録したのみではなく、内面の展開も綴られ、また、潘が関わった清華大学土地改革工作隊派遣の一部始終や、建国期の民主同盟の活動なども記載された。残念なのは、この時期の日記は、一九四七年一月〜九月、一九四九年

八月～一九五〇年三月のものしかなく、その間の期間や、一九五〇年三月以後一九六一年までは、空白であった[22]。

潘より一一歳年下の費孝通は、中学校卒業後、故郷の江蘇省蘇州にある東呉大学医学部の予科に進学したが、「学生運動に参加したために、学校側に転学するように迫られ、当時、革命が失敗した後、白色テロが横行し、軍閥が混戦する状況を目の当たりに見て、中国社会を理解しようとする気持ちが強くなったこともあり、一九三〇年に燕京大学社会学系に転学した[23]」。

大学卒業後、師呉文藻の推薦により、清華大学研究院に進学し（一九三三～三五）、ロシア出身の人類学者シロコゴロフ（S. M. Shirokogorov 1887～1939）の指導のもとで体質人類学を学んだ。修了後、広西省瑶山で瑶族に対する考察、揚子江下流域の農村地域における実地調査を経て、一九三六年から二年間、ロンドン・スクール・オブ・エコノミクスに留学し、マリノフスキーに師事した。

一九三八年に博士号を取得して帰国して以後、およそ七年間雲南大学と西南聯合大学社会学系で教鞭をとり、期間中、昆明郊外の農村地域で集約的な調査を行なった。一九四七年から清華大学社会学系の教授となり、一九五二年、潘と同じく、中央民族学院に転勤し、副学院長に任命された。

一九五七年に右派とされ、その後、文化大革命を挟んで二〇数年の間、学術研究を中止した。一九七九年、共産党政府の許可により、社会学が復活された後、費は、再建された中国社会学会の会長となり、再開された社会学研究の先頭に立った。すでに老齢に入ったにもかかわらず、意欲的に各地域を駆け回って考察し、多くの著述を世に出した。また、政治の領域においても著名な存在となり、様々な要職を与えられ、一九七九年から民主同盟中央委員会副主席、一九八七～一九九六年同主席、一九八三～八八年、全国人民協商会議副主席、一九八八～九九年、全国人民代表大会常務委員会副委員長などを歴任した。

民国期の費の研究と論考は、主として以下の領域において展開された。

①中国農村社会の実証的研究。社会人類学の実地調査の方法で、江蘇省で一村落を体系的に研究し、中国人研究者として初めて民族誌を著した。それを踏まえて、農村における手工業、副業、都市と農村との関係、列強や世界資本主義の侵入による農村経済に対する影響などの問題について、雲南省で実地調査をし、沿海地域と内陸地域との比較研究を行なった(24)。

②政治構造の研究。皇権政治と紳士の権利及び皇権に対する牽制、中国における知識のあり方と知識人と政治権力との関係、士が地域社会に果たした政治的社会的役割、「礼俗社会」、即ち、儀礼習慣で秩序が維持されている社会の存続原理などについて論を展開した(25)。

③中国人の社会関係と集団の構造的特性に関する研究。土地にしがみついた生産様式と生活様式、「差序格局」、即ち、差異秩序を重要視する人間関係、己から波紋のように広がる無数の私人関係のネットワークの展開などを考察した(26)。

④マリノフスキーの機能主義の方法論を用いて生育制度を分析し、家族の絆の本質と構造を、何億人もの中国人の心のなかに存在している家族観、日常的に経験する家族の具体的な様態から考察した(27)。

⑤少数民族研究。広西の瑶山で瑶族の家族や親族、社会生活、農業生産、社会秩序の維持、下位集団間の関係などについて調査し、社会組織の有り様を再構成した(28)。

⑥中国農村の復興に対する診断と政策提言、国民党と共産党による内戦や、国民党政権の専制的政治制度に反対する持論を積極的に発表した(29)。

⑦欧米の社会や文化、民主主義の政治制度、イギリスとアメリカの国内政治情勢とそれに影響される国際情勢を考察し、中国の読者に紹介した(30)。

一九七〇年代の末、学問を再開して以後、主として次の領域において研究を行なった。
⑧「小城鎮」の発展問題。農村に工業を興し、農村人口を農業以外の産業に就業させながらも、都会に流入しない発展戦略を論じた[31]。
⑨経済改革以後の中国の各地域を考察し、様々な「区域経済発展」のモデルをまとめた[32]。
⑩漢族を中心に様々な民族が、文化の面において相互に影響し合うのみではなく、社会集団としても混血したり併合したりする「中華民族の多元一体構造」論を提出し、西北、西南、東北など地域における少数民族地方の経済発展に関して研究を行なった[33]。
⑪他文化と比較するうえ、自文化の由来、特徴を認識する「文化自覚」論を提出した[34]。

費は、清華大学に入学した翌年、着任したばかりの潘と出会い、それ以来、ずっと潘を師として仰いだ。特に共に右派とされて以後、「共患難」、艱難を共にした。文革の際、迫害を受けて重篤状態となった潘のそばにいち早く駆けつけたのは、費であり、潘は費の懐で息を引きとったのであった。

費の生涯と業績について、現在、数多くの論考が出版されており、それはおよそ三つ、①費の伝記[35]、②費の各領域の研究成果に対する評価[36]、③費の研究方法や課題を引き継いで中国の社会学者、人類学者が行なった研究に分けられる[37]。

一九四九～一九五一年の間、費のステータスと主要な活動は、下記の通りである。

〈役職〉

大学

一九四九年五月　清華大学校務委員会常務委員、副教務長
一九四九年六月　清華大学政治学習、政治理論教育の総責任者
一九四九年九～一二月　清華大学教職員代表会議の総責任者
一九五一年六月　中央民族学院副院長

政府機構
一九四九年九月　華北高教会弁証唯物主義と歴史唯物主義教学委員会委員
一九四九年一〇月　中央人民政府政務院文化教育委員会委員
一九五一年八月　中央人民政府民族事務委員会委員

〈活動〉
一九四九年一月　張東蓀、厳景耀、雷潔瓊らと共に共産党解放区の西柏坡に行き、[38]共産党が建国のために招集した民主人士の会議に参加。
一九四九年八月　北平市各界代表会議第一回会議に出席
一九四九年九月　中国人民政治協商会議第一回全国委員会に出席
一九四九年一一月　北平市各界代表会議第二回会議に出席
一九五〇年七～一二月　中央民族西南訪問団副団長兼貴州団長
一九五一年六～九月　中央民族中南訪問団副団長兼広西団長

2　馮友蘭、雷海宗、呉景超、沈従文

馮友蘭（一八九五～一九九〇）、字《あざな》芝生、哲学者。一九一九～一九二三年にアメリカに留学し、一九二四年にコロン

ビア大学で哲学博士号を取得。帰国後、故郷の河南にある中州大学や、広東大学、燕京大学を経て、一九二八年から清華大学哲学系教授、一九五二年に清華大学哲学系が廃除されたことより、北京大学哲学系へ転勤した。

馮は、自らの学術活動を、第一期一九二四～三九年、代表作『人生哲学』、第二期一九二六～三九年、代表作『中国哲学史』、第三期一九三六～四八年、代表作「貞元六書」、または「新理学」と総称される『新理学』『新事論』『新世訓』『新原人』『新原道』『新知言』など六つの著書、第四期一九四九年から死去まで、代表作『中国哲学史新編』の四つの時期に分けた(39)。

一九四八年末、共産党政権が清華大学を接収した際、馮は、大学の最高責任者の校務会議代理主席兼文学院長であったが、まもなく、あらゆる役職を解任された。その後、馮は、自ら申し込んで土地改革工作隊に参加し、積極的に総括文を発表した。

雷海宗（一九〇二～六二）、字伯倫、歴史学者。一九二〇年代にアメリカ留学し、一九二七年にシカゴ大学哲学博士号取得後帰国、武漢大学歴史系教授を経て、一九三二年から清華大学歴史系教授、歴史系主任、文学院代理院長などを歴任。一九五七年に右派とされて以後、健康状況が徐々に悪化し、五年後死去した(40)。

雷も、馮と同じ時期に役職を解任されて、その後、土地改革工作隊に参加し、総括文を寄稿した。

呉景超（一九〇一～六八）、社会学者。一九二〇年代にアメリカ留学し、シカゴ大学で社会学を学び、一九二八年に博士号を取得して帰国。一九三一年から清華大学社会学系教授。一九三五～四六年、胡適の唱えた「好人政府」（立派な人材を政府機構に配置）という呼びかけに応じて、また胡の紹介により、国民党政府行政院、経済部、戦時物資管理局などで勤める。一九四七年に清華大学に戻り、再び社会学系教授の任にあったが、一九五二年、潘らと同じ理由で、中央財政学院に転勤し、後に中国人民大学教授となった。一九五七年、反右派闘争の際、右派とされた。

一九三〇年代、胡適らが創った雑誌『独立評論』に、呉は最も積極的に寄稿する論者の一人で、土地制度と地主制、政治体制、人口問題、社会主義と資本主義、マルクス主義、中国の工業化など、中国の社会問題や発展の経路に関する現実や理論の重大な問題について、多くの論考を発表した。一九四〇年代後半、呉は、雑誌『新路』の創立に参与し、編集、出版などの実務を一手に引き受けながら、土地制度や、ソ連に対する評価、資本主義と社会主義制度の比較、基層社会の保甲制度など、社会制度や時事問題に関する一連の座談会を企画し、現実問題に学問的に介入する道を自ら切り開き、多くの学者をその議論の場に引き入れた[41]。

呉は、馮や雷と同じ時期に土地改革に参加し、いち早く感想を発表し、自己批判をした。

沈従文（一九〇二～八八）、湖南省鳳凰県生まれ、小説家、文物研究者。一五歳で軍隊に入隊し、五年ほど軍隊生活を送った。一九二二年に北京に入り、孤児院などでアルバイトをしながら、北京大学の授業を傍聴し、一九二四年から文学創作活動を開始し、『晨報副刊』『語絲』『現代評論』『新月』などに作品を発表する。代表作は、『辺城』『八駿図』など。一九三〇年以後、国立武漢大学、青島大学、西南聯大、北京大学などで教鞭をとる。革命勝利前夜、一九四八年三月から、左翼文芸勢力郭沫若、邵荃麟らに「典型的地主階級の文芸」「反動統治の代弁者」と厳しく批判され、一九四九年一月、北京大学の学生らは左翼作家の批判をまねて、壁新聞で沈を批判した。沈は自殺を図ったが、未遂。その後、華北革命大学で一〇か月ほど革命思想を学んだ後、四川の土地改革に参加した。以後、中国歴史博物館に転勤、晩年、中国社会科学院歴史学研究所で勤務。革命以後、沈は文学創作を中止したが、『中国絲綢図案』『唐宋銅鏡』など文物に関する著書を出版した[42]。

沈は、清華大学に所属する者ではなかったが、二つの政治運動に関して自らの体験や心情を詳細に記した手紙や日記を多く残しており、当時の事情や知識分子の内面を理解するにはたいへん参考となるので、併せて沈を考察対象とした。

3　董時進、應廉耕、韓徳章

董時進（一九〇〇～八四）、農業経済学者。一九二〇年代にアメリカ留学し、コーネル大学で農業経済学を学び、一九二五年に博士号を取得して帰国。一九二六年より、国立北京農業大学教授、国立北平大学農学院院長、一九三〇年代、江西省農業院長、四川省農業改進所長などを歴任した。(43)

一九五〇年、董は毛沢東に手紙を送り、共産党の土地改革政策は間違っており、土地改革をすぐに中止すべきであると、異議を唱えた。その結果、かつての研究仲間が開いた批判会や、新聞や雑誌において、厳しい批判を受けた。董は、一九五一年にアメリカに移住した。

潘は江南地域で土地改革を見学した後、「江南に封建がないと誰が言えるか」を雑誌に寄稿し、「江南に封建制がない」論を批判したが、当論点を提唱したのは董だった。

應廉耕（一九〇四～一九八三）、農業経済学者。一九三〇年代にアメリカ留学し、コーネル大学で農業経済学を学び、一九三八年に修士号を取得して帰国。金陵大学、北京農業大学教授、農業経済系主任などを歴任。董を積極的に批判する一人であった。(44)

韓徳章（一九〇五～一九八八）、農業経済学者。一九二八年燕京大学を卒業した後、北平社会調査所や中央研究院社会科学研究所研究員、広西省政府経済委員会専門委員、国民政府実業部農本局専員、広西大学、復旦大学、中央大学、清華大学などの大学で教鞭を執った後、一九四九年九月以後、北京農業大学教授となった。韓も董を積極的に批判する一人であった。(45)

三　考察する諸問題

具体的には、次の諸問題をめぐって考察を行う。

1　政治理論学習の展開と知識分子の対応

一九四〇年代後半、共産党は、政権を掌握した地域から順次、労働者や農民も含め人民に対して、新民主主義論や、唯物史観、階級闘争論、労働観点、群衆観点などの「新思想」を学ぶことを主要内容とする「思想戦線の解放戦争」と位置づけた思想教育を始めた[46]。農村では農閑期を利用して「冬学」、工場では「学理論」、共産党政権の各行政レベルでは「幹部学校」、小中学校では「学習小組」などと呼ばれる大規模な学習運動が、それぞれ展開された[47]。したがって、一九四九年の夏から大学で行なわれた政治理論教育は、けっして共産党政権が知識分子に対してのみ執った特別な措置ではなかった。但し、同じく新思想を学ぶにしても、知識分子が直面した任務は、決して「労働人民」と同様ではなかった。革命の「領導階級」である労働者と「革命の主力」である農民は、文字の学習も含めて学ぶことが主要任務だった。

それに対して、封建地主階級やブルジョアと「千絲万縷」、即ち、複雑で入り込んだ関係をもつ「小資産階級」に区分された知識分子は、新思想を吸収すると同時に、「小資産階級に固有の悪弊」である革命に対する懐疑や動揺、個人主義、政治への無関心などを駆除し、プロレタリアの「階級的立場」へと転換しなければならなかった[48]。

それと同時に、革命の敵である「封建主義、ブルジョア、帝国主義」に根源をもつ「旧思想、旧認識」とされた、ほぼあらゆる人文社会科学の学問や社会思想、歴史認識を、「唯一の正しい真理」であるマルクス主義により批判し、新たに整序しなければならなかった。政治思想による評価により、学術の価値が評定され、学問そのものが権力に管轄されると同時に、思想や学術面において、新と旧、先進と落後、正確と錯誤、大局と局部、高位と低位、物事の本質と皮相な見解といった、政治的基準による分別の序列が形成された。

政治理論学習において、「延安知識分子」や「党内知識分子」と呼ばれた共産党系知識分子が、重要な役割を果たした。彼らの多くは、共産党組織各レベルの宣伝部や党校をはじめとするイデオロギー各部門の責任者で、政治的地位が高いばかりではなく、マルクス主義や革命理論の権威として、知識分子の思想的転換において、思想的に指導的な役割を果たし、知識分子の政治理論学習を実際に指導したり、新聞や雑誌で新思想を解説したり、旧学問を批判したりした。

このようにして、政治的にも、社会的にも、学問的にも、優勢な地位を失った知識分子は、新生の「人民の国家」のなかで、「人民の一員」として存続していくために、時代の潮流に乗って自己改造を行なわざるを得なかった。一方、政治理論学習に対して、必ずしも全員が同じような態度で取り組んだわけではなく、個々人の社会思想や、政治的立場、共産党政権から与えられた評価などが異なるにつれて、新思想を受け入れる積極性や、旧思想批判に対する態度、内心の本音などにも、差異があった。もちろん、本書の考察対象者たちにも差異が見られる。

清華大学の政治理論学習の責任者だった費は、この新しい任務に熱心に取り組み、華北革命大学など共産党根拠地から移転してきた大学に見習って、共産党の教育管理部門に規定された必修課目の政治理論学習を、知識分子の「脳裏に残存している政治から遠ざかる意識」、個人主義、政治とは無縁な技術観、労働や労働人民の軽視などの様々な旧思想や旧癖を批判するキャンペーンへと導いた。また、費の先導的役割は校内に止まらず、清華大学の学習経験は新聞や雑誌で紹介され、全国の大学の手本となった。[49] 費は、自らの学習経験や思想改造の体験を踏まえながら、知識分子の思想改造の必要性を力説したり、共産党思想の新観念を解説したりする一連の文章を『人民日報』『学習』

『光明日報』『観察』などの主要紙に寄稿した。費は「進歩快」、つまり進歩が速い知識分子の「典型的人物」となった。

積極的な費孝通と異なり、潘光旦は集団的政治理論学習に消極的だった。日記に週一回の学習班活動に関する記載として、「索然無味」（乾燥無味）、「おもしろみがないので記すべしものがない」など、毎度わずか数語しかなく、この学習に興味をもっていなかったことをうかがわせる。但し、この時期から潘は、マルクス主義の書籍に接するようになり、購入図書や、毎日の日課である読書に関する記載に、エンゲルスの著書や『ソ連共産党ボルシェビキの歴史』を購入したり読んだりする記載が続いた。そして、エンゲルスの『家族、私有財産および国家の起源』を中国語に翻訳し始めるに至った。

一方、共産党政権に「有錯誤思想」、即ち、間違った思想をもっていると評価された馮友蘭は、新思想の学習に対して、潘光旦ほど等閑な態度で臨むことができなかった。彼は、新思想を学ぶ最中、もっぱら自らの思想を批判することに追われた。馮は、日中戦争期に、のちに「新理学」と名付けた一連の著書を上梓したが、政治理論学習が展開されて以後、第二章で述べるように、新理学を批判する読者の投書が『光明日報』に掲載されたことを皮切りに、馮の思想に対する批判が始まった。それに応答した馮自身も、学んだ新思想を応用しながら自らの学問を批判し始めた。

費の政治理論学習に関する宣伝にせよ、馮の自己批判にせよ、また、後述する土地改革参加の感想文にせよ、この時期の知識分子の書いた文章に共通に見られるのは、新思想のレトリックを応用することであった。共産党思想のパラダイムは、彼らの本来もっていた学問の概念や研究視点に取って代わり、社会や歴史へのアプローチの主要な基準と分析枠組みとなった。

この思考様式の射程範囲に含めることができなかったり、認識するフィルターの規格に合わなかったりする様々な社会現象や歴史的事実は、批判されるとき以外、ほとんど切り捨てられ、再び語られなくなった。また、関連する学問研究も同様な扱いを受けた。例えば、前述した潘と費の革命以前の歴史や社会に関する研究の大部分は、再び語られることはなかった。言わば、共産党の思想が唯一の真理として絶対視されると同時に、その時までに形成されてきた社会や歴史に関する多くの研究成果は、葬られたのである。

当時、多くの知識分子にとって新思想に接近することは、自分が革命の道において「進歩」、即ち、正確な認識を得て、物事の本質に近づいたことと同義となり、彼らは、自らも進んで本来の学問や認識をそのまま封印した。なかには、馮友蘭のように、過去の学問が有害だと宣告された場合、自己批判をもってしか対応することはできなかった。一方、董時進のように、自らの思想を放棄せずに党の政策に異議を唱えた場合には、すげなく一蹴され、あらゆるマス・メディアが統制される状況のもとで、反論する声さえ発することができなかった。

このように、知識分子は政治理論学習において、共産党の思想と全面的に接触すると、その立場と視点を自分たちの内面に導入し、学問のパラダイムを入れ替え、少なくとも大きくシフトし、思想的転換を始めたのである。

2　土地改革参加

知識分子の土地改革参加は、いかなる状況のもとで開始され、彼らはそれぞれどのような動機をもって村々へ赴き、そこでどのような体験をしたのか、その経験が彼らにどのような影響を与えたのか。階級闘争のただ中に身を置いた彼らの目には、共産党の基層政権や、立ち上がった農民、闘争された地主などはどのように映ったのか。これらの問題をめぐって、より具体的に考察する。

知識分子の土地改革参加は、共産党政権が一方的に押しつけたものではなかった。そこには、人民大衆に接近し、革命運動の実践を体験しようとする知識分子たちの能動性が、顕著に見られた。清華大学社会学系主任であった潘は、自ら提案し、「清華大学土地改革工作隊」（「土改工作隊」）を組織し、中央美術学院や北京大学に次いで、全国で三番目に教員と学生を農村の土地改革現場に送りこんだ。同じ時期に、共産党政府の土地改革参加の呼びかけに、主として知識分子を構成員とする各民主党派が積極的に呼応し、相次いで土地改革工作団や参観団を各地域の農村に送り込んだ。このような能動的な一面は、当時の知識分子と共産党との関係、ひいては民主党派と共産党との関係を把握するのに看過してはならないものである。

一方、土地改革参加は、知識分子全員に一様に課した課題のように見えるが、実際には、あらゆる人が農村に赴いたわけではなかった。志願制であったので、参加するか否かは主として個人の意思に任された。馮友蘭と雷海宗が役職を解任された後、そろって「土改工作隊」に入隊したといった行動からは、共産党との距離や信頼度に反比例して参加者が集められ、即ち、共産党政権との距離が遠く、信頼度が低い人ほど、身を挺して土地改革に参加した現象があったと、推察される。

周囲の人に比べて、特別な政治的圧力をかけられた彼らは、他人よりいっそう強く共産党に追従し、「進歩の道」を歩むと意思表明したものと推察される。共産党に接収された大学では、すぐさま、戒めとなる人物を立てて個人間に差をつけることで、組織全体の緊張感を高めていくといった共産党の組織的手法が、知識分子の管理に応用されていた。

個々人の土地改革参加の理由は多様であるにせよ、終了後の総括文は、土地改革を賛美するものばかりであった。この現象は、民国期における「衆説紛紜」、即ち、共産党解放区で行なわれた土地改革に対して諸説まちまちだった状況とは対照的であった。かつて、国民党政権下の農村の現状を憂慮し、問題の根本である土地制度を改革すべきだと思う人は大多数であったにもかかわらず、共産党が解放区で行なう土地改革にもろ手を挙げて賛成する人は少なかった。しかしながら、土地改革に実際に参加した後は、かつての憂慮や批判はまったく影を潜め、一変して全面的に土地改革を擁護する声のみが高くなった。

数多くの感想文は、具体的な内容こそ異なるものの、地主階級や封建的搾取制度の残虐さを訴え、立ち上がった農民や指導する共産党「基層幹部」を褒め称え、激しい階級闘争の中で、自分の「階級的立場」を転換し思想改造する成果を報告するといった大枠では、共通していた。政治理論学習運動の効果がここに現れたのを見ることができる。ほぼあらゆる総括文は、階級闘争論や階級分析論、群衆路線などの視点が用いられた。特に、自己批判する際、かつて有していた貧農層に対する疎《うと》ましい感情や、革命暴力に対する嫌悪感、また、革命運動を遠ざけてきた自らの姿勢などを、「階級根源」、即ち、地主の出身や、「搾取階級」の悪影響、小ブルジョア階級の限界性に帰して、そこから脱出する唯一の道は、プロレタリアの立場に立つことだと、口を揃えて述べたのである。

3 「封建的土地制度」や「地主階級」に対する批判

潘は、一九五一年二月からおよそ一か月半をかけて江蘇省南部の農村地域で土地改革を見学し、その後、農村訪問の手記を連続的に新聞や雑誌に寄稿した。

手記において、潘は、土地改革に参加した他の知識分子と同様、全面的に共産党の政策を受け入れて、土地改革運動を、千百年来続いた「封建的土地所有制度」の根本的変革、搾取的地主階級を打倒する革命、土地所有と密接に絡みついている農村の封建的権力構造を転覆させる社会変革として捉えたうえで、土地制度や、租佃関係、地主制、村内の社会構造、親族集団の宗族、宗族の相互補助組織としての義庄などを、江南農村の事情を踏まえながら階級闘争論を用いて具体的に批判した。

潘が言及した諸問題をめぐっては、実際に、民国期に、社会学者や農業経済学者を中心にして様々な調査が行なわれており、知識分子の間、特に彼らが主宰する雑誌において多様な議論がなされていた。

民国期と土地改革期（以下土改期）の知識分子の議論や視点は、取り上げた社会的事象や、アプローチ、立脚した歴史観、社会や階層の仕組みに対する認識など、それぞれ根本的に異なっている。民国期の論考が基本的に近代社会科学の方法を応用する考察であるとするならば、彼らの土改期の言論は共産党のイデオロギーに規定され、そのレトリックを応用するものであった。両者を相互に比較すれば、共産党の社会認識論の特徴がより明らかになると同時に、民国期の知識分子の社会認識の特徴もより明確になるだろう。

関連する議論が膨大で多岐に分かれているので、本書では、考察対象者の言論を中心にして整理し、以下の相違をめぐって分析を行う。

(1) 不平等な土地所有状況や地租などの土地制度について

民国期には、土地制度が生まれた背景にある様々な政治的、軍事的、経済的、社会文化的、自然環境的要素の影響を重要視して、それらの要素の改善から土地制度を漸進的に改良していくことを主張した。彼らの視野に収めた土地制度の影響要素は、例えば、政治的には、各レベルの政権が土地税などの税を過度に徴収すること、政府の「減租減息」の政令が基層に貫徹できないこと。軍事的には、各地域の軍閥割拠により軍隊による農民に対する収奪、日本の侵略に抵抗する戦争体制で収奪をさらにエスカレートさせたこと。経済的には、膨大な人口による一人当たりの土地面積の僅少さ、都市や産業の発展の緩慢、西洋からの商品の氾濫による農村副業、民族工業に対する打撃、土地が自由売買できる制度。社会文化的には、家族の分家制度による土地の零細化、頻発する自然災害による農家の破産など。それに対し、土改期には、土地制度によってもたらされた結果、とくに階級間の対立や衝突、搾取の残虐性、階層間に生じた軋轢などを強調し、個々の村落の地主搾取の事例、貧しい農家の悲惨な生存現状などを階級闘争論の根拠として列挙し、革命の手段で土地制度を徹底的に取り壊すことを擁護した。

（2）地主の搾取と搾取する地主について

民国期には、地租の不合理性を認めながらもそれを主として社会制度や慣習の問題として扱い、土地の私有制を承認する前提に立って、地租と工業などの産業への投資で得る利潤とある程度の類似性があると認めたうえで、政策で地主を工業、商業などの産業へと導くことにより、地主に地租による搾取を放棄してもらうと主張する者が多かった。それに対し、土改期では、地租徴収を完全な反社会的行為と見なし、また、それを「反動的腐朽的」な地主階級に属する人びとの悪徳に帰して、地主本人や家族に対する鎮圧を擁護した。

（3）土地制度の変遷や性格について

民国期には、土地制度を通時的共時的に考察していた。即ち、土地の所有権、使用権、労力、実物や貨幣などの形態の地租の具体的様相とそれぞれの変化を各時期や各地域に即して実証的に検討していた。それに対し、土改期では、歴史的変遷や地域差など具体的な形態を問わずに、革命の闘争対象である「封建主義」を土地制度の本質として一概に論じて、それを徹底的に取り壊す大衆運動を称賛した。

（4）地主や紳士などの富裕層の農村社会における役割について

民国期には、基層社会を分析する際、地主や紳士などが、地域社会や、地域共同体における政治的、社会的、文化的、社会救済の福祉的機能などを視野に収めたのに対して、土改期では、それらの機能が「封建地主」という性質に収斂され、社会生活の具体性は捨象され、地主は「反動的貪欲的」で血塗れな搾取者以外の何者でもないとされた。

（5）近代化の道と革命の道の取捨選択について

民国期には、農村発展や国の工業化を論じる際、私有制を維持しつつ社会の近代化を実現したアメリカやヨーロッパ諸国を参照して、土地制度を平和的に改革し、漸進的改革の発展政策に傾いたのに対して、土改期では、革命によって国営化を実現したソ連をモデルにして、土地の公有化、国有化を提唱し始めた。

(6) 国民党政権の農村政策に対する評価について

民国期には、国民党政権の農村や土地政策をめぐって、その内容や実施における様々な問題点を大いに批判しながらも、多重税の徴収を克服しようとする努力や、農村の社会管理や農業技術の普及に関連する行政機関における改善を評価した。それに対し、土改期では、国民党政権は革命の対象の一つである反動的「官僚資本主義」にほかならなかった。

(7) 研究者の立場について

民国期には、知識分子は、意見を述べる際、大局に責任をもつ「知識分子」という立場や、事実に基づく実証性、党派に偏らない中立性などを守る自覚をもっていたのに対して、土改期では、自分の「ブルジョアの立場」を批判し、「プロレタリア階級の立場と感情」を形成することを自らの課題とした。

4　共産党政権の教育組織の一員として

共産党政権のもとで、大学は、これからの社会主義建設のための人材を養成する重要な部門となった。それに伴い、知識分子は日常の教育活動から、研究活動、集団における個人の身のもち方、余暇の読書内容まで、あらゆる面において、変化が求められた。

大学は、「教授治校」、即ち、教授会が大学の最高議事機関として、学科や教員の配置や、大学行政管理、役職の人事などに最終決定権をもつ体制だったが、接収された後、教授会は存続しなくなり、学科や教育内容の改革が政府の方針や教育管理部門の指示に従い、役職も選挙制から任命制に変更された。

新しい体制のもとで、教育の面から言うと、政治理論教育が新設され、専門教育の時間がだいぶ削減されたばかりではなく、社会学や人類学、心理学などの実証的研究を行う学問の存続が問題視された。最終的にはこれらの学科は廃止されたが、本書の考察する時期においては、潘や費らはその対応に追われた。

また、組織の面から言うと、校長や学院長などの役職は、従来の教授会成員の投票から、政府の教育管理部門の任命によるものとなった。それにともなって役職も、本来の学術研究や、人柄、組織能力などの面において評判の良い者に就かせる方式から、共産党に「政治表現が良い」と評価される者に与えることとなり、役職担当者は一般教授との間に、「政治地位」の差がつけられ、大学の組織は政治色に染まった。

この激しい変革の時期に、潘は、「教読」即ち教育と読書を生涯の目標とすると宣言し、毎日、教育や校務の傍ら、その時まで通りに読書の習慣を続けた。だが、読書の内容に次第に変化が見られ、マルクス主義の著書を読み始めた。そして、かつて優生学や心理学の名著を翻訳したのと同じように、マルクス主義の著書の翻訳に取り組んだ。

5　盟員から見た民盟と共産党

建国初期の中央人民政府に、国家の幹部として多く任用されたのは、民盟も含めた各民主党派の指導者たちであった。中央人民政府副主席を筆頭にして、最高人民法院、各委員会、部長、副部長など様々なポストが共産党によって与えられた。[50] 民主党派と共産党との関係はいっそう密接となったのである。

民盟中央委員会委員である潘は、組織体制や、人事、政権のポストなどをめぐる民盟内部の派閥闘争に巻き込まれながらも、冷静に民盟を一つの独立政党として位置づけ、内紛に共産党指導者や統戦部が深く介入してくることに不満をもった。この立場は、潘の知識分子という社会階層や、一個人としての潘本人の新しい社会における位置づけに関する見解に由来する。民国期に、民主主義、自由、社会における個人の価値などについて、多くの論考を著した潘は、この転換期においても、内面の独自の価値観を貫こうとしていた。

四　この時期の知識分子に関する研究の現状

日本では、革命以後の中国知識分子に関する研究は、筆者の知る限り、けっして多いとは言えない。共産党体制下、とくに文革終了までの社会主義革命期における知識分子の境遇や運命に注目する研究が見られるものの、建国期に関する専門的研究はわずかで、しかも知識分子の運命を体制と結びつけて考察するものはほとんどない[51]。本書の考察対象者に関しても、中国国内と同じく、専門領域の学説史研究の角度からの考察が大部分である[52]。

中国国内における知識分子や本書の考察対象者に関連する研究には、次のような傾向が見られる。

第一に、彼らの学問に関する学説史的考察は盛んであり[53]、しかもほとんど、彼らの学問の最盛期の民国期か、または、潘の場合にはないが、文革終了後のいわゆる再開期の両方に集中し、その中間期の部分、即ち、新中国成立から文革終了までの社会主義革命期の政治運動やイデオロギーに密着し、プロパガンダに同調したり荷担したりするものが、往々にして不問となされてきた。教条主義的なナラティブに染まってより硬直化されたそれらの論稿にたとえ触れたとしても、それを政治的潮流に「惑わされた所産」、または「本心に悖《もと》るもの」として解釈して、ほとんど学術的考察の対象に値しないものとされてきた。

第二に、現代史研究の角度から、知識分子改造と関連する一連の政治運動や、彼らの思想改造のプロセスに関する考察は、一九九〇年代後半以降、学術誌を中心に徐々に現れてきており、具体的な着目点が各々異なるものの、次のような研究内容と方法論がより広く見られる[54]。

①思想改造が行なわれた過程についての研究。毎回の政治運動の起因や、展開する方法、知識分子の自己批判と自白、群衆批判とそれによる政治的プレッシャーなどを分析する。

②思想改造の内容についての研究。新たに受け入れられたマルクス主義の「新思想」と、批判対象となった彼らがかつてもっていた「旧思想」の要点を整理する。

③研究資料は、主として当事者たちの当時の新聞や雑誌への投稿や、批判会で読み上げたり上級機関に提出したりした自白書、自己批判書などである。

興味深いのは、その後の一連の政治運動に対するマイナス的な評価、例えば、「抑圧的だ」とされた「大学教師政治学習・資産階級思想批判」（一九五一年九月〜一九五二年一〇月）、「完全に間違った」とされた反右派闘争（一九五七年）などと異なり、土地改革参加に対しては、おおむね「成功した」と捉えているものが多いことである[55]。その理由は、「知識分子に工農大衆と結合する道を開き」、「革命的実践のなかで階級闘争論や群衆観点などを学び」、「プロレタリア的階級感情を形成し」、「知識分子の思想転換を促進した」などが挙げられている。

これらの研究は、新中国成立初期の政治運動における知識分子の思想的変化に関する多くの事実を紹介したのみではなく、毎回の政治運動や、共産党の指導者たちや特に毛沢東の知識分子問題に関する見解と、党の知識分子政策の由来や変化なども提示した。しかしながら、筆者には、以下のような視点の偏りや射程の限界が感じられた。

①知識分子の思想改造やその背景にある政治運動を研究対象とする場合、基本的にそのあらましをマクロ的に整理することにとどまり、個々人の軌跡や、様々な事実間の関連性を追究し、当事者サイドや歴史の現場といった視点からの考察が不十分だと思われる。

②研究の方法論においても、個々人の言論を材料に充てるために部分的に抽出して引用し、その言葉が発された前後の状況や話者本人の事情などが往々にして捨象された。それゆえ個々人の人間像、細部の抜けた歴史像は本来の込み入った複雑さが失われ、単純化された。

③知識分子に突きつけられた「新思想」と放棄せざるを得ない「旧思想」に対して、概念別の整理が行なわれたが、基本的には羅列することにとどまり、思想的な問題を扱うにもかかわらず、思想的検討が行なわれていない。

④研究者の価値判断はそれぞれ違っていても、政治的構図が二元対立的パラダイムで描かれている傾向が見られる。

共産党の知識分子思想改造政策を擁護する者は、共産党を「是」として、知識分子を「非」にした。共産党の知識分子思想改造政策及び政治体制に賛成しない者は、思想まで権力で強制的に改造する共産党政権と、抑圧された知識分子という対立図を描いた。

知識分子像に関しても、時勢に乗る大多数と抵抗する少数の二通りに分かれることが多い。知識分子の行動に対する評価も二元的道徳判断で、政治的圧力に抵抗し時勢に逆らった少数を「有骨気」(独立精神をもつ)の者として褒め称える一方、同調したり追従したりした大多数を独立精神が欠乏していると見なした。

筆者は、歴史を認識する作業を二元論的、道徳論的に収斂してしまうことは、歴史認識の射程を狭め、その複雑な構成を把握することを妨げると考える。また、そのような捉え方を背景に過去を研究すれば、先人たちの「過失」

を咎めることとなり、これは後輩としての「義」に背くと思われるため、これも、多くの研究者をこの時期の扉の前に立ち止まらせる理由の一つになったのではないかと思われる。

第三に、知識分子の歴史の角度からの研究は、知識分子個々人の革命前後の学問、政治活動、人生の境遇などをより忠実に描いて、二〇世紀中国知識分子の群像を呈した。研究の視点はより客観的で、個人伝記、日記、新聞雑誌、手紙、回想録などから、歴史家の目で読み取った資料を詳細に提示し、同時代におけるいろいろな事実や、人物間の相互関係を紡ぎ出している[56]。

筆者は、この類の論考を大いに参考にさせてもらったが、歴史的文脈との関連性や、政治体制に対する認識についての考察が不十分という歯がゆさも感じている。

先行研究の到着点や限界を意識しながら、本書は、前述した四つの次元から知識分子の思想的転換を研究することを試みる。それは、言い換えれば、歴史的現場を見つめ、出来事の文脈を把握し、社会の事実を見直し、思想的検討を行うことである。

注

(1) 革命以後、政治運動が頻繁に行なわれるようになった。「政治運動」と称するものは、必ずしも統一した基準をもつものではなく、その規模や及ぶ範囲も様々である。一方、基本的には、その内容が階級闘争や共産党イデオロギーの貫徹、政治秩序の維持などと関連すること、共産党中央の発動令により開始すること、大衆が動員されること、統一された形式で進行されること、などの要素が含まれる。政治理論学習と土地改革参加は、それぞれこれらの要素がそろっているわけではないが、例えば、前者は、統一された形式が顕著ではないのに対して、土地改革参加は共産党政権の命令より、各大学が自主的に土地改革工作隊を農村へと送り出されたことから開始したのである。いずれにしても、内容と大衆動員の規模から見て、政治運動と称しても差し支えないと思われる。

（2）その内訳は、欧米諸国の留学生四万人、大学と高等専門学校の卒業生二五万人、修了生一〇〇万人以上。于鳳政『改造』（一頁、鄭州：河南人民出版社、二〇〇一年）を参照。

（3）呉小妮「建国初期成功した思想改造運動――知識分子の土地改革参加について」『錦州師範学院学報』（二四巻：二期、錦州：錦州師範学院〈現渤海大学〉、二〇〇二年）。なお、「土地改革工作隊」の土地改革現場での工作情況について、田原史起「中国一九五〇年期土地改革における『階級』と農村社会――階級区分工作の実施過程についての考察」『アジア研究』（四三巻：一号、東京：アジア政経学会、一九九六年）に言及された。

（4）各政治運動やキャンペーンの時期が互いに重なることもあるが、知識分子に関係するものはだいたい次のようである。

「政治学習運動」一九四九年二月～一九五〇年下半期

「土地改革参加」一九四九年末～一九五二年上半期

「三視運動」即ちアメリカを讐視、蔑視、鄙視し、アメリカに親しみを感じる、崇拝する、恐れる感情を一掃するキャンペーン。

一九五〇年一〇月

「『武訓伝』と教育家陶行知批判」一九五一年五～八月

「大学教師政治理論学習」一九五一年九月～一九五二年一〇月。一九五二年一月より「三反運動」（反汚職、反浪費、反官僚主義）、一九五二年五月より「資産階級思想批判運動」と併合

「胡適批判」「『紅楼夢研究』批判」一九五四年一〇月～一九五五年五月「胡風批判」一九五五年一月～一九五五年七月（六月以後に「反革命分子を粛清する運動」と併合）

「反革命分子を粛清する運動」一九五五年六月～一九五七年一〇月

「反右派闘争」一九五七年六月～同年末

（5）一九〇九年、清政府は、北京で「遊米学務処」を設立し、アメリカ政府から返還された庚子賠款でアメリカ留学の学生を募集したが、条件を満たす学生が少なく、一〇〇名の定員目標を達することができなかった。人材が乏しい状況に鑑みて、一九一一年に留学予備校の清華学堂を設立した。一九一二年に校名が清華学校に変更され、一九二五年に大学部が設立され、一九二八年に「国立清華大学」と昇格された。一九四八年一二月に人民解放軍が大学に進駐し、翌年一月に北平区軍事管制委員会文化接管委員会（略称文管会）に接収された。一九四九年当時、学生数は二三〇〇名ほどであった。（清華校史研究室ホームページ「清華史記」を参照、二〇一二年一月二八日アクセス。http://xs.tsinghua.edu.cn/docinfo/board/boarddetail.jsp?columnId=00301&parentColumnId=003&itemSeq）。なお清華大学については、紺野大介『中国の頭脳　清華大学と北京大学』（東京：朝日新聞社、二〇〇六年）を参照。

(6) 共産党政権に接収された当時の清華大学の最高管理機構である校務会議の成員は、全員欧米留学経験者であった。
校長　梅貽琦、一九〇九年「遊美学務処」がアメリカへ送った第一期留学生、ウースター・ポリテクニック・インスティテュート大学工学学士
教務長　霍秉権、ロンドン大学とケンブリッジ大学留学
文学院長　馮友蘭、米コロンビア大学哲学博士
理学院長　葉企孫、米ハーバード大学物理学博士
工学院長　施嘉煬、マサチューセッツ工科大学機械工学修士、コーネル大学土木工学修士
農学院長　湯佩松、ジョン・ホプキンス大学哲学博士
法学院長　陳岱孫、ハーバード大学哲学博士
図書館長　潘光旦、コロンビア大学理学修士

(7) 五つの作業工程は、具体的には次のようである。①問題関心を抱いて過去に問いかけ、問題を設定する。②その問題設定に適した事実を発見するために、雑多な史料群の中からその問題に関係する諸種の史料を選び出す。③諸種の史料の記述の検討（史料批判・照合・解釈）によって、史料の背後にある事実を認識（確認・復元・推測）する（この工程は考証ないし実証と呼ばれる）。④考証によって認識された諸事実を素材として、様々な事実の間の関連（因果関係なり相互連関なり）を想定し、諸事実の意味（歴史的意義）を解釈する。⑤その想定と解釈の結果として、最初の問題設定についての仮説（命題）を提示し、その仮説に基づいて歴史像を構築したり修正したりする。遅塚忠躬『史学概論』（一一六頁、東京：東京大学出版会、二〇一〇年）。

(8) 「延安知識分子」について、謝泳は次のように論じている。「延安知識分子とは、主として社会科学研究に従事する知識分子を指す。左翼教授や左翼青年によって構成される。前者は、陳伯達、艾思奇、範文瀾を、後者は胡喬木、于光遠、胡縄を代表とする。延安に赴いた知識分子は数多くいるが、延安に行ったあらゆる者が延安知識分子ではない。思想的にも行動的にも延安と一致している者のみが延安知識分子だ。もしも、延安に新文化があると言えるなら、新文化の創造に一役買い、そして、自らもその新文化に感化された者のみ延安知識分子だ」。謝泳『書生の困境――中国現代知識分子問題簡論』「延安知識分子の新意識形態の建設における役割」（一二一～一四六頁、桂林：広西師範大学出版社、二〇〇九年）。「党内知識分子」とは、共産党に入党した、共産党政府各レベルの機関や軍隊に所属する知識分子のことである。「マルクス主義知識分子」とは、マルクスを信奉し、主として教育や著書を通してマルクス主義を宣伝する知識分子を指す。鄧初民（一八八九～一九八一）、李達（一八九〇～一九六六）、沈志遠（一九〇二～六五）などは、その代表的な存在である。

(9) 「政治表現」とは、個々人の国民党政権時代に参加した党派、政治態度、周囲の人間関係などに関する評価のことである。そ

れの善し悪しにより、思想改造に課された課題の重大さや、毎回の政治運動で批判される可能性、組織の中での位置づけなどが異なってくる。個々人の「政治表現」を評価することは、知識分子に対するのみではなく、あらゆる階層、個人に適応された。共産党が都市を接収した後すぐに「反動党団登記」を実施し、国民党区分部、三民主義青年団区分部委員以上の国民党員、三青団員は、必ず地元の公安部門に登録し、過去の活動状況や、本人の態度に応じて一定の期間公安部門の監視下に置かれることとされる。本書の研究対象者である雷海宗は一年ほど監視下に置かれた。楊奎松『禁じ得ない関心　一九四九年前後の書生と政治』(一八五〜一九〇頁、桂林：広西師範大学出版社、二〇一三年)を参照。

(10)　加藤秀治郎『政治学』(一二三〜一二五頁、東京：芦書房、二〇〇五年)。中国革命直後の政治を分析するにあたって、丸山の言う通り、この二つの視角とも必要だと思われる。特に新中国成立初期の政治状況を、「実体概念」に通底する二元対立的パラダイムのみで捉えるのは適切ではない。実際、その時期に、共産党は各民主党派や知識人に対して細心の注意を払い、後者の反応と評価を重視し、各レベルの政府機関やその所属機構に彼らを多く任用した。

(11)　丸山真男『現代政治の思想と行動』増補版(四三九〜四四〇頁、東京：未来社、一九六四年)。

(12)　マンハイム『イデオロギーとユートピア』(一〇八頁、東京：中央公論社、一九七一年)。

(13)　民国の各時期に、影響力の大きかった雑誌に以下のようなものがある。

一九一五年九月〜一九二二年七月　『新青年』(創刊時に『青年』、第二巻から改名)、陳独秀、胡適、李大釗、銭玄同、高一涵、沈伊黙などが編集。

一九一八年一一月〜一九一九年九月『毎週評論』、陳独秀、李大釗、高一涵、張慰慈が編集。一九一九年六月に陳が段祺瑞政府の警察に逮捕されて以後、胡適が編集。

一九二二年五月〜一九二三年一〇月『努力週報』、胡適、丁文江が編集。

一九二四年一二月〜一九二八年一二月『現代評論』、王世傑が編集。主要な寄稿者は、胡適、高一涵、陳源、徐志摩など。

一九二八年三月〜一九三三年六月　『新月』、胡適、徐志摩、梁実秋、潘光旦、羅隆基、聞一多、余上沅、葉公超、丁西林、劉英士、饒子離、張禹九などが創立した月刊誌で、停刊するまでに四巻七期を刊行した。

一九三二年五月〜一九三七年七月　『独立評論』、胡適、丁在君、任叔永、竹堯生、呉陶民、翁咏霓、陳衡哲、傅孟真、蔣廷黻、顧湛然、周眉生、周寄梅、呉景超、張奚若などが編集。

一九三九年一月〜一九四一年四月　『今日評論』、西南連合大学教授らが編集。

一九四一年七月〜一九四三年三月　『当代評論』、西南連合大学教授らが編集。

一九四三年二月〜一九四五年三月　『自由論壇』、西南連合大学教授らが編集。

一九四六年九月～一九四八年一二月『観察』、注（16）を参照。

一九四八年五月～一九四八年一二月『新路』、一九四八年二月に成立した「中国社会経済研究会」の学会誌。当該会の理事一一人、王崇植、呉景超、周炳琳、孫越崎、陶孟和、楼邦彦、劉大中、潘光旦、銭昌照、銭端昇、蕭乾。編集長周炳琳、経済担当劉大中、政治担当銭端昇、楼邦彦、文芸担当蕭乾。

一九三四年一月～一九四九年『大公報』（一九〇二年創立）コラム「星期論文」、胡適、丁文江、翁文灝、梁漱溟、傅斯年、楊振声、蒋廷黻、張奚若、呉景超が執筆者。

（14）民国期の知識分子にとって、雑誌や新聞は、時事問題や、中国の現状と未来、学術研究などについて討論する重要な場であり、一つの認識は、つねに討論という「協働過程」（前掲、マンハイム『イデオロギーとユートピア』一二九頁）を通して形成されるものであった。例えば、『新路』において、土地制度、ソ連に対する評価、資本主義と社会主義制度の比較、保甲制などの問題について討論会の形で議論し、認識を深めた。その例として、討論課題「いかに耕者に田をもたせるか」、発話者呉景超、討論者徐毓枏、戴世光、陳振漢、韓徳章（一巻二期）、討論課題「ソ連に民主があるか」、討論者蜀人、恵君（一巻三期）、討論課題「政治民主と経済民主」、発話者劉大中、討論者蕭乾、翁独健、呉景超、徐毓枏（一巻一三期）、などがある。また、実際、多くの学者は、先に雑誌や新聞に継続的に短文を寄稿し、研究仲間や読者からのコメントや批判を受けて、自らの思考を修正、補強し、または反論を付け加えて著書にまとめることが多かった。例えば、一九四八年四月に、観察社によって出版された潘光旦の『罪学政言』は、一九四五年から『平和半月刊』『民主週刊』『正義報・星期論文』『時代評論』『観察』『平明日報・読書界』『清華週刊』『京滬週刊』など様々な雑誌や新聞に寄稿した短文より編集された。また、同年六月に同じく観察社によって出版された費孝通の『郷土重建』は、前年から『大公報・星期論文』に不連続的に寄稿された一連の短文から編集された。

（15）民国期の新聞、雑誌に対する接収、改組について、張済順「五十年代初期の上海新聞業界の体制転換――民営から党の管轄下へ」『炎黄春秋』（四期、北京：炎黄春秋雑誌社、二〇一二年）が詳しい。

（16）『観察』は、一九四六年九月に上海で創刊された時事評論誌であり、編集長儲安平は、各分野の著名な学者六八名に「撰稿人」（寄稿者）を依嘱した。中には、本書に登場する潘光旦、費孝通、馮友蘭、雷海宗などが含まれるほか、王芸生、宗白華、馬寅初、許徳珩、梁実秋、曹禺、張東蓀、銭鍾書、楊絳、蕭乾などがあった。一九四八年一二月に国民党政府に停刊されるまで、五巻一八期を刊行した。一九四九年一一月に復刊したが、翌年の五月に六巻一四期を最終号としたと同時に、編集部が改組され、『新観察』と改名された。

（17）潘は、一九一三年に清華学校に入り、一九二二年にアメリカ留学に派遣された。潘の生い立ちについて、中国語の文献では、潘光旦「清華初期の学生生活」〈一九六二年〉、「アメリカ留学の生活」〈一九六五年〉中国人民政治協商会議全国委員会文史資料研究委員会（編）『文史資料選輯』（三一輯：六六〜一〇八頁、七一輯：一九五〜二〇一頁、北京：中国文史出版社、一九八六年）、潘乃穆、潘乃和編、「潘光旦の経歴と著作年表」『潘光旦文集』（一一巻：六七四〜七三九頁、北京大学出版社、二〇〇〇年）、呂文浩『中国現代思想史における潘光旦』（福州：福建教育出版社、二〇〇九年）、前掲、楊奎松『禁じ得ない関心　一九四九年前後の書生と政治』第三章「潘光旦の『思想』と『改造』」などを参照。なお、呂が主として潘の学術思想を整理したと言えるなら、楊は主として潘の政治評論、政治態度及び政治に関わる活動の角度から潘の生涯を紹介した。日本語の文献では、坂元ひろ子『中国民族主義の神話――人種・身体・ジェンダー』第二章「5優生学論争――周作人・潘光旦」（東京：岩波書店、二〇〇四年）は、潘の優生学思想を紹介している。

(18)　ここでは、本文の分類に沿って潘の代表的な著述を整理する。なお、括弧のアラビア数字と漢数字は、それぞれ『潘光旦文集』『潘光旦選集』の巻号を指す。

①『中国の家庭問題』（1）、『中国伶人の血縁研究』（2）、『明清における嘉興の望族』（3）、「家譜と宗法」（8）、「家族制度と選択作用」「過度中の家族制度」「中国家譜学略史」「家譜はどういう意味をもっているか」（一）。

②「今日の性教育と性教育者」「今日の性愛」「性と個人」「性と社会」「性と民族」（一）、「人口数量と人口政策」「人口品質と人工政策」「人口流動と人口政策」（二）。

③「科挙と社会流動」（10）、「近代画家の分布、移住と遺伝」「近代蘇州の人材」「人材問題について」（一）。

④「優生教育論」（二）、「国難と教育の懺悔」「教育の懺悔再論」「郷土教育」「教育の改革」「宣伝は教育ではない」「青年と社会思想」「青年の志と思想」「品格の教育」（三）。

⑤「倫という字を説く」「倫に二義あり」「『五倫』の由来」（一）、「中国人文思想の骨格」（三）。

⑥「人文選択と中華民族」「環境、民族と政策」「開封の中国ユダヤ人」「湘西北の土家人と古代の巴人」（二）、『民族の特性と衛生』（3）。

⑦「家族制度と政治体制」（一）、「散漫、放縦と自由」「自由、民主と教育」「民主政治と先秦思想」「個人、社会と民治」「学と政と党」「政治に必ず主義が必要なのか」（三）、「ソビエトの政治と人材淘汰」（四）。

⑧「人文史観」、『人治』と『法治』の調和論」（二）。

⑨エリス（Havelock Ellis 1859-1939）の『性の教育』『性の道徳』『性の心理学の研究』（12）、トーマス・H・ハクスリー（Thomas Henry Huxley 1825-95）の『自由教育論』（13）、ダーウィン（Charles Robert Darwin 1809-82）の『人間の由来と性選択』（14）。

(19)　費孝通「潘光旦先生二三事」『此も歴史だ　思想改造から文化大革命まで一九四九〜一九七九』（六二〜七九頁、香港：オックスフォード大学出版社、一九九三年）。

(20) 潘光旦『優生原理』(天津：天津人民出版社、一九八一年〈初版：観察社、一九四九年〉)。ダーウィン、潘光旦、胡寿文訳『人類の由来』(北京：商務印書館、一九八二年)。ハヴロック・エリス、潘光旦訳『性の心理学』再版〈初版：雲南省経済委員会、一九四四年、商務印書館、一九四六年〉(北京：三聯書店、一九八七年)。潘乃谷、潘乃和(編)『潘光旦選集』一〜四巻(北京：光明日報出版社、一九九九年)。潘乃穆、潘乃和(編)『潘光旦文集』一〜一四巻(北京：北京大学出版社、二〇〇〇年)。潘光旦著、潘光穆、潘光和、石炎声、王慶恩(編)『中国民族史料匯編』(天津：天津古籍出版社、二〇〇五年)。

(21) 例えば、次のような著書がある。潘乃穆(編)『中和位育――潘光旦生誕百年記念』(北京：中国人民大学出版社、一九九九年)。張祖道『一九五六、潘光旦の調査の旅』(上海：上海錦繍文章出版社、二〇〇八年)。前掲、呂文浩『中国現代思想史における潘光旦』、前掲、楊奎松『禁じ得ない関心 一九四九年前後の書生と政治』第三章「潘光旦の『思想』と『改造』」。

(22) 潘光旦日記について、筆者は、潘光旦の娘、北京大学社会学系退職教授、『潘光旦文集』の編集者潘乃穆に下記の各点についてご教示いただいた。①一九四七年〜一九五〇年の日記は、自宅(教職員宿舎、清華園新林院一一号、一九四六年一〇月〜一九五二年居住)の書斎「存人書屋」の名にちなんで「存人書屋日記」と名付けられて、表紙に記された。全部で四冊あり、一九四七年二冊、一九四九年〜一九五〇年二冊である。②一九四七年九月〜一九四九年八月の期間に日記がないことは、本人に確かめたことがなかったが、この時期たいへん忙しかったという理由で記さなかったのではないかと推測される。

(23) 一九六二年に書いた「英国留学記」前掲、『文史資料選輯』(三一輯：三一〜六五頁、〈一九六二年〉)を参照。晩年の費は、社会学を学ぶことについて、次のように語った。「私は大学時代、人びとの病気を治療し、痛みを緩和するために医者を目指した。しかし、その後、人びとの痛みは身体の疾病よりむしろ社会的な原因によるものだと分かった。それで、進路を変え、社会学を学んだ。ある専攻を選ぶことには目的があるはずだ。私が社会学を選んだのは、社会を認識し、改革し、人びとの苦悩を減らすためだ」『費孝通選集・華人著名人類学家叢書』(六〜七頁、福州：海峡文芸出版社、一九九六年)。

(24) *Peasant Life in China: A Field Study of Country Life in the Yangze Valley*, Routledge 1939、邦訳：仙波泰雄、塩谷安夫訳『支那の農民生活』(東京：生活社、一九三九年)。中国語訳『江村経済』(南京：江蘇人民出版社、一九八六年)、『費孝通全集』二巻に収録、以下書名省略、収録巻のみを提示(フホホト：内蒙古人民出版社、二〇〇九年)。『禄村農田』三巻(私立燕京大学・国立雲南大学合作社会学研究報告、呉文藻編社会学叢書、北京：商務印書館、一九四三年)。この本は、雲南大学の同僚の『易村手工業』『玉村農業と商業』と併せて英文論集 *Earthbound China* (Chicago: University of Chicago Press, 1945)として翻訳出版された。中国語版『雲南三村』(北京：社会科学文献出版社、二〇〇六年)。

(25) 呉晗、費孝通（編）『皇権と紳権』六巻（香港：学風出版社、一九四八年）。『郷土中国』六巻（上海：観察社、一九四八年）。
(26) 前掲、費孝通『郷土中国』。
(27) 『生育制度』四巻（北京：商務印書館、一九四七年。邦訳：『生育制度』東京：東京大学出版会、一九八五年）
(28) 『花藍瑶の社会組織』一巻（北京：商務印書館、一九三六年）。「桂行通信」『北平晨報』一巻（一九三五年九～一一月、北平〈現北京〉）。これは、費と妻王同恵が現地から新聞に寄稿した記事である。二〇〇〇年四月一日、二日、一三日の三日間にわたって費の故郷の呉江県と上海市で、九〇歳の費は、歴史学者、上海大学教授朱学勤と自分の人生に関して対談を行なった。一九三五年八～一二月に広西の瑶族地域で行なった瑶族研究が自らの人類学的研究の起点で、中国社会研究に関する視点の多くはこの時から育んだと述べた。朱学勤「費孝通先生訪談録」『南方週末』（二〇〇五年四月二八日）を参照。
(29) 『郷土重建』五巻（上海：観察社、一九四八年）。『内陸の農村』（上海：生活書店、一九四六年）、「如何に東北問題を解決するか」「人権・逮捕・訊問」「これはどういう世界か」「李公朴の死を論じる」四巻（掲載誌は不明だがいずれ一九四六年）。
(30) 著書は、『初めて米国を訪問』三巻（上海：生活書店、一九四六年）、『再びイングランドを訪問』四巻（大公報、一九四七年）、『米国人の性格』五巻（上海：生活書店、一九四七年）など。新聞や雑誌への寄稿は、「アメリカからの手紙」三巻（一九四三～四四年）、「言論・自由・誠実」「米国人は如何に新聞を作り新聞を読むか」「立憲・歴史・教訓」四巻（一九四六年）、「トルーマンドクトリンからマーシャルプランへ」「労働党二年」「米国民意の動向」「米国民主精神の展望」「英国政府の改組」「米ソの覇権争い」「一年来の政界状」「英国の伝統」五巻（一九四七年）、「デューイの立候補と対中政策」「四分五裂の民主党」「選挙から米国式の民主を見る」「聖雄ガンジー」六巻（一九四八年）、など多数。
(31) 呉江県での考察に基づいて一九八三年に発表した「小城鎮 大問題」を皮切りに、「小城鎮 再探索」「小城鎮 蘇北篇」「小城鎮新開拓」十巻など一連の文を書いた。
(32) 『行行重行行――郷鎮発展の概説』一三巻（蘭州：寧夏人民出版社、一九九二年）、『行行重行行　続編』一五巻（沈陽：遼寧教育出版社、一九九七年）。
(33) 『中華民族多元一体格局』（共著）（北京：中央民族学院出版社、一九八九年）邦訳、西澤治彦、塚田誠之、曽士才、菊池秀明、吉開将人共訳『中華民族の多元一体構造』（東京：風響社、二〇〇八年）。
(34) 『人類学と文化自覚を論じる』（北京：華夏出版社、二〇〇四年）。
(35) 筆者が参考した費孝通伝記は下記の通りである（出版時順）。R. David Arkush（中国名＝戴維・阿古什）、*Fei Xiaotong and Sociology in Revolutionary China*, Harvard University 1981、董天民訳『費孝通伝』（北京：時事出版社、一九八五年）、張冠生『費孝通伝』（北京：群言出版社、二〇〇〇年）、佐々木衛『費孝通――民族自省の社会学』（東京：東信堂、二〇〇三年）。

(36) 例えば、佐々木衛「アジアの社会変動理論の可能性――費孝通の再読を通して」『民族学研究』(六一巻：三号、東京：日本民族学会、一九九六年)、前掲、坂元ひろ子『中国民族主義の神話――人種・身体・ジェンダー』第四章「民族学・多民族国家論――費孝通」、楊清媚『最後の紳士――費孝通を例としての人類学史研究』(北京：世界図書出版公司、二〇一〇年)。

(37) 例えば、馬戎、潘乃谷(編)『社区研究と社会発展――費孝通教授学術活動六〇周年記念文集』(天津：天津人民出版社、一九九六年)、楊聖敏他(編)『費孝通先生民族研究七〇周年記念論文集』(北京：中央民族大学出版社、二〇〇九年)、潘乃谷、王銘銘(編)『「魁閣」へ復帰』(北京：社会科学文献出版社、二〇〇五年)、李培林(編)『費孝通と中国社会学』(北京：社会科学文献出版社、二〇一一年)。

(38) 朱学勤との対談において西柏坡の旅についてより詳しく紹介した。張東蓀(一八八六〜一九七三)、燕京大学哲学系教授、建国初期に(以下同)民盟中央政治局委員。張は、一九五一年に「国家の機密情報をアメリカに渡した」という罪であらゆる公職を解任され、文革中に投獄され、獄死。厳景耀(一九〇五〜七六)、燕京大学政治学系教授、中国民主促進会理事。雷潔瓊(一九〇五〜二〇一一)、燕京大学社会学系教授。楊奎松は、張ら四人の西柏坡の旅について、その起因や、西柏坡での活動、四人それぞれの感想などを詳細に紹介した。前掲、楊奎松『禁じ得ない関心　一九四九年前後の書生と政治』第一章「張東蓀「祖国を裏切る」案を再研究」を参照。

(39) 馮友蘭『三松堂自序』(二〇四頁、北京：生活・読書・新知三聯書店、一九八九〈一九八四〉年)(邦訳：吾妻重二訳『馮友蘭自伝　中国現代哲学者の回想』〈東京：平凡社、二〇〇七年〉)。馮友蘭の生い立ちについて、馮友蘭「『五四』前の北大と『五四』以後の清華」「私の北京大学での学生生活」前掲、『文史資料選輯』(三四輯〈一九六二年〉、八三輯〈一九七九年〉)、蔡仲徳『馮友蘭先生年表初編』(鄭州：河南人民出版社、一九九四年)などを参照。

(40) 汪祖棠他(編)『中国人名大辞典・当代人物巻』(二〇八五頁、上海：上海辞書出版社、一九九二年)、以下『中国人名大辞典』。

(41) 呉景超について、呉景超『第四種国家の道――呉景超文集』「作者紹介」(北京：商務印書館、二〇〇八〈一九三六〉年)、謝泳『清華三才子』「呉景超の運命」(北京：東方出版社、二〇〇九年)を参照。雑誌『新路』の活動について、注(13)を参照。

(42) 前掲、『中国人名大辞典』九九六頁。山田辰雄(編)『近代中国人名辞典』(六九三―六九四頁、東京：財団法人霞山会、一九九五年)、徐慶全『名家書札と文壇風雲』「生存か死滅か――大変革前夜の沈従文」(北京：中国文史出版社、二〇〇九年)。

(43) 中国農業大学ホームページ「校友紹介　董時進」http://xyh.cau.edu.cn/ndzg/bnrw/2012-01-09-475.html を参照(二〇一二年二月一二日アクセス)。

(44) 前掲、『中国人名大辞典』九六〇頁。　中国農業大学ホームページ http://news.cau.edu.cn/show.php?id=000019825 を参照(二〇一二年二月一二日アクセス)。

(45) 中国農業大学ホームページ http://news.cau.edu.cn/show.php?id=0000019826 を参照（二〇一二年二月一二日アクセス）。
(46) 艾思奇「学習――思想領域における解放戦争」『学習』（二巻一期：三―五頁、北京：生活・読書・新知三聯書店、一九五〇年三月）。
(47) 一九五〇年一〇月一日『人民日報』の新中国成立一周年記念コラムに寄稿した、中央人民政府政務院文化教育委員会長郭沫若は、「一年来の文教工作」において、「この一年間、最も大きな収穫は、全国規模の群衆学習運動を経て人民の政治的思想的レベルが高まったことである。この学習運動は、即ち、毛主席が「論人民主独裁」において指摘された「全国範囲と全体規模において人民が民主的方法で自己教育と自己改造」をする運動である。相次いで全国各地が解放されて以後、次から次へと労働者農民と知識分子の政治学習を始めた。各地の都市において広範囲に労働者学校が設立され、土地改革を終えた農村にも冬学運動が展開された。概算では、労働者学校の参加者は七〇万に達し、冬学に参加する農民は一〇〇〇万人に上り、そのうち、常設民校に転入したのが三〇〇万人ほどである。大学や中学校には、政治科目が設けられ、教職員も政治理論学習を始めた。各レベルの政府機関においても、学習委員会が組織され、在職幹部の学習制度が整備された。また、各地において、短期政治大学や政治訓練班が設立され、本年の上半期までの統計によると、概算で四七万人がそこで学習をした」と述べた。この時期の新聞や雑誌には政治理論学習に関する報道が充ちていた。
(48) この時期の新聞や雑誌には、「小資産階級知識分子の悪習」を論じる記事が頻繁に掲載されていた。例えば、一九五〇年四月一三日『光明日報』「知識分子は何を改造するか」では、知識分子の欠点を、①大衆から遊離し、生産労働を軽視する、②改良主義、空想社会主義、自由主義、平均主義などの錯誤思想をもつ、③政治的立場が左右に動揺する、④組織や規則を嫌うなどの四点を羅列した。一九五〇年五月三〇日『光明日報』「小資産階級の欠点の統計」には、学生の自己批判から整理した「小資産階級の欠点」として、①紀律を遵守せず放漫、②個人を集団より優先、③エゴイズム、④出しゃばる、⑤傲慢で、挫折に弱い、⑥高遠な理想のみを抱いて着実ではない、⑦政治に無関心で専門技術ばかりに興味をもつ、⑧政治的立場が動揺している、⑨自分の個性のみを大事にして、他人の意見を受け入れない、⑩他人を信頼せず、革命同志の感覚がない、⑪革命を受け入れず「第三の道」の幻想を抱いている、⑫虚栄心、⑬虚無主義、浪漫主義、⑭政治学習や政治集会に興味がないなどの一四点を羅列した。
(49) 君羊「清華大学学生思想点検の意義、経過と成果の報告」『観察』（六巻九期：二七―二九頁、北京：観察社、一九五〇年三月）。
(50) 例えば、一九四九年一〇月、民盟中央主席張瀾、副主席沈鈞儒、章伯鈞がそれぞれの中央人民政府各機関の中央人民政府副主席、最高人民法院院長、交通部部長に任命された。
(51) 日本における研究は、例えば、丸山昇『文化大革命に到る道　思想政策と知識人群像』（東京：岩波書店、二〇〇一年）、小谷一郎、佐治俊彦、丸山昇（編）『転形期における中国の知識人』（東京：汲古書院、一九九九年）などがある。
(52) 例えば、費孝通に関して、前掲、佐々木衛『費孝通――民族自省の社会学』、「アジアの社会変動理論の可能性――費孝通の再読を通して」、宇野重昭、朱通華（編）『農村地域の近代化と内発的発展論――日中「小城鎮」共同研究』（東京：国際書院、一九九一年）。

(53) 学術誌や大学と研究機関の紀要をデジタル化したデータベース「万方数拠」に収録された潘光旦に関する論文はその内容から表1のように分類できる。

(54) 知識分子思想改造に関する論文は、そのテーマから次のように分類できる。

①知識分子思想改造運動の過程を論じる論文。例えば、謝濤「レビュー：一九九〇年代以来知識分子改造に関する研究」『党史研究与教学』（福州：中共福建省委党校、二〇〇二年五期）、笑蜀「知識分子思想改造運動」『文史精華』（石家庄：河北省政協文史資料委員会、二〇〇二年八期）、邢兆良「建国初期知識分子群の転向」『学海』（南京：江蘇省社会科学院、二〇〇三年四期）、崔暁麟「建国初期の知識分子思想改造運動」『経済与社会発展』（南寧：広西社会科学院、二〇〇三年一一期）、李蓉研「建国初期大学教師思想改造の過程とその影響」『皖西学院学報』（二〇巻一期、六安：皖西学院、二〇〇四年二月）、蔡錚錚「建国初期知識分子思想改造の起因」『太原師範学院学報』（太原：太原師範学院、二〇〇九年八期）、張浩「建国初期知識分子思想改造運動」『理論界』（沈陽：遼寧省哲学社会科学連合会、二〇一〇年三期）、韓小香「歴史的回顧と現実的思考――建国初期の知識分子改造運動」『前沿』（フホホト：内蒙古自治区社会科学聯合会、二〇一〇年一四期）、など。

②当時知識分子の心理及び思想改造運動の知識分子に対する影響を論じる論文。例えば、崔暁麟「建国初期知識分子の社会心理とその原因」『広西社会科学』（南寧：広西社会科学界聯合会、二〇〇三年一一期）、李剛「建国初期知識分子の心態」『徐州師範大学学報』（三三巻四期、徐州：徐州師範大学、二〇〇七年七月）、李長偉、呉海光「建国初期の知識分子改造の大

表1　データベース「万方数拠」（2010年）に収録された潘光旦に関する論文

	内容　　（年）	96	01	02	03	04	05	06	07	08	09	10	（合計51）
民国期	教育思想	1		1			2	3	6	3	2	4	22
	優生学								2	1	1		4
	生育制度と家族							2	1	1			4
	民族研究			1			2	1					4
	潘の人生							1	1	1	1		4
	性心理学		1				1	1					3
	伝統文化と儒家思想		1				1						2
	社会学		1								1		2
	進化論と文化生物論					1					1		2
	科挙制度							1					1
	人材学						1						1（民国期96%）
革命後	エンゲルス著書の翻訳と解説											1	1
	思想改造（楊奎松）											1	1（革命後4%）

学教師に対する影響」『山東科技大学学報』（社会科学版、九巻三期、青島：山東科技大学、二〇〇七年八月）、劉明明「思想改造運動前後知識分子が自主的に改造する原因」『社会科学論壇』（石家庄：河北省社会科学界聯合会、二〇一〇年六期）。

③知識分子改造の歴史的意義を論じる論文。例えば、高均英「建国初期知識分子思想改造の意義」『福建党史月刊』（福州：中共福建省委党史研究室、二〇〇九年八期）。

(55)　前掲、呉小妮「建国初期成功した思想改造運動――知識分子の土地改革参加について」、崔暁麟「土地改革と知識分子改造」『広西民族学院学報』（二七巻四期、南寧：広西民族学院、二〇〇五年七月）、莫宏偉「建国初期民主人士が土地改革の試練を受ける」『遵義師範学院学報』（九巻二期、遵義：遵義師範学院、二〇〇七年四月）。

(56)　この方面において、謝泳は多くの論考を世に送った。例えば、謝泳『逝去の年代　中国自由知識分子の運命』（北京：文化芸術出版社、一九九九年）、前掲、『清華三才子』、また、前掲、楊奎松『禁じ得ない関心　一九四九年前後の書生と政治』、陳徒手『故国人民に所思あり――一九四九年以後の知識分子の思想改造』（北京：生活・読書・新知三聯書店、二〇一三年）。

第二章　政治理論学習と知識分子の思想改造

本章では、建国初期の政治理論学習について考察する。具体的には、それが展開される背景や、政治統合におけるその役割、教育や学問に対する影響などを視野に入れながら、知識分子の受け入れ方や、潘、費、馮らそれぞれのとり組む姿勢や思想的転換の有り様を考察する。

政治理論学習の内容は、後述するように多様であったが、常に一括して「マルクス主義」と称された。それは、明らかにマルクス本来の思想よりも、むしろ中国共産党のイデオロギーに規定されたものと捉えられるが、本書では、一九五〇年代の時点の中国における用語のままに「マルクス主義」を使用することを、本文に入る前に一言お断りしておきたい。

一　政治理論学習の展開――「思想領域における解放戦争」

1　「全国的な範囲で、全体的な規模で」の学習運動

一九四九年六月、中国共産党成立二八周年記念に因んで、毛沢東は「人民民主主義独裁について」を発表し、ま

もなく成立する新しい政権の性格を論じた。その中で、新政権のもとで人民を教育することの重要性と方法に言及している。

「人民の国家があってはじめて、人民は、全国的な範囲で、また全体的な規模で、民主的な方法によって、自己を教育し自己を改造することができる。それによって、内外反動派の影響（この影響は現在まだひじょうに大きいし、また、これからも長期にわたって存在し、早急にとりのぞくことはできない）から抜けだし、旧社会で身につけた自己のわるい習慣やわるい思想を改めて、反動派の誘いいれる誤った道にふみこまずに、ひきつづき前進し、社会主義、共産主義社会にむかって前進することができるのである。[1]」

最初の革命根拠地井岡山の時期から政権を奪取するまで、毛沢東は一貫して、革命の隊伍内における思想教育を重視し、[2]「正確な政治観念」や「革命作風」を養成するために、共産党員や革命軍隊の兵士に対して絶え間なく思想教育を施した。[3]この組織作りの方針は、しだいに応用範囲が拡大した。党や軍隊、根拠地から、新しく占拠する地域へ、そして、革命以後、全国人民に押し広げ、政治統合の根本的な手法となったのである。明らかに、思想教育の方法の一つは、革命思想の学習だった。

ここで、指摘しておきたいのは、大規模な思想教育と政治理論学習の展開は、中国革命の文脈とつながる一方、ソビエトの影響も無視できないことである。この時期の共産党宣伝部門に掌握されていた各種刊行物のソビエトに関する大量の記事には、ソビエトにおける思想教育や、大衆政治理論学習、知識分子改造などの報道が、大きなシェアを占めていた。思想教育の意義に関する解釈、政治理論学習の内容、新聞・雑誌・放送などのマスメディアを利用する大衆学習の方法、知識分子改造の目標などは、中国で行なわれているものとほぼ完全に一致した。否、中国

2　政治理論学習と知識分子の思想改造

表1　1949年上半期開催の講演会・座談会

	講演会	座談会
北京大学	何幹之：社会発展史	「時事座談会」　銭端昇、樊弘、許徳珩らによる共産党の政策を解説。
燕京大学		「新社会を認識する座談会」　学生自治会主催。
清華大学	銭俊瑞：新民主主義と共産党の政策 艾思奇：唯物史観に関する連続講座	

より一歩先に進んで、中国の手本となっていたといえよう[4]。

実際、一九四八年の冬から、共産党の支配する地域では、大規模な大衆学習運動が始まった。工場に労働者学校が設立され[5]、農村に「冬学」運動が展開され[6]、各レベルの政府機関に「幹部学校」「行政人員訓練班」などの学習班が組織され、学習は制度化された[7]。この学習運動は、一九五〇年の冬まで三年間連続的に行なわれた。

同じ時期に、「旧知識分子」に革命思想の教育を受けさせたり、若い世代から新たにプロレタリアート知識分子を養成したりするために、共産党政権は、華北大学、華北人民革命大学、華北軍政大学、中国人民大学などの大学や、短期大学、政治訓練班を相次いで設立した[8]。短期間に、数多くの共産党系大学が創立されたことが[9]、知識分子の思想改造にとって大きな促進力となり、一九四九年の一年間、二〇数万もの知識分子が共産党系の大学で政治訓練と思想教育を受けた[10]。

大衆政治学習の内容は、職業や識字状況によって異なったが、労働者と農民は、土地改革、新貨幣の発行、婚姻法と新農業税の実施などの政治的キャンペーンや識字教育と結びついて、政府の政策や法令を学習した。各レベルの政府機関の公務員は、主として毛沢東の著書や「社会発展史」などの革命理論を学習した。

「旧社会の影響をとりのぞき」、新社会に相応しい思想と習慣を身につけようとする意識は、学習を通して、しだいに民衆の間で広がった。

2　学生たちの「自発的な学習」と「革命工作」への参加

一九四八年末、北平市郊外にある各大学が解放軍に接収されて以後[11]、大学においても革命理論を学習する活動が広がった。一方、キャンパスを出て、軍管会や人民政府に協力し、工場や農村、都市住民の居住区に入って、宣伝活動や社会組織作りの仕事に従事する学生が、急速に増えた。

大学生の間では、主として以下のような活動が行なわれた。

（1）「学習小組」を組織し、革命理論を学習。燕京大学の学生は、四〇ほどの学習小組を結成し、毛沢東の『新民主主義論』『連合政府を論じる』を学んだ。清華大学学生自治会は、『新民主主義論』を大量に印刷し、学生に配布した[12]。

（2）講演会と座談会を主催。一九四九年の上半期に、北京、燕京、清華などの大学では、表1のような講演会や座談会が開かれた[13]。

学生の間では、延安知識分子[14]に対する憧れが強かった。中でも代表格のような存在だった艾思奇と何幹之による革命思想の講座は、学生に熱烈に歓迎され、清華大学の会場は来場者が二〇〇〇人に上り、満員の盛況であった。

（3）宣伝活動を行なう。「工作大隊」や「文芸宣伝隊」を組織し、解放軍の宣伝隊と一緒に農村や工場、町に出かけて、共産党擁護の横断幕を掲げたり、壁新聞を貼り付けた。また、共産党の政策を解説したり宣伝したりした[15]。

（4）様々な「革命工作」に参加する。例えば、担架隊を結成し、国民党軍隊との戦いで負傷した解放軍戦士を運搬したり看護したりした。北平市内で「区保工作」と呼ばれる住民の組織作りや治安維持の活動をした[16]。また、戦闘部隊に付いて南下し、新たに解放された区域で社会組織作りを主要な任務とする「解放軍南下工作団」に入隊した。それをきっかけに、「革命事業」に身を投じるようになり、学生生活に終止符を打った学生も少なくなかった。

清華大学では、七〇名前後の学生が区保工作に参加し[17]、二〇〇名ほどの学生が南下工作団に入隊した[18]。職務を終えた後、大学に戻った学生もいるが、革命工作を継続する理由で休学したり退学したりする学生も少なくなく、一九五〇年に大学に帰還していない学生数は約二〇〇名を数えた[19]。

(5) 教授や研究者に積極的に働きかける。教授らに国民党政権に追従して台湾に渡航しないように説得したり、マルクス主義理論や共産党の政策に関する学習資料を渡したり、また、思想改造のアドバイスをしたりした。学生の活動は、教員たちにとって大きな刺激となり、共産党に接近して「進歩の道」を歩む促進力となった[20]。

学生たちの活発な活動は、共産党中央の機関誌『人民日報』などの主要紙に頻繁に取り上げられ、共産党を支持する「自発的な」行動として報道された。

この時期の学生の活動は、他の学生運動と同じく、「人心所向」、即ち、人心の向かうところによる自然発生的な性質があったことは確かである。例えば、当時、北京大学の学生で、積極的に革命活動に参加していた楽黛雲について、丸山昇は、彼らが「世代としても、階層としても、当時の中国人民の中でももっともストレートに新しい体制を歓迎した人びとに属する」ものだと、語った[21]。

しかし他方で、諸活動の展開は、けっして共産党が宣伝した通りの、純粋に「自発的な」ものではなく、また、学生のリーダーや学生会の組織力や行動力だけによるものでもなく、その背後には、共産党組織があったことも事実である。

学生会の活動は、共産党の革命方針と呼応した。一九四〇年代後半、活動内容は、広範囲に学生を動員し、国民党政権に反対し、共産党解放区の状況を宣伝することだったが[22]、共産党が華北全域を掌握するにつれ、活動の重心は、国民党政権との戦いから、共産党政権を擁護し、人民民主主義国家を建設することに転換していった。学生会は、学生たちに革命理論を学び、自らの思想を改造し、革命工作に参加するようにと呼びかけた[23]。これらの活動の展開は、党の指示に従ったものであった。

各大学の学生会は、往々にして地下共産党員が中核をなしていた。一九四九年初め、清華大学学生会の成員一四名のうち党員は五名、主席三名のうち党員は二名、秘書処の責任者も党員であった。特務の活動がキャンパスにおいてもはびこる国民党時代に、共産党員の身分は秘密にされた。一九四九年六月に、共産党北平市委員会の指示により、党員名簿が公開され、大学における党の活動は初めて表面に出た[24]。

学生運動と共産党組織との関係は、清華大学歴史系教授で、新中国が成立してまもなく北京市副市長に任命された呉晗の回想によっても、証言された。一九四三年に民盟に加入した呉は、一九五六年に党組織に提出した個人史において、盟員である地下共産党員の指示に従い、民盟組織の名義で学生運動を指導したと、述懐している[25]。

3　政治課を大学の必修課目にした高教会

一九四九年五～六月に成立した「華北高等教育委員会」（高教会と略称）は[26]、北京や天津を含む華北地区の大学や専門学校の教育を管轄する機関であるが、その影響力は華北地域にとどまらずに、全国に及んだ。

設立当初から、高教会が力を注いだのは、「大学共同必修課」と呼ばれる政治理論課の実施と、「封建主義、帝国主義の影響や、「反動的」国民党政権と関連する人文社会科学の教育改革であった。

同年八月に、高教会は、華北地域のあらゆる大学や専門学校において、「弁証法唯物論と史的唯物論（社会発展史を含む）」と「新民主主義論（近代中国革命運動史を含む）」を「共通必修科目」として新設することを決めた。授業時間は週三時間で、一学期で完結する。また、人文社会科学領域の各学科に、さらに通年課目の「政治経済学」を付け加えた[27]。

九月に高教会は、「共通必修科目に関する教学座談会」を開き、北平と天津の各大学の課目担当者が参加した。座談会は、弁証法唯物論と史的唯物論の教学目的や、教材、授業方法などを討議し、次のように具体的に規定した[28]。

(1)目的は、プロレタリアの立場、「労働観点、大衆観点、階級闘争の観点」、客観的に物事の法則性を追求する作風を育成すること。

(2)教材は、基本教材と学習資料の二種類に分ける。前者は、スターリンの『弁証法唯物論と史的唯物論』で、後者は、毛沢東の『われわれの学習を改造する』『学風、党風と文風を整頓する』、スターリンの『アナーキズムか、それとも社会主義か』『中国共産党中央委員会の調査研究に関する決定』などである。

(3)授業方法は、北京大、清華大、燕京大の計画書に基づいて設定したが、基本的には、教員による講義、小組での討論、教員にフィードバックした質問や疑問に対する教員による解説の三つである。

また、座談会は、共通必修科目の進行を指導するために、「弁証法唯物論と史的唯物論の教学委員会」を設立することを決めた。艾思奇を中心とする教学委員会は、一三名の委員より構成されたが、費孝通も、清華大学の政治理論課責任者の資格で委員に選ばれた[29]。

4　「思想領域における解放戦争」——延安知識分子とマルクス主義知識分子の解釈

全国範囲で展開された大規模な学習運動において、先導的な役割を果したのは、延安知識分子とマルクス主義知識分子であった[30]。彼らは、前述した通り、関連する政府機構や委員会において中心的な役割を果たすと同時に、思想的な構築にも重要な役割を果たした。

講演や連続講座、新聞や雑誌の論説、著書などを通して、学習運動の意味を説明したり、「正確な態度」や学習方法を提唱したり、また、学習内容の弁証法唯物論と史的唯物論、政治経済学、マルクス主義の国家論などを解釈したりした。彼らの文章は、学習運動のさなかに創刊され[31]、圧倒的な影響力をもった『学習』誌をはじめとして[32]、『人民日報』『光明日報』などの主要紙に頻繁に掲載され、エンゲルス、レーニン、スターリンの著書と同列に扱われて、学習資料として読者に推薦された[33]。

大衆学習運動について、彼らは、次のような様々な角度から論じた。

（1）学習運動展開の背景

『学習』創刊号に、艾思奇は「初めから学ぶ――マルクス・レーニン主義を学習する方法」を寄稿し、学習運動が勢いよく展開している理由を、「共産党中央の指導と推進によるばかりではなく、大多数の幹部、労働者、学生、及び知識分子が、理論を掌握することの重要性を認識した」ことに帰した[34]。

また、過去の革命闘争の経験が学習の重要性を証明したばかりではなく、未来の社会主義建設の任務を遂行するためにも学習は必要であり、人民の思想的レベルを高め、マルクス主義と毛沢東思想が大衆の思想的武器になってはじめて革命事業が順調に前進するのだと主張した[35]。

（2）把握すべき革命思想の「基本的な観点」

学習の任務は、「求知欲」（知識を求める願望）を満たすためではなく、マルクス主義の基本的な「立場、観点、方法」を正しく把握することである。したがって、多くの知識を得ることより、むしろ、基本的な観点をしっ

2　政治理論学習と知識分子の思想改造

表2　革命思想の基本的な観点と対立する誤った思想の例

革命思想	誤った思想	誤った思想の持ち主
労働が世界を創造した観点	智恵と知識が世界を創造する	知識分子
	人類の歴史において思想が労働より重要	〃
	「万般皆下品、唯有読書高」（あらゆる職業が低俗、学業のみ崇高）	〃
	命令主義、個人英雄主義、英雄史観、群衆観点の欠如	共産党幹部
階級闘争の思想	超階級の観点	知識分子
	階級闘争拡大化の左翼過激思想	小ブルの貧困層
	階級調和論	ブルジョア

かりと理解することの方がもっと重要である。基本的な観点とは、労働が世界を創造するという労働観、階級闘争の思想、マルクス主義の国家言説、歴史発展の法則などである。

労働の観点から見ると、歴史は、生産労働に従事する労働人民の歴史である。帝王、貴族、独裁者、地主、買弁、軍閥、官僚、ないし支配階級、搾取階級に奉仕する知識分子は、労働人民に養われた寄生虫である。人民は搾取階級と闘って、その支配を取り壊したことで、社会が発展し、歴史が進歩する。人類社会は、このような客観的な存在の変化の法則に沿って発展し、マルクス主義は、この法則を把握した唯一の科学的学説である。[36]

（3）「正確」な学習態度と方法

正しい学習態度と方法とは、理論を「実際」と結びつけて学ぶことである。「実際」とは、各自の思想のことである。革命思想の基本的な観点に照らし合わせれば、自らの思想にそれと異なったり矛盾しあったりするところを必ず見いだすことができる。相違点や矛盾点を解消する、即ち、革命思想を基準に自己批判を行なうことが、正しい学習方法である。

様々な職業や、異なる社会地位の人びとの「誤った思想」の例が挙げられた（表2参照）。

革命思想を武器にして自らの誤った思想を批判する際、内面の激しい「思想闘争」が必至である。それは、本人にとって耐え難いことかもしれないが、それを通すしか、立場と思想的転換が完遂しえない。

（4）知識分子が思想改造をしなければならない理由、改造する方法[37]

知識分子が思想を改造しなければならない理由は、彼らの階級所属や世界観に依拠するものである。知識分子は、小工商業主、手工業労働者、自由職業者と同じく「小資産階級」に属する。この階級の最大の弱点は、「散漫性」と「私有制」であり、改造しなければ、新中国を建設する大任に適することができない。知識分子の家庭出身も問題視された。知識分子の多くは、搾取階級の地主や資本家家庭の出身者である。搾取階級と自然なつながりをもって、後者から多大な影響を受けており、その影響を粛清しなければ、思想が停滞し、新しい時代の門をくぐることすらできない。

また、知識分子、特に欧米留学の経験をもつ「高級知識分子」の世界観と社会観は、旧民主主義的なものであるので、新民主主義にはなかなか馴染まない。彼らの多くは、国民党反動政権を擁護しなかったものの、革命とも距離を保って、あくまでも「傍観派」か「中間派」であった。中には、国民党反動政権のブレーンとなって「出謀劃策」をする人もいた。したがって、革命勝利以後、知識分子は本来の世界観のままでは、革命事業に献身し、無条件に人民に奉仕することができない。

知識分子の思想改造の方法は、共産党内の思想的組織的建設の方法や、人民に対する思想教育の方法と同じく、「批評と自己批評」、即ち、自ら批判し、相互に批判する方法である。

以上の議論から、政治理論学習は、マルクス主義が革命運動や革命の主体である人民に浸透する根本的な手段として位置づけられ、それと併行して行なわれる思想改造も併せて、政治統合のもっとも重要な手法の一つ、人民全体に対する思想教育の根幹とされたことが分かる。新社会を建設するために、革命の対象である反動的勢力や旧社会の影響を徹底的に粛清するという大義名分の下で、人民の「思想」を問題視し、個々人の内面をマルクス主義の信条へ導いたり統制したりすることが、思想教育の根本であったといえよう。

革命体制における思想教育の文脈から見ると、思想改造は、知識分子のみに押しつけられた課題ではないことが容易に分かる。しかし一方、労働者や農民など「労働人民」に対する思想教育が、「国家の主人公」意識を樹立させることに重点が置かれたのに比べて、知識分子の方は、文字通り思想を改造することに重点が置かれた。

階級分析の方法と理論によれば、知識分子は革命に動揺し、傍観者的な態度をとる「小資産階級」に属する。「出身階級」も、地主や資本家などの搾取階級の家庭からの者が多いという。所属階級による「劣等根性」が、改造する必要度をとくに高めた。但し、所属階級のみでは、知識分子の思想改造がそれほど特別視されたことを説明しきれない。知識分子と同じく「小資産階級」に区分された小工商業主、手工業労働者、自由職業者などは、同様な「劣等根性」をもつにもかかわらず、思想改造をそれほど促されなかった。

根本的な理由は、知識分子の「思想」にあった。艾思奇らが論じたように、知識分子の脳裏には「誤った思想」が多く、革命思想と対立する資本主義の思想観念や方法論を体系的にもっており、それを取り除かなければならなかったことこそが、彼らが思想改造の宿命を負わせられた所以であった。

5　『私の思想はいかに転換したのか』

旧思想と代替するものとしての革命思想は、知識分子にとって、しぶしぶ受け入れざるを得ないものというより、むしろ心を惹きつける力さえ感じられた。革命思想は、その「正確性」が革命の勝利という巨大な社会的実践によって「証明」されたばかりではなく、「人民」を国家政治の主体に位置づけて搾取制度を根こそぎ取り除くと主張する正義性によっても、知識分子にそれを「人類社会発展の法則を把握した真の科学」として受け入れさせた。

表3　『私の思想はいかに転換したのか』*

執筆者	職業	題目	掲載紙	掲載時間
王芸生	『大公報』編集長	私の反省（私は解放区に来た）	『進歩日報』	1949.4.10
斐文中	古生物学者、北京原人を調査	私は何を学んだか	『人民日報	1949.10.11
葉浅予	画家	自己批判（水墨画から漫画へ）	『人民美術創刊号』	1949.12.18
羅常培	言語学者、北京大学教授	私の思想はいかに転換したのか	北京大学壁新聞**	1949.12.31
費孝通	社会学者、清華大学教授	私のこの一年	『人民日報』	1950.1.3
蕭　乾	作家	買弁文化を論じる	『大公報』	1950.1.5
馮友蘭	哲学者、清華大学教授	一年学習の総括	『人民日報』	1950.1.22
謝蓬我	清華大学学生	私の思想総括	『観察』6巻8期	1950.2.16
呉　晗	歴史学者、北京市副市長	私はいかに「超階級」観を克服したのか	『光明日報』	1950.2.22
李子英	華北大学卒業生、国家貿易部職員	一人の知識分子の改造記	『観察』6巻9期	1950.3.1
張治中	国民党政府平和交渉代表、将軍	如何に改造するか	『光明日報』	1950.3.7
馮友蘭	哲学者、清華大学教授	私は革命に参加した	『学習』2巻2期	1950.3.15

* 原本の掲載順は、斐文中、張治中、呉晗、馮友蘭、王芸生、葉浅予、費孝通、羅常培、蕭乾、李子英、謝蓬我、馮友蘭であったが、本文においては発表する時間順で再整理した。括弧の中の題目は、最初に掲載された時の題目である。

** 大学の壁新聞は、学生会が設置した。進歩を追求する教授たちもそこで自らの意見を発表する。馮友蘭は土地改革参加の動機を壁新聞で説明したのである 。前掲、蔡仲徳『馮友蘭先生年表初編』（354頁）を参照。

一九五〇年四月に、『私の思想はいかに転換したのか』という本が出版された（『転換』と略称）。『転換』は、出版するまでのおよそ一年間新聞や雑誌に掲載された、著名な科学者、人文学者、芸術家、新聞記者らが、自らの思想的変化を顧みて綴った文を収録した。この本は、たちまち反響を呼んで広く読まれて、ベストセラーとなり、翌年一〇月までに二二刷も出された[38]。

『転換』の執筆者と各自の題目は、表3の通りである。

執筆者たちは、知識分子、とくに「高級知識分子」の中で、いち早く革命や共産党の思想を受け入れて、公の場で自らの思想の誤りを認めて、進んで自己批判をする人たちであった。

彼らの職業や専門領域は異なり、文章を発表するまでの経緯もそれぞれ違った。

また、共産党との関係から言うと、呉晗のように、一九四〇年代半ばから地下共産党員と共に革命活動をした者もいれば、王芸生、費孝通のように、新中国が成立する直前、共産党中央に華北根拠地に招かれて、「建国大計」に関する意見が聞き入れられた者もいた。また、馮友蘭、羅常培のように、大学が接収されてから初めて共産党と接触した者もいた。

それにもかかわらず、彼らの文章は、以下の各点において、ほぼ一致している。

第一は、革命に参加する人民の行動に感動を覚え、革命によって喚起された人民に潜んだ巨大な力に震撼させられた点である。とくに、共産党解放区に赴いた経験のある呉晗、王芸生、費孝通は、「人民」や人民の「力量」をさらにリアルに語った。

呉晗　私は、解放区に入った。解放区の人民、解放軍部隊、そして、夜を日についで人民のために働いている政府幹部の姿をこの目で見た。理論が群衆に掌握された際の力量を目の当たりに見た。このような力量は、人類の歴史上、かつてなかったものである。

王芸生　われわれは、人間的生活と人民の力量をこの目でしかと見た。二〇世帯ほどの小さな村落にほんの数日間しか泊まらなかったが、得たものは非常に大きかった。党、政府、軍隊、人民が互いに融け合って一体となっている。

費孝通は、解放区に行く途中、解放軍の隊伍と前線へ食糧を運送する農民の行列に出会った。彼は、詩のような言葉で、自分の目に映った光景を語った。

費孝通　われわれと同じ方向に進んでいるのが、長々と続く絶えない部隊であり、われわれと逆方向からやってきたのが、リヤカーで食糧を運送する農民たちだった。リヤカーに小さな旗が挿されて、押送の兵士はいっさいない。[39]深夜となっても、提灯に明かりを点して止まらずに彼らは進んだ。遠くから見ると、あたかも一列の赤い星だ。この景観に、私は感動した。脳裏には鮮明なイメージが浮かび上がった。それを簡潔に表せば、自発的な統一性だ。何千、何万という人びとの無数の行動が、合流して一つの巨大な流れとなり、一つの無類な力量と形成された。いったい何が彼らを凝集させたのか。それは、一人ひとりの心の底から迸る同じ目標、即ち、革命だ。

彼らは、周囲の学生や若い世代からも時代のうねりを感じた。

馮友蘭　夏休み前、清華大学哲学系の南下工作団に参加した二人の学生が、私が自己批判をすると聞いてたいへん喜び、いかに私に助言をするかを徹夜で相談した。翌日私のところにやってきて、私が自分を批判するのではなく、自己批判を論じようとすることが分かり、失望して何も言わずに帰った。

学生の反応から馮は、思想改造に対する自分の態度を反省して、自らの思想を点検することを決心した。著名な古生物学者の斐文中も、若い世代に促された者の一人であった。

斐文中　私は中国代表団の成員としてチェコで開かれた世界平和擁護会議に参加した。代表団の責任者や、若い人々の物事に対する明晰な分析や、修養、態度にたいへん感服し、代表団参加は私にとって貴重な学習の機会となった。この学習を通して、私は悟った。自分はいかなる面においても、学習を急がなければいけないと気づいた。帰国した後、私は行政人員訓練班や技術者学習会に参加し、三か月ほど政治理論学習をした。

第二は、人民を革命参加に動員し、人民のための政権を設立し、人民に奉仕する共産党に敬意を払うという点である。

馮友蘭　プロレタリアの政党共産党は、農民を武装し、二千年も続いた封建的土地制度をとり壊した。これは、二十数年来の中国革命の基本的な事実だ。

王芸生　人民政権の下で、政府の幹部は正真正銘人民に奉仕する者だ。彼らの大多数は知識分子だが、すでに農民化し、質素、勤勉、親切で、微塵の役人風もない。中国はずっと官僚の天国だが、このような政府の誕生は、革命の成果だ。

謝蓬我　最初、共産党の本を読んだ時、宣伝用の印刷物としか思わなかった。その後、北京に入ってきた共産党の謙虚な作風、着実な行動力を見て感動した。停電がなくなり、鉄道が迅速に修復され、物価が安定してきており、国家も、個々の人びとも、日に日に変化して進歩している。事実の前で、私は、共産党に対して、疎遠、懐疑から、熱愛に変わった。

第三は、自らの階級所属と属性を認めると同時に、旧知識分子の欠点や悪癖を批判している点である。

馮友蘭　以前、私は階級感情という概念を知らなかった。いま、人がある階級に感情をもって初めてその階級の立場に立つことができると信じている。私は、知識の面において、開明的であるかもしれなかったが、感情的には、地主に傾いていたので、自分の階級的立場が、それで決められたのである。

王芸生　私は、旧知識分子の道を歩んだ。頭角を現すために精励恪勤した。反動的な上層に這い上がったが、人民から遊離して、プチブルの習性に染まった。

自らの弱点を踏まえながら、彼らは、旧知識分子の欠点を列挙した。

・「嬌生慣養」、即ち、ブルジョアや地主階級の裕福な環境の中で甘やかされ育てられた。
・「養尊処優」、即ち、労働をせずに有閑生活をしてきた。
・散漫で、規則を嫌悪する個人中心主義。
・現実から逃避し、狭い学問の象牙の塔に閉じこもり個人の成功ばかりを追求する。

第四は、知識分子や自分の内面にある「錯誤思想」を批判する点である。

・西欧資本主義の文化や思想を崇拝し、依存し、それの買弁となり、民族自尊心と自らの自主性を忘れがちである。
・自分たちのみが国民党にも共産党にも近づかず、搾取階級にも被搾取階級にも属さない第三者的存在だ、といった「超階級観」をもっている。
・学問は政治や現実とは無関係であるとする「純学問観」。
・知識分子のプチブル的な国際観念にソ連に対する誤解が満ちている。強権政治の視点から国際政治を理解するので、ソ連を一つの強権国家としてしか見ていなかった。

第五は、マルクス・レーニン主義に対する新たな認識を語る点である。

馮友蘭　もしも、マルクス主義の人間と社会を改造する理論と方法論を中国哲学の「修身斉家治国平天下」という理屈と比較すれば、まるで科学をベースにした現代医学と中世の医学との差のようだ。マルクス主義は、人間や社会を改造する際、社会発展の規則に基づいており、生理学や病理学に基づく医学の如くである。中国の旧哲学は、「正心誠意」や「礼学兵農」などを唱えるが、社会発展の規則に知識がなく、薬草の性質に無知な漢方医学者の如くである。滑稽だ。

費は、華北平原で出会った食糧を運送する行列が自分にとって「当頭棒喝」、即ち、頭をぴしゃりとやられたような猛省を促された。それにより、工業化が遅れ、科学も進歩せず、人口が多いなど、負の面ばかりを憂慮していて、中国の前途に自信をもてなかった自分の消極的な思想の根底には、「人民の力量」への不信があったことに気づかされた。解放区から戻った後、費は、「人民の力量」という演題で清華大学において連続講演を行なった。

このように、かつて「軽視」していたばらばらな大衆が、知識分子の目に生き生きと革命のために貢献する主力と映り、「歴史を創造する動力としての人民」と理解されるようになった時、費が述べたように、彼らは「頭を下げずにいられなくなった」。

「大衆」から「人民」へのシフトは、知識分子の思想的転換の要となったようである。過去に「民衆の力を過小に評価して得た歴史認識」や、民衆から離れたところで社会の改良策を考案する姿勢が、根本的に間違ったものだと認めると共に、人民を動員し革命の道へと導いた共産党ないしその思想が正しいものと感服した。それゆえ、「小資産階級」のレッテルを貼られても、人民と「別類」に分類されても、異議を唱えるどころか、その所属階級の「局限性」（限界性）や弱点を反省し、革命に貢献しなかったことを悔やみ、人民に編入されるように努力すると、彼らは相次いで意思表明したのである。

二　清華大学の「大課」と費孝通

1　清華大学の「大課」

一九四九年八月、高教会の共通必修科目政治理論課を新設する通知が下達された後、清華大学では、すぐにその実施に取り組んだ。[40]

八月二〇日　文、法学院の院長と各系主任の座談会が潘光旦の自宅で開かれ、代理教務長費孝通が高教会の文、法学院の課程改革に関する指示を伝達した後、共同必修課程の進め方を討議し、担当する委員会を設立することを決定。[41]

八月二四日　全校集会、費が高教会の指示を伝達。

八月　「弁証法唯物論と史的唯物論教学委員会」が設立され、費は責任者として任命された。[42]

一〇月五日　学習動員の全校集会で、費が「われわれの大課が開始された」という演題で基調講演。[43]

費は、「われわれの大課は、思想課程、または政治課程だと言える。主要な目的は、弁証法唯物論と史的唯物論の二つの鋭利な武器で、われわれの思想を改造することである。あらゆる清華人は、過去の社会環境の影響により、いろいろと誤った思想をもってきた。これらの重荷を捨てなければ、われわれは完全に解放されたとは言えない。大課は、われわれがプロレタリアの立場に立ち、弁証法の方法論や唯物論の観点を把握することに役立つものだ」と、述べた[44]。

2　政治理論学習と知識分子の思想改造

政治理論課は、「大課」と呼ばれる全校報告会、学習小組討論、班教員が質疑を回答するなどの方法で進行した。一〇月一七日、第一回の大課が行われ、呉晗は「弁証法唯物論と史的唯物論」という演題で講義をした。受講者は、学生二三〇〇名のほかに、教員や職員、用務員、教職員家族ら七〇〇名もいた。大課は、基本的に清華大学の教員が担当するが、延安知識分子も招かれ、艾思奇は三回も清華大学で講義した[45]。

大課で学んだ内容をめぐって、学生と教員は、各自で学習資料を学習するうえ、一〇〜二〇名で構成される小組で討論を行なった。いくつかの小組がまとまって一つの班を構成し、全校の学生は一七班に分けられ、各班に教員が一名配置された。小組の討論で出された質問は、教員が受けて、補習の際に解説し、さらに集まった質問は、教員が大課委員会に報告し、次の大課で回答してもらった[46]。

二か月ほどの学習を経て、「思想総括」に入り、一二月二七日、費は大課で学生や教職員に対して、各自が学んだ革命思想の基本的な観点を整理し、「批評と自己批評」の方法で思想点検を行おうと呼びかけた。「批評と自己批評」とは、革命思想を基準にして自己批判したり、相互に批判したりすることである。費は、次のように述べた[47]。

大課は思想総括の段階に入った。学生諸君は是非とも批評と自己批評の武器を運用して半年間の思想的進歩を点検するように。われわれの旧い意識は未だに随時現れてきて、新思想を武器にしてそれを改造しなければならない。われわれがマルクス主義の立場、観点、方法論を把握することができたら、マルクス主義はわれわれの前途を照らしてくる。

2　一連の文章を著した費

費は、大課委員会責任者として、大課の運営に中心的な役割を果たす一方、政治理論学習と知識分子の思想改造をめぐって一連の文を著した。費の文章は、だいたい次のように分類できる。

(1)　政治理論学習の意義と知識分子の思想改造を論じる。[48]

①一九四九年一一月　「知識分子と政治学習」『観察』第六巻第二期（『政治を超越する』）

②一九四九年　「労働を通して搾取意識を克服する」

③一九五〇年一月　「心のしこりの解消」『観察』第六巻第六期

④一九五〇年二月　「改造しなければ遅れる」『観察』第六巻第七期

⑤一九五〇年三月　「『人民に奉仕する』についての対話」

⑥一九五〇年四月　「純技術観を論じる」『学習』第二巻第三期

(2)　清華大学大課の運営方法と経験を紹介する。[49]

⑦一九五〇年三月　「思想戦線の一角」『学習』第二巻第一期

⑧一九五〇年三月　（君羊）「清華大学学生の政治理論学習の意義、経過と収穫」『観察』第六巻第九期

⑨一九五〇年三月　「出世競争から助け合いに」『観察』第六巻第九期

⑩一九五〇年四月一一日　「私たちの大課――清華大学政治課の経験（上）『光明日報』

一九五〇年四月一二日　「私たちの大課――清華大学政治課の経験（中）」『光明日報』
一九五〇年四月一三日　「私たちの大課――清華大学政治課の経験（下）」『光明日報』

（3）自分の思想的変化を顧み、自らの誤った思想を批判する。(50)
⑪一九四九年八月　「私は北平各界代表会議に参加した」
⑫一九五〇年一月三日　「私のこの一年」『人民日報』
⑬一九五〇年二月二日　「解放以来」『人民日報』
⑭一九五〇年四月　「進歩という重荷」

（1）は次節に譲るが、ここでは、（2）（3）について、簡潔にまとめておこう。

まず、（2）について。費は、大課を主として思想闘争の「戦場」として捉え、清華大学の大課の経験を紹介する文の中で、次のように書いた（文末の番号は費の文の番号と同じ）。

大学に新設した「大課」と呼ばれる政治課目は、教員も、学生も、マルクス主義の弁証法と史的唯物論を学び、滅びた旧社会の人びとの脳裏に残った影響を清掃し、批評と自己批評の方法で、思想改造を行なってきた。

われわれは、封建主義、官僚資本主義、帝国主義的社会制度を取り壊すばかりではなく、思想的にもそれを根こそぎ取り除かなければならない。禍根を残せば、旧社会制度は再生する可能性がある。われわれの目標は社会主義と共産主義だ。目的を達成するために、生産力を上げる努力だけでは足りず、思想の面においても更新しなければならない。人民の国家が成立してはじめて、このような大規模な政治教育が可能となった。毎回の授業は、思想闘争の一つの戦いであり、新しい思想に抵抗する旧思想を批判しながら進んできた⑽(上)。

「大課」は思想闘争であるので、最初から様々な抵抗に遭遇してきた。(1)「大課は思想管制だ」、(2)「私の思想は正しいもので、改造の必要がない」、(3)「新中国は労働者、農民、民族資本家、小ブルジョアジーなど四つの階級の連盟と称するのに、どうして国家主人公である小ブルジョアジー階級が自分たちの思想を改造しなければならないのか」、(4)「私は専門の学習さえ時間が足りないのに政治学習の暇がない」などの観念は、大課を進行する妨げとなるので、改めなければならなかった⑽(中)。

「大課」は群衆運動であるので、いろいろな抵抗は群衆の力によりあっという間に瓦解してしまった。一方、その後、受け身的になった人もいれば、むやみにマルクスやレーニンの原著ばかりを読む人もいる。いずれも、真の思想的進歩をもたらすことができないだろう。正しいやり方は、批評と自己批評の方法で群衆の助けを得ながら、意識の深層に潜んでいる錯誤思想を着実に改めることだ⑽(下)。

次に、(3)について。自らの思想的転換に関して費は、様々な個人的経験を触れた。例えば、前述した解放区での見聞や、国民党政権下で抑圧された体験、西洋の民主主義に対する疑問、全国政治協商会議を始めとする一連の重要な会議に共産党に招かれて参加した感想、政治理論課を担当した経験などに言及し、それらの経験が、多かれ少なかれ費の思想的転換を促したと書いた。

学生時代から、民主化を要求する運動に参加し始め、教壇に立って以後も、国民党の独裁政権と闘い、危険な目にも遭った[51]。イギリスやアメリカに滞在した際、資本主義の民主主義をこの目で観察したが、それはあくまでも形式的な民主主義であり、各界の人民代表を招いて国政を共に商議する共産党の民主の方が真の民主主義だ（⑪）。

かつて内心では、共産党との間には「身内」と「他人」のような境界線がはっきりとあった。全国政治協商会議に参加した体験や、大学の政治理論課を推進する自らの「群衆工作」の経験、そして共産党の政治主張や人民に奉仕する作風に感服することにより、しだいに共産党に親近感をもち、自然と「われわれ」という感情をもつようになった（⑬）。

また、思想改造の過程で自らが抱えた葛藤や戸惑いに言及した。

解放後、激動の一年において、多くの新しいものと出会って晴れ晴れしい気持ちになった反面、憂鬱になり落ち込む時もあって、今までの人生では体験したことのないような情緒の起伏が見られた（③）。

自分が決心して人民の事業に献身し、人民の力を信じない知識分子の通弊が身に付いている自分を徹底的に改造しようとしたが、自己否定による落ち込みや、思ったとおりに進歩できない自分に対する焦燥感、改造の道程で他人と競争する負けず嫌いという自負心などに悩まされた。自分の姿から、知識分子の思想改造の道のりが長く、人民に奉仕する過程において改造しなければならないと認識した（⑫）。

そして、「容赦なく」と言えるほど、自分の内面にある「小ブルジョアジー的錯誤思想」を思い切って告白した。

思想改造において「進歩の矛盾律」が作用しているようだ。即ち、かつての落伍者の進歩のスピードが速く、かつての進歩者が却って停滞した。進歩が重荷となったからだ。重荷の中身は、第一に、進歩的役割を果たしたことで名誉や地位をもらうことばかり考えること、第二に、自己満足をし、思想改造の必要性を感じないこと、第三に、かつて自分より遅れていた人が今や自分より進歩したことを嫉妬すること、第四に、懐才不遇、即ち自分は才能があるのに認められておらず、それにふさわしい地位と役職を与えられていないと思うこと。重荷は決して進歩すること自体からのものではなく、小ブルジョアジーの本性からなのだ。私自身がこれらの重荷を背負っているので、猛省すべきだ(14)。

費のように決然とした態度で自己批判をする者は、当時まだ少なかったが[52]、彼の姿勢は本気で思想改造しようとしたことを示している。

三　費の知識分子思想改造論と「紳士」「紳権」論

1　費の知識分子思想改造論

費は、知識分子の思想改造を論じる一連の文において（(1)①〜⑥）、大課が遭遇した様々な抵抗を批判した姿勢と同じく、思想改造の妨げとなった知識分子の「錯誤思想」を厳しく批判した。

例えば、以下のものを批判した。

・いかなる政党や政治も嫌悪する（①）。
・政治に無関心で専門領域の知識ばかりに興味をもつ「純技術観」に囚われる（⑥）。
・革命を「以暴易暴」、即ち暴力で支配者の暴虐さに反抗するものとして捉える（①）。
・革命思想を拒絶し、プチブルの立場や個人主義に固執する（④）。

錯誤思想の根源を、費は、知識分子の所属階級や「政治構造における位置づけ」に求めた。大課の運営や講義担当で、革命の言説にだいぶ馴染んだことはここでも功を奏して、マルクス主義の「立場・観点・方法」が随所に応用され、行文に一種の熟達さえ見られた。

なぜ、知識分子は政治を嫌悪するか。それは、階級分析からその根源を求めなければならない。知識分子は、地主、買弁、小資産階級、民族資本家などの階級の出身者が多い。「知識」を得た後、自営業、公務員、工商業などの職業を得て生活には困らないので、搾取階級の圧迫が感じられない。だから、政治に興味がない。その本質は、革命に興味がないことだ。

「技術で暮らしを立てる」と唱える人がいる。この考えは、現代社会の所産だ。封建社会において、読書人の生きる道は士、即ち地主階級の利益を守る官僚になることだ。現代産業の発展により、技術者などのホワイトカラーが必要となった。ホワイトカラーも被搾取階級に属するが、優越的な地位や収入を得られたために、搾取階級に身売りして、目をつぶって政治不問のふりをしているが、実際には、支配階級の陣営に入った。「政治を超越する」なんて、まったく偽りの言葉だ。言葉の持ち主の、政治構造における位置づけを反映したものにほかならない（①）。

費の知識分子思想改造論は、共産党知識分子のそれとほぼ同じく、革命闘争を擁護する立場に立って、搾取階級と被搾取階級の対立という階級分析の視点を取り入れて、プチブルや個人主義の思想を革命思想と対比して矮小化、劣等視する論法を用いたのである。

2　民国期の「紳士」「紳権」論

一九三〇年代から、王朝時代の士や現代の知識階層に関しては、知識分子の間で広く関心がもたれ、様々な角度から考察が行われた。例えば、潘光旦は、科挙制度と人材の養成を論じた[53]。張東蓀は、士の形成は孔子に遡るという馮友蘭の論点を生かして、「道」を守る士の、政治を「浄化」し、文化を伝承する機能を論じた[54]。費と共に『皇権と紳権』を編集した呉晗は、紳権を皇権の奴僕として捉えた[55]。

このような学問的関心を背景に、費は、一九四〇年後半、関連する論考を連続的に発表した[56]。

①一九四七年九月　「紳士を論じる」『観察』第三巻第二期
②一九四七年一〇月　「知識階級を論じる」『観察』第三巻第八期
③一九四七年一二月　「師儒を論じる」『観察』第三巻第十八期
④一九四八年八月　『皇権と紳権』（呉晗と共編）学風出版社
⑤一九四八年三月　「郷土工業と紳権」『観察』第四巻第四期
⑥一九四八年　『郷土重建』観察社

これらの論考において、費は、基本的に、全体における相互関連性を重視する社会人類学の機能主義的な手法で、王朝の政治構造や、階層、地域共同体、文字と知識、社会道徳など多様な要素を関連させながら、時代の変遷も視野に入れたうえで、士や知識分子の位置づけや果たした機能を分析した。

士の形成、政統と道統

士の形成は、政統（政権を握ること）から遊離し、道統（いかに天下を統治するかに関する道理）を守護、伝承することを己の使命と自任する孔子に遡る。士は、道統を用いて皇権を制約したが、公孫龍、韓愈以降、是非を論じずに皇権をひたすら擁護する者に変わった③。

知識階級と二種類の知識――技術知識・規範知識

中国には、「知識階級」が存在した。現代の知識分子は、古書に記載されている知者と類似する。知識階級と労働階級とは、貧富のような程度の「差」ではなく、異なる類の「別」のものである。その分別を付けたのは、文字と知識である。知識は、技術と社会規範の二種類に分けられる。社会規範を独占した知識階級は、社会的な権威や、官僚の地位を得ることができた。この階級は、社会規範の維持に関心をもち、人間関係の安定性を望み、保守的で、そして、自然を認識する技術、知識にまったく興味がなかった②。

紳士

紳士は官僚を退任した者たちである。専制制度の王朝時代、皇帝は政権の独占者で、官僚は奴僕である。「君要臣死、不得不死」（君主に死ねと命じられたら、死ななければならない）、官僚の身には危険や厄介なことが伴う。しかし、家族や一族の安全や富裕な生活、福祉などを得るために、官僚の地位が必要となる。退官した紳士は、裕福で、広い人脈をもち、地元において勢力が大きく、官府にも影響力をもつ（1）。

紳士の名称には悪いイメージもつきまとうが、実際、紳士は、地方のリーダーとして「双軌」政治に重要な役割を果たす。「双軌」政治とは、皇権や政府に対する地方自治であり、また、権力の濫用に対抗する民間の抵抗である。紳士は、地方自治と民間の抵抗力の核心である。しかし、近代以来、国家行政が基層社会へ延伸するにつれて、地方自治は崩壊した（6）。

紳士には、地主階層の者が多く、人民を搾取するという弁護できない面があるが、一方、地域の公益事業に大いに貢献する者も少なくない（6）。

近代国家を建設するために、地方自治の再活性化は急務である。英国では、地方に在住するエリートは各種の公益や福祉事業に大いに貢献するが、中国では、経済的な実力者、高学歴者ほど、農村を離れて都市に移住し、人材は農村から都市へと流出した。いかに人材を地方へと移動させるかは重要な課題である（7）。

費の士や知識分子に関する考察は、歴史問題の探究に止まらずに、単純な学問的関心をも超えて、中国社会のマクロとミクロの次元、即ち政治構造と地域社会を解明するための基軸をなすものであった。

マクロの次元では、例えば、歴史上膨張してきた皇帝の権力に対して、士はなぜ積極的に制限することに乗り出せなかったか、なぜ中間階層が政治を掌握する局面が形成されてこなかったか、なぜ英国の人民憲章運動のような社会運動が中国では生じなかったかといったような、民国当時の政治状況から発した歴史に対する問いである。ミクロの次元では、例えば、疲弊した基層社会を憂慮し、その復興のために、王朝時代における伝統的な地方自治がどのような意味をもつかという問いである。

マクロの政治構造の問題に関して、費は、士が皇権に徹底的に対抗できなかった理由を、士の守護する道統の核心が「朕即国家」、即ち皇権を擁護する思想に求めた。(57) ミクロの地域社会の問題に関しては、地域のリーダーとしての紳士の役割を再評価し、過去のモデルによっても、教育を受けた人材を地方に送り、地方政治のリーダーを養成すべきだと主張した。(58)

同じ知識分子を論じても、民国期と建国期とでは、内容も、考察の視点や方法論も、大きく異なっている。但し、二つの時期に分けるとしても、実際には、時間的には極めて近接し、前後せいぜい二年ほどの開きであった。短い期間に、これほど大きく変わったことは、むしろ費にとって革命の衝撃がいかに大きかったかをうかがわせる。

総じて、二つの時期における費の論考のそれぞれの特徴と相互の差異は、次のようにまとめることができよう。

民国期

（1）中国の歴史や社会の独自の文脈に沿って、政治、経済、社会、文化など種々の要素の相互影響の仕組みを構想する際、士や知識分子をその中に位置づけて、全体構造や他の要素との関連性を配慮しながら、当該階層が果たした役割や、限界、弊害などを客観的な立場で分析している。

（2）機能的分析を貫き、是非、善悪の道徳的判断を避けている。

（3）問題意識の形成は、主として中国国内の事情によるものとしても、その直前に二度目に訪れた英国での経験にも影響され、中国と異質な英国の歴史や地域社会の様態に触発され、比較文化的視野をもって中国の文化や社会の特質を明らかにしようとしていた。

建国期

（1）現実に基づく機能的分析から一変して、階級分析や革命に対する態度など政治的基準を用いて、現実に対する裁断を下したり、知識分子の階層や地位を画定したりしようとした。

（2）政治的基準が、革命と反革命、搾取階級と被搾取階級など「白黒分明」の原則を備えており、それを政治的に「中立」、階級的に「中間階層」に属する知識分子に応用する際、往々にして「本質的」な分析を行なおうとした。

即ち、知識階層と反動的な支配階級や搾取階級との「実質的な」連携を強調し、その「階級根源」から思想改造の必要性を主張した。

（3）知識分子は共産党の思想を全面的に受け入れるべきという主張には、共産党は人民を代表するので、共産党の思想を受け入れることは、イコール人民の利益に邁進することであるという認識が働いていた。一方、政権の政治思想と融合することは、道統を守護し、政統を牽制する士の伝統を是認するという本来の認識とは、正反対のものとなった。

（4）知識分子を政治的な基準の俎上に載せると、是非、善悪の価値判断が避けられず、そして自分自身も裁かれる対象にした。

四　消極的な潘光旦

政治理論学習に積極的に取り組んでいる費と異なり、潘光旦は、むしろ消極的であった。一歩退いて冷ややかな態度で周囲の動向を眺めていた。日記には、政治理論課を費のように親愛の情をもって「大課」と呼ぶのではなく、常に正式な名称の「共同必修課程」と称した(59)。

一九四九年八月二四日（水）
　文、法学院各系の教職員と学生の集会で、孝通の必修課程に関する報告を聞くが、大雨が降ったので、欠席届を出して参加しなかった。

　雨が降るという理由だけで、潘は政治理論課に関する報告会に欠席したのである。教職員の学習小組は、毎週火曜日に活動していたが、日記には、それに関する記載が極めて少なく、潘にとって記述に値するものがないようだった。

一九四九年八月三〇日（火）　夜、学習小組は拙宅で集会をもった。
一九四九年九月一三日（火）　学習小組の参加者が少ないので、活動を中止した。
一九四九年一〇月三日（月）　夜、社会学系の教員と学生の小組学習に参加したが、おもしろみがないので記すべきものがない。

　潘は、大課で講義されたマルクス主義の思想を他の知識分子のように真理として特別視するより、むしろ一思想流派として探求したり疑問を感じたり、また、儒家の思想と比較したりして、マルクス主義を相対化した。

一九四九年一〇月二三日（日）

景超と共に伯倫[60]宅を訪ねる。雑談で大課の講義内容に言及したが、哲学理論に関する問題となると、それほど簡単に済ませられるものではないと思われる。

一九四九年一〇月二九日（土）

夜、社会学系学習小組の集会。澤霖[61]は学習幹事として、説明はかなり詳細で、普段の団体学習とは異なった。但し、哲学の基本問題となると、問題が多く、果たして解決する術があるのか、誰も分からない。

一九四九年一一月一日（火）

夜、儒家思想批判を講義。三時間も使って「通」の思想を語った。儒家の「久窮変通」（物が究極に達すれば変化が起こり、変化が起これば道が開ける）とマルクス氏の弁証法とたいした差がない。相違点は、ただマルクス氏のものが革命の哲学であり、変革を強調するのに対して、儒家は、常態と変革の両方とも重視することだ。秦漢以降、儒家が常態のみを強調し、変革を軽視することとなった。

潘は内面では、政治学習ばかりに時間をかけて、専門教育を怠っていることに大きな不満をもっていた。この時期に、清華大学に見学に来た陳毅[62]が学生向けの講演で、専門知識の勉強に励むようにと学生を励ました。潘は、陳毅の話の内容に大いに感心したと同時に、それは日頃自分も常に強調していることなのに、共産党の高位幹部の口から言われてはじめて注目されたことを嘆いた。

一九四九年一〇月三日（月）

陳毅将軍が来校し、図書館や地学系の見学に私は案内し、昼食もご一緒した。陳将軍は話し好きで、『新月』や『観察』などをほとんどご覧になっていたと言われた[63]。午後、グランドで講演され、余は欠席した（中略）。話には、学生諸君に実学に励むようにとの内容が組み込まれていたと伝えられた。今日のような集団の政治学習に溺れる状況において、これは空谷足音と言うべきだ[64]。

古人曰く、位についていなければその政を謀らない。この説はもはや古臭くなった。今日では、誰もが政治を学び、参与しなければならない。但し、新しい現象も現れた。即ち、位に就いていなければその言を語らない。陳将軍の激励は、実は我が輩が日頃学生諸君によく話していたものだが、陳将軍ほどの位がないから、いつも古臭い考え、時宜に合わないものだと嘲られた。新政府が成立して以後、このような光景は常態になりそうだ。

政治理論学習や政治活動の参加に情熱を注いで、専門知識の学習を怠る傾向が、大学生である潘の娘にも見られた。潘は、いささか寂しい気持ちを抱きながら、時勢に積極的に追従しようとする我が娘に、高遠な理想論ばかりではなく着実に学業の知識を把握してほしいと道理を説いたものの、自らの考えを押しつけようとはしなかった。

一九四九年一〇月五日（水）

穆[65]は城内から帰ってきた。この子は大学で共産党や青年団の仕事に没頭しているので、二か月ぶりの帰宅だ。清華大のキャンパスで見られる場面は家にも現れている。とりあえずこれを機に、学習期の青年がもつべき志と勤勉さについて話をし、また、歴史学研究の基本をしっかりと学び、ただ高遠な理想のみを抱いて実質のないことをしないようと励ました。

周囲が時代に遅れないように争って政治理論学習や思想改造に取り組んでいた時、潘は、他人があまり気にかけなくなるようなことを気にかけた。

一九四九年八月二七日（土）

今日は国民党政府が定めた孔子の誕生日である。社会が変革したこの時期に、誰もがこれに気がつかなくなった。孔子の死後このような寂しい目に遭うのは初めてであろう。

一方、潘は大学教育の中に政治理論学習を導入することに賛成していなくても、マルクス主義理論の学習そのものに対しては、必ずしも反対ではなかった。後述するように、潘自身もこの時期からエンゲルスの著書を読み始め、また、日記には、共産党流の政治理論教育の方法は確かに独特であるとの記載がある。

一九四九年八月二八日（日）

澤霖夫人が華北大から休みで一時帰宅したが、華北大の教育と学習経験には確かに独特なところがある。

五　新理学を批判した馮友蘭

第一節で紹介した馮の新聞や雑誌への寄稿に見られるように、この時期の馮は、自ら進んで自己批判をした。費孝通の「内面の錯誤思想」に対する批判よりも、さらに全面的だった。それは、階級感情が地主階級に傾き、階級的立場が間違っていたことから、革命に対する無理解、そして、自分の哲学思想、特に日中戦争期に創出した新理学にまで及んだ。

馮の自己批判が新聞に最初に掲載されたのは、一九五〇年初めであった。それより前、一九四九年の後半、特筆すべきことが二つあった。一つは、九月に、高教会により、馮の校務会常務委員や文学院長などの役職が一度に解除されたこと（詳しくは第四章）、もう一つは、一〇月に、馮が毛沢東に手紙を出したことである。馮は、手紙の中で、今後積極的に思想改造をし、新しい視点で中国の哲学史を書き直すと意志表明したが、しかし、毛の返事は、「焦ってすぐに結果を求める必要はない」、「素直な態度をとった方がよろしい」というもので、馮の抱負を必ずしも歓迎してはいない態度が示されていた。[66]

二つの出来事がどれほど馮にプレッシャーをかけたかは分かりかねるが、その後の馮のより積極的に思想改造に取り組む姿勢が、それらとまったく関係がないとは考えにくい。共産党に信頼されずに、その最高指導者に思想改造の道がまだまだ長いと言いわたされたことは、馮の内面に大きな影響を与えたであろうと推測される。

一方、馮の自分批判の内容は、最初は階級感情や階級的立場なども含めるような「全面批判」だったが、ある読者が寄稿した批判文をきっかけに、哲学思想や新理学に対する批判により集中することとなった。その読者は、新理学のかつての信奉者茅冥家という者だった。

沈陽在住の茅は、政治理論学習運動において、新理学の影響を受けた自分を批判したうえで、一九五〇年四月に馮に手紙を送り、馮も自ら進んで新理学を批判するようにと諭した。[67]同年八月に、『光明日報』に茅の新理学批判文が掲載され、一〇月に、馮の自己批判文も載せられた。その後、学者や一般読者が相次いで新理学批判に加わり、批判の輪が広がった。[68]

本節では、馮の新理学批判の論点を整理する。また、晩年の馮の回顧録や、中国における馮友蘭研究者の関連論考を紹介したのち、哲学思想に関するこれらの批判の意味するところを考察する。

1　馮の新理学批判と晩年の回顧

馮の新理学批判には、次のような論点が含まれた[69]。

（1）『新理学』は、物事の形而上の「一般」と形而下の「個別」の区別を強調したあまり、具体的な事物における二者の統一としての「具体的共相」や「特殊的一般」を無視した。その結果、レーニンの言う認識論における「直線性と一面性の錯誤」を犯した。

（2）五四運動以後、中国と西洋の文化比較に関心をもってきており、『新事論』を書いたが、国別、民族別の文化という「個別」の視点しかもたず、唯物主義の社会発展段階論的な、ある社会段階に処する国々をトータルに捉える「一般」の視点が欠けていたため、西洋諸国を資本主義というカテゴリーで捉えることができなかった。

（3）思想的一面性は、自らの哲学観と関係する。宋代の邵雍や程顥の言う「静観」という言葉が好きで[70]、哲学家の任務を、世界を「静観」することとした。また、形式論理の「形式」が好きで、新理学の方法は、物事の内容より、形式を分析することであった。このような哲学は空虚であるのに、空虚であればあるほど、純粋であればあるほど、哲学だと思っていた。

（4）『新原人』は、「覚解」、即ち、自覚意識と物事に対する理解の程度に応じて、人間の精神的な境地を「自然境地」「功利境地」「道徳境地」「天地境地」の四つに分けたうえで、哲学の役割は、人間の「境地」を高めることにある、と論じた[71]。しかし、精神的な境地は、空虚な哲学ではなく、むしろ革命的社会実践においてしか養成することができない。また、「天地境地」は、僧侶主義や逃避主義を信奉する者の逃げ場となる可能性が大きい。実際、自分自身も逃避主義的だった。

（5）『新世訓』は、修養の方法を論じたが、個人から立論したもので、新哲学の群衆から出発するような視点とまったく趣旨が異なった。また、情感も論じたが、「情順万物而無情」（情は万物の理にしたがう）を提唱して、結局、人間の情を淡化した。革命隊伍の人びとと接して感じたのは、プロレタリア革命者は、辛亥革命や五四運動と同じく、最高の情熱をもっていることである。また、今度の革命は他の革命に見られないような完全な計画性と理論性をもっているのである。

一九九〇年代初期、晩年の馮は、一九五〇年代初期の中国と知識分子について、次のように語った。[72]

中国革命が勝利し、マルクス主義の哲学がもたらされた。知識分子も含む大多数の中国人は革命を支持し、マルクス主義を受け入れた。人びとは、革命こそ、帝国主義の侵略を制止し、軍閥と地主の搾取を覆し、半封建半植民地の中国を救い、中国に独立と自由をもたらしたと信じ、マルクス主義を真理として受け入れた。（中略）いずれにせよ、一九五〇年代に中国共産党は、政治的にも道徳的にも威信があった。知識分子は革命の勝利に鼓舞され、社会主義建設のために貢献しようとした。

中国革命を本心から受け入れたことは、この発言からもにじみ出ている。革命のために自らを改造しなければならないと、思想改造を真剣に受け止めたことも、馮を含む革命勝利直後の知識分子の真実の姿だと思われる。

一方、晩年の馮は、自らの哲学思想に関する自己批判、特に形而上学を否定する論述は、実際、本音ではなかったと明言し、一九八〇年代中期、著作集を編成する際には一切収録しなかった。[73]

2　馮の形而上学批判について

一九五〇年代初期の馮の新理学批判について、現在、中国学界の議論は、主として形而上学批判に集中している。『新理学』において、馮は、西洋哲学の形式論理を応用して程朱理学の概念を整理し[74]、超越性のもつ抽象的な「理」を「真際」、自然や実際の物事や具体的な経験を「実際」と定義し、哲学は「実際」の事実に関する判断ではなく、「真際を形式的に肯定することだ」と述べた。「真際」と「実際」を説明する際、机や椅子を例として挙げた。そこにある机や椅子は、「実際」を有するが、机や椅子の性質が「真際」であり、現物がそこに置かれていなくても、「真際」がそのまま有するという[75]。このように真際と実際を分けて、その分別を強調したことを、前述した通り、馮は、「直線性と一面性の錯誤」と批判した。

この批判について、馮研究者の間では、主として次のような見解があった。

（1）『新理学』は、「本質」や「共相」の独立存在を認めるネオリアリズムを応用して程朱理学を改造したが、真際と実際、形而上と形而下、共相と殊相、体と用、理と事とを分離して構築した形而上学の体系は、実質的には、理学のエッセンスから離脱して、むしろネオリアリズムに近い。

（2）馮自身も意識していなかったかもしれないが、『新理学』と後の『新原人』『新原道』とは相矛盾しており、後者では、『新理学』の機械論的二分法が克服され、実際、「天人合一」「体用一源」の中国哲学の伝統へと回帰した。

（3）土地改革における個々人を一定の階級所属に帰属させる共産党の階級区分は、馮に、個々の人がそれぞれ共通する階級的性質をもっているからこそ、階級区分が可能で、「具体的共相」の哲学思想がここで実践されていると、意識させた。それは、馮がマルクス主義を受け入れることの哲学思想における接点となった。[76]

（4）馮の新理学批判はけっして馮が形而上学を放棄したことを意味するのではなく、晩年の馮の態度に見られた通り、一九五〇年代の「懺悔」は、実際、彼の真実の思想ではなく、馮は、自分の形而上学が批判されたら消えるようなものではなく、また、体系的な哲学思想は形而上学が欠けてはいけないと、ずっと信じていたのだ。[77]

中国の馮研究者は、馮の形而上学批判を基本的に哲学思想や、個人思想の問題に収斂させた。即ち、『新理学』と程朱理学との関係性という哲学史の問題や、共産党思想との関係性さえも、「哲学的接点」という角度から哲学の問題と見なした。また、馮の哲学思想の一貫性という個人思想の問題や、この批判が馮の本音であるか否かという個人の問題に帰した。換言すれば、即ち、一時代の政治体制や、政治的言説の政治性とあまり関係なく扱われたということである。

3　問題の所在

ここで、筆者は、馮の新理学批判を、単純に哲学の問題や、一個人の思想の問題に帰すことはしない。また、本人の本音によるものであるか否かを突き詰めることもしない。

むしろ、時代背景や晩年の馮が語った当時の心情などを視野に入れながら、自己批判に応用された「革命の勝利によってもたらされたマルクス主義」に注目し、本人に自分の旧哲学と対決させた論点とは何なのかを析出したい。そして、この自己批判は、いったい何を意味するのかを検討したい。

前述した馮の自己批判の内容を逐条的に吟味してみると、次のようになる。

（1）馮が新哲学の啓発を受けて重要視することとなった「具体的共相」という観点を説明する際、例として挙げたのは、自ら体験した土地改革における階級区分であった。

「いかなる個人も階級所属があり、張三は富農で、李四は貧農である。この時の張も、李も、ただの一個人ではなく、階級属性の具現である。」

しかし、「具体的共相」は、馮にとって真新しい視点であるはずがない。馮研究者が指摘した通り、『新理学』の後に上梓した『新事論』には、すでに「共通性」と「特殊性」との関係を見直し、その分別ばかりではなく、相互関連性もはっきりと論じていた。

「一つ一つの事物をわれわれは個体と言う。個々の個体は、様々な性質をもち、いろいろな類に属する。個人の張三や李四は、肌の色の白黒、身長の高い、低い、それぞれ多くの性質をもち、様々な類に属する。個体は特殊なので、殊相と言う。それに対して、類の理は公共的であるので、共相と言う。」「類の観点から事物を観察する際に、共同性を重視するのに対して、特殊性の観点から事物を観察する際に、差異を重んじる。[78]」

このように、「殊相」に「共相」が含まれ、「共相」が「殊相」を通して現れるという新理学の観点は、「新たに獲得」された「具体的共相」とは、用語が異なるものの、意味としてはほとんど相違がない。ただ、異なるのは、前者がいかなる特定の現実とも無関係な、抽象的な哲学体系の一構成部分として論じられたのに対して、後者が、革命の思想体系に組み入れられた論点の一つとして、新しい政治的秩序や革命の実践を説明する理論的根拠とされたことである。

したがって、問題の根本は、馮の言った「直線性と一面性の錯誤」ではなく、馮研究者の言う「形而上と形而下が乖離した」という哲学思想の過ちでもなく、むしろ、革命の実践と無関係な、マルクス主義以外の認識論や哲学思想の存在が許されないというところから生じた問題である。

（2）西洋の国々の文化を考察する際、「資本主義」というカテゴリーで捉えなかったことを「一般」の視点が欠けているという批判は、かつて『新事論』が力説した哲学の方法論とは、ちょうど正反対だった。

『新事論』において、馮は、「共と殊の別」「次元の異」などの哲学の方法論を説明しながら、西洋とは何か、いかに西洋と付き合うか、という清末以来中国人や中国の知識分子を長い間困惑させてきた問題に答えた。ここでは、馮の哲学的方法論や西洋に対する理解を把握するために、『新事論』の論点を必要に応じ、特に「個別」と「一般」との関係に重点を置きながら紹介する。[79]

①人間の張三と李四が互いに別人である如く、中国と西洋の国々も、それぞれ自己完結的な個体として、おのおの特殊な存在である。また、張三と李四が互いに入れ替わることが不可能である如く、中国も「全盤西化」（全面的に西洋化）することは不可能である。

②但し、西洋社会における様々な性質の中から、われわれは有益なものを選んで吸収することができる。何を吸収するかと言うと、現代化である。西洋文化が優越しているのは、西洋だからではなく、現代化を実現したからである。この「性質」を取り入れれば良い。

③清末、ダーウィンやハクスリーの進化論が中国へ伝わってきたことによって、人々は、西洋人が「弱肉強食」や武力しか知らないと思っていたが、それは一方的な思いこみであった。逆に、民国初期、人々は、西洋に対する理解を深めるにつれ、西洋が物質文明ばかりではなく、精神文明も高く、自由、平等、博愛などの精神を何より重視していると思うようになり、中国も精神性さえ高めれば十分で、経済力や軍事力の向上はも

はや必要がないという声が高まった。それも一方的な思いこみである。
④資本主義制度の下で、資本家は利益のために、大量生産し、大量販売する。それで、植民地が必要となり、植民地をめぐって争奪し、国と国との間に衝突をもたらした。この状況を見て、全世界が社会革命を起して資本主義を取り壊したら、世界が永久に平和となると思う人が大勢いるようだが、この論点は、それなりに理に適っているものの、単純化しすぎである。

民族間、国同士の紛争や揉め事は、資本主義時代のみに特有の現象ではなく、人類有史以来のことだ。古代ギリシャは民治主義を実施したが、自民族に対するのみで、他民族を奴隷にした。ソ連は社会主義を実践しているが、やはり自国本位だ。

要するに、「国の上に高い次元の社会組織がないかぎり、どの国も、民族も、自己本位で生存のために競争する。そのようにしなければ存在さえ脅かされるのだ。」

『新事論』に馮が提唱した方法論は、次のような特徴が見られる。
①個々の個体の個性や自己完結性を重視すると同時に、その性質を具体的に分別し、認識すると、一般性とつながっていく。
②物事を認識する際、一時期や一側面のみを見て結論を下すのではなく、通時的、共時的な視野をもって他と比較したうえで判断する。
③世間のあらゆる事と同じく、社会制度にも光の面も陰の面もあり、特にその通用範囲を把握することが重要であり、良い制度と言っても範囲を超えると自己本位となることがある。
④人間の生存という人類にとっての根源的な問題や、それに付きまとう紛争の解決は、民族、国を超えた全人

類の連合組織が必要である。

⑤総じて、『新事論』で語った「一般」とは、相対性に富むものである。まず、「個体」を重視する前提に立ち、「個体」の一つ一つの性質に関するものなので、「個体」によって規定されたものである。次に、西洋の「現代化」が東洋にも導入できるということに見られるように、「性質」＝「一般」と「個体」との間は、必ずしも固定化された関係ではなく、ある性質は様々な個体に付与して融合することができる。

それに対して、マルクス主義の社会発展段階論が論じた「資本主義」という「一般」は、マルクス主義そのものが究極的な「真理」と見なされたことにより、どの個体をも超越して、個体を一方的に規定する絶対的なものであった。

(3) 革命的社会実践の外側からの「静観」が許されず、革命理論と無関係な純粋な形式論理も認められなかった。

(4) 人間の精神的境地を鍛えることができる場は、革命的社会実践のみとされた。

(5) 革命の目標を実現するために、集団行動の計画性、個人と集団との一体化、個々人の情熱が重要視されるのに対して、学問や幅広い知識など個人の教養が奨励されず、個人の独立思考の理性が批判の的となった。

馮の哲学思想に関する自己批判は、費の社会思想に関する自己批判と根本的には通底すると言える。例えば、費が紳士階層に対する機能主義的な分析を批判し、階級分析論でその階級所属を判断したことと類似し、馮は、個体とつながる相対的な「一般」を批判し、社会発展段階論という絶対的な「一般」で資本主義を断罪した。

また、費が特定の政治勢力から独立し、「道統」を固持して「政統」を牽制する知識分子を批判し、共産党の政治思想を全面的に受け入れるべきだと主張したことに類似して、馮は、「静観」の哲学や形式論理を批判し、あらゆる思惟的空間をいわゆる「革命的実践」に閉じ込めた。

六　「課程改革」と社会学存続の危機

一九四九年六月、成立してまもない高教会は、政治理論課の実施に力を入れる一方、教育改革にも取り組んだ。最初は、教育内容の改革に重点をおき、「反動的な」課目をカリキュラムから削除し、マルクス主義に関する課目を取り入れることにしたが、しだいに、大学そのものの改造に移り、「院系調整」、即ち、大学・学部・学科の合併や削減、新設をし、「封建主義、資本主義の学問」と思われる専門領域の学部や学科を削除し、中国人民大学を筆頭に共産党系の大学を新設した。一九五二年、清華大学の社会学系が削除され、一学問領域としての社会学もこの時から廃除された[80]。一九七九年に再び回復されるまで、二十数年の間、社会学は中国から消えていた。

一方、教育改革が開始された後、潘や費など社会学系の教員たちは、社会学の前途が危ういと感じた。彼らは智恵を絞って、社会学を存続させるためにいろいろと努力したが、結局社会学が貼られた「資本主義の学問」というレッテルを外すことができず、学部の解散に直面しても為す術がなかった。

1　共産党政権の教育改革の方針と政策

一九四九年六月、高教会は、人文、法律、教育学関係の教育改革から着手し、哲学、歴史、文学、法律、政治、経済、教育など七つのワーキンググループを設立した[81]。同年一〇月、大学の課程改革に関する暫定規定（「暫定規定」と略称）

を公布し、上記七つの領域における教育方針と学科課目を規定した[82]。

一九五〇年八月、中央人民政府教育部が大学の教育改革に関する通知を下達し、大学管理規定を公布した[83]。

一方、教育部門の責任者の談話が連続的に新聞に掲載され[84]、教育改革の方針が公表され、その進展が褒め称えられた。

各種の規定や通知、談話から見れば、この時期の共産党政権の教育改革の方針と政策は、次のようなものである。

(1) 旧来の大学教育のかなりの部分が新民主主義的、科学的、民族的、大衆的なものではなく、新中国を建設するための需要を満たすことができないので、急いで改革しなければならない。
(2) 新中国の教育は、人口の大多数を占める労働者や農民の教育レベルを高めることを教育の主要な任務とする。そのためにも、ソ連に習って新型の大学を創立する。
(3) 教員養成を重要視し、師範学校の改革を急ぐ。
(4) 政治的に反動的、陳腐な課程を廃除し、新民主主義的、革命的政治課程や、マルクス主義の原則に符合する課程を開設し、教育界において、封建的、買弁的、ファシズム的思想を粛清し、人民に奉仕する思想を樹立する。

2　専門科目を削減する大学

一九四九年一〇月、高教会の「暫定規定」が公布されて以後、各大学の課程改革が一斉に開始された。「反動的、陳腐な」課程を大規模に削減し、マルクス主義に関する課程を新設した。課程改革の衝撃を一番受けたのは、人文、法学学院であり、清華大学の文学院と法学院は、北京、南開、燕京などの大学と同じく、削減と新設の課目は併せて一〇〇種類以上に達した[85]。

各大学において、学生たちは、大学が接収された当初から課程改革を強く要求してきた。彼らは、壁新聞、討論会、意見書などのかたちで、「反動的」な課目の廃除を要求するばかりではなく、専門領域の基礎理論や、幅広い知識に関する課目も不要であると主張した。その傾向は、高教会の通知が下達した後、ますます強くなった。[86]

校務委員として清華大学文、法学院の教務を委任された潘は、学生たちの要求に戸惑った。

一九四九年一二月一九日（月）[87]

一六日の校委会において、文、法学院の教学に関する小委員会を設置することを決定。余は責任者である。今夜、小委員会を招集。外国語文系の問題ははなはだ大きい。近頃、学生の課目削減の要求は極めて強烈で、政治理論課とロシア語以外の課目はいっさい必要ないという勢いだ。

一九四九年末、社会学系忘年会の会場に飾る対句を提供するように学生に依頼された潘は、課程改革を諷刺するものを吟じた。[88]

社鼓使勁敲来、何妨敲個支離破砕（力を込めて祭祀の太鼓を敲き、たとえバラバラに壊れるとも）

学程認真簡去、那怕簡得干浄精光！（課程を真面目に削減し、たとえすっぽりと一課目も残らないとも）

ところが、「国語の基礎が浅い」学生たちは、その風刺的な意味を読み取れなかったので、日記の中で潘は嘆いた。

一九四九年一二月三一日（土）[89]

課目削減の対句は、風刺的な意味を込めながらも、学生諸君に上調子な態度をやめて、長い目で物事を捉えるように諭したが、彼らはその真意を読み取れずに、作者が過激な意見の持ち主だと思ったようだ。余が真意を説明したら、みんな大笑いをした。近来、学生諸君の国語の基礎は浅くなったな。

時代の風潮に賛成できず、回天の力がないと自認していた潘は、風刺したり、笑ったりして応対したのだ。これは潘の風格である。

3 教育改革と社会学

高教会の「暫定規定」には、社会学に対して、他の科目のような必修や選択課目などに関する規定がいっさいなく、触れることさえなかったので、社会学は廃除されるのではなかと、憶測やうわさが伝わった。[90] 実際、それより半年前に、社会学を廃除すべきだといった声が確かにあった。但し、それは共産党政権の教育管理部門ではなく、知識分子から発したのであった。

一九四九年三月中旬、北平軍管会の文管会が「大学教育座談会」を開いて、各専門領域の学者や各民主党派の代表を招き、大学教育の改革について意見を求めた。[91] その席上、経済学者、民主建国会の常務理事である施復亮は社会学を廃除すべきだと述べ、また、政治学者、マルクス主義知識分子である鄧初民は、「教育は完全に政治に服従すべきだ」と述べた。社会学は、新しい時代の政治にとって有用なものではないと思われていたのだ。[92]

社会学の存続に危機感を抱いた潘は、燕京、輔仁などの大学の社会学系の教員を誘い、大学教育に社会学学科が存続する意義や、社会学の課程改革について討議した。

一九五〇年一月二二日（日）[93]

午後、燕京大の社会学系同人を招いて、今後の大学教育における社会学の位置づけや、社会学系の課程などについて、拙宅で本校の同僚と話し合った。林耀華、翦伯賛、雷潔瓊[94]、費孝通、呉景超と余の六人が委員会を結成し、下記の問題を討議することを決めた。（1）各校の課程について、（2）輔仁大学も委員会に誘う、（3）教育部と交渉する。来週に耀華宅で再度集会する。

一九五〇月一日二九日（日）[95]

午後、燕京の耀華宅にうかがい、社会学系の将来と課程について継続商議。清華から、景超、孝通と余。燕京の出席者は耀華、潔瓊、翦伯賛。輔仁から景漢、魏重慶[96]。意見がまとまったので、孝通に草稿を書いてもらうこととなった。

費は二回討議の意見に基づき、「社会学系はいかに改造するか」を執筆し、雑誌『新建設』に寄稿した[97]。費の回想によると、この時期に、費は、共産党中央所在地の中南海で開かれたある会議の席上、毛沢東に面と向かって社会学を断絶しないで、最小限でもある程度保留するようにと、切に諫言したが、毛は、「絶対に保留しない。根こそぎ抜き取る」と、断固として拒否したという[98]。

4 「社会学系はいかに改造するか」

費は、上記題目の文章において、次の幾つかの問題に答えながら、社会学を大学教育の一学科として保留する必要があると主張した。

（1）資本主義諸国で誕生した社会学は、資本主義制度の下でいかなる役割を果たしていたか。
（2）中国に伝来して以後、社会学は中国においていかなる役割を果たしてきたか。
（3）社会学とマルクス主義との関係とはいかなるものなのか。
（4）新中国における社会学の実用性とは何か。
（5）社会学学科の課程はどのように設置したら良いか。

これらの問題は、当時の情勢の下で社会学系が大学教育に居残るため、または、一つの専門分野が革命以後の社会科学領域に居残るために、答えなければならなかった問題であった。

費の各問題に対する答えは、およそ次のようである。

（1）資本主義諸国において、社会学は社会問題や様々なひずみを実証的に調査し、「改良主義」的解決策を提案し、ソーシャルワークで解決するなど、法学や政治学、経済学のように資本主義制度を強化する学問ではなかった。
（2）中国における社会学は二つの特徴をもつ。その一、外国の基金でソーシャルワークを行なったことで、買弁性がある。その二、社会問題に着目して社会調査をしたことで、社会現状に対しては批判的で、民主化運動と結合し、革命的潮流の中では進歩的であった。
（3）「改造を経て最終的には、社会学が完全な科学となり、即ち、マルクス主義と一体化する。そして、その他の社会科学もそうでなければならない。」
「それでは、社会学の存在理由はどこにあるのか」。マルクス主義は、あらゆる社会科学の基礎であり、言い換えれば、その基礎の上に各領域の社会科学が分業したのだ。将来的に、大学には、現行の文学院、法学院の設置を変え、「社会科学院」にするべきであり、社会学系が基礎科目のマルクス主義基本理論を担当する。

費はマルクス主義基本理論の教育を担当する社会学系とその他の人文社会科学各系との関係を図で表した（図1参照）。

（4）社会学系で育った人材は、他の専門領域に不問とされてきたが、社会にとっては重要性を有する仕事を担当できる。それは、例えば、戸籍管理、児童福祉、工場検査、少数民族工作などである。これは、社会学の社会における実用性である。

（5）社会学系の課目は甲、乙、丙の三種類に分ける。甲はマルクス主義課目で、その中を、また、基礎部門と各論に分ける。乙はソーシャルワークを担当する者が必要な基本的な能力を養成する課目で、例えば、国語、外国語、統計知識と技能、社会調査法などである。丙は、専門知識であるが、基礎部門と専門技術部門に分ける（表4参照）。

図1

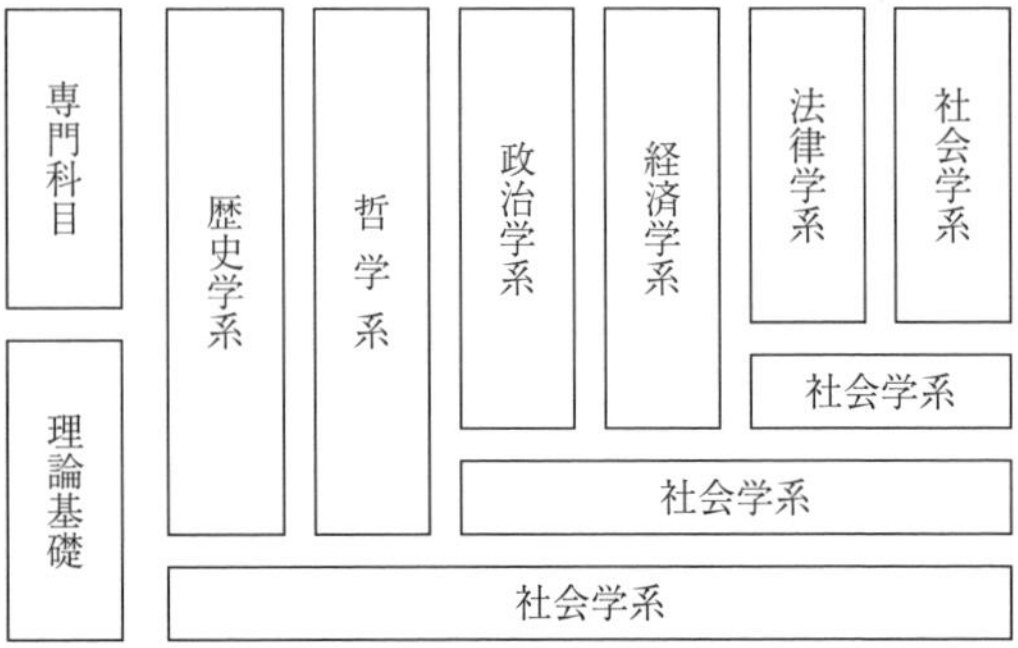

費の文章は、社会学に対する様々な批判に同調しながらも、慎重に言葉を選んでその性格や果たした社会的役割を説明し、新しい社会制度においても存続する理由があると主張した。但し、真の社会科学がマルクス主義しかないという時代のスローガンの前で、社会学をマルクス主義に合併させるしか、ほかの選択肢はなかった。それゆえ、描かれた社会学の将来像は、極めて分裂的なものとなり、一方は人類の発展の道に関する根本的な真理としてのマルクス主義の基本理論に溶解し、また一方は、ソーシャルワークなどの具体的な技能の取得となった。社会学という学問としての独自性、思想性、批判性は完全に消え去った。

2　政治理論学習と知識分子の思想改造

表４　潘の構想による社会学系の課目

	課目類		課目名	コマ	コマ総数の％	履修年次
甲	マルクス主義基礎	必修	史的唯物論と弁証法唯物論、新民主主義論、政治経済学	8		1～4
	マルクス主義各論	選択	マルクス主義原著読解、政策と法令、社会発展史、イデオロギー	12	41.6%	1～4
乙	教養		国語、外国語、社会統計、社会調査、中国史、世界史	12	25%	1～2
丙	専門基礎		工業化、資本主義の歴史	8		2～4
	専門重点		保険制度、戸籍制度、合作制度、社会救済、少数民族	8	33.4%	2～4

この文章は、どれほどこの委員会に参加した社会学者の意見を集成したものか、或いは、彼らが文章作成のために出し合った意見におのおのどれほど賛同したかは分かりかねるが、少なくとも、彼らは、その時まで、いや、その時でさえも、文章に書かれた社会学とは、異なる社会学的方法論で社会を研究し、教育を施していた。

潘を例として、その矛盾性を見てみよう。

まず、マルクス主義を「完全な科学」として絶対視することについて。

一九四九年の秋、教育改革が叫ばれながらも、九月からスタートした新年度の授業は、本来のカリキュラムの通りで行われた。潘は、「西洋社会思想諸派批判」「中国社会思想（儒家）批判」「家族論」の三課目を担当した(99)。課目名の「批判」を、潘は好んで使用したが、それは、非難するのではなく、様々な角度から吟味し、比較し、評論することを意味した。これは、潘の学問に従事する姿勢と一致した。思想的批判を行う際、潘にとって、マルクス主義は特別な存在ではなく、思想的一流派に過ぎず、他の思想に対する扱いと同じく、比較や相対化することを通して、その特徴を認識するような研究対象である。以前に潘の一九四九年一一月一日の日記を紹介したが(四節)、そこに記されたのは、儒家思想批判の授業において、潘は、儒家をマルクス思想と比較し、相互の相似と相違を語ったことであった。特定の思想を絶対視することは、潘の思考様式とまったく合わないことだったのである。

次に、「実用性」についても、潘は独自の見解をもっていた。

一九四九年一〇月一八日（火）[100]

午後、一年次の学生が、必修科目の普通動物学と社会研究法を履修しなくても良いかと、問い合わせに来た。理由を問うところ、「実用性がない」と答えた。

余の返事と説明は二点ほどだった。第一に、普通動物学を必修科目にした理由は、社会科学研究者は自然科学の基礎を身につけることが必須で、とくにその実験を重視する方法論が重要であるからである。第二に、いわゆる実用性の有無については、広義・狭義から説明できる。動物学の実験法という技術的な実用性は確かに狭義的には社会学と無関係だが、広義には、自然科学の勉強、そして実験や科学的な観察を通して、物事の仕組み、自然科学の真髄を理解し、その姿勢を身につけることは、ぜひとも必要な訓練である。

広い見識をもつことは、大学生にとって欠いてはならない教養である。

潘が語った実用性は、客観性や科学性を重視する姿勢や、広い見識、即ち教養のことであり、けっして費の文章に書かれたような具体的な仕事を担当する技術ではなかった。

革命の勝利により大きな衝撃を受けた中国知識分子は、時代の潮流を追いかけるため、また、立ち上がった人民に接近し、人民の陣営に所属するために、革命を受け入れ、自らも革命に参加しようとした。

彼らの多くは、革命の勝利をもたらしたと思われるマルクス主義や革命思想を熱心に学習した。そして、マルクス主義を基準にして、人間の内面や、学術研究、教育内容、社会、歴史、世界、ありとあらゆる物事を判断する思考様式をしだいに受け入れた。この思考様式を養成することは、共産党政権の人民に対する思想教育の目標であるが、多くの知識分子自らも、それを自己の思想改造の目標とした。

この時期に彼らが著した多くの文章から見れば、政治や一つの主義に拘泥するようになった彼らの思考は、多元的から一元的へ、相対的から絶対的へ、動的な視角から静的な視角へ、政治と一定の距離を保つ立場から政治との一体を是認する立場へと、変化しはじめたのである。

注

（1）前掲、『毛沢東選集』四巻：五五一頁。

（2）『毛沢東選集』（一～四巻）に収録された思想教育に関する文には、「党内のあやまった思想の是正について」一九二九年、「ベチューンを記念する」一九三九年、「われわれの学習を改革しよう」一九四一年、「党の作風を整えよう」「党八股に反対しよう」一九四二年、「学習と時局」「人民に奉仕する」一九四四年、「愚公、山を移す」一九四五年、「軍隊内部の民主運動」一九四八年などがある。

（3）野村浩一は、最初の革命根拠地井岡山が創設された時期に、毛沢東が抱いた最大の関心事は、思想による革命行動の指導や、教育を通して党内や赤軍の政治水準を高めることであり、鉱夫、農民、国民党の反乱部隊（傭兵軍）から成る赤軍をプロレタリアの革命軍隊に改造するために、毛は、党のプロレタリアート的土台の建設、党内に存在する「絶対平均主義」、「流寇主義」、個人主義などの誤った思想を正すなどの課題に取り組み、毛の努力は、「他ならぬ農民の中から、或いは小ブル、ルンペン・プロレタリアートの中から、まさに「プロレタリアート」を創り出すこと」であったと、分析した。野村浩一『中国革命の思想』（東京：岩波書店、一九七一年）を参照。

中国革命のこのような体質こそが、思想による指導や、思想教育を重要視する体制を築き上げたと思われる。

（4）例えば、一九四九年七月二五日『人民日報』掲載の文江「ソビエト社会条件下の新と旧の闘争」に、一九一七年革命以後、ソビエトにおける知識分子には、革命知識分子のほかに、反革命的少数のブルジョア知識分子と、躊躇、迷い、懐疑などの感情を経てソビエト社会と親和した多数のブルジョア知識分子に分化したが、共産党政権は、前者に対しては鎮圧、後者に対しては思想改造という方法で対応してきた、と紹介している。

一九四九年九月五日『人民日報』掲載の羅静「ソ連人民の政治的道徳的統一はソビエトが強大な威力をもつための源泉」は、ソ連の知識分子の構成は根本的に変化し、現在、全員が労働者や農民の出身で、人民と密接な関係をもち、忠実に人民に奉仕する新型の知識分子となった、と述べている。

一九四九年九月一九日『人民日報』「ソ連は脳力労働と肉体労働の溝を消滅」は、労働者や農民と共に共産主義社会を建設する新型の知識分子の成長によって、脳力労働と肉体労働の溝が消滅しつつあり、また、共産党ソビエト政府の巨大な教育工作により、人民の思想レベルが限りなく高まってきて、共産党の世界観は深く人民の意識に浸透した、と述べている。

一九五〇年一月一五日『人民日報』は、ソビエト連邦共産党中央の機関紙『プラウダ』の社説「マルクスレーニン主義の宣伝を強化せよ」を紹介している。その要点は次のようである。共産党組織の任務は、レーニンとスターリンの思想を持続的に人民大衆に普及することである。そのために、理論的教養がある宣伝員と理論研究に興味をもつ共産党員を培養すべきである。教材は、ソ連共産党（ボルシェビキ）の歴史、マルクス・レーニン主義の経典、弁証法唯物論と史的唯物論、政治経済学、ソ連の歴史、共産党とソビエト国家の内政外交政策、などである。

（5）例えば、一九四九年二月二日『人民日報』「労働者の学習を展開し、階級意識を強化する」によると、華北労働者組合連合は、所属する各組合に、華北地域の全面解放を迎え、新中国の建設に取り組むために、大規模な学習キャンペーンを行ない、労働者学校、短期訓練班、識字班、補習学校などを設立するように指示した。

（6）例えば、一九四九年二月一六日『人民日報』「華北農村の冬学運動」によると、一九四八年、華北省農村の冬学運動は、支前（前線部隊を援助する）、土地改革、党内整頓、軍隊増員、冬季生産などの任務と結びついて展開された。中部七つの県の統計によると、学習に参加する人数は三万六七〇〇人に上る。

（7）例えば、一九四九年一月二三日『人民日報』「学習速報」、二月九日「区幹部学習の経験」などによると、華北省の各県の政府機関に「学習委員会」が設立され、政府幹部をおのおの教育水準に応じて、上級、中級、初級の三つのクラスに分けて、上級と中級は毛沢東の著作や社会発展史を学習したのに対して、初級は文字の読み書きの学習をした。

（8）一九四九年三月一九日、七月一一日、一四日、八月一日、九月九日、一〇日の『人民日報』によると、一九四八年に、延安共産党根拠地に設立された魯迅芸術学院、陝北公学、労働者学校などの合併より成立した華北聯大と、北方大学との合併により、華北大学が設立した。一九四九年三月、華北大学は政治訓練班を開設し、半年の間、およそ一万五〇〇〇人が入学し、数か月の政治理論学習や思想改造を経て卒業し、農村地域の政府機関や、解放軍に配属された。

一九四九年三月二一日、三月二九日、四月一日、六月二三日、二四日、七月二三日、九月八日、一九五〇年一月三〇日、五月八日の『人民日報』によると、一九四九年二月、華北人民革命大学が設立され、入学者は一万二〇〇〇名、七月に第一期生が卒業。彼らは、華北大の卒業生と同じく、政府機関や解放軍に配属された。同年九月に、第二期生を募集し、入学者六〇〇〇名、一九五〇年三月に第三期募集をし、入学者一一六三名を数えた。

一九四九年八月二四日『人民日報』によると、一九四九年三月に、華北軍政大学が設立された。一九五〇年三月二九日『人民日報』によると、一九五〇年の春、中国人民大学が設立され、入学者一六〇〇名のうち、共産党基層政権の幹部や労働者が半分以上を占めた。

(9) 郭沫若「一年以来の文教工作」一九五〇年一〇月一日『人民日報』によると、一九五〇年一〇月に、共産党系の大学と短期大学は、全国大学総数の一五パーセントを占める。

(10) 陸定一「新中国の教育と文化」一九四九年四月一九日『人民日報』を参照。

(11) 民国期の北京市の名称は北平市であり、新中国の成立に伴い北京に変更された。北京郊外にある大学の解放軍による接収については、第一章注（5）を参照。

(12) 一九四九年一月一二日『人民日報』「清華、北大の学生が自発的に学習小組を組織し革命理論を学習する」を参照。

(13) 一九四九年二月一三日『人民日報』「北平数万人の大学生と中学生が革命理論を熱心に学習する」、一九四九年五月二七日『人民日報』「北平各大学　熱心に理論を学習」を参照。

表1に提示したのは、主として学生会が主催したものであるが、潘の日記や、前掲、蔡仲徳『馮友蘭先生年表初編』によると、一九四九～五〇年初の清華大学では、少なくとも下記の講演会が開催された。

一九四九年九月六日　中華全国総工会副主席劉寧一が燕京大学で世界労働者運動について講演、清華大学の教職員が講演会に参加。

一九四九年八月二八日　教職員連合会準備委員会が主催する講演会、講演者人民銀行責任者南漢宸、演題「現在の経済状況」。

一九四九年一月三〇日　全校大会、北平区文管会主任銭俊瑞が新民主主義と共産党政策について講演。

一九四九年一〇月三日　陳毅が清華大学を見学した後、運動場で講演。

一九四九年一一月三〇日　教育部副部長銭俊瑞が清華大学教職員代表会議で講話。

一九四九年一二月四日　高教会秘書長張宗麟が政治学習や代表会議について講演。

一九五〇年一月二三日　北京市郊区土地改革委員会周鳳鳴が土地改革に関する講演。

一九五〇年一月二四日　北京市郊区土地改革委員会主任柴澤民の土地改革における諸問題に関する講演。「弁証唯物主義と歴史唯物主義教学委員会」（一九四九年六月に成立）委員、清華大学政治必修科目教学委員会責任者費孝通の招きにより、マルクス主義哲学者艾思奇が三回ほど来校講演。

(14) 何幹之（一九〇六～六九）、延安知識分子の一人で、共産党史や中国革命史の研究者。早年日本留学をし、早稲田と明治大学で学んだ。柳条湖事件後帰国し、一九三四年に共産党に入党。一九三七年に延安に行き、陝北公学、延安大学、華北連合大学、華北大学、中国人民大学など共産党系の大学で教える。代表作は『中国現代革命史』、『近代中国啓蒙運動史』、『中国民主主義革命期の資産階級』など。一九四九年当時、華北大学教導主任を担当。

銭端升（一九〇〇～九〇）、一七歳に清華学校に入学し、米国留学に選抜され、ハーバード大学で哲学博士号を取得。清華大西南連合大、北京大などの大学で政治学を教える。一九四九年当時、北京大学法学院院長。

樊弘（一九〇〇～一九八八）、北京大学政治系卒業。湖南大、中央大、復旦大、北京大などの大学で経済学を教える。一九四八年四月、『観察』（四巻七期）に「二つの道しかない！」を寄稿し、中国には、搾取階級の政権を取り壊す革命と、搾取階級を容認する反革命の二つの道しかなく、いわゆる「中間派」は主張する「第三の道」が存在しないと、共産党寄りの見解を表明した。一九四九年当時、北京大学経済系主任、教授、一九五〇年二月に共産党に入党。

許徳珩（一八九〇～一九九〇）、当時民主党派である九三学社理事長。

艾思奇（一九一〇～六六）、延安知識分子の代表的存在。一九三五年に共産党に加入し、一九三七年延安に入り、抗日軍政大学主任教員、中央研究院文化思想研究室主任、建国後、中央高級党校哲学教研室主任、副校長などを歴任。著書に『大衆哲学』、『哲学と生活』、『弁証唯物主義と歴史唯物主義』などがある。

銭俊瑞（一九〇八～八五）、一九三五年に共産党に入党。一九四九年一月より北平区文管会主任、同年六月より高教会責任者、一〇月より教育部副部長、共産党組織委員会書記。前掲、『中国人名大辞典』を参照。

(15) 一九四九年二月一七日『人民日報』「北平市学生が革命新秩序の形成のために働く」、一九四九年一月一二日（注（12））、一九四九年二月一三日『人民日報』（注（13））を参照。

(16) 『人民日報』一九四九年二月一三日（注（13））、一九四九年二月一七日（注（15））によると、清華大学、北京大学、輔仁大学、朝陽大学、師範大学、芸術専科学校、東北大学、長白師範学院と鉄道管理学院などは、路頭宣伝隊を組織し、解放軍の文芸宣伝隊と一緒に北平市内で宣伝活動をした。また、学生四八〇名が軍管会の工作組に参加し、貧困家庭を訪問し、生活状況を聞き取り、補助金を配った。各工作組とも、学生と解放区から派遣されてきた労働者や農民出身の幹部と混合編成し、成員は相互に学び、良い関係を築いたという。

(17) 一九四九年三月に、学生自治会が代理となって、北平市の社会工作に参加した七三名の学生のために教務処に休学届を提出した。そのうち、五九名が「区保工作」に参加し、ほかは、解放軍政治宣伝隊四名、国家や北平市公安局三名、人民政府の行政機関四名、人民日報一名、華北大学一名が、それぞれ配属された。清華大学校史研究室、『清華大学史料選編』「平市の社会工作のために休学を申請する学生名簿 一九五〇年」（五巻下：八〇六～八〇七頁、北京：清華大学出版社、二〇〇五年）を参照。

(18) 清華大学からは、二一二名の学生が解放軍の南下工作団に入隊したが、その内訳は、次の通りである。

文学院　外国語文系二九名、歴史系一一名、中国文学系八名、哲学系六名
理学院　物理系四名、数学系二名、地学系二名、気象学系二名、生物学系一名、化学系一名
法学院　経済系六一名、社会学系二八名、政治学系一九名、法律系三名
工学院　電機工程学系一三名、機械工程学系一二名、土木工程学系五名、航空工程学系二名、営建学系一名
農学院　農芸学系二名
前掲、『清華大学史料選編』「南下工作団に参加する学生名簿」（五巻下：七九二〜八〇二頁）を参照。

(19) 北平市内の活動の参加者と南下工作団の入隊者などで、一九四九年学年度になっても学校に戻ってこなかった学生は、二二七名にも上った。その内訳は、次のようである。
文学院　外国語文系三九名、歴史系一一名、中国文学系八名、哲学系六名
理学院　物理系六名、化学系三名、地学系三名、数学系二名、気象学系二名、生物学系一名、心理学系一名
法学院　経済学系五六名、政治学系三一名、社会学系二七名、法律系六名
工学院　機械工程学系一一名、電機工程学系九名、土木工程学系三名、航空工程学系二名
前掲、『清華大学史料選編』「一九四八年度第二学期に革命工作に参加するために学校を去って一九四九年末に戻ってきていないが学籍を保留する者名簿」（五巻下：八〇七―八一五頁）を参照。

(20) 学生たちは、様々な形で教授らに刺激を与えた。例えば、国民党政権が倒れる直前、北京大学学長だった胡適を通じて、主だった教授に台湾への無料航空券が配られたのに対して、学生たちは、「それに対抗して、新中国の未来を築くために北京に残って協力してほしいと、教授たちを説得する工作をした」。丸山昇『文化大革命に到る道――思想政策と知識人群像』（一一頁、東京：岩波書店、二〇〇一年）。
考古学、古生物学者斐文中は、『人民日報』に寄稿した「私は何を学んだか」に次のように述べた。「北京が解放されて、ただ半年の間に、私は多くの貴重な学習機会をもらい、小ブルジョア的思想が変化し始めた。まず、私は何人かの若い友人に感謝の意を表したい。彼らは、北京がまだ解放されていなかった頃、多くの学習資料を渡してくれ、私に勉強する機会を与えてくれた。北京が解放されてから、彼らは自発的に学習会を結成し、私も参加し、彼らと一緒に学習した」（『人民日報』一九四九年一〇月一一日）。

(21) 前掲、丸山昇『文化大革命に到る道――思想政策と知識人群像』「建国の興奮――楽黛雲」（九〜一二頁）。
楽黛雲（一九三一〜）、一九四八年に北京大学に入学、中国文学を専攻し、卒業後、母校で教鞭を執った。一九五八年に右派とされた後、二〇数年にわたって学術研究が中止された。文革以後、北京大学中文系の教授、北京大学比較文学と比較文化研究

所所長、国際比較文学学会副主席、中国比較文学学会会長などを歴任。

(22) 丸山昇は、楽黛雲が入った学生組織の活動について、次のように記載した。

「北京大に入った彼女は、ごく自然に地下の青年組織に入って活動するようになった。彼女は、大学の印刷所の労働者によって秘かに印刷された、解放区の生活を知らせるリーフレットの校正をし、すでに北京を包囲する態勢に入っていた人民解放軍の砲撃が、外国公館街の各国大使館や、故宮、天壇などを避けるよう正確な地図を作るため、夜間、散歩する恋人を装って測量をした」。前掲、丸山昇『文化大革命に到る道——思想政策と知識人群像』一一頁。

(23) 一九四九年二月一一日『人民日報』「北大、清華など九校の学生会は北平学生連合会を成立することを呼びかける」には、学生運動をリードしている学生会について次のように記載されていた。

「華北が全面解放される前に、北平、天津、唐山の学生たちは、国民党反動派の売国的独裁的統治と闘うために、あらゆる迫害や打撃を排除して各校において学生会（または類似する組織）を設立し、学生運動を指導する華北学生連合会を設立した」

「北平の学生連合会は、以前よりさらに多数の学生と団結して、学生たちが自分の思想を改造するように指導し、仕事の重心を国民党反動派との闘いから、人民政府を擁護し、人民民主主義的な新しい北平を建設することに転換する。」

(24) 一九四九年上半期の清華大学学生会執行委員会の成員は、下記の通りである。筆者は、「総支部党員名簿」と照合して、学生委員会執行委員会における共産党員の状況を明らかにした。傍線が共産党員である。

前掲、『清華大学史料選編』「清華大学学生会執行委員会名簿一九四九年四月二九日」（五巻下：九六三〜九六四頁）を参照。

主　席	呂應中（機械工程学系三年）	袁君孚（地学系三年）	丁石孫（数学系三年）
秘書処	林寿屏（経済学系三年）	陳　寛（電機工程学系三年）	
生活部	袁木冉（電機工程学系二年）	劉春元（化学工程学系二年）	
康楽部	謝吉庭（土木工程学系二年）	竺培耀（機械工程学系三年）	
学芸部	梁誠瑞（社会学系三年）	陳公望（機械工程学系四年）	
社会服務部	完守慶（土木工程学系一年）		
女同学部	汪瑞華（中国文学系四年）	張寄謙（歴史学系四年）	

民国期に、共産党は地下活動をし、党員の身分は未公開だったが、一九四九年六月二八日に、共産党北平市委員会の指示により、共産党清華大学総支部が党員名簿一八九名のうち一八七名の名前を壁新聞で公布した。残り二名は「仕事上の理由」や、海外留学していたので公開しなかった。内訳は、学生党員一四一名（支部五）、教職員党員四六名（支部二）である。前掲、『清華大学史料選編』「中国共産党清華大学総支部党員名簿　一九四九年七月一一日」（五巻下：一〇八七—一〇九一頁）を参照。

(25) 呉晗は、共産党員の指導のもとで、次のような革命工作をした。(1)「進歩的」な教授を招いて時事座談会を開き、国民党政権の政策を批判する。(2)雑誌を刊行する。(3)「民主青年同盟」を成立し、学生運動のリーダを養成する。(4)秘密印刷所を設立し、毛沢東、朱徳などの共産党指導者の著書を印刷する。(5)進歩的な教授に働きかけ、デモ集会で講演してもらう。(6)内戦に反対し、民主を要求する学生運動を組織する。蘇双碧、方孜行、方竟成(編)『呉晗自伝と書簡文集』「呉晗自伝」〈一九五六年〉(三〜一九頁、北京:中国人事出版社、一九九三年)を参照。なお、呉晗は一九四九年一一月に北京市副市長に任命された。

(26) 高教会は、北平区軍管会文化接管委員会で(略称文管会)をベースに設立した大学教育管理機構であり、一九四九年一〇月二〇日に解散。一九四九年一一月一日、高教会をベースにして中央人民政府教育部が設立された。(「華北高等教育委員会初会合を開き、大学制度の改革などについて討議」『人民日報』一九四九年六月七日)。

高教会成員

主任　董必武

副主任　張奚若、銭俊瑞秘書長　張宗麟

常務委員　周揚、馬叙倫、許徳珩、曽昭綸、呉晗

委員　李達、郭沫若、呉玉章、徐特立、馬寅初、範文瀾、成仿吾、鄧初民、張志譲、湯用彤、鄭振鐸、銭端昇、藍公武、楊秀峰、葉企孫、陳岱蓀、陸志韋、張東蓀、雷潔瓊、黎錦熙、徐悲鴻、李宗恩、厳済慈、斐文中、晁哲甫、于力、劉鼎、楽天宇、周澤昭、沈体蘭、黄松齢、張宗麟、張国藩、兪大絨、馮乃超

(27) 一九四九年八月一二日『人民日報』「華北高教会常務委員会第三次会議が大学の教育改革を討議」。

(28) 一九四九年九月一二日『人民日報』「華北高教会は平津各大学教授を招集——弁証法唯物論と史的唯物論の教学法を検討、教材や授業法などを具体的に規定、艾思奇らを選出して教学委員会を設立」。

(29) 一九四九年九月一二日『人民日報』「弁証法唯物論と史的唯物論教学委員会」によると、当該委員会は下記の成員より構成された(所属は筆者が付け加えた)。

艾思奇、鄭昕(北京大)、費孝通(清華大)、張岱年(清華大)、趙承信(燕京大)、沈志遠、候外廬(北京師範大)、許宝騤、陳辛人、常任俠、岳寒、楊氷如、梁寒氷。

また、同座談会において、各大学に「教学委員会分会」を設立すること、政治理論課の担当教員が二週間ごとに会議を開いて教学内容や方法、学生の学習状況を検討することなどの事項が決定された。

(30) 延安知識分子とマルクス主義知識分子について、第一章三節考察する諸問題、及び注(8)を参照。

(31) 全国規模の学習運動において、老舗出版社の生活・読書・新知三聯書店は、読者に討論を行なったり学習方法や感想を交換し

たりする場を提供するために、一九四九年九月に『学習』を創刊した。発刊後、熱烈に歓迎され、発行部数は三〇万部にも上った。第一巻（第一期～第六期）は月刊誌だが、読者の要求に応じて第二巻から半月刊となった。論述、名著読解、問題討論、読者筆談、学習経験談、用語説明などの欄がある。一九五一年四月から、『学習』編集部は同書店から分離されて、共産党中央宣伝部に直属することとなった。

(32)『学習』第一巻（北京：生活・読書・新知三聯書店）を例として見れば、掲載された艾思奇、于光遠、胡縄、沈志遠の文は、下記の通りである。

第一期　艾思奇「初めから学ぶ――マルクス・レーニン主義を学習する方法」
　　　　沈志遠「社会発展史の基本的な観点を学ぶ」
　　　　胡　縄「太平天国と資本主義外国との関係」
第二期　胡　縄「全国人民の憲章を学ぶ」
　　　　沈志遠「新民主主義の国営経済」
　　　　艾思奇「社会発展の非歴史的な観点を批評」
第三期　艾思奇「マルクス・レーニン主義の国家言説を学ぶ」
第四期　于光遠「マルクス・レーニン主義の政治経済学を学ぶ」
第五期　胡　縄「予見は事実となった――『新民主主義論』十周年記念」
　　　　沈志遠「レオンチェフ『政治経済学』第三章における基本問題」
第六期　艾思奇「唯心論批判」

(33)一九四九年三月三一日『人民日報』「学習書籍を紹介する」に、エンゲルス『反デューリング論』、レーニン『唯物論と経験批判論』、スターリン『弁証法唯物論と史的唯物論』、サイウィキー著、艾思奇、鄭易里訳『新哲学大綱』と共に、胡縄『弁証唯物論入門』も推薦された。

(34)前掲、艾思奇「初めから学ぶ――マルクス・レーニン主義を学習する方法」。

(35)原文は、次のようである。

「中国人民の革命戦争は、中国共産党中央のマルクス主義、毛沢東思想の正確な指導のもとで、まもなく全国範囲の勝利を獲得する。しかし、全国人民の目の前には、まだ多くの複雑で困難な任務が横たわっている。「道を行くことに喩えるなら、過去の勝利は万里の長征の第一歩を踏み出したのみである。残存する敵をわれわれは掃滅しなければならぬ、厳重な経済建設の任務はわれわれの目の前にある」（毛沢東『人民民主独裁を論じる』）。

これらの任務を遂行するために、共産党中央のマルクス主義、毛沢東思想の正確な指導が必要となるばかりではなく、幹部や、知識分子、労働者がマルクス・レーニン主義理論を学び、自分たちの思想レベルを高めなければならない。マルクス主義毛沢東思想が大衆の思想的武器になるほど、われわれの革命事業が順調に前進することができるのである。」

(36) 前掲、沈志遠「社会発展史の基本的観点を学ぶ」。

(37) この部分は、焦孟甫「知識分子の改造を論じる」『観察』六巻六期、一九五〇年一月、艾思奇「学習——思想領域における解放戦争」、于光遠「何故、小ブルジョアジーは思想改造をしなければならないのか」『学習』(二巻一期、一九五〇年三月)、呉強「知識分子の批評と自己批評の問題」『学習』(二巻九期、一九五〇年七月)、などを参照。

(38) 『私の思想はいかに転換したのか』(北京:五十年代出版社、一九五〇年四月)。一九五一年一〇月に二二刷発行。

(39) この一句は、明らかに国民党時代と対比するために書かれたのである。国民党軍隊による民衆からの食糧などの物資の調達は、強制的に行われることが多いので、搬送する民夫の隊列に押送する兵士が付くことが多い。

(40) 清華大学における動向は、『潘光旦文集』(一一巻:二八九~二九〇頁)一九四九年八月の日記、前掲、『清華大学史料選編』「五.教学、1.政治課を開設する」(五巻上:一八五~二七八頁)に基づいて整理した。

(41) この座談会において、政治理論課を担当する教員の人選について議論し、一〇名の教授を推薦した。後に本人たちの承諾を得たうえ、校務委員会は、彼らを「弁証法唯物論と史的唯物論教学委員会委員」として任命した。潘光旦一九四九年八月の日記、前掲、『清華大学史料選編』「大課の第一段階」(五巻上:一九五~二〇四頁)を参照。

(42) 当該委員会は、常務委員一二名、班教員一八名、秘書組四名によって構成する。常務委員は、費孝通、呉晗、呉景超、孫毓棠、金岳霖、任華、張岱年、于振鵬、張群、艾知生、陸人驥、陳発景である。前掲、『清華大学史料選編』「弁証法唯物論と史的唯物論教学委員会(大課委員会)組織系統表」(五巻上:一九四~一九五頁)。

(43) 政治理論課が「大課」と呼ばれたのは、全校学生が一緒に授業を受けるという授業規模の大きさによるのである。

(44) 前掲、『清華大学史料選編』「われわれの大課が開始された——費孝通の報告」『清華学習』一期一九四九年一〇月一七日(五巻上:一九一~一九四頁)。

(45) 費孝通は、「思想戦線の一角」(『全集』七巻:七~一七頁)に艾思奇を招いたことを紹介した。

(46) 前掲、『清華大学史料選編』「大課の第一段階」『清華学習』一九四九年一〇月二五日(五巻上:一九五~二〇四頁)、注(51)⑦を参照。

(47) 前掲、『清華大学史料選編』「大課委員会は、批評と自己批評の武器を用いて思想総括を行なうことを呼びかける——思想的戦場において理論学習を強化し、思想闘争を行おう」『人民清華』三期、一九五〇年一月一日(五巻上:二〇四~二〇五頁)。

(48) ①~⑥の文が『費孝通全集』(以下巻号のみ)収録された。①六巻:四〇三~四〇八頁、題目は「『政治を超越する』」に変更。

②の掲載先は不明だが、六巻：四四七～四五三頁。③④六巻：四一四～四一九頁、四一九～四二五頁。⑤七巻：二二一～三一頁。⑥六巻：四四二～四四六頁。

(49) ⑦注（47）を参照、⑧の著者君羊は、「群」を暗示し、清華大学大課委員会成員による共著の可能性もあるが、責任者の費は責任を負うと考えられる。⑨六巻：四三〇～四三五頁。⑩六巻：三五五～三六六頁

(50) ⑪掲載先不明、六巻：四〇〇～四〇三頁。⑫六巻：四〇八～四一三頁。⑬六巻：四二五～四三〇頁。⑭六巻：四三六～四四二頁。

(51) 一九四五年、潘の紹介により費は民主同盟に加入した後、盟員である他の「民主教授」と共に内戦に反対し、民主化を要求する運動に参加し、国民党特務に脅迫された。前掲、張冠生『費孝通伝』（二三五～二四六頁）を参照。一九四六年七月、民盟中央委員李公朴（一九〇二～四六）、民盟盟員、西南連合大学教授聞一多（一八九九～一九四六）が国民党特務に暗殺されて以後、費と潘も身の危険を感じ、昆明のアメリカ領事館に一時避難した。その後、費は、南京を経由して英国に渡航し、数か月滞在した。英国から帰国する際にすでに北京に移転した清華大学に赴任し、そしてまもなく、解放区に行く機会が得られた。前掲、朱学勤「費孝通先生訪談録」を参照。

(52) 一九五〇年四月当時、⑭に書いたような自己の内面や欠点を告白するような自己批判はまだ少なかった。翌年の九月に「大学教師思想改造学習運動」が行なわれて、「人人検討、人人過関」、即ち各自が群衆大会で自己批判をし、群衆の認可を得てはじめて自己批判から「通関」できるかたちが進行する中、大学の教師たちは、特に何度も自己批判をしても通関できない者は、内面に秘めた考えを告白したり、自らを矮小化、醜悪化したりした。

(53) 潘光旦の論考には、例えば、次のようなものがある。一九三五年一〇月「近代蘇州の人材」清華大学『社会科学』一巻一期（『潘光旦文集』九巻：一二五～一七〇頁）、一九四七年一〇月「科挙と社会の流動性」清華大学『社会科学』四巻一期（『潘光旦文集』一〇巻：一一二～一三一頁）。

(54) 張東蓀について、第一章注（38）を参照。張東蓀の論考には、例えば、次のようなものがある。「士の使命と理学」『観察』（一巻十三期、一九四六年一一月）、「知識分子に告げる」『観察』（四巻十四期、一九四八年五月）。

(55) 『皇権と紳権』に、呉晗は「紳権を論じる」「紳権を再論」「士大夫を論じる」などの論考を寄せた。皇権と紳権との関係を三つの時期に分けた。即ち、秦から唐まで第一期、五代から宋まで第二期、元から清まで第三期である。第一期では公臣らが着席して皇帝と政務を議論するのに対して、第二期では立ったまま、第三期では跪かなければならなかったことから、二者の関係は、共存から、共治、そして奴僕へと変化したと主張した。また、官僚と紳士を分別した費と異なり、官僚、士、紳士などは、同じ階層の違う場面における違う呼び方に過ぎず、士大夫と称した。士大夫は知識を独占し、様々な免賦、免役などの特権をもち、地位を利用して大量の土地を占有し、大地主となった者が少なくなかった。彼らは、農民の苦痛を理解できず、そして、自分の

地位を守るために、保守的で、変革に反対していたと述べる。
(56) ①②③は④に収録され、六巻：二三二～二六八頁。⑤六巻：二〇〇～二〇六頁。⑥五巻：一～一四一頁。
(57) 注(56)③、六巻：二五一頁。
(58) 注(56)⑥、五巻：四八～五一頁。
(59) この節に紹介した潘の日記は、「存人書屋日記」『潘光旦文集』一一巻：二二七～三四一頁から引用。
(60) 伯倫は、雷海宗の字である。雷海宗と呉景超に関して、第一章二節を参照。字について、第四章二節を参照。
(61) 呉澤霖(一八九八～一九九〇)、一九二二年に清華学校を卒業した後、アメリカに留学、一九二七年にオハイオ州立大学で社会学博士号を取得。帰国後、大夏大学、曁南大学、西南連合大学などを経て、一九四六～一九五二年、清華大学社会学系教授。一九五二年より西南民族学院教授。一九五八年に右派とされた。前掲、閻明『中国における社会学――一個の学科と一つの時代』(三二頁、二九七頁)を参照。
(62) 一九四九年一〇月当時、陳毅は、上海市長、華東軍区兼第三野戦軍司令である。
(63) 『新月』『観察』について、第一章注(13)(16)を参照。陳毅が『新月』『観察』などの雑誌を読んでいたことに言及したのは、自由主義知識分子の言論を自らの視野に入れていることを意味する。共産党内のこのようなより視野の広い指導者は、知識分子を感心させ、好感をもたれた。
(64) 空谷足音は、人跡まれな谷の中で聞く人の足音、得がたい卓見を意味する。
(65) 穆は潘の娘、潘乃穆のことである。
(66) 馮は、一九四九年一〇月五日に毛沢東に手紙を出した。内容の概要は次のようである。
過去において、私は封建的哲学の研究に従事し、国民党政府に加勢した。これから、思想改造を決心し、マルクス主義を学習し、マルクス主義の立場、方法、観点を用いて五年以内に新しい哲学史を書く。毛は、一〇月一三日付けで次のように返事した。「われわれは人々の進歩を歓迎している。貴方のような過去に過ちを犯した方は、これから改心できれば、けっこうなことだ。焦ってすぐに結果を求める必要はない。じっくりと改めていって、素直な態度をとった方がよろしい。」前掲、蔡仲徳『馮友蘭先生年表初編』(三五一～三五二頁)を参照。
(67) 馮は、自己批判文(注(68)②)において、「会ったことのない友だち」茅冥家を次のように紹介した。「彼は、手紙において次のように書いた。「私があなたに手紙を出そうとした理由は、あなたと縁があったからだ。私は新理学に熱中しており、思想、言論、行動は、すべてあなたの影響を受けた。私はたいへん厳しい自己批判をした。自己批判をする際、あなたと新理学も批判した。私は、あなたの思想改造を私自身の思想改造、あなたの思想的転換を私自身の思想的転換と見なしている」」。なお新理学について、第一章二節を参照。

(68) 一連の馮批判と馮の自己批判の文章は下記の通りである。
①茅冥家「自己批判から『新理学』に対する思想的批判へ」『光明日報』一九五〇年八月六日
②馮友蘭「『新理学』に関する自己批判」『光明日報』一九五〇年一〇月八日
③平　之「新理学について」『光明日報』一九五〇年一〇月八日
④馮友蘭　中国新哲学研究会で講演、「『新理学に関する自己批判』から新旧哲学の区別」『新建設』三巻三期に掲載、一九五〇年一二月
⑤王　瑶「馮友蘭先生の『新理学に関する自己批判』を読む」『光明日報』一九五〇年一二月二日
⑥茅冥家「『新理学』に対する再批判」『光明日報』一九五〇年一二月二三日
⑦丁末一「『新理学に関する自己批判』を読んで、馮友蘭先生へ」『光明日報』一九五〇年一二月二三日
⑧杜　平「『新理学に関する自己批判』を読んで」『光明日報』一九五〇年一二月二三日
⑨馮友蘭「丁末一と茅冥家両先生の文章を読んで」『光明日報』一九五〇年一二月二三日

(69) 馮の新理学批判の内容は、主として注（68）②④に基づいて整理した。なお、新理学は、第一章二節に述べた通り、『新理学』『新事論』『新世訓』『新原人』『新原道』『新知言』などの六つの著書から構成するが、文中に括弧をつけないものが新理学思想、括弧をつけたものが同名の著書を指すものとする。

(70) 邵雍（一〇一一〜一〇七七）、北宋の哲学者、易学者。『皇極経世書』『伊川撃壌集』『観物篇』『先天図』などを著した。程顥（一〇三二〜一〇八五）、北宋の儒学者、政治家。朱子学の源流の一人。

(71) 馮友蘭『馮友蘭学術精華録』（二〇一〜二六六頁、北京：北京師範学院出版社、一九八八年）を参照。

(72) 一九九二年九月、コロンビア大学の名誉博士号の授与儀式における答辞。前掲、馮友蘭『馮友蘭学術精華録』一〜八頁。

(73) 陳戦国によると、馮は、一九八〇年代の中期以後、一九五〇年代に書いた「懺悔」の文は自分自身の本来の思想を代表できないと鄭重に声明した。同じ時期に、馮の著作集の『三松堂全集』が編集され、編集者に一九五九年に発表した「四十年回顧」を収録するか否かについて尋ねられた時、馮は、「一九五〇〜六〇年代に書いたものは一切収録しない」と返事した。陳戦国「馮友蘭先生の形而上学」鄭家棟他（編）『馮友蘭を解析する』（三四三〜三六三頁、北京：社会科学文献出版社、二〇〇二年）。

(74) 程朱理学は、宋代の程顥、程頤（一〇三三〜一一〇七）、朱熹（一一三〇〜一二〇〇）の儒学である。

(75) 前掲、馮友蘭『馮友蘭学術精華録』（一三一〜一四四頁）を参照。

(76) 馮友蘭研究者の意見（1）（2）（3）は、鄭家棟「馮友蘭と近代以来の哲学変革——新理学の基本精神とその限界」、前掲、

鄭家棟他（編）『馮友蘭を解析する』（一八九～二一五頁）を参照。

(77) 前掲、陳戦国「馮友蘭先生の形而上学」を参照。

(78) 『新事論』「第一篇共と殊の別」、前掲、馮友蘭『馮友蘭学術精華録』（一四七～一五九頁）を参照。

(79) 『新事論』、前掲、馮友蘭『馮友蘭学術精華録』（一四七～二〇〇頁）を参照。

(80) 「院系調整」における社会学系の廃除について、前掲、閻明『中国における社会学――一個の学科と一つの時代』「第十一章社会学が新時代において」（二二二～二五七頁）、前掲、張冠生『費孝通伝』「第八章　五 社会学が廃除された」（三一三～三二六頁）により詳細に紹介された。

(81) 「北京各大学の課程改革」『人民日報』（一九四九年一〇月一七日）を参照。

(82) 暫定規定の名称は、「河北各大学専門学校文法学院の課程改革に関する暫定規定」である。「北京天津各大学の文、法学院の課程改革に進展が見られた」『人民日報』（一九五〇年四月二日）を参照。

(83) 「中央人民政府教育部の決定が公布」『人民日報』（一九五〇年八月三日）に、教育部の政令「高等学校の教育改革の実施について」を掲載。「中央人民政府政務院：大学管理体制に関する規定」『人民日報』（一九五〇年八月三日）、「中央人民政府教育部：大学暫定規定」『人民日報』（一九五〇年八月一九日）を掲載。

(84) 例えば、陸定一（中央人民政府文化教育委員会副主任）「新中国の教育と文化」『人民日報』（一九五〇年四月一九日）、郭沫若「中央人民政府政務院文教委員会の報告」『人民日報』（一九五〇年六月二〇日）、郭沫若「一年来の文教工作」『人民日報』（一九五〇年一〇月一日）、など。

(85) 「京津各大学文法学院課程改革が進展」『人民日報』（一九五〇年四月二日）に、清華、北京、南開、燕京などの大学の文学院と法学院の課程改革の状況が紹介され、北京大学法学院は、四五課目を削減し、七七課目を新設したと述べる。

(86) 金鳳「沙灘巡礼」『人民日報』（一九四九年五月三日）を参照。

(87) 『潘光旦文集』一一巻：三二五頁。

(88) 『潘光旦文集』一一巻：三一八頁。

(89) 『潘光旦文集』一一巻：三一九頁、抄訳。

(90) 『費孝通全集』六巻：三四五頁。

(91) 「北平軍管会文管会が『大学教育座談会』を開く」『人民日報』（一九四九年三月一六日）を参照。

(92) 施復亮（一八九九～一九七〇）、経済学者、社会学者、早年中国共産党に入党したが、一九二七年に離党。民主建国会常務理事、一九四九年一〇月に中央人民政府労働部副部長に任命された。鄧初民（一八八九～一九八一）、マルクス主義知識分子、政治学者。

(93)『潘光旦文集』一一巻：三三三〜三三四頁。
(94)林耀華（一九一〇〜二〇〇〇）、翦伯賛（一八九八〜一九六八）、雷潔瓊、第一章注（38）を参照。
(95)『潘光旦文集』一一巻：三三五頁。
(96)李景漢（一八九五〜一九八六）、魏重慶（生没不詳）。
(97)『新建設』二巻二期、一九五〇年三月。『費孝通全集』六巻に収録、三四四〜三五五頁。
(98)前掲、張冠生『費孝通伝』（三一三頁）を参照。
(99)『潘光旦文集』一一巻：二九九頁。
(100)『潘光旦文集』一一巻：三〇六頁。

第三章　知識分子の土地改革参加と思想改造

本章では、知識分子の思想的転換に大きな影響を与えた土地改革参加について考察する。具体的には、全国範囲で数十万の知識分子も動員された大規模な土地改革参加は、いかに開始、拡大され、参加者にいかなる影響を与え、彼らの思想にどのような変化をもたらしたかを分析する。また、残された記録を通して土地改革現場の実像に近づき、階級闘争論に支配される土地改革運動について考察する。

土地改革参加の展開について、主として大学、知識分子個人、共産党中央、民主党派などの動向に注目し、これらが相互に作用し相乗効果をもたらしたそのメカニズムを明らかにする。

一　教師と学生を土地改革の現場へ送りこむ大学

知識分子の土地改革参加は、北京市のトップレベルの大学から開始された。端緒を発《ひら》いたのは、当時の中央美術学院院長、画家徐悲鴻である。(1) 徐は、周恩来総理に手紙を出し、教師と学生が土地改革に参加することを許可するように懇願し、周恩来はそれを承諾した。(2) その後、北京大学、清華大学、中央戯劇学院、燕京大学などの大学も、

表1　北京市の主要な大学の土地改革参加の時間と人数

中央美術学院	1949年12月中旬～1950年2月14日	徐悲鴻院長を含む教師と学生の合計110名
北京大学	1950年1月5日～2月22日	法律系教員2名、同系学生110名
清華大学	1950年1月27日～3月10日	教員22名、学生260名
中央戯劇学院	1950年2月5日～3月11日	院長欧陽玉倩、副院長曹禺を含む教員と学生合計110名*
燕京大学	1950年2月10日～3月1日	学生70名

* 欧陽玉倩（1889～1961）、戯劇教育家。曹禺（1910～96）、劇作家。

相次いで教師や学生を農村へと送り出した。

北京市の主要な大学の土地改革参加は、三つの時期に分けることができる。

第一期、一九四九年末～一九五〇年三月。

各大学の土地改革参加の時間と人数は、表1の通りである。[3]

この時期に、各大学から合計七〇〇～八〇〇ほどの参加者が、六五の土地改革工作隊に配属され、一〇〇以上の行政村で仕事をした。参加者たちは、村に駐在する「土地改革工作隊」の一員として働き、「老幹部」と呼ばれた共産党幹部や、地元の農民出身の幹部など他のメンバーと協力して、村の土地改革運動を指導した。

第二期、一九五一年二月～八月。二月に、北京大学、清華大学、燕京大学、北京師範大学、北京農業大学、輔仁大学、華北大学、中央美術学院など八つの大学の教授六三名により構成された「土地改革参観団」は、中央政府政務院の紹介により、華東、中南、西北など三つの区域へ赴き、それぞれ一か月ほど土地改革を見学したり、工作隊の仕事に参加したりした。

三つの参観団の人数と責任者は、表2の通りである。[4]

参観団は北京で集中学習した後、各地で省、市など行政機関の土地改革の事情説明を受け、選定された県や郷村に入り現場見学をした。例えば、華東区団は、北京を出発した後、上海、蘇州などで地元政府の状況報告を聞き、江蘇省呉江県の村々で土地改革を見学した。[5]参観団には、共産党中央統戦部の幹部が同行し、教授らの身の安全が配慮され、保

表2　北京市大学土地改革参観団*

地域区分	人数	団長	副団長	期間
華東区団	31名	楼邦彦（北京大学）	儲鐘瑞（清華大学）侯仁之（燕京大学）	1951.2.8 ～ 3.15
中南区団	18名	鄭天挺（北京大学）	曽炳鈞（清華大学）	
西北区団	14名	呉景超（清華大学）	陸宗達（北京師範大学）	

* 楼邦彦（1912 ～ 79）、法学者。儲鐘瑞（1913 ～ 89）、測量学者。侯仁之（1911 ～ 2013）、地理歴史学者。鄭天挺（1899 ～ 1981）、歴史学者。曽炳鈞（1905 ～ 94）、政治学者。陸宗達（1905 ～ 88）、訓詁学者。

安員も配置された⑥。

六月から八月までの間、政治協商会議全国委員会は、各大学や研究機構から有名な教授や研究者を動員し、「西南土地改革工作隊第一団川北隊」「第二団川北隊」「川東隊」などの土地改革工作隊を組織し、四川省農村の各地に派遣した（詳しくは第四節）。

第三期、一九五一年九月～一九五二年六月。中央人民政府教育部の指示により、北京大学、清華大学、輔仁大学、燕京大学などの大学を中心とする教員と学生八〇〇人が、「中南土地改革工作団」と名付けられた土地改革工作隊を組織し、西北、中南、西南などの地域へ赴き、半年ほど現地で土地改革に携わった。北京を発つ前に、北京大学で集中訓練を受け、その始業式には中央人民政府副総理董必武、教育部長馬叙倫などが出席し挨拶をした⑦。

この時期に、潘光旦は、「中央人民政府政務院と共産党中央統一戦線部の呼びかけに応じて」、同僚の全慰天とともに、江蘇省太湖流域に入り、一か月半ほど土地改革を見学した⑧。

大学の土地改革参加の過程には、次のような変化が見られる。即ち、第一期は、大学の責任者らが自ら進んで政府の指導者に「懇願」して許可をしてもらったような大学の自主参加だったのに対し、第二期は、中央政府の「紹介」や政治協商会議の呼びかけで現地に赴いたのであり、第三期は、党中央の指示によるものだったのである。

以上の過程から、土地改革参加は、最初から共産党の指示によるものではなく、むしろ大学側が発議した活動であることが分かる。共産党中央と毛沢東は、大学の動向、特に参加者の感想文から、土地改革参加が知識分子の思想改造にたいへん意味があることと捉え、関連する指示や政策を具体化し、全国規模に推し広げたのである（詳しくは第四節）。

では、なぜ、「高級知識分子」である各大学の責任者は、積極的に教職員や学生を土地改革の現場に送りこんだのか。発起者の徐悲鴻を例として見てみよう。

中国美術界の大家徐は、以前から共産党に好感をもっていた。共産党との距離を縮めたきっかけの一つは、画だった。一九四五年、国民政府の所在地重慶で、徐は、共産党解放区の木版画の展示を見学したが、革命的現実主義の生き生きとした作品にたいへん感心した。同時に、西洋の左派画家でさえも形式に囚われたり、商人に左右されたりしているのに対して、なぜ共産党系の芸術はこれほど現実主義の道を忠実に歩めているのか、そのような疑問を抱いた。一九四九年、北京で再び共産党解放区の美術展を見学した後、徐は「新中国の芸術は延安解放区から始まるのだ」と、建国後の芸術の方向に関する見解を表明した。また、政治理論学習で毛沢東の文芸思想を学んだことで、重慶以来の疑問は解けた。なるほど共産党は、「文芸工作者」の「立足点」、即ち立場を重視し、労農兵や人民大衆に服務することを文芸の原則としていたのだと、共産党芸術の原点を理解した。以後、徐は、自分に対しても、学生に対しても、「立足点」を人民の方に移すように要求し、そのために、思想改造を自ら進んで行なわねばならないと提唱した。

徐悲鴻の弟子、当時中央美術学院の若手講師艾中信は、次のように回想している[9]。

徐先生が毛主席の『延安文芸座談会における談話』を学んだ後、最初にとった行動は、われわれ若手教員一人ひとりと話し合い、北京郊外の土地改革に参加させることだった。彼は、創作は酒造りの如く、生活の体験が豊かでなければ、水を混ぜた味の淡い酒のようなものしか造れない。君たちは労働者や農民の生活をまだ何も分かっていない。このチャンスをつかんで、労農に奉仕する第一歩を踏み出さねばならない。

徐は、大多数の知識分子と同じく、本心から新しい時代を歓迎し、人民大衆に近づこうとした。そのために、土地改革参加は、知識分子にとって極めて良い訓練と改造の機会であると見なした。

二　参加者の体験と「思想的収穫」

一九五〇年二月から七月までの間、土地改革の参加者の体験や「思想的収穫」を綴った感想文や記事が新聞や雑誌に相次いで掲載された。例えば、『人民日報』、『光明日報』、共産党中央の機関誌『学習』、知識分子が愛読する雑誌『新観察』『新建設』に、最初に土地改革参加者を派遣した三つの大学からは、次の人びとが寄稿した（表3を参照）。著名な教授や各学問領域の代表的な学者の文章は、大きな反響を呼んだ。[10]

第二期の「土地改革参観団」に参加した各大学の教授も積極的に投稿し、一九五一年三月から六月までの間、『人民日報』と『光明日報』に次の人びとの文章が掲載された[11]（表4を参照）。

以下、主として清華大学の土地改革参加者の文章に基づき、知識分子の土地改革運動に参加する動機や、彼らが経験した土地改革工作隊の仕事内容、土地改革を経験したことで各自の思想にもたらした変化などを簡潔に紹介する。[12]

1　土地改革参加の動機

土地改革に参加した動機について、主として①土地制度の変革という革命実践に自ら参加したい、②革命実践の

表3　新聞や雑誌に感想文を寄稿した土地改革参加者

		題目	掲載紙	日付
〈中央美術学院〉				
教授	李樺	①「私は階級覚醒の力を見た」	『光明日報』	1950.3.18
講師	艾中信	②「土地改革と思想改造」	『光明日報』	1950.3.21
〈北京大学〉				
教授	汪暄	③「土地改革工作の体験」	『光明日報』	1950.4.2
助教	李有義	④「北京郊外農村土地改革参加感想」	『人民日報』	1950.2.27
〈清華大学〉				
教授	馮友蘭	⑤「土地改革における大衆路線」	『光明日報』	1950.3.23
		⑥「土地改革に参加したことの収穫」	『学習』2巻2期	1950.4.1
	雷海宗	⑦「土地改革参加と1年政治学習のまとめ」（上）	『光明日報』	1950.3.29
		⑧「土地改革参加と1年政治学習のまとめ」（下）	『光明日報』	1950.3.30
	呉澤霖	⑨「農民の本質に対する認識」	『光明日報』	1950.4.1
副教授	蘇汝江	⑩「土地改革における階級意識」	『光明日報』	1950.4.16
	袁方	⑪「私たちの土地改革工作隊」	『新建設』第2巻4期	1950.4
講師	胡慶鈞	⑫「私は初歩的に階級的観点を把握した」	『学習』第2巻第4期	1950.5.1
		⑬「豪紳地主の統治を打倒し人民の村政権を建設」	『光明日報』	1950.7.18
学生	陳振洲	⑭「私の感情の変化」	『人民日報』	1950.2.28
		⑮「土地改革から受けた教育」	『観察』第6巻第11期	1950.4.1
	社会学系9名	⑯「全学の教員と学生への手紙」	『光明日報』	1950.3.18

なかで、共産党や革命に対する理解を深めていく、③農民や農村社会に対する理解を深めていく、④自らの「錯誤思想」を改めたい、などが挙げられた。

馮友蘭⑥⑬

　自ら土地改革工作隊に申し込んだ理由は、次のようである。まず、二千年ほど続いた封建的土地制度は中国における伝統文化の物質的基礎なので、土地制度の改革は社会の体質に変化をもたらすことができるからである。その改革の場に臨むのは千載一遇のチャンスである。次に、共産党員の講演を聴く度に、いつも感じたのは、私たちが書物からすでに知った道理でも、豊かな革命闘争の経験をもつ彼らの口から言われると、たいへん重みのあるものとなるということで、私は、少しでも

3　知識分子の土地改革参加と思想改造

表4　新聞や雑誌に寄稿した「土地改革参観団」参加者

		題目	掲載紙	日付
華東区団				
燕京大学	林　庚	⑰「偉大な土地改革」	『人民日報』	1951.3.24
	鄭林庄	⑱「土地改革を見学する感想」	『人民日報』	1951.4.7
	候仁之	⑲「土地改革で最初に学んだこと」	『人民日報』	1951.5.23
	林耀華	⑳「土地改革は実際の教育だ　私の土地改革体験」	『人民日報』	1951.6.5
北京師範大学	馬　特	㉑「土地改革見学で受けた教育」	『人民日報』	1951.4.6
清華大学	孫毓棠	㉒「老幹部から人民に奉仕することを学ぶ」	『人民日報』	1951.4.15
西北区団				
清華大学	呉景超	㉓「土地改革に参加することの収穫」	『人民日報』	1951.4.1*
		㉔「土地改革から米国と闘うことまで」	『光明日報』	1951.5.9
	徐毓枬	㉕「土地改革に参加する体験」	『人民日報』	1951.4.3
	雷海宗	㉖「西北土地改革見学のもう一つの収穫」	『光明日報』	1951.6.2
		㉗「西北土地改革見学のもう一つの収穫・二」	『光明日報』	1951.6.3
北京大学	賀　麟	㉘「土地改革見学は私の思想を変えた」	『光明日報』	1951.4.2
	朱光潜	㉙「土地改革において私は階級立場を学んだ」	『光明日報』	1951.4.13
中南区団				
北京大学	楊人楩	㉚「農民に学ぶ」	『人民日報』	1951.4.19**

* 『光明日報』1951年3月28日より転載。
** 『光明日報』4月16日より転載。

そういった経験をもちたいからである。第三に、地主家庭で育ったために、私は地主という階層に対して少なからず同情心をもっており、革命に一辺倒に賛同することができなかった。共産党の土地改革について、耳に入ってきたのはほとんど逃亡地主の言い分だった。したがって、土地改革という地主に対する闘争の環境のなかで、自らの内面においても戦い、それまでもっていた地主をえこひいきする感情ときっぱりとけりをつけて、思想の進歩を求めようと思ったからである。

雷海宗⑦

どうして土地改革に参加したのか。まず、解放戦争は終息に向かっているが、共産党や革命に対する自らの理解はまだ浅いので、土地改革という革命運動に実際に参加することを通してその理解を深めていきたい。次に、歴史学を専攻する者として、立ち上がった農民の自信に満ちた積極的な姿をこの目で見てみたい。第三に、華北農村で一五歳まで生活したので、農村や農民に深い感情をもっている一方、農民や農村社会に関する認識に誤ったものが多かった。誤りを訂正したい。

2　土地改革の進行過程と工作隊の仕事

土地改革工作隊に参加した社会学系学生の大学宛の手紙には、土地改革の進行過程と工作隊の仕事が紹介されている（表5を参照）。

馮友蘭は、雷海宗と同じく、土地改革を共産党の「群衆路線」が実践される大衆運動と見なし、その進行状況を具体的に記した。

馮友蘭⑤

なるほど、土地改革は農民たち自身がやることだ。工作隊の仕事は、彼らを動員し、彼らの階級認識を高めることだけだ。農会を組織し、積極的な活動分子を養成さえすれば、後は彼らに任せるのだ。但し、時々、意気込みが足りない時に励まし、行き過ぎた時に戻らせ、舵取りする役割も果たすのだ。

階級区分や勝利の果実を配分することに妙法がある。それは、「自報公議」（各自の自己申告のうえ村人全員参加の会議で議決）だ。階級区分の村人大会において、あらゆる土地をもつ家の世帯主が、民国三十五年（一九四六）以来の自家の土地、家屋、馬車、家畜、人口などを申告する。一項目ごとに、司会者は村人に「異存あるか」と訊ね、あらゆる参加者の同意を得てはじめて次の項目を申告する。次に、階級所属を区分する。これも村民大会で本人が自己申告し、村人が審議する形で進行する。階級所属を区分しやすい者もあれば、しにくい者もいる。自己申告が群衆の評定より高い者もあれば、低い者もいる。その後、村民大会で定めた各家の階級区分は掲示板

表5　土地改革の進行過程*

主要内容	所用時間	進行ステップ	工作方法	主要な困難
階級区分	11日	1. 政策宣伝 2.「訴苦」 3. 地主画定	村落群衆大会 農会会員大会 土地改革代表会 村民小組会	農民が地主や富農を恐れて、後者から受けた搾取や圧迫を摘発することができない。 ある部分の農民が地主をえこひいきして、後者の搾取の罪を隠蔽したり減軽したりする
土地配分	5日	1. 各自が土地申告 2. 土地を測定 3. 土地配分案を審議 4. 土地配分	同上各種会議 農家ごと訪問、争いを解決	地主や富農から没収した土地の配分について、貧しい農民の間で、配分する土地の量や立地をめぐって争う。
農具配分		1. 地主の農具を没収 2. 農具を農民に配分		

* 文⑯に基づいて作成。

に公示する。階級区分の最終決定は、区の政府の許可が必要となる。

地主が確定されると、その土地を農民に配分するために、農会はすぐさま地主の土地を測定する。その後、地主の農具を没収することだ。

馮は、「土地改革に参加したことで、中国は確かに革命が起こったと実感し、そして、自分も革命に身を投じている」と述べた。

馮友蘭⑥

工作隊は、長銃を三丁持っている。地主を批判する村民大会を開く際、銃を持つ農民が地主を会場に連れてくる。会場の入口で、銃を持つ農民が守衛する。

農具を没収する日に、農会幹部、村評議員と工作隊の成員たちは、銃を持って勢いよく地主の家に向かった。地主の家に着くと、まず銃を持った農民は、家に入り地主を呼び出して、農具の置き場所を大声で聞いた。それから一行は一緒に農具を庭に並べ、登録し、馬車に載せて、工作隊のところに持ち帰った。地主は、もはや抵抗する力がない。この際、銃は実用より、むしろ一つの象徴となっている。即ち、プロレタリアの党共産党が農民を武装させ、二千年来の封建的土地制度を打倒したことを象徴しているのだ。

徐毓枬は、土地改革過程において、「共産党の政策がしっかりと実施されている」、即ち、過激な行動や、暴力を振るう行為がいっさい見られないと証言し、都市や知識分子間に伝わっていた、土地改革の暴力性に関する噂に反論を加えた。

徐毓枬㉕

土地改革の現場に臨むことのない人びとに個人の経験から責任をもって報告できるのは、土地改革の工作が正しく行なわれたことである。都会では土地改革に関する流言が伝わり、政策的には問題がないかもしれないが、現場では行き過ぎた行為がなされていると言われている。われわれは、土地改革工作隊と一緒に長安県のごく普通の村落で二十数日間駐在し、土地改革の全過程、即ち、村落の土地事情を調査する、農会の組織を整備する、悪地主と闘う、土地を測定して配分することなどに参加した。あらゆる工作は公明正大に行なわれ、党の政策がしっかりと実施され、過激なところがまったく見当たらなかった。

3 「思想的収穫」

土地改革といった革命的実践の中で鍛えられることで、知識分子たちは口をそろえて「収穫」が大きかったと述べていた。その要点は、およそ次のようである。

第一に、何よりも多くの者が、実際の階級闘争の中で、「階級闘争の観念」や「階級感情」を形成したと述べた。

呉景超㉓
土地改革において、封建地主陣営と反封建陣営の二つの勢力のどちらに立つか、農民の一人ひとりが自分の階級的立場をはっきりさせなければならず、ごまかしてはいけないということだ。このような激しい階級闘争において、われわれも真の階級闘争の観念を樹立し、貧しい農民側に立つのだ。
大学にいた際すでに階級闘争や群衆観点を学んだが、激しい階級闘争や群衆運動の環境ではなかったので、真の階級闘争観と群衆観を樹立することができなかった。土地改革で農民と共に地主階級を打倒する闘争を経験した後、再び階級闘争を語ると、理性的ばかりではなく、階級的感情も込められるようになった。

蘇汝江⑩
以前、『共産党宣言』に書かれた名言、「あらゆる社会の歴史は階級闘争の歴史だ」という文を読んだ時、私はそうとは思わなかった。また、たとえ階級闘争が存在するとしても、私たち知識人分子は、中間的な立場に立ち、超然的な態度で教育と科学研究を行うべきであると思っていた。土地改革に参加し、地主が小作農を搾取する様々な事実を目の当たりにしたことで、自分の「超階級」と「純学術」の観念が間違っていたことを認識した。プロレタリアの立場に立てず、ブルジョアジーの虜となっていた。

胡慶鈞⑫
土地改革に参加することの最大の収穫は、階級観点を樹立することだ。村に入った最初の頃、地主や富農にも面談し、村の各階級の状況をより全面的に把握しようとしたが、貧農雇農の信頼を得るために、意図的に地主と距離を保ったり、貧しい農民の「訴苦」（苦しみを訴えること）を聞いたりしたことで、地主ら金持ちをまったく信用できない者と思うようになった。

第二に、階級分析論や階級闘争史観に対する理解を深めるにつれて、かつてもっていた「超階級」の学術観や国家観が誤っていたと認識することができるようになった。

呉景超㉔

改革参観団に参加し、西北地域で土地改革を見学して北京に戻って以後、解放以前に書いたものを再び読むと、慚愧の念を抱かざるを得なかった。基本的に私には二つの大きな誤りがあった。一つは超階級の立場をとったこと。もう一つは、日和見主義的で、階級間の矛盾は互いに妥協し合うという平和的な方法で解決できると思っていたこと。今では、立場の問題は世界を改造する先決条件だと認識するようになった。対立する階級のどちらの立場に立つかの問題を解決しなければ、あらゆる理論や方法は机上の空論だ。即ち、農民と同じ立場に立って、初めて自分の言論が社会の発展に役立つのだ。

雷海宗⑧

以前、農村には貧富の差はあるものの、階級間の対立はないと捉えていたが、それは間違いであった。土地改革の革命闘争を体験し、脳裏に量的というより質的な変化が生じた。つまり、学術観や国家観が転換した。今まで信奉してきた西側の「客観主義」や「知識のための知識」の学術観は袋小路であり、いわゆる超然たる国家観や超階級的愛国思想に基づいてソ連を敵視することは、真の国際主義に反するものだと認識した。

胡慶鈞⑫

自分のかつての農村研究が階級闘争の視点をまったく貫いていなかったことに慚愧の念を感じた。雲南農村で豪農紳士について調査した際、彼らの劣悪な品行にたいへん不満をもっていたにもかかわらず、紳士の農村社会における社会統合的機能や、その権力が維持できた理由などをあれこれ求めていた。

第三に、地元政府や工作隊の共産党幹部から感銘を受けて、自分の個人主義の人生観を反省し、共産党に対する理解を深めた。

雷海宗⑧

同じ工作隊の「老幹部」たちのしっかりした指導力に驚くと同時に共産党の革命成就の理由が分かった。教育をほとんど受けたことのない彼らの実際能力と較べ、書物の知識ばかりもって象牙の塔のなかで生活を営む自身自身に慚愧の念が感じられた。

呉景超㉓

北京の解放後、われわれは共産党中央の幹部たちに対する認識を深めた。地方レベルの幹部の資質はいかがなものなのかを知らなかった。西北区土地改革参観団が長安県に来てから、現地の状況を報告に来たのは、ほとんど県レベルの幹部で、誰一人大学の門をくぐったことのない人たちであった。しかし、彼らのマルクス主義に対する理解は、われわれ大学教授よりずっと深い。このような幹部は、全国には一千万人ほどいるだろう。これは歴史上かつてなかった奇跡だ。この奇跡は共産党や毛沢東の教育のおかげだ。これらの幹部の存在は、われわれに毛主席や共産党に対する熱愛の感情を深めさせるとともに、中国の明るい前途に自信をもたせた。

馬特㉑

渓港郷において、われわれは区と工作隊の幹部が農民とまるで家族のような関係をもつことを目の当たりにした。彼らは村から村へと移動し、夜中まで仕事をしていた。特に区政府の候同志は、農民に歓迎され、三歳の子どもさえ彼の名前を知っている。農民代表大会の際、候は各小組を回り、農民たちの意見に耳を傾け、農民の思想状況に応じて政府の政策を分かりやすく説明した。簡潔明瞭で要点をしっかりとおさえている彼の言葉は、農民の心にしみ込んだ。

孫毓棠㉒

「老幹部」は智恵に満ちた鋼鉄だ。どうしてこれほど立派になれたのか。同行者と議論した。結論は、全身全霊で人民に奉仕する精神をもっているからだ。彼らの心には、「我」の居場所がもはやない。彼らは、人民の事業に忠誠を尽くし、仕事に真剣に取り組み、生活が質素で、個人の損得を問わない。本当に尊敬と称賛に値する。彼らを通して、われわれは共産党人とプロレタリア精神を認識しえた。この認識から、新しい認識が生まれた。即ち、人民の新中国にこのような人民に奉仕する工作者がいることにより、そして、毛主席と人民政府の指導により、われわれの前途は明るい。

「鋼鉄」は、共産党系の文学において共産党員やその意志を形容するのに用いられる言葉であるが、知識分子の文章にも使用されたことから、彼らのレトリックの変化、ならびに人間を評価する価値観の変化が見られた。

第四に、立ち上がった農民の姿や、農民の「優秀な資質」を目の当たりにしたことで、いままで自分が農民を蔑んできたことに気づき、農民に対する理解と感情を深めた。

呉澤霖⑨

自分が都会で育ったので、ずっと蔑むような目で農民を見てきたが、土地改革に参加し、農民出身の「老幹部」や村の幹部、村人の行動に感銘を受けたことで自分の偏見に気づいた。「老幹部」たちはほとんど教育を受けたことがなかったにもかかわらず、共産党の政策を正確に把握し、いつも村の幹部に適切な助言をしていた。人口が多く、配分できる土地が少ない状況のもとで、村の幹部が丁寧にかつねばり強く村人を説得し、絶対平均主義的な配分方法が避けられ、軍属と土地がもっとも必要な家に土地を配分することができた。農民の智恵は決して知識分子より劣るものではなく、むしろ、その誠実さと堅忍持久の精神は知識分子よりずっと優れている。

雷海宗⑦

千百年来ずっと消極的で、「信天由命」（成り行きに任せる）の農民は、革命運動において驚異的に変身し、自らの力に頼るものとなった。彼らが得たのは、土地ばかりではなく、政治的発言権でさえもなく、かつてはなかった自信、自尊、新しい人格と人生観だ。

胡慶鈞⑬

解放後、郊外の村々では貧農団、農会、村政権といったステップを踏まえて人民の政権が誕生した。白盆窰村で土地改革に参加してきた一か月の間、貧しい農民出身の村幹部がわれわれ小ブルジョア出身の知識分子に良い手本を提供してくれた。彼らからは組織性やしっかりした階級的立場、革命に対する忠誠心などを学んだ。村幹部たちの優れた能力が、国民党政権の紳士や地主のみに依拠する保甲制度の破綻を宣告していた。

艾中信②

土地改革運動における「訴苦」「清算」などの工作を経て、最も大きな収穫は、「思想感情の群衆化」ということである。かつては農民に対して、「利己的」「開明的ではない」といった印象しかもたなかったが、この二か月の間、解放され立ち上がって国の主人公となった農民の組織的力、自信、助け合いの集団主義を目の当たりにし、農民に対して深い尊敬の感情をもつようになった。

農民に対する感情の変化は、芸術観、美の意識の変化をもたらした。農村に来た時、美しい田園風景に魅せられたが、帰り道には、土地改革、村人のことで頭がいっぱいで、風景が目に入らなくなった。群衆観念で個人のプチブル的趣味を駆逐することができた。

第五に、前進する時代に置き去りにされる懸念を抱き、新時代を追いかけ、「再生」することを決意した。

呉景超㉓

学者はあらゆる機会を利用して群衆運動のなかに身を投じねばならず、そうでなければ新民主主義の社会に役に立たない者になるとつくづくと思うようになった。

雷海宗⑧

土地改革に参加して、自分の過去に対する見方を変えた。過去は広漠たる砂漠でさすらっていた。東西南北のどの方向にも進んでみたが、道らしい道を見つけることができなかった。完全に迷子となっていた。しかしその時は、模索することを止めなかったばかりではなく、行き迷っていることさえ認めずに、自分の行動が意味のあるものと信じていた。「知識のための知識」の袋小路の中に閉じこめられていたのに、正しい道と思い込んでいた。革命の勝利がなければ、私はおそらく一生自己満足の砂漠に立ち止まり、いつまでも真の意味のある広々とした大路を歩むことができなかっただろう。

解放後、私は新社会に対して、思想的には早く受け入れたが、感情的には、遠くから眺めているのみであって、近づいていこうとする力が湧いてこなかった。土地改革に参加して、実際の生活と密接に接触したことで、迅速に新社会に溶け込んだと実感した。

4　内面の葛藤とコンプレックス

知識分子の文章は、「思想的収穫」を報告する一方で、かつて革命に対して抱いていた恐怖感や距離感、土地改革という革命闘争に実際に身を置いた後に内面に生じた様々な葛藤や戸惑い、コンプレックスを批判した。プチブルの動揺性や、革命的立場がまだしっかりしていない自分を決まり切った文句で批判した文章ではあるが、それでも、内面を吐露したことで、彼らの苦悩や、自己を抑制する一端をうかがわせた。

馮は、土地改革に参加した後、もっと早く革命に身を投じることができなかったことを後悔した。共産党に接近する機会があったのに、どうして参加しなかったのか。その理由を革命に対する矛盾した態度と心情に帰した。

馮友蘭⑥

早く革命に参加しなかったことを悔恨する。張儀村のある農民に、「同志、貴方ほどの年齢なら、革命に参加した年数はもう長かったでしょう」と言われ、慚愧の至りだ。過去に「左傾」というレッテルが貼られた時期があり、それによって逮捕され、刑具を掛けられたことさえあった。[14] しかし、革命に身を投じなかった。どうしてなのか。それは、私の思想に矛盾があるからだ。

最近、馮至先生の哲学討論会での発言原稿「ゲーテ批判提要」を読んだ。[15] 馮は、「ゲーテは常に矛盾の状態に陥る。現実に不満をもちながら、現状維持を志向する。革命の意義を認めながら、革命の爆発を恐れている。明晰を追求するが、認識不可能な神秘に束縛される。それで、彼の作品では積極性に満ちる英雄はすべて悲劇的で、彼の処世哲学は調和や謹直を基準としている」と述べている。この一文を読んで、実に感無量だ。私はゲーテを研究したことがないので、馮の議論はゲーテに相応しいか否かを判断できないが、この一文が私にも適用できることははっきりと分かる。

私の思想は矛盾を抱えていた。私は中国を愛している。この二十年来、中国を良い方向に導くことさえできるなら、どんな党派でも擁護するとずっと考えてきた。近来、中国を導けるのは共産党しかないと現実が顕著に示した。しかし、自らの内面に潜伏している矛盾は、無意識的に自分自身を縛り、革命に傾倒することができなかった。北京が解放された後の一時期、私はたいへん混乱していた。ある時は歓喜を感じ、またある時は寂寥を覚えた。歓喜は中国が立ち上がったことから、寂寥は内面の矛盾からのものだ。

「搾取階級やプチブルの出身である」ことは、多くの知識分子の共通するコンプレックスであった。発表した文章において、彼らは、地主出身に言及したり、自らの家の例を挙げながら地主批判をしたり、家族に土地を政府に献納するよう勧告したことを報告したり、そして、搾取階級の意識に影響された自分自身を批判したりした。前述したとおり、馮は心底にもつ地主に対する同情の念を断ち切ることができなかったことを地主出身であることに帰し、燕京大学教授鄭林庄は、長い間階級闘争史観を信じなかったことの理由をプチブル出身であることに帰した。

鄭林庄⑱

私は多くの同僚と同じくプチブル出身である。長年教育に従事しているうちに「社会に奉仕する」観念を養成してきたので、共産党の提唱した「人民に奉仕する」思想をあまり特別視しなかった。というのは「人民」と「社会」は言葉が異なるものの、実は同じものだと思っていた。土地改革に参加して激しい階級闘争を経て、私はなぜ地主を打倒しなければならないかが分かったと同時に、「社会」と「人民」とを混同させたのは、敵と友をはっきりと区別できず、階級闘争観念がなかった所為だと認識した。

毎夜寝る前に、藁のベッドで、なぜ自分が以上のような誤った考えをもっているかを考えた。それは、基本的には出身と教育によってもたらされたという結論を得た。プチブルの出身であるうえ、教育により改良主義の思想が植え付けられたのだ。

土地改革の現場で、常に知識分子たちを戸惑わせたのは、地主やその家族に対する扱いであった。彼らは、一生苦労して蓄積した土地ばかりではなく、農具までも持って行かれた年寄りの地主や、「悪覇地主」（悪ボス）と分類され処刑された母親の幼い遺児などに接して、同じ人間として思わず哀れむような感情を抱きがちだった。しかし、「階級界限分明」、即ち階級間の境界を明確しなければならず、地主やその家族の身のうえを案じることが人民に対する裏切りとさえ思われるような階級闘争の中で、彼らは、「中途半端」な「人道主義」を放棄し、搾取される農民の立場に立つことを選んだ。

馮友蘭⑥

農村に来る目的は、貧しい農民を助けるために、彼らの立場に立って階級間の関係を見るのが理の当然とすることである。しかし、動揺する時がある。蘆溝橋村で、ある地主の家に農具没収をしに行った時、七〇歳前後の地主の父親は、庭でうろうろとするばかりだった。私は、これらの農具はおそらく彼らが一生かかって稼いだものだろうと思い、心底から悲しい感情が湧いてきた。が、私は、自分が地主の立場に立って物事を考えていることをはっきりと分かっていた。なぜ、私は農具を得る側の農民のために喜ばずに、農具を失う地主のために悲哀を感じるのか。

その後、また、別の地主の家に行った時、地主の家屋が立派で、作男の粗末な小屋とまったく対照的であるのを目の当たりにした。その日、地主の農具を没収して馬車に載せた時、心に痛快さを感じた。三軒の地主の家から農具六二二個を没収し、二〇九戸の農家に配分したのを見て、農具を没収することが公平だと思うようになった。

工作隊の老幹部たちは、地主に対していつも威張ってこき使って、水を汲ませたり庭掃除をさせたりした。最初は、これはやりすぎだと思った。しかし、これも階級闘争の一環で、こうでもしなければ階級敵の威勢を圧倒することができないのだと納得した。ある農民は、「かつては地主が俺たちのご主人だったが、今日は俺たちが主人となった」と言った。この一言は、人民独裁の精神を表しているのだ。

知識分子が愛読した『新観察』[16]に掲載された、上海近郊の中学校女性教師の文章「血塗れの現実の中で階級的立場を確認」は、「階級境界を曖昧にする温情主義と偏狭な人道主義」を批判した。[17]

去年一一月、悪ボス陳月英を公開審判する際、彼女の一三歳の息子、私が担任するクラスの学生のために、私は悲しみを覚えた。この子は、成績優秀で、性格も穏やかである。彼はまもなくこのような悲惨な形で母親を失うのだと思った。

審判が始まり、人びとは「訴苦」した。ある人は陳が綿の種を二〇〇斤も奪ったうえ、人を殺したと、別の人は、陳の誣告で息子が共産党の新四軍とされて日本軍に処刑されたと、相次いで彼女の悪行を訴えた。また、あるお婆さんは八、九歳の孫を連れて、ステージに上がり、身も世もなく泣きながら、陳の彼女の家族に対する暴行を訴えた。陳は彼女の息子を打ち殺し、家屋を横領し、嫁を首つり自殺にまで追い込んだという。私は群衆の中に立って、陳の息子のことを忘れた。見えるのは、目の前にある、陳の暴行を受けたことによって父母を失った子供や、配偶者を失った男女、息子や娘を失った老人たちだけだった。これは血の負債だ。公審が始まる前に悲しくなった自分を恥ずかしく思うようになり、階級境界を曖昧にする温情主義と偏狭な人道主義は、革命に有害だと理解した。

人を搾取する、人の命を奪う搾取階級を清算する階級闘争の中で、「人道主義」は「偏狭」なもの、搾取階級を庇うもの、プロレタリア階級の敵に傾斜するような危険なものと見なされた。「人道主義」や「温情主義」を放棄することは、知識分子にとって革命陣営に加入する洗礼の一つであった。知識分子が「堅定的階級的立場」、即ちしっかりした革命の立場に立とうとすれば、人情の常で処世する習性から脱皮し、プチブル的温情主義を駆逐しなければならなかった。

三　共産党中央と毛沢東の指示

北京の大学教授、特に著名な知識人たちの土地改革参加の感想文は、大きな反響を呼んだ。その後、土地改革参加の動きは、大学に止まらずに、民主党派や、中学校、博物館、劇団など知識分子が集中する部門に広がり、また、北京に止まらずに、全国の都市に広がり、各地における様々な職業の知識分子たちが、続々と農村へと赴いた。

しかしながら、ここまで大規模に展開された知識分子の土地改革参加は、もはや自発的なものではなく、主として毛沢東や共産党中央の指示、中央政府の計画と働きかけによるものになっていた。共産党指導者の関連する政策や指示、実際の動向などは、およそ次の要点にまとめられる。

第一に、土地改革が全国範囲でおし広げられる当初から、共産党の指導者は、土地改革に対する態度が革命的勢力と反革命的勢力の分岐点であると論じ、知識分子がこの革命闘争の中で鍛錬されなければならないと、明言した。一九四九年一二月に開かれた第一次全国教育工作会で、教育部副部長銭俊瑞は総括報告において次のように述べた[18]。

中国の知識分子の大多数は何らかの形で土地と関係しているので、土地革命においては動揺している。但し、彼らの立場は教育を通して変わることができると思われる。われわれは彼らに土地改革に関する思想教育を施し、土地改革に賛同して、それに参加してもらうように働きかけなければならない。

一九五〇年六月に開かれた政治協商会議第一回全国委員会第二回全体会議において、毛沢東は、土地改革はあらゆる中国人や、各党派の階級的立場を検証する「関門」だと宣言した[19]。

中国人口の大多数は農民であり、農民の援助があってはじめて革命は勝利した。国家の工業化も農民の援助なしには成功できない。したがって、労働者階級は農民の土地改革を支援しなければならず、都市の小資産階級や民族資産階級はこの改革を賛助すべきで、各民主党派と人民団体も積極的な態度をとらなければならない。革命戦争と土地改革は、新民主主義革命期においてあらゆる中国人や党派を試す二つの関門だ。革命人民側に立つ者は革命派であり、帝国主義、封建主義、官僚資本主義側に立つ者は反革命派だ。（中略）革命戦争の関門はもう通りすぎたが、いま土地改革の関門が目の前にある。私は、われわれが革命戦争の関門と同じようにうまく通過するように期待しており、思想を統一し、協力し合い、封建主義を反対する偉大な統一戦線を結成し、人民を導いて、人民と共にこの関門を順調に通過しよう。

第二に、共産党中央や毛沢東は、新政権を安定させ、革命事業を進めるために、民主党派や民主人士の土地改革に対する態度や、彼らを動員して土地改革に参加させることを重要視した。その際、「大学教授」を民主党派と同一視した。

民主党派に対する工作は、共産党内では統戦部が担当するが、北京の「大学土地改革参観団」が地方に行く際、前述した通り、統戦部の幹部が同行した。実際においても、知識分子は民主党派と同等に扱われた。

一九五一年に、毛沢東は、会議での談話や、各行政区への指示、手紙などで、繰り返し民主党派や民主人士、大学教授の土地改革参加を言及し[20]、意欲的にこの活動を推進しようとした。

毛沢東の指示は、一九五一年の一～三月に集中したが、それに先立って、共産党中央は一九五〇年八月に、「各民主党派の土地改革参加に関する中共中央の指示」を各レベルの党委員会に伝達した。その要点は次のようである。[21]

①各民主党派の土地改革参加について、党全国委員会はすでに各民主党派本部と具体的に協議し、政務院総理は八月三日に各軍政委員会に指示をした。

②民主党派の土地改革参加に協力するために、党内の幹部や土地改革を指導する幹部に対して思想教育を施す必要がある。土地改革参加は、民主党派が申し出たことであるが、受け入れるべきである。彼らは思想、作風、経験などの面において弱点があり、善意をもって丁寧に彼らを助け導かなければならない。謙虚に彼らに対応し、彼らの意見を、たとえたいした意味がないものでも受け入れるべきで、正しくない意見が出された場合、彼らに対して適切な説明を行なわなければならない。

③民主党派の土地改革参加は、これからの彼らに対する統戦工作に重大な影響を与えるので、けっして軽視してはならない。進展状況は随時に順次に上級党組織や統戦部に報告しなければならない。

党中央や毛沢東の指示にしたがい、各行政区の共産党組織は、区域内の民主党派の人士や知識分子を計画的に土地改革の現場に送る一方、工作状況を随時、党中央に報告した。党中央と毛沢東は、往々にして優れた報告書に評価や関連指示を付け加えたうえ、全国の党組織に伝達した。民主党派らの土地改革参加に関する数多くの毛の指示のうち、三回が地方の報告書に関連する指示だった。[22]このような党組織内の下意上達、上意下達の循環は、局地の作法を全国に推し広げることとつながった。

各行政区の共産党組織の報告書から見れば、民主人士や知識分子に土地改革に参加させることの目的は、その立場を革命陣営に転換させることにあったと同時に、「土地改革に反対する世論や妨げを減少させる」ことにもあったのである。

例えば、共産党西南局の党中央への報告書は、次のように述べた[23]。

民主人士に農村に行って土地改革に参加するようにと積極的に働きかけるべきである。それは、彼らに対する思想教育の意味をもつばかりではなく、土地改革に反対する雑音や運動進行の妨げを減少させることもできる。

また、中南局の報告書は、次のように述べた[24]。

北京の民主人士李俊龍一行が湖南省で土地改革に参加して戻って以後[25]、民主人士に向けて報告会を開いて大きな反応を呼んだ。われわれは、民主人士を動員し、彼らに土地改革に参加するよう積極的に働きかけなければならない。そうすることで、彼らに農民運動の実態や、それを指導する難しさ、われわれの指導方針などを理解してもらい、われわれの錯誤や偏向を正す決心も知ってもらう。それにより、彼らはわれわれと同じ立場に立ち、反対する声をもう発することはしなくなるだろう。

第三に、毛沢東や共産党中央の指示は、一九四九～五〇年の段階では、まだ一般論的な呼びかけだったが、一九五一年以降、より具体的となった。

例えば、一九五一年三月、毛沢東が川西区共産党委員会の土地改革に関する報告書を華東、中南、西南、西北、華北などの行政区に伝達する際、次のように指示した[26]。

抗米援朝（朝鮮戦争）のほかに、土地改革と反革命鎮圧運動にも、できるだけ広範囲に各民主党派や民主人士に参加してもらわなければならない。夏、秋、冬の三つの季節において、大小の規模を問わずに各都市とも、数十回にわたって民主党派、民主人士、教授、教員、資本家たちを農村に行かせ、土地改革に参加してもらおう。

毛は、自ら民主人士の土地改革の参加や見学を斡旋し、例えば、共産党により政務院副総理に任命された、民主建国会の黄炎培の土地改革視察を接待するよう華東局に指示した[27]。

また、毛は、「思想的収穫」を語った民主人士や知識分子の事例を土地改革参加の成果とさらなる展開の根拠として何度も引用した。例えば、呉景超、朱光潜、蕭乾らの感想文を引用し、土地改革に参加することの知識分子に対する教育的効果の大きさを強調した。そして、さらに多くの感想文を新聞に掲載したり、各地域の新華社を通して放送したり、また、まとめて単行本として発行したりするようにと、共産党の宣伝部門に指示した。

中共中央宣伝部副部長、中央人民政府新聞総署署長胡喬木への手紙[28]

蕭乾の文はたいへん良い文章だ。各地域の新聞で広く転載すると同時に、李俊龍の文と一緒に単行本にして発行せよ。新華通信社はこの類の文章を執筆依頼し、各土地改革区とも数篇を提供してもらおう。

中共中央華東局、中南局、西南局、西北局への電報[29]

民主人士及び大学教授が土地改革を見学したいなら、思い切って見せよう。事前に準備する必要がなく、彼らに自由に見させよう。彼らに良い面ばかり見せないで、悪い面も見せよう。これで彼らを教育することができる。呉景超、朱光潜らが西安あたりで土地改革を見学したが、その影響はとても良い。このような事例を以てわれわれの幹部を教育し、閉鎖主義を打破することが必要である。

胡喬木への手紙[30]

三月二八日『光明日報』に掲載された呉景超の文「土地改革に参加する収穫」は、たいへん良い文章で、『人民日報』に転載させると同時に、新華通信社に各地で放送させよう。

第四に、共産党が政治的主導権を握っており、土地改革工作にたとえ欠点や錯誤があるとしても、外部勢力としての民主党派に見られてもまったくかまわないという自信が、毛沢東の指示や手紙に満ちあふれていた。一九五一年一月に開いた全国統戦工作会議において、毛沢東は民主党派や民主人士の土地改革参加について、次のように述べた[31]。

彼らに農民の苦しみを聞いたり農民の喜びを見たりしてもらう。われわれの欠点や錯誤も見られてかまわない。それは有益なことだ。

同じ時期に毛沢東は、中共中央中南局の土地改革に関する報告書について江西、湖南両省の共産党委員会への指示において、次のように述べた[32]。

北京のある部分の民主人士が各省の土地改革を視察したことは、われわれからの要請であり、彼らの自発的な行動ではなかった。彼らの前で、是は是、非は非、現状のまま誠実に公開した方が良い。彼らは土地改革の妨害にはならない。

一九五一年三月、毛沢東は次のように述べた[33]。

彼らの参加は歓迎すべきであり、警戒する必要がない。彼らは反動派ではないので、われわれの良い面も悪い面も、両方共に彼らに公開し、彼らにかれこれ言われてもかまわない。自由に意見を言わせることは良いことだ。

四　積極的に呼応する民主党派

共産党中央や毛沢東の一連の呼びかけや指示に対して、各民主党派は積極的に呼応した。各党派は、土地改革参加に関する指示を下級組織に出したり党員に呼びかけたりし、相次いで土地改革参加者や見学者を農村に送りこんだ。一九五〇年八月に共産党中央の指示が伝達された後、各党派の本部や北京支部は、動員大会を開いて、九月に民主党派土地改革工作団を送り出した（表6を参照[34]）。

一九五一年四月、抗米援朝、土地改革と反革命鎮圧運動が行なわれる最中、各民主党派と民主人士の土地改革参加や視察を組織するために、政治協商会議全国委員会に「三大運動準備委員会」が設立された。一九五一年二月までの間、当該委員会は、四七の土地改革参加団を組織し、北京と天津の両都市の民主党派や、文芸、教育、科学

3　知識分子の土地改革参加と思想改造

表6　1950年8～10月各民主党派の土地改革参加に関する動向

民主党派名	a. 中国国民党革命委員会	b. 中国民主同盟	c. 中国農工民主党	d. 中国民主促進会
動員大会	8月13日 a.b.c. 共催、北京市郊区土地改革委員会主任柴澤民講演、300名ほど参加			
本部指示下達	8月中旬	8月中旬	7月22日	8月中旬
人数（申込／許可）*	50名（申込）	19名（許可）	31名（許可）	
送別会	9月1日	9月7日	9月3日	
9月10日第一陣出発	12名	14名	13名（無党派2名、合計41名）	
10月政務院の紹介	6名	6名	6名（無党派1名、合計19名）	

*「申込」は申請者、「許可」は申請者の中に参加許可が得られた者である。

技術、医学、工業、商業、宗教などの業界から民主党派の成員や知識分子六一〇七名を農村に送りこんだ。

その中に、例えば、著名な民主人士、中国民主建国会創始者の一人である章乃器を団長とする「西南土地改革工作団」は、一九五一年五～八月の三か月間、四川省東部の合川県で土地改革に参加した。その成員には、九三学社中央委員尹賛勲、民主建国会全国委員会委員周士観のほかに、哲学者梁漱溟、言語学者、燕京大学校長陸志韋[35]、北京大学教授樊弘[36]、地質学者、物理学者、北洋大学教務長張国藩、数学者湯璪真、防疫学者金宝善[37]、植物学者林伝光、画家張光宇、演劇家馬彦祥などの著名な学者や役者がいた[38]。また、五月の末、歴史学者、北京輔仁大学校長陳垣を団長とする「京津地区西南土地改革工作団第二団」は、北京から出発し、四川に入った。五三一名の成員には、各民主党派の主要成員や大学教授らであった[39]。

五　「思想的収穫」と思想的転換

前述した、知識分子が新聞、雑誌などで「思想的収穫」として謳歌していた諸点は、彼らの思想を、大いに、或いは根本的に転換する点でもあった。ここでは、多くの知識分子が真っ先に挙げた「収穫」——階級闘争論の理解をめぐって、彼らの思想的変化の有り様を考察する。

1　階級論をめぐる呉景超の思想的変化

呉は、前述した通り、階級闘争論を用いて自らの思想の「二つの大きな誤り」、即ち、「超階級の立場をとっていたこと」と、「階級間の矛盾は互いに妥協し合う平和的な方法で解決できると信じる日和見主義」を批判した。では、階級や階級間の矛盾について、呉はかつてどのような思想をもっていたのか。一九三六年に上梓された彼の代表作『第四種国家の出路』を通して見てみよう。(40)

本書には「階級論」の一節が設けられ、階級とは何か、階級間の不平等を是正してより公平な社会を実現するためにいかなる方法があるか、また、農村の貧困層である小作農を自作農にするためにどのようにしたら良いのか、などの問題が論じられた。

簡潔にまとめると、呉の論点は次のようである。

第一に、階級とは何か。「階級」という言葉に、広義と狭義の区分がある。広義は、古今東西のあらゆる階層を含む。狭義は、近代の階級社会を指し、その典型は英国と米国である。近代の階級社会は、経済や財産によって形成されたものであり、法や政治によって定められたヨーロッパ中世の「等級社会」と対照的である。階層社会において、貧富の差はあるものの、法律の前ではみな平等であり、納税の金額は社会的地位ではなく、財産の多寡によって決められ、職業は固定化されるものより、自由に選択できるものであり、身分は世襲される不動のものではなく、流動的で上下に変動するものである。また、ある一定の時期にどの階級も中堅的な存在があると同時に、階級間の境界は必ずしもはっきりしたものではなく、異なる階級に跨って流動する人口も同時に多く存在する。

では、階級を区分する基準とは何か。いままで学界では、生産手段の所有状況、地代や利潤などの収入源の有無、

表7　世界の国家の四つの類型

	人口密度	農業人口の比率	国家例
第一種	高い	低い	英国、ドイツ
第二種	低い	低い	カナダ、米国
第三種	低い	高い	ロシア
第四種	高い	高い	中国、インド

財産の多寡や生活水準の高低、社交する相手の経済状況、現存の資本主義や地主経済に対する態度など、いろいろと挙げられてきたが、実際、どれも単独で階級を区分する基準にはならない。階級はこれらの要素を総合的に用いて判断するしかない。

マルクスの二分法的階級区分論には賛成できない。社会には、資本家でもなく、プロレタリアでもない中間階級があるからである。この階級は、小店主、小工場主、官僚、ホワイトカラー、そして、教員、医者、牧師、エンジニア、音楽家などの自由業者を含む。彼らの収入は、常に単一の手段ではなく、賃金のほかに投資から得る部分もある。これらの人たちは、現存の社会組織に対して、頑固に維持しようとするのでもなく、盲目的に打破しようとするのでもない。また、資本家に迎合することもなく、労働者を軽蔑することもない。

第二に、いかに階級間の不平等を克服し、公平な社会を実現するか。

呉が出した処方箋は、主として教育と税収である。教育を通して、下層階級に上昇する機会を与え、税収を通して、下層階級の生活に保障を与える。

また、貧困の遍在という現状の形成要因に、呉は、社会分配の不均等を重要視する以外、自然環境、資源、生産技術、人口と経済規模との比例など、他の影響要素も視野に入れた。彼は、国民生活のレベルを全体的に高めるために、中国の現状を認識しなければならず、人口密度と農業人口の比率を基準にした世界の国家分類では、中国の基本的な国勢は「第四種類の国家」に属すると力説した（表7を参照）。

人口密度と農業人口の比率が共に高く、しかも農業生産技術がたいへん後れている中国は、適切な税制を通して公平な分配を実現するほかに、特に生産技術の進歩、膨大な人口数量を抑制することなどに力を入れなければならないと、提言した。

第三に、農村や農民の貧困の原因は何なのか、土地のない小作農をいかにしたら自作農にすることができるのか。農村や農民の貧困の原因が五つほど挙げられた。

①人口と比べて農地が少なく、農場の規模が平均的に小さすぎる。
②生産技術が甚だ後れている。
③交通の不便により、農産物を産地から都市まで運輸するコストが高い。
④国際市場での競争の敗北や外国製品の国内市場の占拠により、農村における養蚕、紡績などの副業が衰退し、農民の現金収入が減少したり途絶えたりした。
⑤様々な搾取勢力の存在：a地主、b高利貸し業者、c苛酷で雑多な税、d盗賊と軍隊による略奪、e不正商人、f多すぎる子女。

農民の貧困は様々な要因によってもたらされたので、けっして農村運動を行う少数の団体のみで解決できるような問題ではない[41]。そのような民間団体は、例えば、匪賊、土地制度、交通状況、税制などの重大な問題を解決することができない。目下一番重要なのは、内戦を終息させ、統一した国家政府の下で、農民の生計と農業を全体経済の中に位置づけて、長期的全般的な国家計画に基づいて、工業、鉱山、運輸、交通、商業などの産業と共に発展させることである。

土地のない小作農をいかに自作農にするか、呉は、アメリカ、デンマーク、ロシア、ニュージーランド、東ヨーロッパ諸国の経験を参照して、次のような結論を出した[42]。

①小作農は農村における被搾取階級の一つであり、われわれは彼らの地位を向上させ、自作農になってもらうように努力すべきである。
②アメリカの小作農は自力で自作農に上昇することができているが、中国とアメリカの国情の差が大きすぎて、中国では、小作農は外部の助けがなければ自作農になれない状況にある。
③デンマークでは、政府が農民のために土地を購入し、その結果、小作農の比率は四二％から一〇％まで下がった。中国はその経験に学ぶべきだ。
④デンマークの方法を学ぶ際、次の各項を留意すべきである。
　a アイルランドに倣って、地租を減らすことで地主に土地を手放させる。
　b 地主が地価をつりあげることを防ぐために、東ヨーロッパ諸国の経験を鑑みて政府は公平な土地価格を規定すべきである。
　c 土地購入の資金を用意するために、政府は低い金利で農民に金を貸し、また、農民の負担にならないように返還期間を長く設定すべきである。

以上から、民国期に呉は、マルクス主義の階級闘争論を熟知しながらも賛成せずに、独自の階級論を展開していた。また、階級格差や土地制度、小作農などに関して、中国の「国情」に基づきながら、欧米諸国の経験を参考にし、それらの問題の形成要因である政治的社会的状況の改善や経済の全面的な発展に重点を置いて打開策を構想した。その思想は、土地改革期に知識分子たちが学んだ階級闘争論とは、次のような相違が見られる。

第一に、民国期の呉は、近代の階級社会を歴史的に存続してきた階層分化の一形態と見なし、階級間の差異が過去の状態と同じく、将来も完全に消滅することはできないとする一方、階級間の関係を適切な政策により調整し、その格差を食い止めたり縮小したりすることが可能だと唱えた。それに対して、階級闘争論は、地主階級を革命の暴力で一挙に打倒することによって、農村における搾取階級と被搾取階級の対立は最終的に消滅されると宣言した。

第二に、民国期の呉は、階級間の不平等をもたらした社会背景にある様々な要因に注目し、それらの問題を全面的に改善することによって、階級間格差は緩和されるに至ると唱えた。それに対して、階級闘争論は、「搾取階級」と「被搾取階級」とに区分された人間同士の直接的対立を主張し、地主を搾取制度の化身と見なし、所有する土地や財産を暴力的手段で奪い取るばかりでなく、人身的存在そのものも否定する傾向にあり、土地改革期に闘争大会などで処刑された地主の人数はけっして小さな数字ではなかった。

第三に、民国期の呉は、階級間の差は古今東西に共通する現象であり、欧米諸国の経験は中国にとっては十分に参考にする価値があり、そして、参考となるような国々の関連政策やその成功した経験を具体的に紹介した。それに対して、階級闘争論は、西側諸国をひっくるめてプロレタリア革命陣営の敵、「資本主義陣営」というカテゴリーに入れて、それらの国々の社会事情を語ることさえタブーとした。

不合理な土地制度を政策の導きにより平和的な手段で解決する点において、費孝通は呉と一致していた。費は、一九四八年に上梓した『郷土重建』に、中国が直面している政治的混乱、経済的な貧困化、地域社会の崩壊という現状を診断して打開策を提言し、土地制度の改革や地主階級について、次のように書いていた[43]。

もし、われわれが目下の重大な局面の原因を土地問題であると認めるなら、土地問題の合理的な解決は平和的な秩序を回復する前提となる。私見では、合理的な解決は地権の再分配のみではない。「のみではない」とは、即ち地権を再分配し、耕す者に土地をもたせることを実現するために、その前提となる必須の条件があるということである。それは、つまり本来地租で生計を立てる地主に他の生活手段を与えることである。ある者は、地主階層は、数千年もの間農民に寄生してきた搾取者であり、土地が取られたことで生きる手段がほかになければ、それは報いだと、言うかもしれない。私は、道徳的な立場でこの問題を論じるつもりはない。実際問題として、地主階層が新しい生産手段を見つけることができなければ、彼らは簡単に土地を手放すことができないだろう。そうすると、耕す者に土地をもたせる方法は、同意以外には暴力手段しかない。即ち、地主階層に新しい生きる道を案内してやらなければ、土地問題の解決に暴力的な要素が避けられなくなる。私の立場は、これ以上延ばすことのできないこの基本的な問題を平和的に解決することだ。

「土地問題を平和的な手段で解決する」ために、費が提案した地主階層の「農業以外の新しい生きる道」とは、民族工業である。それを実現するために、政府が相応した政策を実施する以外に、重要なのは、地主階級自身の意識の変革で、土地に対する特権を自ら放棄し、長い間特権をもち優越した生活環境に寄生してきた生活様式や、有閑階級の趣向、保守的な態度も共に変えなければならないと、指摘した。

要するに、呉と費は、不合理な土地制度や、地主による農民の搾取、地主階級の生活様式などを批判しながらも、終始一貫して土地問題や階級格差を、経済発展を目指しながら政策によって調整し、平和的に解決していくという立場を堅持し、暴力手段の行使や、直接本人たちから土地や財産を奪い取ることに反対したのである。

2　「地主」と「紳士」

伝統的中国では、地主の中における「知書達理」の読書人や、科挙の合格者、官僚の退職者などが「紳士」と見なされた。紳士は、地域社会において、様々な政治的、社会的、文化的な機能を果たしていた。しかし、革命以後、「地主」は搾取の代名詞、革命闘争の対象となるにつれて、前述した胡慶鈞の自己批判に見られる通り、紳士の「果たした社会統合的機能や、その権力が維持できた理由を求めること」、即ち「紳士」の視点から地主を捉えることは、「階級闘争の視点が欠如する」ことと見なされ、許されないこととなった。

では、胡はかつてどのように紳士を論じていたか、彼の民国期の紳士論と革命以後の階級闘争論に基づいた地主論との間にはどのような相違があるのか。呉晗と費孝通が編集した『皇権と紳権』に寄稿した胡の「紳権を論じる」などの論文から見てみよう(44)。

胡の論点は、次のように簡潔にまとめることができる。

①伝統的農村社会における住民は、農民と紳士の二種類に分化された。農民は、農業生産に従事することで生計を立てるが、知識型地主または退職した官吏によって構成される紳士は、主として地租で生活する。

②紳士の権力即ち紳権は、地域における権威であり、その影響力の及ぶ範囲の大きさにより、紳士は「郷紳」や「県紳」等の類に分けられた。紳権は、長老権力でもあり、血縁組織をベースにしたところでは族長権力、地域共同体をベースにしたところでは村長権力と結びついていた。地域社会において、紳士は様々な役割を果たしていた。例えば、倫理道徳の観念や儀礼の知識を農民に伝授する、社会的秩序を維持する、地域の共同事業を統括する、道路や橋梁の修築などの公益に寄付する、また、農民反乱や王朝交替などの混乱期に地方武装集団を組織して地域を守る、等々。

③紳士は、地方のリーダーとして王朝や国家の政令を遵守し、民が国税をきちんと収めることを監督する使命を荷う。だが、王朝や国家政治との関係は、後者の社会統制の強弱によって変化する。王朝時代、基層社会に対

する朝廷の統制力が弱い時、地方の豪紳は、一地域の支配者であり、地方通過税を徴収し、武器を購入し、法律まで制定し、政府の干渉に抵抗し官による過大な税収に反発した。反対に、朝廷の統制が強化された時、紳権は時には官僚と結びつき、皇権の延長線にある存在となったり、或いは、官僚政治に同調しない紳士は、地方の公務から引退したりした。民国に入って以来、保甲制度の強化や各種の税金や雑税が極端に増加されるにつれて、紳士は村長や保長などの役職を忌避し、それらを平民出身の「好事之徒」（おせっかい屋）や、農村の教育者に譲り、場合によっては「利欲熏心之徒」（利欲に惑わされる者）に譲った。

④地租で生活する紳士と土地を耕す農民とは、利害関係が相互に対立している。紳士は、既得利益を脅かすようなことに関していささかの譲歩もしない。そのために、「耕す者に土地を」という理想的な土地制度の実現は甚だ難しい。

⑤しかし、実際、農民は紳士の既得利益の分までを要求していない。紳士は、特権の濫用や公の財産の占有などの不正をせずに公益のために熱心にやっていさえすれば、「公正紳士」の名声や、農民の敬慕や擁護を得られる。一方、農民をまったく顧みないで、自らの既得利益ばかり追求する者は「劣紳」と見なされ、農民に嫌われ、農民と鋭く対立していた。

総じて、胡は、紳士を王朝・国家・地方という政治構造の中に位置づけながら、その役割を論じた。また、紳士と農民との利害関係の対立を認めながらも、文化、社会生活などの面で紳士が果たした役割を認めた。

紳士に対する見方について、費の視点は、胡と類似性がある。第二章三節に紹介した通り、費は、紳士を皇権や政府と対抗する民間勢力の核心と見なし、「人民を搾取するという弁護できない面がある」としても、地域社会の秩序維持に果たした役割や、地方の公益事業に対する貢献などを、紳士を論じる際に視野に入れるべきであると、述べた。

費や胡らの紳士論は、階級闘争論の地主論とは相容れない。後者は、「階級の本質を認識すること」を提唱して、地主の「本質」が搾取であるがゆえに、地主を人民の敵、革命の対象と断定した。土地改革という階級闘争の試練を受けて多くの知識分子は、胡と同じく、「階級の本質に対する認識を深める」につれて、かつての自らの階級認識を「浅薄なもの」、「階級の境界を曖昧にした」ものとして批判した。

費は、一九五〇年の夏頃から「中央民族訪問団副団長」に任命され、中央人民政府の代表として貴州や広西などの少数民族地域に赴き、少数民族の慰撫や地方政権の建設に携わったので、土地改革に参加しなかった。費の階級に関する思想に対する批判及び自己批判は、数年後の反右派闘争の時まで延ばされた[45]。

六　村の「階級闘争」を踏まえて土地改革を思索する

徐毓枬が土地改革の現場に「過激な行動や暴力がない」と言い切って、土地改革の暴力性に関する噂に反駁したことを第二節で紹介した。確かに、共産党の「身内」ではなく、「団結の対象」とされた知識分子により構成された工作隊が送られたところは、一般的には土地改革がより平穏に展開された地域なので、顕著な暴力がなかったかもしれない。

しかし一方、前述した通り、階級闘争論を受け入れたことで、知識分子は思想の面ばかりではなく、感情のもち方までもそれに支配されて、地主やその家族の身の上を配慮するのが正しいことではないとされる状況の下では、眼前に「過激」な行動が生じたとしても、それを問題視すらしない可能性も否定できない。近年、徐々に現れてきた様々な証言や資料から、土地改革の際、「階級闘争」の大義名分で、地主やその家族に対する監禁や拷問、虐殺など非人道的な暴力が多くの地域において実際に発生していたことが分かりつつある。

知識分子の土地改革参加に関する第一次資料は非常に少ないが、土地改革工作隊員として四川省川江県に赴いた著名な作家沈従文は夫人や二人の息子に宛てた四九通の手紙においてたいへん貴重な証言を残した。(46) 沈は、村における土地改革の進行状況や、自らの「見聞、感慨、思想」などを日を追って詳細に綴り、(47) 時には、地主闘争大会の様子をリアルに描写し、地主の受けた処置などにも触れている。

ここでは、まず、沈の手紙における地主に対する闘争関連の内容を整理し、土地改革現場の実態に近づくことを試みたい。次に、それを踏まえて、階級闘争論に由来する土地改革の諸問題について考察したい。

沈の手紙を見ると、四川省の土地改革は、四つの段階、即ち、①匪賊を粛清し悪ボスを鎮圧し、地租を減らす、②「階級成分」を区分し、地主に対し闘争する、③過去に搾取した分を賠償させ、地主の家財を没収する、④土地を平均的に配分する、である。

手紙は、①の段階における地主に対する闘争にあまり触れていないが、②の段階に入ると、闘争大会や、地主を処刑する様子を伝えると同時に、そもそも地主が地域においてどのような存在なのかの説明もしている。地主、特に土地の多い大地主は、土地経営者のみではなく、糖房（この地域の特産のサトウキビを絞る作業場）の持ち主や、保長、国民党員、秘密結社の頭目などの身分も兼ねていた。

②の段階における階級闘争の具体的記述

一九五一年一二月

二日　われわれ工作隊は地主「高百万」（百万長者の高）の糖房に泊まる。数千個の甕や壺がそのまま置いてあり、壁の三か所から高が隠した金や銀を見つけた。土地改革第一段階の闘争を経て、地主の金持ちぶった生活はどこにも見あたらず、地主・郷保・党団・袍哥の四つの身分を同時にもつ生活様式もこの目で見ることはもはやできない(48)。

一二日　昨日、階級区分の群衆大会において、ある老婆が地主を厳しく追及した。一斗(約一〇リットル)の麦や部屋一間の賃貸などから積もり重なった恨みを一つ一つ数え上げたが、その節回しは実に面白い。シェイクスピア劇の台詞より生き生きしている。

二八日　こちらの工作は熾烈な闘争段階に入り、地主に対する闘争が全面的に展開されている。地主は保長を兼任したり、糖房を運営して村人を搾取したり、またおかしなことに匪賊にも入ったりして、村人の恨みをかった。かつて彼らは土地のボスだったが、今はほとんどの時間、竹林の中に縛り付けられている。

末日　最近、この辺りの村々は一人の大地主と闘争している。闘争会で、村人は数十年前の一〜二斤(一斤＝五〇〇グラム)のサトウキビによるトラブルなどの細かいことから、無理矢理に男性たちを壮丁にさせたなどの大きな出来事まで、ひとつひとつ訴えた。訴えられた事柄が具体的であればあるほど、厳粛な感情が喚起されている。

一九五二年一月

二日　土地改革大会を開いた。周辺の村々からおよそ一〇〇〇〇人が参加し、見せしめにするために、肖という地主を銃殺した。

五日　昨日、五〇〇〇人の大会が開かれ、糖房主人である地主を片づけた(49)。大会に参加する農民は各村の地主を縛り上げて連れてきた。およそ四〇〇人の地主は、首かまたは全身をひもで縛られて、矛や刀を持つ農民に引っ張られて入場した。彼らの衣服はぼろぼろに破れていて、着ている服が農民のと取り替えられた者もいるそうだ。地主たちは会場の前方にあるステージの両側に、処刑を待つ者がステージ正面にある机上に跪いた。ステージの床は地主の家の額縁で作られており、そこに書かれた一メートル平方もある大きな金色の文字は、かつては農民たちの畏敬の対象であったが、今はちょうど良いところに利用された。

③の段階では、引き続き地主に対する闘争大会を開きながらも、作業の重点は地主の家から家財を探し出して押収することに置かれた。

③の段階における階級闘争の具体的記述

一一日　われわれは会議に参加し、各村の闘争に関する報告を聞いた。それぞれの報告に死亡に関する内容が頻繁に出た。これも、中国では天地がひっくり返るような変化が生じていることを物語っている。

一二日　近頃、地主の隠した家財を調べており、毎日、財宝を入れた壺を一つまた一つ、田んぼや、屋根の瓦の下、壁の中から見つけ出している。かつて威風堂々だった地主たちは、今は竹林に列になって縛り付けられており、ぼろぼろの服で身体を覆って、毎晩一人ずつ闘争会に連れ出され、懲らしめを与えられている。

一九日　昨日、悪ボスの保長を審判する大会が八時間もかかって開かれ、群衆三〇〇〇人ほどが参加した。会場の周辺には、長柄の槍や刀、鞭を持った農民が大勢いた。保長がその場で銃殺された。近頃、村では厳粛な闘争が展開されている。あらゆる不法地主が各村から縛り付けられながら武器を持つ農民により護送されてきた。毎晩、訊問が行なわれて、貧しい農民なら老若を問わずに参加している。政策には拷問してはいけないと規定されているが、実際、それは免れられない。自殺者も時々現れる。

四〇〇人ほどの大小の地主が会場に連れられてきて、大地主が跪いて、小地主がそのそばに立った。

二〇日　土地改革はすでに五分の三ほど進んでおり、第三段階は、三日ほど前に蕭という保長を処刑したことによりクライマックスに達した。大会の終了後、武装隊の農民は羊を引いている如く、地主たちを一列に縛り付けたまま連れて帰った。

二〇日　この地域の搾取は、他所より深刻である。というのは、地主は糖房の所有者、保長、国民党地方組織、秘密結社の頭目などを兼ねていたからだ。特に、抗日戦争時代に、壮丁を連行して非道であった（友人宛）。

二三日　ここでは闘争に拍車がかかっている。武装隊は地主を捜し回っていて、村には毎晩老若男女が参加する地主闘争会が開かれている。地主たちはたいへん狡猾、頑固で、どうしても家財を渡してくれない。ある七〇代の髭の生えた地主は、幾ら要求されても家財をこちらに差し出さない。また、ある老婆の地主は繰り返し闘争された結果、粟三～五石しか納めなかった。かつて国民党軍の士官だった地主の家から、われわれは多くの水墨画を没収した。

二六日　村の闘争はまだ進行しているが、闘争会は一～二名の地主を対象とするしかなく、以前のように五〇〇～六〇〇名の地主を一遍に連れてくる場面はもはや過去のものとなった。土地改革において、どの村においても、大規模に地主と闘争し、地主を殺したり監禁したりした（他の郷では地主数十名も殺したそうだ）が、これからは今までの進行状況を政策に基づいて検査することだ。

二九日　この美しい竹林には、一週間ほど前まではおよそ六〇〇名の大小地主が縛り付けられていた。竹林のはずれにある糖房の裏は、三〇〇〇人の闘争大会が開かれた場所だった。そこで、この村落で数十年威張ってきた蕭保長が処刑された。しかし今は、何事も生じなかったような雰囲気で、つい最近の出来事がまるで遠い昔のこととなって人びとに忘れ去られている。

村人が地主の家に行って家財を押収する際の様子は、沈により詳細に描写された。

一九五二年二月

二日　今日、村人は運搬、点検、児童団などの組に分かれて、二一歳の農会主任に率いられて、ある地主の家に家財の押収に行った。旗や銅鑼、太鼓が伴う隊列は、田の畦に長々と続いて半里（＝五〇〇メートル）にもなった。その家の家長は、十数日前に処刑された保長である。われわれ一団が到着した際、その家族十数人は家屋前の菜園に跪いて待っていた。農会主任は家族の一人から家財明細書をもらった後、家族に家財を運び出す命令を下した。土地改革の各段階を経て、あらゆる家財が没収されたり、取り替えられたりされたために、かつて千石以上の地租を徴収し、糖房二つ、銃十数丁も持っていた大地主の家から運び出されたのは、壺、甕、籠などのがらくただけで、彼らが着ている衣服さえもぼろぼろだった。村人にどなりつけられながら地主家の人はひたすら家財を運んだ後、彼らの家に残ったのは地面に散らかった藁のみとなった。

④の段階における階級闘争の具体的記述

上旬　土地改革は第四段階の後半に進んだ。村の糖房で土地契約書を農民に返す大会を開いた。地主たちは、契約書を頭上に載せて跪いて農民に返却した。農会主任などの幹部は中央にある公案（旧時、役所で政務を決裁する大机）に、農民は四囲に座った。地主は農民を「翻身大人」（圧迫される状態から立ち上がった旦那）と呼んだ。

沈の手紙が記述した土地改革の実際の進行状況は、次のようにまとめることができる。

第一に、土地改革の現場では、暴力が伴っていたことは否定できない[50]。闘争大会の場で地主が相次いで殺され、沈が居た村では一か月間に三人が銃殺され、十数人も殺された地域もあったという。地主は数百人単位で竹林に縛り付けられたり、監禁されたり、闘争会で拷問されたりしたことで、自殺者が後を断たなかった。また、闘争会や家財捜査、土地契約の引き渡しなどの場において、地主やその家族は当人の人格を全面的に否定することを意味する動作、跪くことを強いられた。

第二に、人間に対する暴力と共に、「搾取された分を取り返す」という名目で、小作農や貧農層による地主や富裕層に対する徹底的な家財の捜査と剝奪が行われた。貨幣や、農具、家具、寝具、収蔵品の絵画などが押収されたばかりではなく、着ている衣服までも取り替えられて、最終的には家に藁しか残っていない状況となった。

第三に、「地主、郷保、党団、袍哥」などの身分を兼ねたことにより地主の罪が加重され、場合によっては、それらの身分が銃殺される理由にもなった。

乱殺、殴打などの暴力行為は、共産党の政策では禁止されていたことだが、それでも現実には広範囲に発生した。このような事態となった要因は、実に多様であると考えられる。例えば、大衆生活の極貧状態や、貧富の格差、過重な地租、苛酷な税金、日中戦争や国共の内戦のときに実施された強制的兵役制、保長や村長による兵役や労役の不当な配分と貧困層への転嫁等々である。また、地主の家に銃が備えられていたことにも反映されるように、反抗する農民や武装した匪賊に対して地主は武力に訴えていて、力で応酬する風潮が強かった。

一方、暴力の発生は、政治、経済、社会的背景のほかに、土地改革の指針や進行方法、その指導的思想である階級闘争論の影響にも起因すると言える。

土地改革は、そもそも土地制度の変革を目指すことで、階級区分に関しては、その基本政策である『土地法大綱』

において、土地の所有状況や、家族人口と土地との比例、労働状況などの経済的な指標のみを定めた。しかし、実際の進行において、階級闘争の大義名分の下で、「国民党反動政権」の基層組織やその支持層の清算という政治的な領域にまで拡大した。その結果、経済的な指標で区分された「搾取階級」はむやみに政治的にも「反動派」とされ、特に保長や村長などの地域の長が反動政権の基層社会における代理人と見なされた。この清算は、旧政権の政治体制や、基層社会の政治統合などに関する全面的かつ適切な把握や、政治的な罪を決める明確な基準がなかった状況下で行われたのである。それ故、沈の手紙に見られたように、保長の職に就いたことだけで罪とされ、旧政権の政令や政策を執行したことが個人の罪悪として追及された。処刑された蕭保長の罪の一つは壮丁を連行したことだが、それは、明らかに個人の罪業よりも政府の命令によるものだった(51)。

また、土地改革は、民国期に呉景超ら社会学者が極力避けようとした方法、即ち人間同士の直接的闘い、貧者が裕福者から奪い取るという方法で行なわれた。その中に人為的、感情的な要素が紛れ込むことは不可避であり、「一斗の麦や部屋一間の賃貸」や「一斤のサトウキビ」など、社会生活における遣り取りから生じた個人的な怨念なども、地主の罪を列挙する材料となり、また、大勢の群衆が参加する闘争大会の場において、激憤した個人の感情は、大衆の興奮を誘ったり、過激行動を誘発したりして、暴力をエスカレートさせる引き金となった。

そして、階級闘争論の階級本質論の影響により、断固として搾取階級と闘う「階級覚悟」や、うわべの現象に惑わされずに敵味方の境界をはっきりとつけて、黒白をつけない「人道主義」を捨てて敵にいささかの同情もしないといった「堅実な階級的立場」が、進歩的な価値観と見なされ、知識分子や貧農層、若い世代に広く受け入れられた。そのため、地主に画定される人たちは根からの悪人と見なされて、彼らがどのような仕打ちを受けても当然であるという風潮が蔓延した。地主というレッテルを貼られた人間は、あたかも人間から除籍されたようで、人間としての尊厳もなく、その命も人間としての重みもなくなった。いくら屈辱的な処置を与えても、闘争会の場でその生命を「片づけ」ても、革命陣営の者は、動揺せず、それが、「階級的立場」の「堅実さ」の証であるとされた(52)。沈は、土地改革の過程に生じた様々な出来事に対して、時には驚き、歴史の無情さを慨嘆したこともあった。

一九五二年一月一九日

地元出身の若い幹部はまだ一六、一七歳の中学校二年生で、物事が順調に進まない場合、泣くこともしばしばだが、半年前からすでに反革命粛清闘争において公開審判の大会を司会したり、人を銃殺する命令を下したりするような仕事を担当し始めた。時代は実に不思議である。

しかし、基本的には、沈は土地改革を「人民の闘争」として捉えて、その迫力に驚嘆し、その意義を積極的に理解しようとした。

一九日　歴史上のいかなる出来事も、今の土地改革という人民革命ほど偉大なものはない。
二〇日　土地改革の様々な工作に参加すればするほど、革命事業や人民の解放事業の艱難を実感した。
二〇日　土地改革に参加して、たいへん勉強になった。特に、思想改造、群衆路線、人民の歴史、毛沢東思想などについて、この実践において初めて理解できたところが多い（友人宛）。

印象深いのは、地主を描く際の沈の淡々とした筆致である。事情を説明することに止まって、馮友蘭や上海の女性教師のような惻隠の情を表すことはいっさいなかった。地主の境遇や外見を描写しても、彼らの顔や表情を描くことがなかった。処刑された大地主についてのみ簡単な紹介があった以外、地主たちが誰なのか、どのような人生を送ったかなど、彼らを見ようとしたことがなかった。ただ一括して「地主四〇〇名」、「五〇〇名」、「六〇〇名」と、数字で彼らをまとめた。情に溢れて、繊細で、人物の描写に優れると評される作家沈は、人間に対する好奇心を地主に向けることなく、その視線は地主たちを縛り付けた竹林の外側に止まった。

詳細は次章に述べるが、実際、沈は大きな挫折感や心の傷跡を背負って土地改革に参加したのである。このような個人的な背景を視野に入れれば、沈の姿勢からは、新しい時代に追いついていこうとした懸命さ、時には心細ささえ感じられる。

一九四〇年代後半、各分野の著名な学者が執筆陣である、中には共産党寄りの者も少なくなかったが、雑誌『観察』に、共産党根拠地の土地改革を批判する読者の投書が連続して掲載された[53]。これらの投書は、山東や山西における根拠地の土地改革現場で生じた様々な不条理なことを列挙した。例えば、村内のあらゆる裕福な家庭を地主に画定する階級闘争の拡大化、地主本人ばかりではなくその家族まで殺戮する残虐行為、人身監禁や拷問などの非人道的暴力手段の行使、富裕な家庭の食糧や衣服を没収し配分する極端な平均主義、地域社会や家族生活に関する伝統的道徳への蔑視と破壊、等々。投書には、次のような一文があった[54]。

> 人道的な見地から見れば、地主は私有財産制度の産物にすぎない。ある部分の真の悪ボス以外、大部分の地主は経営によって富を築いたのである。経営の方法は義に違反したかもしれないが、少なくとも旧制度下では違法ではなかった。共産党は社会を改造することを自らの責任とするなら、彼らの財産を没収し、搾取の手段である資本を取り除けば十分であるのに、匪賊を鎮圧することよりさらに悪辣な手段で彼らを苛み、妻子まで同罪にすることをしているのだ。まったく人間の情理に合わないことだ。

革命以後の中国知識分子は、もはやこのような声を発することもできなくなった。

注

（1）徐悲鴻（一八九五～一九五三）、画家、美術教育家。一九一九～二七年、フランス、ドイツ、ベルギー、スイス、イタリアなどに留学、研究。一九四二年に重慶で中国美術学院を創設。一九四六年に北平芸術専科学校校長、一九四九年に中央美術学院院長などを歴任。前掲、『中国人名大辞典』一七一四頁。

（2）傅寧軍「徐悲鴻――在新時代的潮流中」、ウェブサイト「人民網――中国共産党新聞」。http://cpc.people.com.cn/BIG5/64162/64172/85037/85038/6585574.html。

（3）「北京市大学教員と学生七〇〇人が土地改革に参加し思想認識を高める」、「中央美術学院、中央戯劇学院の教員と学生が土地改革工作から帰来」『光明日報』（一九五〇年三月一八日）、「首都大学教員と学生八〇〇人が冬休みに土地改革に参加する」『人民日報』（一九五〇年四月二日）を参照。

（4）「北京清華などの大学の教授六三人の土地改革参観団が華東、華南、華中、西北などの地域で土地改革を見学」『人民日報』（一九五一年二月一四日）によると、参観団の成員は下記の通りである。

華東区団：北京大学：楼邦彦、胡世華、卞之琳、張龍翔、唐敖慶、陳徳明、陳閲増、銭学熙、張炳熹、張宗炳、趙宝煦。清華大学：儲鐘瑞、邵循正、李宗津、涂光熾、丁則良、孫毓棠。燕京大学：侯仁之、林耀華、林庚、鄭林庄、閻簡弼。師範大学：馬特、蘇競存、朱啓賢。北京農業大学：汪菊淵。輔仁大学：魏重慶、葉蒼岑。華北大学工学院：蒋潮、蔡陛星。中央美術学院：蒋兆和。

中南区団：北京大学：鄭天挺、楊人楩、朱光亜、邢其毅。清華大学：曽炳鈞、張維。燕京大学：兪敏。師範大学：孫一青、包天池、李庭薌、戴涯、馮文慈。輔仁大学：柴徳賡。華北大学工学院：胡庶華、孫確基。中央美術学院：呉冠中、王式廓、馮法祀。

西北区団：北京大学：朱光潜、賀麟。清華大学：呉景超、徐毓枬、蕭嘉魁、雷海宗、李廣田、戴世光。燕京大学：李徳滋。師範大学：陸宗達。輔仁大学：張重一。華北大学工学院：楊一之、丁儆、薛寿漳。

「華東」「中南」「西北」などは新中国成立直後一九五〇年に設置した「大行政区」であり、現在の行政区域と対照すると、「華東」は山東、江蘇、安徽、浙江、福建、上海、台湾などの省と市、「中南」は河南、湖北、湖南、江西、広東、広西などの省と自治区、「西北」は陝西、甘粛、寧夏、青海、新疆などの省と自治区を含む。この行政区制度は一九五四年に廃止された。

（5）華東区団、呉江県平望区渓港郷、屠塘郷、盛澤区大古郷、澄渓郷、震澤区柳塘郷、鎮南郷などの郷鎮で土地改革を見学した。「北

京各大学教授華東土地改革参観団の総括報告書」『光明日報』（一九五一年八月三日）。

（6）　一九五〇年四月三日『人民日報』に掲載された清華大学経済学部教授徐毓枬の文章「土地改革参加の感想」には、西北区団には「生活の世話をする統戦部幹部二名、身の安全を守る保安員四名を配置された」と記述されている。徐毓枬（～一九五八）、経済学者、早年イギリスに留学し、ケンブリッジ大学で経済学博士号を取得。

（7）　清華大学から、一七九名の教師と学生が参加。日程は次の通りである。一九五一年八月二二日～九月二日、北京大学で集中訓練を受ける。九月三日、北京を発って、九月一一日までに漢口で学習、九月一一日～一〇月一五日、南寧で学習。一〇月一五日～一九五二年一月一六日、南寧で土地改革参加。一月一六日～五月二二日、邑寧、貴陽などの地で土地改革参加。五月二三日～六月二日、思想総括会。六月七日、北京に戻る。前掲、『清華大学史料選編』「法学院土地改革通信」呂森「土地改革工作の総括」（五巻下：一一六〇頁、一一六七～一一八一頁）を参照。

　同時期に、北京市から他の土地改革工作隊も派遣された。例えば、第六節で述べる、中国歴史博物館研究員である作家沈従文が参加した土地改革工作隊は、六〇〇人ほどの成員を有し、主として中学校教師で構成し、一九五一年一〇月下旬～一九五二年二月下旬に、四川省農村で土地改革に参加した。

（8）　潘光旦、全慰天「蘇南土地改革訪問記　前記」『潘光旦文集』七巻五～七頁。

（9）　艾中信（一九一五～二〇〇三）『徐悲鴻研究』（六～九頁、上海人民美術出版社、一九八一年）。

（10）　表3は、文中に言及した新聞や雑誌に基づき、筆者が整理したものである。

（11）　表4は、『人民日報』と『光明日報』に基づき、筆者が整理したものである。

（12）　以下の引用は、表3表4の文を要約したものである。

（13）　人名後の番号は、表3表4の番号と対応する。以下同じ。

（14）　一九三四年、馮友蘭がイギリスや欧州大陸を歴訪した際、一か月ほどソ連に滞在した。一〇月に帰国後、清華大学で「ソ連訪問の印象」と題する講演をし、同名の文章を『北平晨報』に寄稿した。一一月二八日、北平公安局に手錠をかけられ連行された。清華大学校長梅貽琦らの周旋により、翌日に釈放された。前掲、蔡仲徳『馮友蘭先生年表初編』（一四六～一四七頁）を参照。

（15）　馮至（一九〇五～九三）、本名馮承植、字君培。文学研究者、詩人、翻訳家。北京大学ドイツ語系卒業、一九三〇年にドイツに留学し、文学、哲学と芸術史を専攻し、一九三五年に哲学博士号を取得、帰国。同済大学、西南聯合大学、北京大学教授、中国社会科学院文学所所長などを歴任。前掲、『中国人名大辞典』（三三六頁）を参照。

（16）　『新観察』については、第一章注（16）を参照。

（17）　『新観察』（一巻二期：一三頁、一九五〇年）。

(18) 中共中央文献研究室（編）『建国以来重要文献選編』（一巻：九〇頁、北京：中央文献出版社、一九九二年）。
(19)『建国以来毛沢東文稿』（以下『毛沢東文稿』）（二冊：四一五～四一六頁、北京：中央文献出版社、一九九二〈一九八七〉年）。
(20) 一九五一年、毛沢東が民主党派や知識分子の土地改革参加に言及した談話、指示、手紙などを、時間順を追って下記のように整理した。

①一月一〇日　饒漱石（中共中央華東局第一書記）、陳丕顕（中共蘇南区委員会書記）への手紙、『毛沢東文稿』二冊（以下冊号のみ）二〇頁。

②一月一九日　中共中央統戦部第二回全国統戦工作会議での講話、李維漢『回想と研究』（七二二頁、北京：中共中央党史資料出版社、一九八六年）。

③一月　中共中央中南局の土地改革に関する報告書について江西、湖南省共産党委員会への指示、二冊：九五頁。

④二月一〇日　中共中央西南局と中南局の、民主人士の土地改革参加に関する報告書に対する指示、二冊：一一九～一二〇頁。

⑤三月二日　胡喬木（中共中央宣伝部副部長、中央人民政府新聞総署署長）への手紙、二冊：一五四頁。

⑥三月一八日　饒漱石（中共中央華東局第一書記）鄧子恢（中共中央中南局第三書記）、鄧小平（中共中央西南局第一書記）、習仲勲（中共中央西北局第一書記）への電報、二冊：一七三頁。

⑦三月二九日　胡喬木（中共中央宣伝部副部長、中央人民政府新聞総署署長）への手紙、二冊：一九八頁。

⑧三月三〇日　中共華東、中南、西南、西北、華北各局への指示、二冊：二〇三頁。

⑨三月三〇日　劉少奇、周恩来、陳雲（中共中央書記処書記、政務院副総理）、李維漢（中共中央統戦部部長）への手紙、二冊：二〇五頁。

⑩一〇月一七日　西南局が土地改革工作団を農村に派遣することについての報告書を各中央局（中南、華南、華東、西北）に転送する際の指示、二冊：四七九～四八〇頁。

(21) 中国社会科学院、中央档案館（編）『中華人民共和国経済档案資料選編　農村経済体制巻　一九四九―一九五二』（一九三頁、北京：社会科学文献出版社、一九九二年）。
(22) 注（20）の③、④、⑩。
(23) 注（20）の④。
(24) 注（20）の④。
(25) 李俊龍（一九〇九～七九）、早年フランス留学、国民党中央政権官僚であったが、革命勝利時に台湾に行かずに大陸に留まり、新中国成立以後、中央人民政府政務院参事、国民党革命委員会中央委員などを歴任。

(26)　注(20)の⑧。
(27)　注(20)の①。
(28)　注(20)の⑤。毛が褒め称えたのは、蕭乾「土地改革において学習する」『人民日報』(一九五一年三月一日)、李俊龍「戦っている湖南省の農民」『人民日報』(一九五一年二月一〇日)である。
(29)　注(20)の⑥。
(30)　注(20)の⑦。
(31)　注(20)の②。
(32)　注(20)の③。
(33)　注(20)の⑧。
(34)　「民進本部、民革、民盟、農工民主党各党の北京支部が土地改革に参加するように会員、盟員を動員する」『人民日報』(一九五〇年八月二一日)、「北京市各民主党派は土地改革参加者の見送りをする」『人民日報』(一九五〇年九月一五日)、莫宏偉「毛沢東と民主人士が土地改革の『関門』を通る」『毛沢東思想研究』(二五巻三期：三四〜三九頁、成都：四川省社会科学院他、二〇〇八年)などに基づいて整理。
(35)　陸志韋「知識分子が農村へ行く」『光明日報』(一九五一年一〇月二二日)。
(36)　樊弘「知識を革命闘争に奉仕する――土地改革見学の収穫」『光明日報』(一九五一年一〇月二一日)。
(37)　金宝善「土地改革工作から衛生事業を考える」『光明日報』(一九五一年九月一五日)。
(38)　前掲、莫宏偉「毛沢東と民主人士が土地改革の『関門』を通る」を参照。
(39)　前掲、崔暁麟「土地改革と知識分子改造」、北京大学医学院副院長伍仁「大衆動員の体験」『光明日報』(一九五一年九月二三日)を参照。
(40)　前掲、呉景超『第四種国家の道――呉景超文集』。
(41)　民国期に、様々な農村復興運動が行なわれた。代表的なものは、晏陽初(一八九〇〜一九九〇)が指導する「平民教育会」、梁漱溟(一八九三〜一九八八)が提唱した「郷村建設運動」である。
(42)　前掲、呉景超『第四種国家の道――呉景超文集』四五頁。
(43)　費孝通『郷土中国と郷土重建』(一九六〜一九七頁、台北：風雲時代出版公司、一九九三年)。
(44)　胡慶鈞、「紳権を論じる」「二種類の権力の挾間にいる保長」「保長から郷約へ」、前掲、呉晗、費孝通(編)『皇権と紳権』一一九〜一五一頁。

(45) 反右派闘争の際、費孝通の「右派言論」のみではなく、民国期の学術思想も追及された。中国共産党中央民族学院委員会整風弁公室（編）『章羅連盟の軍師費孝通を摘発し批判する』第一輯、第二輯、『費孝通の反動的言行に対する批判』（北京：中国共産党中央民族学院委員会、一九五七年）、李達『費孝通の買弁社会学を批判（第一輯）』（上海：上海人民出版社、一九五八年）、科学出版社編輯部（編）『マルクス・レーニン主義を堅持しブルジョアの「社会科学」の復活を反対する』（北京：科学出版社、一九五七年）、『ブルジョアの社会科学の復活を反対する（第二輯）』中国科学院社会科学界反右派闘争座談会発言集』『ブルジョアの社会科学の復活を反対する（第三輯）』（北京：科学出版社、一九五八年）などを参照。

(46) 沈の手紙は、一九五一年一〇月下旬から一九五二年二月下旬までの期間中に出したものである。『沈従文全集』一九巻に収録（太原：北岳文芸出版社、二〇〇九年）。

(47) 沈の日記に関する研究論文は、張新穎「個人の苦境から歴史伝統における『有情』を体得する――沈従文の土地改革期の家書を読む」（訳・阿部幹雄、解題・坂井洋史）『言語社会』三（東京：一橋大学大学院言語社会研究科紀要編集委員会、二〇〇九年）がある。

(48) 郷保は民国時代の住民組織保甲制度における保長、党団は国民党の地方組織、袍哥は四川地方にある秘密結社袍哥会のことである。

(49) 手紙の原文に「解決」という言葉が使われた。「解決」と「槍斃」（銃殺）が併用された。

(50) 近年、公表された共産党内知識分子の日記にも土地改革における暴力についての記載があった。吉林省長白県共産党委員会宣伝部長だった白介夫は、一九四七年土地改革工作隊期間中（一九四七年二月一三日～九月六日）の日記において、地主や裕福層農民の闘争会に、殴打、拷問の暴力が振るわれ、多くの村に死者が出たと記した。「長白地区土地改革運動の記録」『炎黄春秋』（一期：六一～六四頁、北京：炎黄春秋雑誌社、二〇〇八年）。

(51) 沈が土地改革参加で赴いた四川省は、民国時代の日中戦争期に、国民政府の首都が同省の都市、重慶に移転したこともあり、他の省より農業税が重く、兵役に徴発された人口も多かった。社会主義革命期に、それを国民党政権の非道や、基層社会の保長などの担当者の悪行としていたが、現在、「四川人民の抗日戦争に対する貢献」として評価されている。例えば、DVD『重慶大爆撃』、重慶：陪都文化公司製作、二〇〇二年において、国民党軍の延べ六〇〇万人の中に、およそ三〇〇万人が四川省からの兵士であることを「抗日戦争に対する貢献」として捉えた。

(52) 知識分子にとって、「堅実な階級立場」に立つために、「階級感情関」即ち、階級感情を正しくもつという関門を突破しなければならない。これは、「旧知識分子」の課題のみではなく、共産党内の知識分子にとっても同様である。前記白介夫の日記から見てみよう。

一九四七年八月一六日の日記に、闘争会で地主韓蜆田が激昂した群衆の暴力で打ち殺された場面を記述した。「一人ひとりの発言の後、群衆は韓を乱暴に打った。最終回は、群衆の叫びと殴打が四〇分も持続して、やっと韓を片づけた。群衆の感情の烈しさ、人の心を動かす力の大きさ、私は群衆工作を担当して以来、初めてこの目で見た。」

ちなみに、二月一四日の日記によると、長白県では、地主は必ずしも土地の占有や、地租による搾取の状況によって決めたものではなかった。「長白県は、荒れ地が多いので、耕したければどこでも開墾することができる。だから、所謂地主は、土地を所有することのみではなく、主として家畜、種、農具などの生産財を持つ者を指す。」

八月二六日に、「地主、満州国の手先、アヘン販売者」郝宏義を闘争する大会に関する感想は次のようである。「今日の午後、群衆の要求に応じて、郝宏義を拷問した。群衆の怒りが爆発して火の刑で懲らしめてやった。私はたいへん痛快に感じた。このような場面において、私はこのような心情でいられるのが党の教育のお陰だと言わざるを得ない。」

(53)　読者投書「共産党の闘争作風」『観察』(三巻六期、一九四七年一〇月)、読者投書「晋南共産党の残虐」『観察』(三巻十一期、一九四七年一一月)。

(54)　前掲、読者投書「共産党の闘争作風」『観察』。

第四章　土地改革工作隊と参加者たち

本章は、まず、清華大学を例として土地改革工作隊がいかに組織されたか、潘光旦日記や関連する檔案資料を紡ぎ合わせることによってその過程に近づく。次に、大学が接収された後の馮友蘭と雷海宗の境遇に注目し、彼らの土地改革参加は、本人らが新聞や雑誌で発表した動機や目的以外に、新政権下での挫折や、それによって生じたプレッシャー、内面の緊張感と無関係ではないことを指摘する。また馮らと類似する沈従文の状況も併せて考察し、知識分子の抱えていた深刻な内面の葛藤を分析する。そして、馮や雷に対する大学側の処分から、共産党政権に接収された後、清華大学は本来の「教授治校」の軌道を逸して、政権の指示に従って運営されることとなった事実を提示する。

一　清華大学土地改革工作隊——潘の日記から

清華大学は、第三章で紹介した通り、全国でいち早く土地改革工作隊を派遣した大学の一つである。教員二〇名と学生二六〇名により構成された工作隊は、一九五〇年一月二七日に出発し、三つのチームに分かれ、北京郊外四一の村で土地改革を指導し、三月の上旬に大学に戻ったのである。[1]

土地改革工作隊がどのように提案され、いかに組織されたか、その全貌を再構成するには一定の困難を伴うが、潘光旦日記における記載や、関連する檔案資料の分析を通して、その過程はある程度把握することができる。

土地改革工作隊は主として文学院と法学院の教員と学生によって構成された。この二つの学院は合わせて七つの学系があるが[2]、参加する教員二〇名のうち、社会学系の者が六名もおり、社会学系が土地改革工作隊の構成に重要な役割を果たしたと推測される。一方、潘の日記から、土地改革工作隊の件を提案し、共産党政権の関係部門と交渉し、提案を実現させたのは他でもなく、潘本人だったことが分かる。なお当時、潘は、清華大学校務委員会委員、図書館長、社会学系主任などの役職を担当していた。

日記には、次のように記されている。[3]

一九五〇年一月八日

夜、系務会議で、課程改革草案を討議。学生の北京近郊農村の土地改革参加について、私は再度正式に提案した。議決。これから関係部門に問い合わせをする。

一九五〇年一月九日

近郊農村の土地改革は近郊農村区委員会に管轄される。辰伯を訪ね[4]、彼に明日の市政府例会の際に当該委員会に問い合わせをしてもらう。副市長である彼に頼むのが一番便宜的な方法である。

一九五〇年一月一〇日

午後、系務会議。学生の課程改革草案に対する意見を討議した後、土地改革参加について、私は問い合わせの経過を報告した。昼頃、辰伯から電話を受け、本校の土地改革参加は基本的に問題がないが、詳細は明日慰天が市内に入り相談した後に決めることになる。(5)

一九五〇年一月二五日

夜、土地改革に参加する同僚や学生の送別大会に出席し、私は法学院を代表して挨拶した。

日記の記載をまとめると、潘は土地改革参加を提案した後、友人である清華大学歴史系教授で、一九四九年一一月に北京市副市長に任命された呉晗を自ら訪問し、市政府会議の際、土地改革委員会に打診してもらうことを頼み、呉の仲介により、清華大学の土地改革参加が実現できたのである。また、潘は、周囲の若手教員や学生たちを土地改革に参加するように説得した。但し、若手教員の説得に用いたのは、「思想改造」や「階級闘争の中で自己鍛錬」等の理論より、むしろ「前途に有益」という現実主義の説法であった。

一九五〇年一月一七日

汝江を土地改革に参加するように説得し、彼の承諾を得た。そうすることは、彼の教育と研究の前途にたいへん有益なことである。(6)

一九五〇年一月二〇日

夜、教師と学生の全系集会。次学期のカリキュラムを報告した後、土地改革に参加するように学生に呼びかけた。

一九五〇年一月二五日

夜、土地改革に参加する同僚、学生たちの送別大会に参加し、私は法学院を代表して挨拶した。多くの演し物が披露された。短い期間でこれほどの出来具合はたいしたものだ。これから見ても、群衆の意欲が高い時、この類の宣伝工作は極めて進みやすいものである。

社会学系送別会の二日後、土地改革工作隊が出発した。その日、潘は早起きして歴史系教授雷海宗の見送りに行った。

一九五〇年一月二七日

四時半に起床し、すぐさま伯倫家に行って駅まで伯倫を見送った。(7) 伯倫も一員である土地改革工作隊一行約三〇〇人は、六時頃に出発した。

土地改革工作隊を派遣するためにいろいろと働きかけた潘が、土地改革そのものにも興味をもったかと言えば、日記から見る限り、そうではなかったようである。

一九五〇年一月二三日

粥の後、(8) 講堂で郊区土地改革委員会周鳳鳴同志の土地改革に関する講演を聴きに行ったが、途中退場。

一九五〇年一月二四日

粥の後、柴澤民同志の土地改革における諸問題に関する講演を聴きに行ったが、[9]途中退場。

大学の土地改革工作隊が出発する前、北京市郊区土地改革委員会の幹部が二度来校して講演をした。潘は講演会に参加したものの、二度とも途中退場した。なぜ退場したか。その理由は日記に明記されていない。ただ、一日の活動日程を記録する習慣をもつ潘がその後何も記さなかったことから、仕事や用事があったという理由ではなかったと推測できよう。また、潘が興味をもって聞いた講演なら、いつもその内容や講演者の弁舌ぶりを評価したりコメントを綴ったりしていたが、二回の講演に関して一言も書いていないことは、土地改革を内容とする講演そのものにあまり関心がなかったことを暗示している。

二月中旬、校務委員会主席葉企孫も同行するもとで、[10]潘は大学の慰問団を率いて、大学の工作隊が滞在していた郊外十五区へ赴き、慰問活動をした。

一九五〇年二月一五日

朝八時、教師二五名、土地改革に参加した教師の家族四名、学生一三名による慰問団一行は、バスとトラックに分乗して郊外十五区へと向かった。九時半に到着し、一一時頃に各村から土地改革参加の同僚や学生らが集まってきた。懇親会は一二時から始まり、慰天が司会し、十五区土地改革主任委員宋同志、企孫、学生代表、芝生、孝通、澤霖、私がスピーチした。[11]みんなは知識分子と工農幹部が協力することは決して難しいことではないと語り、私は、相互に良い関係をもつ雰囲気が懇親会の会場にも満ちていることは何よりも喜ばしいことだと強調した。

潘らがスピーチで強調した「知識分子と工農幹部と協力することは決して難しいことではない」という主張は、共産党の宣伝部門や党内知識分子に喧々《けんけん》と繰り返され、知識分子自身も自己批判の際によく復唱した「知識分子は労農から離れていて、革命に同調できていない」という論調と真正面から対立した。潘らの「難しいことではない」は、言い替えれば「やればできるのだ」となり、胸を張って「自分たちもできる」と宣言しているようにさえも聞こえるのである。

工農と結合する、階級闘争を実践するなど知識分子ができないと言われたことを行動で示し、知識分子もできるということを証明するのが、土地改革工作隊を組織した潘の本当の理由だったのかもしれない。

二　馮友蘭、雷海宗の解職をめぐって

1　高教会の指示による「辞職」と土地改革参加

前章では、土地改革の参加者らが新聞や雑誌に投稿した文章において活動参加の動機や目的を述べたことを紹介した。公の場で語られた動機と目的は建前ではあるが、それでもそれは基本的に彼らの認識に基づいたものであり、けっして真心が伴っていないものではなかっただろう。但し、語られたものが彼らを土地改革の現場に駆り立てた理由の全部かと言えば、必ずしもそうではなかったと言わざるを得ない。清華大学土地改革工作隊の参加者構成に二つの特徴がある。一つは潘光旦が企画したこともあり、社会学系の教員がより多く参加したこと、もう一つは、国民党員教授が多かったことである[12]。馮友蘭と雷海宗はともに国民党員であり、それぞれ所属する哲学系と歴史系

の教授陣から他の参加者はほとんどいなかった。では国民党員の教授たちはなぜ参加したのか。これは、第一章で述べた「反動党団登記」によっても分かるように、彼らが一般人と比べてより大きな政治的プレッシャーを感じていたことと無関係ではなかった。特に馮と雷に関しては、その直前にそれぞれあらゆる役職を辞職させられるという出来事が生じた。

一九四九年九月初旬、高教会は、[13]「過去の政治姿勢に問題がある」という理由で、馮と雷の役職を本人たちが辞職するかたちで辞めさせるよう大学側に要請した。校務委員会はその要請を本人たちに伝えると、二人は直ちにそれぞれ辞職届を提出し、馮は校務委員会委員、文学院長、哲学系主任などの三つの職、雷は歴史学系主任を辞めた。

この出来事は、馮と雷の土地改革参加の動機を理解するのにたいへん重要である。そして、そこに、共産党政権の大学管理に乗り出す当初の状況や、知識分子に対する扱い方、分別基準なども反映されているので、より詳しく考察する必要がある。ここでは、潘の日記や馮の自伝などに基づいて、二人の解職の過程を整理してみる。

潘は日記に、次のように記した。[14]文中の芝生と伯倫は、それぞれ馮友蘭と雷海宗の字《あざな》である。

一九四九年八月二九日

夜、孝通が訪ねて来て、高教会が芝生と海宗のあらゆる役職を解職する意思をもち、そして、それを本人たちが自ら辞職するかたちで行なってほしいと指示された、と伝えた。また、この旨を海宗に伝達してほしい、と頼まれた。私は直ちに海宗の家に行って伝えた。まもなく海宗は辞職届を持って来た。

潘と費孝通は、ともに高教会に任命された校務委員会委員だったが、費は常務委員であり、高教会の指示を一般委員より先に知り、そして執行する立場にあるので、雷と親交のある潘に本人に知らせるよう頼んだと考えられる。

雷が土地改革工作隊に参加して出発する際、潘がわざわざ見送りに行ったことを前述したが、そこからも潘と雷の友情の一端がうかがわれる。潘の日記には雷の名前がしばしば現れて、二人は頻繁に互いに家を訪ねたり、一緒に食事をしたり、共通の友人を接待したり、また潘の娘の誕生日に雷夫妻がプレゼントを贈ったりしている。(15)雷は、第一章で紹介したように、早年アメリカに留学し、二五歳の若さでシカゴ大学において歴史博士号をとった後帰国し、大学で教鞭を執りながら、中国の皇帝制度や歴史時代区分などに関する多くの著述を著し、「卓越した歴史学者」として広く認められていた。潘と雷は、互いに多くの類似点があり、二人とも温和な性格と該博な知識の持ち主で、歴史研究に心意を注いだ。

馮と雷の解職に関する指示を下した高教会は、あくまでも本人たちが自ら辞職するという形式にこだわった。「二人の辞職届に自らの過去を批判するといったような内容を組み入れ、この辞職が他の多くの知識分子に政治的な教育効果をもたらす」ように処理すべきだ、と校務委員会に注文した。そのために、馮と雷が最初に書いた辞職届は自己批判がないことから校務委員会に受け入れられなかった。

一九四九年八月三〇日

午前、校務委員会に出席した。芝生と伯倫のことについて長々と議論した結果、二人に辞職の理由をもっと詳細に書くように修正してもらおうと結論を出した。伯倫に校務委員会の意見を伝達するように命じられたので、午後、伯倫の家を訪ねた。その後、伯倫はすぐさま修正した辞職届を持って来た。

潘は、日記において、前述した呉晗も含めて周囲の人びとを常に字《あざな》で記した。当時の知識分子の間では、字で互いを呼ぶことは一種の流儀であった。それは、いろいろな意味がある。まず、年齢の差や師につかえた時間の前後などによって、相互に緩やかでありながら一種の輩行関係が形成されていた状況のもとで、先輩は後輩に対して名前を呼んでもかまわないが、逆の場合、字で称するのが礼儀である。また、名前が父母によって決められたものであるのに対して、字は本人が成人して以後自らつけたものであるので、字で呼ぶことは、相手に対する尊敬や親しみなどの意を表す。一方、先輩が後輩を字で呼ぶこともあるが、その場合、先輩たる者の謙虚さや、後輩の才能や人格に対して敬服していることとつながると思われる。(16) 馮、雷、呉はそれぞれ潘より、五歳年上、三歳と一〇歳年下であったが、潘は一様に字で呼んでいたことからは、潘は先輩の馮に対してのみではなく、後輩の雷と呉に対しても尊敬の念を抱いていることをうかがわせる。

共産党教育部門の指示を履行するために、潘ら校務委員会のメンバーは「両難の境地」、即ち板ばさみの状態に立たされた。共産党に「個人史に汚点がある」というレッテルを貼られた仲間を役職の座から降ろさなければならなかった。一方、相変わらずに字で尊称することから見ても、潘は心の中でけっして共産党の見方に同調して友人を否定し疎遠にしようとはしなかった。但し、いくら不本意でも、上からの指示には従わざるを得なかったので、潘がとった対応法は、共産党政権の槍玉にあげられた友人と一緒に知恵を絞って「万全の策」を考えることであった。

一九四九年八月三一日

岱孫が来て、伯倫の辞職届がまだ語気が足りないと語ったので、伯倫を自宅に誘ってきて、辞職届に少しでも付け加えようと相談しあった。これは万全な策だ。

陳岱孫、潘と雷は、この際、公的にはそれぞれ校務委員会常務委員兼法学院長、校務委員と解職される対象の関係であるが、私的には今まで通りの友人同士であった。このような三人が共に雷の辞職について「万全の策」を講じて辞職届の文面を練った結果、校務委員会は雷の辞表を受理した。

一九四九年九月二日
校務委員会に出席し、芝生と伯倫の辞職は議決された。

この解職の件について、もう一人の当事者である馮友蘭は、次のように回想している。(17)


八月下旬のある日、葉企孫は、「銭俊瑞(18)があなたの思想は党のものと合わないと述べた」と私に言ってくれたので、「それなら、私は辞職しましょうか」と私は返事した。

八月三一日、哲学系主任、文学院院長、校務委員会委員などの職を退く辞表を校務委員会に提出し、辞職の理由を「才能を備えておらず、現職に適任ではない」と書いた。校務委員会は、李廣田(19)を私の住居に赴かせ、「文学院長等の職をすでに長年担当してきたのに、才能がないとは言えない。政治的な理由を書くべきだ」と校務委員会の意見を伝えた。それで、私は、「かつて国共合作の時期に二度ほど国民党に入党したことあり、自らの言動にいろいろな点において間違いがあったので、役職を退く」と辞表を修正した。

九月二日、辞職の願いが校務委員会に許可された。

九月八日、辞表は校務委員会により高教会に届けられた。

九月二三日、校務委員会により、高教会が辞職を許可したことと、「馮と雷の教授職を保留するが、二人は自らの反動的な言動を反省すべきであり、辞職は本人たちに対して教育的な意味をもつ」と指示したことを伝えられた。そう言われても、自分の言動のどこが「反動的」で、辞職がどういう意味で「教育的」なのか、私には理解することができなかった。

九月二六日、高教会は、呉晗を清華大学文学院長に任命した。

一〇月五日、毛沢東に手紙を出し、過去において封建的な哲学を宣伝したことで国民党に助力したが、これから自ら進んで思想改造をし、マルクス主義を学習し、マルクス主義の立場に立ってその視点や方法論を用いて、五年以内に新しい哲学史を書き上げると書いた。

一〇月中旬、毛沢東からの返事を受けた。毛は「われわれは、人びとの進歩を歓迎する。貴方のような人は、過去に間違いがあったが、いま改めようとしていてたいへんけっこうなことだ。但し、焦ってすぐに結果を求める必要はない。ゆっくりと進めば良い。素直な態度をとった方がよろしい」と書いた。

役職をいっさい辞めた後、個人史を綴った自伝を共産党組織に提出した。そして、マルクス主義や毛沢東の著作を学習しはじめ、ロシア語の勉強もスタートした。

馮は文革初期の一九六六年七月に書いた自己批判書に、毛沢東に手紙を出した動機について、次のように語った[20]。

一九四九年に、何かが起こると、私の熟知する多くの人びとがすぐさま新聞で自らの態度を表明した。私は積極的に意思表明をしたことがなかったので、思いついたままに毛主席に手紙を出した。

今までの考察を通してすでに分かっていることであるが、新中国の成立初期、共産党政府や指導者から絶え間なく出された指令や、政策、呼びかけに対して、農民や労働者のみではなく、各民主党派、知識分子も争って声明を発表したり、新聞に投稿したりして、擁護し追従する意思を表明することが流行っていた。この時期の馮は、それに同調して「意思表明」の必要があると考えたために、毛沢東に手紙を出したのである。

同時期に、馮は「自伝を共産党組織に提出した」。それは、命じられたことなのか、それとも自ら進んで行なったことなのかは不明だが、自伝を提出させること自体は、共産党の組織方法の一つであった。特に国民党と戦っていた時期、共産党の入党志望者や革命隊伍の新入者などは、個人史を党組織に開示しなければならないので自伝の提出が義務づけられていた。新中国の成立後、政治運動など特別な時期、入党志望者など「進歩を追求する」者以外、一般的には自伝の要請はなかった。これらの事情を鑑みて、馮が自伝を提出したことも、毛沢東に手紙を送ったことと同様、彼の「意思表明」の行動表現であった可能性が大きい。

いずれにしてもこれらの行動から、馮は自らの言動で自分の政治態度を表明しようとする意識をはっきりともっていたと言える。したがって、土地改革参加も、彼なりの「意思表明」と捉えても良いのではないかと思われる。手厳しく批判され、政治的圧力がかけられたからこそ、「意思表明」の必要性が感じられたのである。

共産党北京市学校支部工作課一九五〇年三月付けの報告書には、次のような一節があった。(21)

教授たちの土地改革参加の動機は、全体的には健全で、土地改革の意義を肯定的に捉えて、新社会に適応し自らを改造しようとしている。しかし、異なる動機が混じることもある。例えば、個人史に問題がある人は、土地改革の機会を利用して将功贖罪（手柄を立てて罪を償う）しようとしている。

「個人史に問題がある人」が誰なのか、名前が挙げられていないが、馮と雷を指す可能性が極めて大きい。少なくとも、二人はその類に属する。馮と雷の土地改革参加は、新聞や雑誌で語った目的以外に、もう一つの動機、「将功贖罪」もあったのであろう。

同報告書は、馮と雷は勤勉に努めて、丁寧に仕事をしていると評価した。

雷海宗は、自ら進んで農民に近づき、朝早く起きて夜遅く寝て、せっせと働き、部屋の掃除やストーブに火をおこすことなどを自ら進んで行なう。馮友蘭は脚の疾患を抱えているにもかかわらず、積極的に仕事に取り組む。

報告書では、他の教員の「不純な参加動機」にも触れていた。例えば、「共産党の呼びかけなので、参加しなければ悪く思われる」、「学生に動員されて断れなかった」などである。土地改革参加においても、政治理論学習と同じく、若い学生による教員の「進歩」への促進作用が見られた。

2　馮と雷の「個人史にある問題」

高教会が校務委員会を通して二人に辞職を迫る際、「自らの反動的な言動を反省すべきだ」と指摘することにとどまり、具体的なことをいっさい明言しなかった。[22] それに関しては、馮は二度目に提出した辞職届に「国共合作の時期に二度ほど国民党に入党した」ことを認め、毛沢東への手紙に「過去において封建的な哲学を宣伝したことで国民党に助力した」ことを自らの過ちとして認めたのである。ここでは、馮の自伝や年表などを参照して彼の「個人史にある問題点」をより具体的に見てみよう。[23] 雷海宗と関連するところもあるが、その場合には、雷の「問題」も「点検」してみる。

（1）「二度ほど国民党に入党した」問題と国民党員としての活動。

一回目は、一九二四年、コロンビア大学で博士号を取得した翌年の冬、河南省中州大学で教鞭を執っていた間、国民党に入党した。当時、第一回国共合作期間中だった。

二回目は、第二回国共合作期間だった一九四〇年前後、西南聯大で国民党に入党。[24] 聯大直属区分部執行委員会委員に選出された。年表における分部活動の記載に雷は時々登場している。

入党のきっかけについて馮は、次のように回想した。[26]

聯大文学院が蒙自から昆明に移転してきてまもなく、ある日、蒋夢麟はわれわれ五人の院長を自宅に招いた。[27]「重慶教育部は、大学の院長以上の人は必ず国民党員でなければならず、党員でない人には加入させるようにと指示を下している。なので、あなた方が同意すれば手続きをする必要もなく、近いうちに党員証を渡しますと話した。その場で、法商学院長陳序経がすぐさま同意しないとはっきりと態度を表明した以外、[28] 他院長は沈黙した。私は家に戻って家族と相談したが、かつて逮捕された経歴があった以上、上からの指示に逆らうと、重慶方面から協力的でないと言われる恐れがあるので、黙認するしかなかった。その後、数日経つと党員証が渡された。

西南聯大の国民党員教授らは時々集会をもって活動した。一九四三年の秋、蒋夢麟宅で分部会をした際、国内情勢について議論した末、蒋介石に手紙を送り聯大党員の意見を伝えることを決めた。手紙の執筆を馮に依頼した。馮は、清王朝が遅々として憲政を実行しなかったことで滅亡を招いた教訓を引いて、国民党は政権を他の党派や政治勢力にも開放し、立憲政治を実現すべきだと諫言した。手紙の内容は他の党員に大いに賛同され、雷海宗は馮が歴史に残る立派な手紙を書いたと賞賛した。その後、「蔣介石は手紙を読んで心が動かされ涙も流した」と伝えられ、そして、まもなく届いた蔣の返事には「憲政を実行する」と書かれていた[29]。

馮の国民党党員としての活動は、ほかにもいろいろとあった。例えば、一九四三年七月に三民主義青年団中央組織部評議員に任命され、重慶に講演に行く度に、評議員会に参加していた。一九四五年四月に国民党第六回代表大会に河南省代表として出席し、そして、中央委員になることを蔣介石から勧められたが、馮は、「そうすると、青年に話をする時、説得力がなくなる」と言って拒否した。

(2)「封建的な哲学を宣伝したことで国民党に助力した」問題。馮の自伝や年表によると、彼の任務は主として、重慶の国民政府の各機構で講演や講義をすることであった。

①一九四三年二～六月。国民政府教育部長陳立夫が創立した雑誌『文化先鋒』の主催する講演会で、「不変の道徳と可変の道徳」「人生における四つの境地」「一元と多元、唯物論と唯心論」などのテーマについて講演。地方の党や政府幹部を訓練する中央訓練団、中央政治学院、教育部の中学高校生訓練班などで講義。期間中、蔣介石が宴会を設けて馮を招待したこともあった。馮が講義をするために出張中、彼の担当する「中日戦争史料徴収委員会」委員の役は雷が代理した。

②一九四四年三月、中央訓練団で「中国の哲学思想」について二週間ほど講義。

③一九四五年三月、中央訓練団で二週間ほど講義。この期間中、蔣介石と面談し、蔣は死去したばかりの馮の母親のために題字し、馮はそれを大切にし、母親の墓碑に刻むことを考えた。

④一九四六年八月、国民党第十一戦区政治部主催の講演会で「中国の哲学思想と民主政治」について講演。民

主政治の必要条件を、一、個人の独立人格、自由意志と相互の平等、二、多元的に物事を捉える視点、三、超越的、ユーモアに富む態度の三点にまとめた。

⑤一九四三年秋、国民政府戦地服務団が大学生から募集したアメリカ軍専属通訳を訓練する講習班で、人生と修養について講演。

（3）その他の政治活動。

一九四三年、国民政府は日本軍と戦う青年軍を組織するために、学生を動員したが、聯大からの志願者は少ない。馮は潘光旦ら十数名の教授と共に聯大の動員大会で講演した結果、志願者が急増し、募集定員を超えた[30]。

以上を通して、馮の個人史における「問題」はより明らかになった。馮は、国民党に入党したばかりではなく、国民党全国代表大会にも参加し、国民政府の各機関や軍隊で繰り返し講演や講義をしており、確かに政治と無縁な者ではなかった。しかし一方、馮の活動は、けっして学者の身分や学問の見識から離れたものではなく、基本的にそれに立脚していた。国民党や国民政府に協力しながらも、一定の距離を保っていた。講演の題目や内容を見れば、政治体制や政治的統合の有り様を正面から批判するものでなかったとしても、けっしてそれに迎合するものではなかった。むしろそれらに欠乏していた面、例えば、独立した人格、自由の精神、多元論などを青年に強調した。

一九四五年以降、馮は政府の政策、例えば土地政策、政治的統合の有り様、例えば学術や大学の独立性などに関して、よりストレートに意見を発表することが見られるようになったものの[31]、政治的態度は、依然として「唯物にせよ、唯心にせよ、『唯』はいけない[32]」といった彼の哲学思想と同じく、一辺倒ではなく、いろいろな立場や主張を取り入れて総合的に判断すべきだと主張していた。馮の中立的な姿勢は、国民党政権の独裁政治統制や内戦に反対する学生運動に対しても貫かれ、そのため馮は、教授陣における学生運動寄りの左派にも、国民党政権寄りの右派にも批判された[33]。

民国期の馮は、共産党との間に距離を置いた。一九四三年に国民党政権の各機関で講演するために数か月にもわたって重慶に滞在した。その期間中、共産党中央機関紙『新華日報』から新理学について一緒に討論する機会を設けたいと提案されたが、馮は「共同の言語がない」、即ち価値観が異なると言って拒否した[34]。実際、共産党系及び左翼の知識分子は、一九四〇年代の初期から馮の新理学を批判しはじめ[35]、馮の新理学に「幇閑哲学」、即ち国民党政治の尻馬に乗り忠義者顔をする学問というレッテルを貼り、「助紂為虐」、即ち悪い政府を助けて悪事を為していると厳しく追及した[36]。彼らは、馮の哲学思想を独裁的政府や、反動的政治勢力のカテゴリーに入れて根本的に否定した。

馮と雷との個人的な人間関係は不明だが、仕事上協力することが多かった。例えば、一九四五年一〇月、馮が「西南聯大記念集編集委員会（後に聯大校誌編集委員会に改名）」主席に任命された折、雷は同委員会の委員だった。また、一九四五年、馮が母親の訃報に接して郷里に帰る間や、一九四六年にアメリカに行っている間、雷は馮の代わりに文学院代理院長を担当した[37]。

三　沈従文の土地改革参加をめぐって

馮や雷と似て、沈従文も不運な境遇に遭って土地改革に参加した。ここでは、まず、大学が接収された一九四八年の末から土地改革工作団に同行して四川省農村に旅立った一九五一年一〇月までの間の沈の状況を簡単に整理する[38]。

一九四八年一一～一二月　北京大学中文系教授で、国民党政府の南方への移住勧告を拒否し、北京に留まる。
一九四九年一月　北京大学に沈を糾弾するスローガン「新月派、現代評論派[39]、『第三の道路』を行く沈従文を打倒せよ」が貼られた後、中旬、精神に異常をきたす。
一九四九年三月　自殺未遂。精神病院に入院、翌月退院。
一九四九年五月　夫人張兆和が共産党根拠地系の華北大学に入学[40]。
一九四九年八月　大学で教師をするのがもう相応しくないと思われ、中国歴史博物館へ異動。
一九五〇年三月　革命大学に入学、組織編制に伴い、華北革命大学に転じ、一二月に卒業。
一九五一年一〇月　土地改革工作団に同行して四川省農村に出発、翌年二月に北京に戻る。

この時期の沈の日記や家族、友人への手紙に基づいて[41]、彼の土地改革参加に至るまでの思想的、精神的状況を分析する。

一九四九年三月二八日、沈は、首筋や手首に剃刀を入れて灯油も飲んで自殺を図ったが、未遂に終わった[42]。沈の行為は、左翼文芸勢力の批判、北京大学に出現した彼を糾弾するスローガンと無関係ではなかったが、もっと根本には、新しい体制や時代との狭間で、彼は文学創作のあり方から、個人と社会や国家との関係、人生の信念、自我像まで、様々な面において深刻な不調和や軋轢が存在することに気づき、動揺し、戸惑ったことによるものと考えられる。

沈の内面における葛藤は、「南行」、即ち国民党政府に追従して南に撤退することをしないと決断した際にすでに顕著に見られた。一九四九年一月、沈は精神病を発病した後、清華大学における友人梁思成らに招かれて、キャンパス内にある教員宿舎で一週間ほど療養した[43]。期間中夫人張兆和への手紙には次のように書かれている。

一九四九年二月二日[44]
君の愛、君のあらゆる善行であっても、私を傷ついた状態から救い出すことができません。これは宿命です。私は犠牲にならざるを得ません。南行せずに留まるのは、ただ子供たちに新しい環境で教育を受けさせるためであり、自らを犠牲にすると決心しました！　沈んだ舟に対する期待を放棄し、愛を子どもたちに与えてください。

沈の戸惑いは、作家として「存身立命」、即ち身の拠り所の文学が新しい時代において完全に変わり、いままで苦労して築いたものが完全に否定されたと感じたことから、生じたのである。

一九四九年四月六日　日記[45]
新聞から最近の国家の精神的発展の有り様を知ることができ、また、文学と宣伝が一体となって初めて教育的な役割を果たすことができると分かった。今までの私の文学観は完全に打ち破られた。少しも残らないかたちで。筆をおくことも必至だ。

自分の文学が否定されて、失意のどん底に陥った沈の状況は、沈夫人の親族への手紙にも記された。手紙には、沈の苦悩している様子ばかりではなく、彼の周囲の人びととの鮮明なコントラストや、夫の状態を受け入れられずにいる夫人の心情なども綴った。

一九四九年四月二日　張兆和から沈の姉夫婦、兄夫婦への手紙[46]

前回の手紙に次兄がこの数か月以来精神的に不安定していることに言及しましたが、不安定は連続的ではなく断続的です。彼は、自分自身を改造しようと決意して明朗な時もありますが、憂鬱、悲観、失望、懐疑をし、迫害を受けていていっそ死んだ方がよいと言う時の方が多いのです。常軌を逸してひねくれた彼の疑い深さに、私だけではなく、あらゆる友人ももう救いようがないと言っています。（略）

彼は多くの苦しみを嘗めて孤筆奮闘し、たくさんの作品を世に送りました。しかし、社会が変わり、作品に対する評価の基準もすっかりと変わり、自分の作品が否定されるのではないかと想像するだけで、作品を大切にしてきた彼にとっては致命的な打撃となります。諦めきれないために彼はこうなったのです。正常に授業を担当しながら少しずつ自己改造をし、徐々に新しい環境に適応していけば、このような事態にはならなかったはずです。

沈は、自分が変革している世界の外へ遊離しており、そして、従来の自我が廃滅し、自分自身を見失っていると感じた。

一九四九年四月六日　日記

残念なのは、新しい国家、新しい時代に、私が関わる術がないことである。私より性悪な人間でも、あれやこれやと更正する機会が得られたが、私は、環境や自身の性格により、時代の犠牲者にならざるを得なくなった。

一九四九年五月三〇日　日記[47]

私は廃滅していると感じた。私は誰、どこにいる、何がほしい、落ち込む理由は何、何とぶつかっているのか。あらゆるものは、もつれてはっきりとしていない。

喪失した自我を探している。叫びたい、泣きたい。私は誰か。従来の私はどこに行ってしまったのか。どうして筆のつやがいきなり無くなったのか。どうして文字が紙に凍って相互の連結や意味を失ったのか。

一九四九年九月八日　丁玲への手紙[48]

瓦罐を以て自分のことを形容すれば、自分自身が愚かなせいで瓦罐を地に落として壊しもしたが、他人の手の力も加わって破壊されました。その後、修復しようとしてもどこから着手したら良いかが分かりません。まさに時代の犠牲となった悲劇のサンプルです。このようにして、精神障害によって壊れてしまいました。生命が受けた挫折はすでに限度を超えました。神経の張力は度を超えると、壊れるに違いありません。

沈は、大きな喪失感や、内面の混乱、不安、恐怖感に苛まれながらも、友人の関心、夫人の勧告、そして、自分自身と心の奥底での対話を通して、自分を落ち着かせたり自我像を立て直したりするような方法を、以下の幾つかの方向から少しずつ見つけ出すことができた。

第一に、今までの苦難に満ちた人生において、社会や人間に対して、いつも愛を以て接してきて、小説も愛を表現しようとしてきたが、今の困難な状況においても今までと同じく、愛で克服するべきであり、異なるのは、「もっと大きな忍耐、もっと大きな愛」で社会の無情な変遷と応対する必要があることだ、と自分に言い聞かせた。[49]社会に対する感情、時代に対する理解があるとしても、強情な自我がそれと融合することができないからこそ、「もっと大きな愛」が必要となり、それは、自分が時代の犠牲者になるとしても、時代を恨まない悲壮な「愛」である。

一九四九年四月六日　日記

今、心は慈しみの感情に満ちている。これは自分を理解し、自分と社会との関係も理解している深層の心理だと自覚している。革命のために死ぬ志士、無辜に殺される善良な人、臨終の死刑囚と通ずるものだ。言わば「大悲」の心情だ。

一九五〇年四月　布徳への手紙㊿

今までの人生において、社会や他人にいくら踏みにじられても、苦しい境地から這い上がった後、却って愛で報いることにしてきました。人生に対する悲憫の愛は、旧約聖書を読むのが好きなことと関連するのです。「自己を犠牲にして、人や世界を助けること」は、私の人生哲学となりました。今、新しい転換点に直面しています。この身に受けた一切を時代に対する愛に転化しなければなりません。「自己犠牲」式の沈黙から、「積極的な忘我」（没我、訳注）に変えなければなりません。

一九五〇年秋　程応鏐への手紙[51]

三十年来、無私に人を助けたい、励ましたい一心で、若者の踏み台となっても惜しくも何ともありませんでした。社会から得た不幸を愛に転化して報いるためでした。思いがけずに時代が変わり、私は完全に無意味な人間となってしまいました。私は新たに学習しなければならない。もっと大きな忍耐力、もっと大きな愛を以て、社会の抽象的な原則に応えなければならない。これは時代だ、歴史だ。

第二に、「国家の事が大きい、自分の事が小さい」という道理で、自分を説得した。但し、この説得は、視野を広めるという積極的な意味もある反面、「大きな」存在に対抗するのがどうせ無理なので、自分自身が萎えていくと感じても仕方がないという諦めに似た心情も反映していた。

一九五〇年四月　布徳への手紙

国家と社会は絶え間なく発展の中で新生を求めなければならないことは、道理に合うことです。個人は実に微小で取るに足りません。

一九五一年九月二日　ある青年記者への手紙[52]

国家の事が大きい、個人は実に微小です。個々人には限度があり、私はいろいろな面において公民としての責任を尽くしたが、さらに滅私奉公の手本を学ぼうとしており、体力や神経の限界を超えたことで壊滅しても仕方がないことです。

李維漢[53]は講演の中で、国家に存在感があることは重要で、個人はたいしたことではないと言った。良い話だ。私は、人民に奉仕すること、国家の存在感が重要であることを学び、沈黙の中で生きてきた。

一九五〇年九月八日　日記[54]

「国家の新生と個人の廃滅」は占いの予言の如く、私の状態を如実に反映している。

第三に、大きな歴史的変遷に際して、「人民に近づき、謹んで国家のために働く」ことを決心し、そのために、没我的態度を養成し、新しい自我像を樹立しようとした。沈の周囲にいるかつての文学仲間で、いち早く共産党に近づいた友人たちも彼に自我を捨てるようにと諭した。但し、積極的に立ち直らせようとしても、沈は、政治理論や抽象的な概念に対して終始拒絶反応を示していた。

一九四九年七月　劉子衡への手紙(55)

曹葆華(56)が「党員になったら愉快だ。私利のために働かずに、もっぱら公のために仕事をするのだ」と言ったのを聞いて、この生き方を羨むのです。しかし、それは訓練を受けた者が得られる心境です。

いまの私は、人や事から学ぶことの意義をやっと理解することができました。抽象的な議論や文件（共産党や政府の政策や政令を知らせる文書）から学ぶより、社会生活から学んだ方が直接的具体的です。

一九四九年九月八日　丁玲への手紙

私は我慢、接受、学習しています。貴方、其芳(57)及び中共の多くの文件に言われた通り、「自我をもっと早く多く棄てた方が良い」ことで、過度の自尊と卑下を放棄し、中共の提唱した理想的人間を見習うべきです。（略）私に対する教育はもう一段落がついたと言えます。自分に属する思想は無くなったものの、政治的概念を操って新しい信仰を表現することが私にはまだ無理です。

一九五〇年九月六日　張梅渓への手紙(58)

私はもうすぐ卒業だ。テストの成績はいつも丙と丁の間で、学習はたいてい真面目にもかかわらず、政治問題に対しては極めて能力が低い。ここに来て、炊飯夫たちと友達となったのみで、彼らから学んだことは小組学習よりずっと多い。

新政権の下で新たな人生を歩み出すために、沈が描いた新しい自我像は、頭脳を使わずに、肉体労働をした後、粗食、睡眠をする労農と同じような生活者である。

一九四九年四月六日　日記

私は静かに自分に相応しい待遇を待つべきだ。この時勢で私に合うことは、頭脳で思索することではなく、手足を使う肉体労働だ。労働した後、窩々頭《ウォウォトウ》（トウモロコシの粉で作った蒸しパン）を食べて、田舎の人のように夜明けまで寝る。朝となると、また労働に出かける。

一九五〇年四月　布徳への手紙

この学校を卒業すると、「改造済み」と見なされる。私は、改造された小さなネジとなり、おとなしい公民である。何のわだかまりもなく、ごく普通に職務を担当する。

一見、沈は自らを説得することができたようだが、実際、この時期の彼の内面は、ずっと「激変する社会への適応・違和・拒絶の間で揺れ動いて」いた[59]。再び文学者として活動することができないのではないか、自らを萎縮するまで新しい時代に適応していくことは果たして良いことなのか、様々な疑念を抱いた。

布徳への手紙で、「もっと大きな愛」を語りながら、次のように述べた。

いつになったら、この種の愛を人民に近づいた証として再び文学作品の形で表現できるかは、私には答えられない。生活において、温順、平凡、あらゆることにひたすら耐えていっても構わない態度は、また誤っているかもしれない。ただ、この種の誤りは驕り高ぶることより時代に順応するものだ。

青年記者への手紙に、国家の存在感の重要性を理解し、「滅私奉公の手本を学ぶ」意欲を示しながら、自分自身を見失った空虚感に襲われ、新時代に充満する「山ほどの概念」が自分にとって無意味なことを感じて、次のような辛酸な文字を綴った。

自我を失ってもう久しいとふと気づいた。私の熱意、理想、智恵、能力、人間としての常識など、すべて消えてしまった。残ったのは山ほどの概念のみで、しかも本来の意味を無くしたものばかりです。

沈がもっとも恐れているのは、心の最後の砦である家庭が崩壊することである。夫人が「進歩」を追求するために、家族から離れて共産党系の大学に入学したことは、沈に深い不安感を抱かせた。

一九四九年九月八日　丁玲への手紙

目下、壊れた状態から自ら接着し合わせねばならぬなら、私を崩れないように支えることができる唯一のものは、仕事帰りに三姐[60]の顔を見られることである。この家を、革命のために壊さなくてもすむのであれば、私はぜひともこの家を維持したい。そうしてはじめて自分の精力を国家のために注ぐことができるのだ。

夫人は沈に新時代に順応し、新たに出発するように望んだ。そのような夫人を安心させるためにも、沈は、自らの弱点を克服し、新時代との接点を探ることを決心し、そして、夫人の要望に応えるためにいろいろと行動計画を考えた。夫人は沈が解放軍に入隊し、軍隊と共に「南下」、即ちまだ共産党の支配下となっていない地域を解放するために働くことを望んだ。沈はその提案を受け入れて、南下か、或いは全国に先だって共産党の解放区となった東北地域に行くかを真剣に考えた。

一九四九年九月二〇日[61]
私は、あなたに繰り返し約束した通り、やっと大きくて古い舟をUターンさせた。半年以来の自棄から学び、新たに決心し、あなたの勧めたように「人」のために生きていく。何と言っても、あなたを安心させたい。可能であれば、南下か、或いは東北に行くことを申し込みたい。

だが、解放軍に入隊しなかった沈は、翌年、共産党華北局直属の華北人民革命大学に入学し、土地改革工作隊に申し込んだ。この一連の行動は、夫人の後押しがあって可能となり、そして、土地改革参加は、子どもたちと交わした「国家のために仕事をする」という約束を実現するためでもあった。

一九五一年一〇月二五日　土地改革工作隊が出発する前、夫人張兆和に残したメッセージ[62]
この度の行動は、私の生涯において最も重要な転換である。歴史的大変化の中で、人民に近づくことを願っている。そして、勇気をもらい、国家のために再び筆を使って新時代の人民の作品を書きたい。ご安心ください。

どんな仕事にも真剣に取り組む。龍々と虎々[63]にも約束した。彼らを失望させたくない。

前章に述べた通り、土地改革の現場に赴いた沈は、土地改革を「人民の闘争」として捉え、様々な闘争場面に居合わせて、真剣に仕事をした。しかし、身体の不調のせいもあり、「歴史の狭間」にいる矛盾感が消えず、時代に「廃棄」されても仕方ないといった考えが頭から離れなかった。土地改革工作隊員として少しずつ現場での生活に馴染んでいながら、次のような悲観的な文を書いた。

一九五二年一月二四日　夫人張兆和への手紙[64]

新しい人民の時代にありとあらゆるものは変わった。但し、ある部分の人びとは歴史の狭間にいるために過ぎ去った過去の人間と相似することを免れがたい。生命の定かさや、個人の取捨選択が異なるので、栄枯も異なる。あらゆるものを受け入れて、あらゆるものから学ぶべきだが、人間には限度がある。私は、一生懸命自己や自分と周囲との関係を改造している。が、得たのは結局、やはり耐えなければならない苦痛だ。（略）今の時代は、成長する時代であると同時に、廃棄する時代でもある。ある部分の人はどうしようもなくこの大変動に消えていくだろう。

時代の変化、農村の土地改革という新しい環境、友人の勧告、家族の後押し、様々な力が作動して沈を時代と共に「進歩」させようとした。それらに対して、沈は自分なりに答えようとしたが、結局のところ、とうとう「従来の自我」を放棄することができず、このまま消える覚悟をしたのであった。

四 「教授治校」伝統の廃絶

清華大学は[65]、民国時代、国立大学としてずっと国民政府に管轄され、校長も教育部から派遣された。特に、一九三八年に陳立夫[66]が教育部長となって以後、大学に対する管理が厳しくなり、学科設置、学生募集、カリキュラムなどに関して多くの政策が制定され、西南聯大のような重点大学に対して、院長以上の役職担当者は国民党党員でなければならないという規定さえ下した[67]。前述した通り、馮友蘭はこの時期に国民党に入党したのである。

しかし、大学は、教育内容や、人事任命、学生の管理などの面において、政府に全面的に管理され干渉されたわけではなかった。馮によると、西南聯大は政治的な理由で、教授を招聘したり解雇したり、学生を採用したり学籍を剝奪したり、学術研究を干渉されたりすることは、一度もなく、校内の大小事は基本的には「教授治校」、即ち教授会が学校を管理する原則に基づいて民主的に議論し決定されたという[68]。

清華大学には、教授会、評議会、校務会議の三つのレベルの議事機構があった。教授会の構成員は、いかなる事項に対しても提案する権利があり、会で議論し多数決で議決する。大学の学院長などの重要な役職は、教授会の選挙により複数の候補者を選出し、その中から校長が選び任命する。評議会は、校長、学院長などの役職者と教授会の代表で構成し、学校の制度や重要事項を審議し決定する。校務会議は、校長、教務長、秘書長及び学院長らから構成され、校務の最高決定機構として教育や経営を統括する。三つの機構は相互に協力しながら、それぞれ権限があり、相互に越権できない。馮は、「教授治校」の制度を完備した清華大学を「民主主義の砦」、厳格に多数決の原則を履行する教授会の作法を「民主の紀律を守る」実践と評価した[69]。

この民主的制度と伝統は、教授会の構成員に重視された。かつて国民政府から派遣されたある校長は、教授会を無視して独断で学院長を任命したが、任命された本人たちにも拒否されて、教授会にも大きな反感を買われ、学生会も教授会側に立って校長を弾劾する声明を発表した。結局、この校長がひそかに清華大を離れることで事態は収束した。(70)

一方、共産党政権に接収されて以後の清華大学は、他の大学と同じく、完全に政府の政策や指示に従って運営されるようになり、「教授治校」の伝統が途絶えた。教授会さえも存在しなくなり、重要な役職はいっさい高教会や教育部によって任命されることとなった。

一九四九年一月一〇日、北平区軍事管制委員会文化接管委員会(略称文管会)が清華大学を正式に接収すると同時に、校務会議を廃除し、校務委員会を設立したが、本来の校務会議の成員をさしあたり校務委員会の委員として任命した。(71)三月一八日、歴史系教授呉晗が清華大学軍管会代表に任命されて以後、校務の実際の責任者は呉晗となった。(72)五月四日、文管会は、各役職に関する任命通知を清華大に渡し、(73)翌日の五月五日、新たに校務委員会の成員を任命した。(74)

文管会の人事任命は、表面的には清華大の教授や、本来の役職者も多く起用しているようであるが、共産党との距離や、「進歩的」であるか否かが判断の基準であった。呉晗は、歴史系の教授だったが、西南聯大にいた一九四〇年代の前半から、共産党組織に近づき、一九四八年に共産党華北根拠地に入り、清華大学が接収された際、文管会の一員として接収工作に携わった。(75)常務委員に抜擢された費孝通は、第一章で述べた通り、共産党解放区にいち早く入り、毛沢東ら共産党指導者に接見され、共産党政権に認められた存在だった。それに対して、「進歩的」よりむしろ「中道的」な潘光旦は、図書館長、校務会議成員であったにもかかわらず、校務委員会では普通委員として任命された。

接収された後の清華大では、教授会が存在しなくなった以上、誰がどのような役職に任命されるとしても、教授たちとはもはや関係がないこととなり、したがって馮友蘭や雷海宗を解職するような処置も、単に上の指令で動かすことができた。

注

(1) 清華大学土地改革工作隊の人数について、様々な説があった。『人民日報』(一九五〇年二月四日)は「文学院と法学院の教員学生二九二名」、『光明日報』(一九五〇年三月一八日)は「教員二二名、学生二六〇名」と報道したが、中国共産党清華大学総支部一九五〇年四月二七日「清華大学文学院法学院教師と学生の北京郊区土地改革工作情況」では、「教授七名、講師助教一二名、学生三〇九名」と記し、清華大学校務委員会主席葉企孫「改造中の清華」では、「教師二〇名ほど、学生二八〇名」と記している(前掲、『清華大学史料選編』五巻下:一一四七~一一五四頁、五巻上:二一~二四頁)。

(2) 文学院と法学院の系構成は次の通りである。文学院:中国文学系、外国語文学系、哲学系、歴史学系。法学院:政治学系、経済学系、社会学系。社会学系の参加者は、教授:呉澤霖、蘇汝江、史国衡、講師:胡慶均、袁方、全慰天である。他の系から、教授:馮友蘭、雷海宗、周一良、陳体強、講師と助手:劉世海、朱徳熙、蕭英華、王豊年、葉金根ら、また、馮友蘭夫人任載坤、呉組湘夫人沈萩園などの家族も参加した。(前掲、『清華大学史料選編』「国立清華大学現有院系名称」五巻上:七七頁、一九五〇年三月共産党北京市学校支部工作課内部報告書「清華など三つの大学の教授の土地改革参加情況」五巻下:一一五四~一一五六頁を参照)。

(3) 『潘光旦文集』一一巻:三三一~三三五頁から抄録。

(4) 辰伯は呉晗の字《あざな》である。呉晗(一九〇九~六九)、歴史学者、西南連合大学教授、清華大学教授。一九四九年三月に清華大学軍管会代表、九月に文学院長、一一月に北京市副市長に任命された。

(5) 慰天は、清華大学社会学系講師全慰天のことである。一九五二年以後、全は北京にある中央財経学院、中国人民大学などで教える。

(6) 汝江は、社会学系副教授蘇汝江のことである。

(7) 伯倫は雷海宗の字である。

(8) 「粥の後」は、朝食後のことだと推測する。

(9) 柴澤民は、当時、北京市郊区土地改革委員会主任であった。

(10) 葉企孫(一八九八~一九七七)、物理学者、中国物理学会の創立者の一人であり、一九二三年にハーバード大学で博士号を取得し、清華大学物理系主任、理学院長などを歴任。一九四九年五月に文管会に清華大学校務委員会主席に任命された。前掲、『中国人名大辞典』三一〇頁を参照。

(11) 全慰天は司会し、葉企孫、馮友蘭、費孝通、呉澤霖、潘光旦はスピーチした。

(12) 清華大学国民党員教員における「中心的な存在」は以下のようである。馮友蘭、雷海宗、呉澤霖、戴世光、趙鳳歧、劉崇宏、邵循正、孫毓棠、孟昭英、張印堂、敦福堂、蘇汝江、曽炳鈞。前掲、楊奎松『禁じ得ない関心　一九四九年前後の書生と政治』（一八五頁）を参照。土地改革に関する記録を併せて見ると、一三名国民党教員のうち、七名が土地改革に参加したことが分かる。傍線を付けた者は第一回目、傍点を付けた者は一九五一年秋の土地改革工作隊に参加した者である。前掲、『清華大学史料選編』「清華など三つの大学の教授の土地改革参加状況」「土地改革に参加する教師名簿」（五巻下：一一五四～一一五六、一一六五～一一六七頁）を参照。

(13) 高教会について、第二章注（26）を参照。

(14) この節の潘の日記は、『潘光旦文集』一一巻：二九一～二九二頁から引用。

(15) 一九四九年一二月二一日潘の長女潘乃燧の二〇歳の誕生日に、雷海宗夫妻が贈った誕生日プレゼントは、ソ連が出版した『ソビエトレーニン農業科学院一九四八年八月会議記録』であった。潘光旦のもっている『生物科学の現状』が当該図書の最初と最後の二章にすぎないので、全文を読むことができるようになることで、潘光旦も嬉しかった。のちに、この本は潘本人がマルクス主義を学習する材料となった。『潘光旦文集』一一巻：三三六頁を参照。

(16) 右派とされた後の潘光旦と翻訳や辞典の編纂などの仕事を一緒にした、自らも右派とされた鄧瑞齢の説明による。鄧瑞齢（一九二五～）、中国蔵学研究中心元研究員、二〇〇九年の夏、鄧に対して三時間に及ぶインタビューを実施した。

(17) 前掲、蔡仲徳『馮友蘭先生年表初編』三四九～三五三頁。

(18) 銭俊瑞については、第二章注（14）を参照。

(19) 李廣田（一九〇六～六八）、一九三五年に北京大学を卒業。西南聯合大学、南開大学、清華大学などで教える。一九四八年に共産党に入党。一九四九年当時、校務委員会委員であり、一九五一年に清華大学副教務長任命された。一九五二年以後、雲南大学副校長、校長、中国社会科学院雲南分院文学研究所所長などを歴任。一九六八年に文化大革命の中で死亡。前掲、『中国人名大辞典』（七四三頁）を参照。

(20) 前掲、蔡仲徳『馮友蘭先生年表初編』三五一頁。

(21) 前掲、『清華大学史料選編』「清華など三つの大学の教授の土地改革参加状況」（五巻下：一一五四～一一五六頁）を参照。

(22) 共産党が都市を接収した後すぐに実施した「反動党団登記」（第一章注（9）を参照）において、馮友蘭と雷海宗は共に登録者範囲内であり、雷は一年ほど監視下におかれた。北京大学教授賀麟が一九五〇年四月～一九五二年六月の期間中に監視下に置かれたことから見ると、雷の監視下におかれたのは、土地改革参加終了後の一九五〇年三月以降のことと推測される。なお、馮は共産党の著名人に対する「寛大」の対象とされたのか、監視されるという懲罰を受けなかった。いずれも、この時期に、馮と雷の「歴史問題」は、高教会に指摘されなくても、すでに自他ともに明瞭なことであったのではないかと考えられる。前掲、楊奎松『禁じ得ない関心　一九四九年前後の書生と政治』「賀麟――転換時代の落魄と幸運」（二八九～二九〇頁）、前掲、陳徒手『故国人民に所思あり――一九四九年以後の知識分子の思想改造』（一二八～一三七頁）を参照。

(23)　この部分は、前掲、馮友蘭『三松堂自序』、前掲、蔡仲徳『馮友蘭先生年表初編』に基づいて整理した。

(24)　西南聯大は、西南聯合大学の略称、日中戦争期間中、昆明に移転した北京大学、清華大学、南開大学によって一九三七年一一月に設立、一九四六年七月に解散。聯大は、工学院、理学院、文学院、法商学院、師範学院など五つの学院から構成され、校長を設置せずに、蔣夢麟、梅貽琦、張伯苓など三つの大学の校長が、常務委員として聯大の管理に当たった。謝泳『西南聯大と中国の現代知識分子』（福州：福建教育出版社、二〇〇九年）を参照。

(25)　謝泳は、雑誌『観察』の評論を引用して「各党各派、兼収並蓄」（様々な党派を同時に容認すること）が西南聯大の校風の一つであり、西南聯大の教授や学生は、それぞれ多くの異なる党派、例えば、「共産党、第三党、民主同盟、民主社会党、中立派、国民党、三民主義青年団、国家主義派」などに加入していたことを紹介する際、馮と雷を「国民党開明派」と区分した。前掲、謝泳『西南聯大と中国の現代知識分子』一九頁。

(26)　前掲、馮友蘭『三松堂自序』一一〇頁。

(27)　蒙自は、雲南省の県、現在紅河ハニ族イ族自治州に属する。蔣夢麟については注（24）を参照。

(28)　陳序経（一九〇三～六七）、アメリカで政治学博士号を取得。ドイツ留学を経て、一九三一年に帰国後、南開大学で教鞭を執る。革命以後、嶺南大学、中山大学、曁南大学などで副校長、校長を務め、文化大革命中に心臓病発作で死亡。前掲、『中国人名大辞典』（一〇八三頁）を参照。陳が国民党員になるのを拒否したことは、陳の学生の回想録にも記載された。前掲、謝泳『西南聯大と中国の現代知識分子』（三八頁）を参照。

(29)　前掲、蔡仲徳『馮友蘭先生年表初編』（二六七頁）を参照。

(30)　動員会で講演をした教授は、ほかには潘光旦、朱自清、銭端昇などがある。前掲、蔡仲徳『馮友蘭先生年表初編』（二六七頁）を参照。

(31)　一九四五年六月に「家屋税と土地政策」を発表し、地権を平均し、根本から特権階級を取り除くことに言及した。一九四五年九月に「大学と学術の独立」を発表し、同盟国の勝利は知識の勝利であり、これから業績のある大学で幾つかの学術中心を作らなければならぬ、政府と社会は、それに対して財政的な援助をするが、目前の成果を求めず、干渉せずに、充分な自由を与え、各領域で専門家に意見を発表する機会を十分与えるべきだ、と述べた。前掲、蔡仲徳『馮友蘭先生年表初編』(二八六～二八九頁)を参照。

(32) 一九三九年一月九日、『雲南日報』で「『唯』を論じる」を発表。「唯物にせよ、唯心にせよ、「唯」はいけないのだ」と論じた。前掲、蔡仲徳『馮友蘭先生年表初編』(二二三頁)を参照。

(33) 一九四五年に昆明では、内戦に反対する学生運動と関連する二つの大きな事件が生じた。一一月二五日、西南聯大、雲南大などの学生が「時事晩会」を開き、銭端昇、伍啓元、費孝通、潘大逵等の教授に講演を頼んだが、昆明に駐屯する国民党政府軍第五軍の軍人が会場を包囲し、発砲して参加者に警告した。また、一二月一日、多くの国民党党員と士官学校の学生が雲南大学、西南聯大などの大学、中学校のキャンパスや学生宿舎に侵入し、学生を殴打し、施設を破壊し、手榴弾まで投げ込んで、学生四名死亡、一六名重傷の惨劇を生んだ。事件後、馮は、軍政当局に抗議する立場に立ち、教授会の委託を受けて、「地方軍政当局の集会自由を侵犯することに対する国立西南聯合大学教授の抗議書」起草委員会の世話人をして、抗議書をマスコミに公布する一方、学生に対して、授業ボイコットを中止するように説得した。それで、学生運動の背後にある共産党勢力を追及する右傾的教授と、引き続き当局を糾弾する左傾的教授の両方から批判を受けた。馮は、次のように回想した。

「今度の運動において、私は調停者の役割を果たした。自らは、聯大が解散危機を免れたこと、中国の学術界に自由な空間、民主主義の砦を保留することに貢献したと思っているが、進歩的な勢力からは、私が運動を破壊していると見なされて、がっかりした。調停者の位置づけは難しい。両方ともに配慮していても、結局、両方とも不満である」。前掲、蔡仲徳『馮友蘭先生年表初編』(二九七～二九八頁)を参照。

(34) 前掲、蔡仲徳『馮友蘭先生年表初編』(二六一頁)を参照。

(35) この批判は、新中国成立するまで継続した。例えば、胡縄「評『新世訓』」『文化雑誌』(二巻六期、桂林:桂林文化供応社、一九四二年)、「思想の漫歩――新理学を続評」『群衆』(八巻一三～一四期、重慶:『群衆』週刊社、一九四三年)、蔡尚思「馮友蘭新玄学批判」『新文化』(一巻十期、上海:新文化出版社、一九四六年二月)、「馮友蘭新玄学批判」(続)『新文化』(一巻十一期、一九四六年三月)、「馮友蘭の儒墨批判論」『中国建設』(二巻一期、上海:中国建設服務社、一九四六年一一月)、「盗賊と忠恕――馮友蘭の道徳哲学」『大公報』(一九四八年一二月四日)。胡縄(一九一八～二〇〇〇)、マルクス主義理論家、近代史研究者、一九三八年に共産党に入党。蔡尚思(一九〇五～二〇〇八)、思想史学者。

(36) 林柏(杜国痒)「玄虚は人生の道ではない――馮友蘭の『新原道を再び批評する』」『群衆』(一九四六年三月)。前掲、蔡仲徳『馮友蘭先生年表初編』(三〇四頁)を参照。杜国痒(一八八九～一九六一)、マルクス主義哲学者、歴史学者。林柏は杜国痒のペンネームの一つである。

(37) 前掲、蔡仲徳『馮友蘭先生年表初編』(二九〇、二八〇頁、三一〇頁)を参照。
(38) 前掲、張新頴「個人の苦境から歴史伝統における『有情』を体得する——沈従文の土地改革期の家書を読む」を参照。
(39) 「新月派、現代評論派」は、一九二〇～三〇年代の雑誌『新月』『現代評論』に集まる作者群を指す。二つの雑誌については、第一章注(13)を参照。阿部幹雄は、張新頴前掲論文の「訳注」(一八三～一八四頁)において、沈は「人脈や社会関係においても、『現代評論』『新月』など、「自由主義」と標榜し、左翼文壇に批判的な人々と近く、彼らの主宰する刊行物に多くの作品を発表した」と指摘した。
(40) 張兆和は当時、中学校で非常勤教諭として働いていた。
(41) 沈の日記や手紙を引用する際、論点を明確にするために、関連性のない部分を省略することがある。
(42) 張兆和「田真逸、沈岳錕への手紙」『沈従文全集』一九巻：二二一～二二三頁。
(43) 清華大学に滞在中、梁思成(一九〇一～七二、建築学者)、林徽因(一九〇四～五五、建築学者)夫婦をはじめとして、金岳霖(一八九五～一九八四、哲学者)、羅念生(一九〇四～九〇、ギリシャ文学研究者)、程応銓(～一九六八、建築学者)などから丁寧な世話を受けた。
(44) 沈従文「張兆和への返事」『沈従文全集』一九巻：一六～一七頁。
(45) 『沈従文全集』一九巻：二四～二五頁。
(46) 『沈従文全集』一九巻：二二一～二二三頁。文中の「二兄」は沈従文のニックネームである。
(47) 『沈従文全集』一九巻：四二～四三頁。
(48) 『沈従文全集』一九巻：四八頁。丁玲(一九〇四～八六)、小説家、一九三二年に共産党に入党。
(49) 『沈従文全集』一九巻：九一頁。
(50) 『沈従文全集』一九巻：六七～七〇頁。受取人布徳の身分は不詳。
(51) 『沈従文全集』一九巻：八九～九四頁。程応鏐(一九一六～九四)、歴史学者、当時上海の中学校校長、後に上海師範大学教授。
(52) 『沈従文全集』一九巻：一〇四～一二〇頁。
(53) 李維漢(一八九六～一九八四)、建国初期に中国共産党中央統戦部部長、中央人民政府民族事務委員会主任委員を歴任。
(54) 『沈従文全集』一九巻：八一頁。
(55) 『沈従文全集』一九巻：四五～四七頁。
(56) 曹葆華(一九〇六～七八)、一九三一年に清華大学、一九三五年に同大学研究院を卒業。一九三九年に延安に行き、魯迅芸術学院教員を担当。翌年に共産党に入党。革命以後、中国共産党宣伝部のマルクスレーニン主義著書の翻訳部門に所属。

(57) 何其芳（一九一二～七七）、詩人、文学評論家。一九三五年に北京大学哲学系卒業、一九三八年に延安の魯迅芸術学院で教鞭をとり、同年共産党に入党。共産党四川省委員会宣伝部副部長、『新華日報』副社長などを歴任。革命以後、政治協商会議委員、作家協会理事、中国社会科学院文学研究所所長などを歴任。
(58) 『沈従文全集』一九巻：八三～八八頁。張梅渓は、児童文学作家で、沈の甥、版画家黄永玉の妻であり、当時香港在住。
(59) 坂井洋史「解題」、前掲、張新頴「個人の苦境から歴史伝統における『有情』を体得する——沈従文の土地改革期の家書を読む」一六四頁。
(60) 三姐は沈の夫人張兆和のニックネームである。
(61) 『沈従文全集』一九巻：五四～五六頁。手紙に、夫人が沈に「もし、あなたが軍隊に入隊するなら、私は子どもたちと一緒にどのような困難な状況であっても頑張っていく」と言ったのを記した。
(62) 『沈従文全集』一九巻：一二一～一二二頁。
(63) 龍々と虎々は、沈夫婦の長男沈龍朱、次男沈虎雛のニックネームである。
(64) 『沈従文全集』一九巻：三〇八～三一六頁。
(65) 清華大学については第一章注（5）を参照。
(66) 陳立夫（一九〇〇～二〇〇一）、北洋大学を卒業後、渡米しピッツバーグ大で鉱学修士号を取得。アメリカで国民党に入党。一九三八～一九四四年、国民政府教育部長。
(67) 前掲、謝泳『西南聯大と中国の現代知識分子』（三七～四〇頁）を参照。
(68) 前掲、馮友蘭『三松堂自序』三五四頁。
(69) 前掲、馮友蘭『三松堂自序』三四四～三四五頁。
(70) 前掲、馮友蘭『三松堂自序』七八～八一頁。
(71) 校務会議は一九四九年一月上旬当時、次のような成員から構成されていた。代主席馮友蘭（主席であった校長梅貽琦が南行した後）、教務長霍秉権、秘書長沈履、文学院長馮友蘭、理学院長葉企孫、工学院長施嘉煬、農学院長湯佩松、法学院長陳岱孫、図書館長潘光旦。前掲、蔡仲徳『馮友蘭先生年表初編』（三三九～三四七頁）を参照。
(72) 前掲、蔡仲徳『馮友蘭先生年表初編』（三四五頁）を参照。
(73) 文管会に任命された役職は次の通りである。教務長周培源、秘書長陳新民、文学院長馮友蘭、理学院長葉企孫、工学院長施嘉煬、農学院長湯佩松、法学院長陳岱孫、図書館長潘光旦。前掲、蔡仲徳『馮友蘭先生年表初編』（三四六頁）を参照。
(74) 新たに任命された校務委員会の成員を次の通りである。主席葉企孫、常務委員：陳岱孫、張奚若、呉晗、銭偉長、周培源、費孝通、

委員：陳新民、李広田、施嘉煬、湯佩松、馮友蘭、戴芳瀾、劉仙人洲、屠守鍔、潘光旦　張子高、講師助教代表二名、学生代表二名。前掲、蔡仲徳『馮友蘭先生年表初編』（三四六〜三四七頁）を参照。

（75）　前掲、呉晗著、蘇双碧他（編）『呉晗自伝と書簡文集』、宋連生『呉晗の最後の二十年』（武漢：湖北人民出版社、二〇〇九年）を参照。

第五章　時代の潮流に身を流されながら

——潘と沈の日記と手紙から読む

本章は、政治理論学習に「消極的な」潘光旦に注目する。潘の日記を通して、今まで考察してきた政治理論学習や土地改革参加などの政治運動以外の、民主同盟の政党活動や、大学の組織運営、読書生活や図書購入など多方面において、潘は、いかに時代の潮流に対応し、身構えていたかを分析する。潘の活動や視線を通して、建国初期の民主党派と共産党との関係、大学組織の有り様、学者生活の日常など、知識分子が置かれた環境をより多面的、具体的に提示することが、本章の第一の目的である。

政党活動や、大学管理職の仕事に取り組んでいる際の潘の姿勢は、ひたすら新しい時代に順応しようとする一辺倒なものではなく、むしろ、「潮流」に距離を置いたり、静観したり、または「据理力争」、即ち自分が筋の立つと思うことを押し通そうとしたりした。潘を費孝通など周囲の人びとと比較しながら、彼に独自性を保たせたのはどういうものなのかを考えることが、本章の第二の目的である。

その理由はいろいろあると考えられるが、より根本的なものは、彼の思想に「民主」と「自由」、「個人」と「社会」の関係性を中心に据えた成熟した社会観が存在したからではないかと推定する。この社会観は、彼の豊かな教養、数多くの歴史的考察、学際的な学術研究によってしっかりと支えられ、時世が激変しても、周囲が流行を追いかけても、無理なく彼の個性を維持しえた。一方、儒家の中庸思想や調和精神を信奉する潘は、独自の主張、論理をもっていても、時代や周囲との対立を避けて、前章で述べた土地改革に対する態度にも見られた通り、現実から逃げることもせずに自分なりの受け止め方を創出したり、与えられた環境の中で交渉したり、時には受け流す工夫もしたりした。

心の底に独立性を放棄しなかった点においては、沈従文は潘と共通していた。本章は、一定の頁を割いて「従来の自我を放棄しなかった」沈にも注目し、前章に引き続き、彼の家書や日記の分析を行ない、精神的に大きなダメージを受けながらも、時代の風潮を凝視する矜持を放棄しなかった沈の思想構造を考察する。その姿勢の根底には、「自我」認識や、個々の人間の「生命」から社会や世界を思索する人文観が見られた。

「民主」と「自由」、「自我」と「生命観」は、それぞれ潘と沈が一人の人間として精神の拠りどころとするものでもあったが、いずれも、共産党のイデオロギーにとっては許されるものではなく、共産党政権が思想改造を通して知識分子から除外しようとするものであった。この時期の潘と沈のこだわり、葛藤、静かな抗《あらが》いなどの内面的な動きは、外圧の根源である共産党のイデオロギー、ことに集団・組織と個人、自由に関する理論、実践、及び組織制度の特徴を映し出した。共産党イデオロギー及び組織制度の特徴をより明確にしておくことが、本章の第二の目的である。

一　民盟と共産党政権

新中国の成立後、各民主党派の成員が中央人民政府をはじめとして各レベルの政府機関の役職に任命された。例えば、潘が加入した民盟の中央委員会から中央人民政府に入ったのは、政府副主席張瀾(1)、最高人民法院院長沈鈞儒(2)、司法部長史良(3)、交通部長章伯鈞(4)などであった。これによって、民主党派と共産党との関係がいっそう密接になったと同時に、共産党の民主党派に対する「指導」や監督も顕著になった。

この時期、民盟の第一回全国代表大会第四回会議が開かれ、共産党政権や他の党派との関係、組織体制などに関する意見の食い違いにより、小集団間の闘争が顕著となった。自分側の立場を「進歩的」、相手の方を「落後」と決めつけて、新しい政治的基準を派閥闘争の武器とする現象も現れた。内部で対峙状態に陥った民盟に、共産党は深く介入し、周恩来ら共産党の指導者は、自ら民盟各派の意見を聞き取り、問題解決のために頻繁に助言をした。民盟中央委員である潘は、政治や民盟の組織体制などに関して意見が一致している羅隆基(5)、張東蓀(6)らと行動を共にした。

一九四九年一一月二五日(7)

午後北京城に入り、民盟本部に直行し、第四回全会拡大会議に参加した。夜、北京飯店に宿泊し、就寝前に努生と話し合った。努生によると、最近、努生と東蓀は恩来に面会し、恩来が民盟の現状を甚だ掌握していることを察した。民盟内の一部の人たちはややもすれば「思想的問題だ」と言って人を攻撃し、よこしまな考えを抱いているか、もしくは左よりの病にかかったに違いない。このような状況は恩来も知っている。恩来は、昭倫(8)と私のことに言及し、この二人は素晴らしい方で問題はないのだと言われた!

周恩来に「問題がない」、即ち信頼できると評価された潘は、けっして「進歩的」な格好をつけることをせずに、むしろ「左より」の民盟成員が流行する政治的大言を振るう行動にたいへん反感をもった。冷静な姿勢を周恩来個人に対しても貫き、周の助言を何もかも正しいとして無条件に受け入れるようなことはしなかった。潘の目に映った周は、問題を起こす人や民盟の組織制度の弊害を知っていても「明言を避けて」、共産党の利益や政権運営を優先する姿勢だった。

一九四九年一二月六日[9]

第四回全会拡大会議の茶話会において、恩来は友党の資格で激励し、二点ほど強調した。第一に、民盟以外の党にも所属する盟員が盟内で該党の派閥を結成するのに腹を立てて急いで解散してほしいと望んでいる一般の盟員に対して、それほど苛立たなくても良いのではないか、第二に、マルクス主義を深く信仰する盟員に対して、自らの信仰心をむりやり信仰の浅い者に押しつけなくても良いのではないか、と勧告した。この心がこもった意味深長な言葉は、偏狭な考え方のもち主を恥ずかしがらせるはずだ。

但し、第一点は、あまりにも共産党や政府のためを考えすぎて、しかも問題の所在を押さえていない。一般の盟員は、どうして盟内で結成した派閥を早く解散してほしいと望んでいるかと言うと、根本的な理由は、彼らが盟員を彼らなりに分類し、自分たち以外の者に対してあれこれと差別したり排斥したりし、特に名誉や地位が争われる際にその言動がなおさら顕著となっていたからである。私が政治協商会議に名前を挙げられなかったことは、そこに理由があった。この事情は、恩来は知らないか、または知っていても明言を避けただけだ。

共産党も含めて他の党派との関係について、潘は、民盟があらゆる党派と一線を画して組織的にも思想的にも独立性を保つべきだという態度をとっていた。しかし、現実的には、そもそも幾つかの政治団体の連合として成立した民盟の歴史とも関連するが、民盟と他の民主党派及び共産党との間で、盟員に複数の政党に所属する者が多く、指導部でさえ他党派の党首をしているメンバーがおり、共産党員の身分を未公開にする者も多数いた。[10] 羅隆基は毛沢東に対して、民盟内の共産党員の身分を公開するように要求したが、毛は「党内粛清をしないでくれ」と、きっぱりとした態度で退けた[11]。民盟も含む民主党派の存立状況は、実際、共産党によって左右されるのだと、潘ははっきりとした認識をもっていた。

一九四九年一二月一〇日[12]

一〇時に北京城に入り、民盟本部に行って四回全会拡大会議に参加。夜、引き続き全体会、民盟憲章を討議。副主席と政治局を増設する議題に入ると、表老が発言し、衡老[13]、伯鈞が私利に走り独断専行することを率直に叱責し、義正辞厳（道理は正しく言葉は厳しい）、かつてない態度で臨んだ。衆はこれにより決裂するのではないかと心配したので、予定を繰り上げて休会し、来週に再議することになった。

このような結果となり、憂慮することだが、決裂する心配はないのだ。というのは、共党[14]の方が全力を挙げて統一戦線を拡大しようとするところで、統一されていない者がどんどん統一されていく状況下で、すでに統一された者の分裂は絶対に許されないのだ。

民盟一届四回全会において、民盟憲章を討議する際、民盟主席張瀾、羅隆基らは、「民盟左派」と呼ばれた沈鈞儒、章伯鈞らと鋭く対立した。張、羅らは、沈、章らが提出した民盟中央に副主席と政治局を増設する議案を「集団指導」の方針に違反し、派閥の私利のための企みだと批判した。潘は張や羅の立場に賛同した。

両派の対立は久しい。共産党との距離や民盟の独立性を重要視する程度の差が分岐点の一つだった。共産党との間に一線を画して「独立の政治集団」としての民盟を断固として維持しようとする羅は、主席張瀾を味方にしながら潘、張東蓀と共に、共産党の提案や政策をそのまま飲み込み、民盟を共産党の指導を受け入れるような政党に格下げてもかまわないとする沈、章らの「左派」と、鋭く対立した。羅、潘らから見れば、「左派」らは新政権の要職を狙って地位や名声などの「私利」を優先したいという弱点があったからこそ、民盟の独立性を棚上げにしたのである。[15]

周囲が民盟の分裂を心配していた中、潘は、内部にいくら不和が生じていても、分裂することはあり得ないと心中ではよく分かっていた。共産党が分裂させないからである。

独立を堅持しようとする羅、潘らが、難局に陥って最終的に頼ったのは、皮肉にもやはり周恩来や民主党派の指導機関である共産党中央統戦部だった。潘の日記から見ると、彼らは頻繁に共産党側と接触して、指示を仰いだり意見交換をしたりした。

一九四九年一二月一三日[16]

午前授業。午後北京城に入る予定だったが、努生に電話で催促され、二時に北京飯店に着いた。東蓀、朴斎[17]が在席し、欽墀[18]がその後民盟本部からやってきた。これからどう対応するかについて相談した結果、共に周恩来同志を訪ねて話し合うこととなった。

夜一一時頃中南海に着き、周恩来同志と民盟の組織体制や人事について意見交換をし、朝四時半に別れを告げた。私は、盟内の窮屈な雰囲気や、大学内の苦い経験などを思う存分述べたが、目的は三つほどあった。一つ目は、個人的状況の困難さを知らせる。二つ目は、われわれはできるだけ多くの知識分子に民盟に入盟してもらうといった使命を背負っているが、自分自身が満足できる状況でなければ、周囲の知識分子を勧誘する説得力がないことを説明する。三つ目は、このような状況は、共産党が出した統一戦線を拡大し団結精神を堅持するといった政策と合わないことを示す。

一九四九年一二月一六日[19]

午前一〇時頃、統戦部が車を派遣して東蓀と私を迎えに来て、北京飯店で努生と合流した後、中南海にある統戦部に行った。三時間ほど話し合い、一緒に昼食をした。統戦部は、民盟中央組織に関する議論に最近一連の動きが見られ、われわれにぜひそれに賛同してほしいと述べた。われわれは、それでは実質的には何も変わっていないと反駁し、自分たちの提案を述べた。

一九四九年一二月二八日[20]

朝、北京飯店に行って努生を訪ね、二四日に周恩来総理が努生を誘って話し合ったことを聞いた。

潘らは、共産党側と頻繁に接し、周恩来や共産党統戦部に対して、民盟の組織体制についてばかりではなく、対立するグループに対する不満や、個人の日頃の苦境なども率直に訴えた。共産党との間にあるこの種の信頼関係に希望を託した彼らは、共産党という外力を借りて自分たちの意見を通そうとした。

一方、羅、潘らに対する周恩来や統戦部の頻繁な接触と周到な応対から見れば、民盟内部の対立する両派に対して、共産党はバランスをとって対応しようとした。実際は、親共産党の左派を支持して彼らに中央政府の要職を与えたが、一方、独立を保とうとする羅らに対しても丁寧に意見を聞き入れて宥める工作をした。

このように、共産党との関係が民盟内両派の対立の根本原因となったうえ、共産党の政策により組織分裂することができずに内部で拮抗し、もはや自分たちの力で難局を乗り切ることができずに、最終的には共産党に頼ってしか打開策を図れなくなった。民盟の共産党に絡み込まれる状態は、民主党派の政治における位置づけや、中国政治の構図を反映した。

民盟の組織作りをめぐる闘争は、結局、地方代表の大多数が沈、章らのグループに賛同したことで決着がつき[21]、副主席や政治局秘書長などの役職の人選は、共産党と左派グループの合意により決められた。羅は、共産党と少数のリーダーの談合で重大事項を決定する作法が受け入れられず、次のように激しく抗議した[22]。

前もってあらゆる人事を決めておいて周恩来に公布してもらう、このやり方に私は反対だ。こうするならば、私は会議に参加する必要があっただろうか？　三頭制（張瀾、沈鈞儒、章伯鈞）となり、これは民盟の集団指導制の失敗だ。事前に決められたことを政治局に持ち込むなんて、政治局はもはや政治局ではなくなった。

潘は、多数の賛成による結果に服従したが、少数や個人に対する多数の大義名分を唱えながらの抑圧には大きな反感を抱いた。

一九四九年一二月一八日[23]

地方代表の多数は、民盟憲章の討論や全会をできるだけ早めに終了することを望んでいるので、政治局の上に副主席や秘書長を設置することに賛成し、われわれにも同意するように説得に来た。

私の答えはとても簡単だ。多数の同意があれば、私はもちろん服従する。しかし、好ましくないので、これから民盟のために積極的に仕事をすることはできない。近頃、「唯物」や「客観的条件」などの言葉が口癖となり、それを用いて個人を責める時、とりわけいかにも道理に適うが如く大いに意気込んでいる者が多い。大勢で個人を叱責したり集団の意志を個人に押しつけたりすることは、集団が一廂情願（独り善がり）の大忌を犯すのだ。これこそ唯心主義と主観主義だ。以上の考えを盟友たちに率直に述べた。

二　共産党流の政治統合の手法に対して

潘は、日記において共産党流の政治統合の手法についていろいろと評論や批評を綴ったが、ほとんど「有感而発」、即ちその場の状況に触発されて感想を記したものだった。ここでは、潘日記における関連部分を整理し、どのような場面で、どのように評論、批評したかを踏まえながら、彼の思想を検討する。

1　集団の意思を個人に押しつけることは「大忌」

前述した通り、潘は、多数決の民盟指導部の人選に服従したものの、結果に至るまでの過程に見られる集団の意思を個人に押しつける現象を「大忌」と称して批判した。「大忌」とは、タブー視されるものや、極力避けるべきものを意味する。潘にとっては、外力の個人に対する押しつけは、全くあってはならないことだった。当時、ちょうど政治理論学習運動が展開し、集団で学習し、集団に対して個人が学習の感想や収穫を報告するなど、集団主義が提唱され実践される最中だったが、潘の言動は、まさに時代に抗ったものだった。

2　「人格に対する点検法はキリスト教と類似」

大学が接収されて以後、共産党に入党しようとする学生や若手教員が急増した。共産党組織は、多くの志望者の中から出身家庭が貧しく、本人の「政治表現」が優れる、即ち、政治理論学習や様々な政治活動に積極的に参加する者から党員候補者を厳選した。共産党員になることは、共産党に信頼され、たいへん光栄なことを意味するばかりではなく、共産党が「プロレタリアの先鋒隊」と規定されるため、共産党員は政治活動や仕事、人間関係などあらゆる面において率先的、模範的な役割を果たし、群衆の手本となった。重責を担える立派な人間の証明でもあった。入党の選抜は厳しく、支部党員全員の賛成を得なければならなかった。そして、入党には一連の手続きがあった。まず、選ばれた候補者一人に対して党員二人が「入党紹介人」を担当し、政治思想や日頃の行動などいろいろとアドバイスをし、さらなる「進歩」を促す。その後、一定の期間をおいて候補者が着実に進歩し続けるのを見てはじめて入党手続きを行なう。手続きには、「入党儀式」と「転正儀式」の儀式がある。「入党儀式」を行えば、候補者が「候補党員」となり、その後一年間、候補党員の身分で党の活動に参加する。期間中に問題がなければ、「転正儀式」、即ち正式党員になるための儀式を行なう。二回の儀式とも一般公開で、入党者が、党員ばかりではなく、参加する群衆からも厳しい批評や詰問を受ける。指摘された弱点や問題が、本人の入党後の戒めや改善すべき箇所となる。

潘の周囲にも入党者が現れた。潘は、彼らの転正儀式を見学した。

一九四九年一一月七日[24]

本人たちに誘われて、転正儀式を行なう共産党文学院法学院支部大会に参加した。

まず、候補党員たる者は、自らの家庭状況や個人の生い立ち、政治意識とその革新、生活面の反省点などについて語った。それから、参加者らは本人の発言について忌憚のない批評をしたり、貶したり、または褒めたりした。最後に、党支部の責任者が候補党員を正式党員として受け入れることを発表した。

同じ形式のものは、イエズス会のイグナティウス・デ・ロヨラに提唱されて、近代のプロテスタントのオックスフォード派でも実践された。これは、ある類型の性格の持ち主に効果があり、内面に抱える葛藤の解消に役立つが、他の人格類型にとっては甚だ打撃となり、さらなるコンプレックスを内面に溜めてしまい、人前で頭を上げられなくなりかねない。メリットとデメリットの両面がある。

人格の点検には、だいたい三つか四つの方法がある。キリスト教は、超人間的な神に頼って一番の下策だ。イエズス会や、オックスフォード派、及び共産党は、集団の有形無形の圧力を頼みにする。仏教は、内面にある神明に頼って、格調が高いが、庶民から離れた弱点がある。儒者のみは、敬、戒、内省などの方法を併用し、外力ばかりに頼ることでもなく、内力ばかりに頼ることでもない。

曽子は三つの目的のための三つの省察、即ち、事業のために不忠を、社会関係のため不信を、学習のため不習を反省するのだと語った。三者とも集団と個人との関係に関連し、慎独（人のいないところでも心を正しくする）や、自己欺瞞をしないことからはじめなければならない。が、近頃、識者はめったにこれに言及しなくなった。

明らかに、潘は、共産党の「人格の点検」方法に感心しなかった。「集団の圧力」という外力に頼るという点では、それはキリスト教と類似し、人格を高めるより、むしろ内面を傷つける可能性さえある。共産党、キリスト教、仏教のどちらよりも、儒者の教えが人間を内省へと導くものであるとし、儒家を評価する態度を示した。そして、外部の圧力ではなく、個々人が自ら進んで自身の言動を省察するような人間を養成することが社会を造る根本だ、と主張した。

潘の諸宗教に関する議論は果たして妥当なのか、それを論証することは、本論の範囲や筆者の学識を超えるので控えるが、ここでは、ただ、潘が共産党流の作法を宗教と同列に論じたことを指摘しておきたい。同様な記述が、他にも見られた。

一九四九年一二月一〇日[25]

民盟本部で知識分子の思想改造に関する銭俊瑞の講演を聴いた。個人的な体験を例として挙げながらの話は、要点をついているが、誇張する部分もあり、まるで教徒が説教して人を入信させようとする口吻だった。

共産党幹部であり、「共産党内知識分子」でもある銭の講演に対して、潘は、内容そのものにさほど不満をもつことはなかったが、他人に自ら信じるものに帰依させようと説教するその態度に感心しなかった。強引にも見える姿勢に、潘は宗教性さえ感じた。潘の思想では、民主、自由、自我など近代民主主義の概念がたいへん重要視されたのである。共産党の作法を宗教と同列に論じることは、すでにある種の批判的意味が含まれていたと言える。

3 「会議が儀礼化され、皆が参加するが皆ごまかしている」

第四章で述べた通り、接収された以後の大学の管理に見られる最も顕著な変化は、「教授治校」が廃絶され、政府の指示や政策に従って運営されるようになったことである。実際、それに伴って様々な名目の会議が頻繁に開催されるというもう一つ大きな変化が見られた。政治運動関係の大小の講演会、小組会、土地改革参加の動員会、体験報告会などのほかに、「群衆路線」を学校管理に応用したことで、大学責任者や役職者と教員や学生との意見交換会が頻繁に開かれ、また、この時期に、教職員や学生の代表会などの新しい機構が設立され、関連する会議も連続的に開かれた。

大学のみではなく、民盟も新しい政治情勢や共産党の政治理論を理解するために、多くの講演会や学習会を設けた。そのため、潘の日記には会議に関する記述が増え、会議の多さに悲鳴さえあげている。

一九四九年一二月七日(26)

一日中ずっと民盟本部。午前、大会、辰伯がソビエト一〇月革命三二周年記念大会に出席した経過を報告。

午後、組織委員会の報告会。夜、国外関係委員会、『光明日報』、宣伝部の報告を聞く。

帰宅。社会学系の教員と学生らが来訪しており、学制についての意見交換会をした。

終日会議の後、もう一つの会が待っている。会は宇宙に充ち塞ぎ、図らずもこのあり様だ！

会議に関して、費孝通の態度は潘と対照的であった。『人民日報』に寄稿した「解放以来」で、費は次のように述べた[27]。

私は常に自分が幸運だと思っている。この一年間、私はこれまでの人生で経験したことのない多くの会に参加し、集中的に学習した。あらゆる会は二つの種類に分けられ、一つは政策学習、もう一つは群衆工作に関わるものである。前者から得るものは多大だが、後者には及ばず、後者から受けた教育はさらに大きいものだ。

会議に対する潘と費の態度の差は、私的な日記と公開する新聞という本音と建前の違いの差であるかもしれないが、清華大学教職員学生代表大会関連の会議に対する潘日記の記述からは、二人の態度の差がはっきりと示された。

一九四九年一一月三〇日～一二月四日に、清華大学で教職員学生代表大会（以下、代表会）が開かれた。閉会式があった日に、潘は次のように記した。

一九四九年一二月四日[28]

連日の代表大会。午前、校務委員会が今後の方針について報告し、午後、張宗麟同志[29]が講話し、特に優れたものが二点ほどあった。それは、私には公にできないが、内輪ではいつも話していることだ。

一点目は、この種の会議は、うまく把握できなければ、極端な民主となり収拾がつかなくなる。学校は畢竟政治領域と異なり、学生も一般の公民と違うため、何もかも学生諸君の意に沿えば、築室道謀（住まいを建てるのに通りすがりの人に相談し、異論が多くて事が運ばない）を遙かに超える弊害がある。

二点目は、条件が整っていなければ、この種の会議は一種の儀式となるのみで、皆が参加するが皆がごまかしていて、口ばかりのマルクス・レーニン主義の八股（科挙の文体から転じて形式的で内容が空虚な唱え言）となった。張は遠慮したので、生じる可能な問題として語ったが、実際、この二点はどちらもすでに現実の問題となっており、ことに二点目の方が顕著だ。まるで少数の人がプロデューサーを、それよりやや多い人数の少数が役者を、さらに多い人数の少数が端役を演じているのに対して、大多数の人は、成り行きを眺める態度で見ているだけのようだ。

時間がある時、孝通と話すべきだ。孝通は、この種の会にもっとも力を注いでいる者だ。

代表会に関連する記述は、開会よりおよそ二〇日前の一一月九日からすでに始まり、代表選出、提案収集、討議など準備会議の様子、一二月四日の閉会まで、一一日（回）に及んでいる。[30] これらの記述から見ると、潘は、代表会を「新しい形式の会議」として認めながらも、内面においては距離をおき批判的な姿勢を崩さなかった。潘の認識は基本的には次のようなものであった。

①大学は教育機関であるので、「公民」の意見に耳を傾けるような政治的手法を大学に導入するのは場違いだ。

②あらゆる教員や学生に意見参加してもらうという形式に拘りすぎると、「極端民主」、即ち収拾のつかない意見の分散化に陥る可能性がある。

③全員の思想を一点に向けて統合しようとする大衆動員法は、結局、誰もが革命的言葉を口ばかり唱えて対応することとなる。
④現状としては、少数のリーダーや積極分子のみが積極的に動いて、大多数の人が受け身的で成り行きを眺めているだけだ。
⑤親友である費孝通が積極的に代表会に関与する姿勢に違和感を覚えた。

潘の視線は厳しいものだが、行動は慎重だった。不満があっても内輪で話し、公の場ではけっして話さなかった。会議の内容に興味がない場合、沈黙したり早退したりした。

潘に「もっとも力を注いだ」と言われた費は、代表会の熱心な企画者、主要な組織者で、その態度は潘と正反対だった。「大学の民主的基礎を強化する　清華大学代表会議記」という文に、費は、代表会の主旨、組織、代表人数、提案内容、議案と決議の成立過程などを詳細に記述し、その成果を褒め称えた[31]。進行のプロセスや形式を詳細に紹介することは、代表会が「民主的実践である」と説明するためであった。思惟の機敏さと文章の明快さで有名な費は、新しく接した共産党の理論ではあったが、その論点を文中に馴染んだ筆致で繰り入れた。

この種の、指導のもとで討論を繰り返し行い、従群衆中来、到群衆中去（一人ひとりから意見を集めて整理してまた戻して、さらなる丁寧な討論が行われること）の方式は、「民主集中制」（民主を基礎とした集中といった共産党の組織原則）そのものだ。

代表会が成功したと強調した費は、成功の理由を七つの条件に帰した。

今度の代表会は基本的に成功したと言える。主要な成果は何よりも全学構成員の校務に対する関心を引き起こしたことだ。大多数の人の意見を集中し、今後校務を展開する方針が明確となった。

成功を保証した七つの条件、①すでに健全な「群衆組織」が成立されたこと、②校務委員会が群衆路線を実践する自覚性、③諸群衆組織が校務委員会と協力して校務を進める今までの経験、④人民政協の共同綱領と人民政府の文教政策、⑤教育部の指導、⑥人民政協や北京市各界代表会議から受けた啓発、⑦校内共産党組織と学校側との良好な関係。

他の条件は大学全体に関するものであるが、⑥は費個人にも関連した。同年八月に書いた「私は北平各界代表会に参加した」に[32]、各界代表会で得た最大の収穫は「共産党が真の民主を実践している」ことを目の当たりにし、「真の民主を理解した」ことであると述べた。また、九～一〇月に開かれた全国政治協商会議に正式代表として参加した後、「新政協が私に与えた教育は極めて大きいものだ」と語った[33]。費は、心から共産党に感服し、その思想と体制を受け入れた。それで、彼はこの新認識を大学代表会といった「革命工作」に生かし、代表会を「真の民主の実践」として積極的に推進しようとした。

このように、潘にとっては、場違いで、内容が乏しく、形式に流れる、少数の人のパフォーマンスのみが目立つ劇場型の代表会だが、その運営に精力的に働いた費にとっては、大学の構成員全員を動員し参加する「真の民主」そのものであった。潘と費の代表会に対する態度のこの違いは、根本的には、共産党流の政治手法や政治理論に対する認識の違いによるものだった。

潘は費に忠告したいと日記に書いたが、その後、二人の間にその会話があったか否かは知りかねる。しかし、捉え方にこれほどの相違があれば、たとえ言葉を交わしたとしても、その際の費は果たして潘の意見を受け入れられただろうか。

三　潘の「民主社会」論

以上の「有感而発」は、その場の状況に触発されて湧いた感想のようだが、その根底には潘のかねてからの政治や社会に関する思想、ことに民主、自由、個人に関する認識がある。それはどのような認識なのか。ここでは、主として潘の政治、社会思想を反映する『自由の道』を対象として彼の思想を分析する。

一九四六年、潘は一九三〇年代後半以降新聞や雑誌で発表した「思想、文化、青年、教育、政治」などに関する四七篇の文章を集めて『自由の道』という題名で刊行した[34]。この本は、「自由導論」「思想各論」「青年に告げる」「教育に対する卑見」「民主理論」など五つの部分から構成され、その題名の理由は、「自分の思想的軌跡を反映させるため」だったという。

潘の政治、社会思想の核心となっているのは「民主社会」の理念である。「民主政治と先秦思想」（一九四四）において、教育、自由、個人などに関する持論に触れながら、民主社会の構想を論じた。民主社会には、「民有」「民享」「民治」の三つの原則があり、「民治」を実現するために、自由、平等、人民の政治参加、法治など四つの要素が揃わなければならないという。潘の思想を理解するために、次頁の図で彼の論述を表してみる。

民主社会の実現は、個人と社会との調和が必要である。「青年と社会思想を論じる」（一九三九）において、潘は、健全な社会思想なら、個人と社会の二つの対象を有しなければならず、個々人の個性が丁寧に保護され、適切に培養されることは、社会に活力を保ち、社会を進歩させる根源であり、民主思想の根本は人本思想、即ちヒューマニ

民主社会の三原則
民有：政治の権利は人民にある。
民享：政治は人民に福利をもたらし、人民は政治による恩恵を享受する。
民治：人民は政治に参加する。

民治の四つの要素：

①自由：法律の範囲内で、いかなる人のいかなる言動もいかなる制限や抑圧を受けない。
②平等：特権階級が存在せず、公平な社会。
③政治参加：直接参加と間接参加の形式的区分がありうる。
④法治：民は法を守るべきだが、最も重要なのは官吏が法を遵守することである。

ズムであると述べた。また、個性を保護することは、即ち個人に自由を与えることで、個性を培養することは、即ち教育を施すことだと主張した。要するに、潘の民主社会の思想は自由論、教育論、個人論が極めて重要な構成部分となっている。

潘の自由論は、いつも教育論と関連しあって展開し、「自由を獲得する能力は、教育によって育成される」、と論じた。

「自由、民主と教育」（一九四四）

①自由は生命の最大の目的であり、自由な生命こそ長期的に活力を保つことができる。

②個人の自由が社会の自由の礎であり、大多数の人びとが独裁者に服従する社会は、最終的には不安定となり、崩壊する。

③西洋の思想家は「自由が天賦人権の一つだ」というが、自由は人為的なもので、個人に必ずと言えるほど何らかの制限を加える環境から個人が立ち向かって勝ち取るものだ。

④人間は環境に左右され、本能に翻弄される。本能を掘り起こし、環境を選択、修繕、創造する能力、即ち自由を獲得する能力は、教育によって育成される。教育は人生の目的——自由を達成する手段である。

潘にとって、自由は智恵、律義が伴うものである。

「放漫、放縦と『自由』」（一九四三）

①自由は、放漫や放縦と混同されやすいが、放漫ではなく、放縦でもない。

②自由を獲得するためには、まず、自己認識と自己コントロールをしなければならない。自己認識とは、即ち、自分自身の強さと弱さ、機知に富むところと愚かなところ、性格の長所と短所などを正しく知ることである。自己コントロールとは、誠意、正心、修身、自らを強くすることである。この二つができてはじめて自由になる。

自由論と密接に関連する潘の教育論は、つねに健全な個人を養成することをめぐって展開された。

「自由、民主と教育」

教育の目的は、一人ひとりの人間を育てることで、それ以外の他人のためではない。古来の中国のように家族の成員、今日のソビエトのように階級闘争の戦士、中世のヨーロッパのように宗教の信者や教条の擁護者、専制制度の国家に見られるような自国にしか忠誠心のない愛国者、近代の教育政策のようにスペシャリストや技術者、そのどちらかを育てるようなことではない。

どのような人間を育てるか。先秦時代に「自知者明、自勝者強」といった古訓があり、即ち、自分を正しく知れば明晰な認識をもつこととなり、自らの「喜怒哀憎、私情物欲」をコントロールできれば力強い人間になるという意味であるが、そのような人間を育てる。

健全な、自由な人間を育てるという視点から、潘は「填鴨」式の現代教育を批判し、青年に良い手本を提供できない、師たる世代の問題を指摘した。

「自由、民主と教育」

今日の教育は、一部分の人が決めた意識環境を青年に押しつける傾向がある。堅く狭められた意識空間のもとで、既成のものを強引に教え込むことは、まるで填鴨（アヒルを暗室に入れ、飼料を口から詰め込んで早く太らせること）のようである。自己認識、自己コントロールの能力が育たない一方、環境を評論、選択、修正、開拓、創造する能力も育たない。したがって、教育の方法は、「施す」より、むしろ「自ら求めさせる」ことで、押しつけは禁物だ。教育者の仕事は、真正面から注入することより、傍らで補助することで、植え付けることより啓発を与えることである。

「青年の志と思想――他人に教わる」（一九四一）

私は、我が民族は根本的に全体的に健全ではないところが多く存在する、と思っている。青年が民族の弱点をもたないことは期待できない。身教（身を以て手本とする）の欠乏という点で当代の教育は懺悔すべきである。

潘は、政治の教育への浸透に強い警戒心をもち、政治や政党による宣伝と教育を峻別し、宣伝の強引性、利己性、欺瞞性を冷静に分析する必要性があり、固定観念が青年の成長を妨げると指摘した。

「宣伝は教育ではない」（一九四〇）

教育は智恵が人に内在するとし、教育を通して智恵を自ら利用できるようにする。宣伝は、智恵が特定の人間の特許であることを前提とし、その少数の人しか成熟な思想をもち、社会を改造し、民を救済する理想を創れず、大多数の人は前者に服従し、導かれるしかないとした。

教育の目的は、被教育者が受益することである。宣伝は、宣伝者が品物を勧める商人の如く、宣伝者自身の利益のためである。社会改造の理想や主義を宣伝する人は、宣教師と相似し、無限の筆墨や弁舌を費やして、人びとの生活をもっと高い境地に入らせるためと言うが、忘れてはいけないのは、彼らが果たそうとしたのは、彼ら自身の理想だ。

宣伝は術策を使う。第一は隠匿、即ち全部または一部分の事実を隠して宣伝を受ける人に知らせない。第二はごまかし、大きいことを小さく、小さなことを大きく言う。第三は視線の転移、即ち大衆の注意力を重要な課題甲から重要ではないが面白い話題乙に移す。第四は虚構、事実無根のことを言いふらす。

政治理念の教育への浸透、政治体制の大学管理に対する束縛、政治風潮の学園生活に対する影響がますます顕著となった一九四〇年代後半、潘は、「学と政と党」「政治信仰と教学自由」「政治は主義が必須なのか」などの論考[35]を連続的に発表し、さらにきっぱりとした態度で、政府、政党、イデオロギーの教育や学術に対する干渉、浸透を様々な角度から批判した。

①政府の学校に対する過剰な管理、規制に反対する。

学校は役所ではなく、教職員は役人でもないので、各レベルの行政に管制される筋合いはない。学校は学術自由の場所であるので、自主的管理、自動的発展することができるのを貴しとする。団体の生活理想、学子の個人修養、学程の内容や基準などは、悠揚迫らぬ態度で探索し、自由に実験してはじめて、民族文化の進歩や、社会生活の改造のために新しい「機縁」（機会や因縁）を創り、活力をもたらすことができる。現在のようにすべて干渉されるなら、息詰まり、機縁も絶え絶えになってしまっている。

②政治信仰を個人に押しつけることは学術の自由と自由教育を害すると主張する。

信仰教条なら、個人が自由に受け入れ、自由に体験するものにすべきである。もしも組織的に大規模に宣伝し、強制的に広め、ひどいことに政権を背後に推進し、政権と一体となっていたら、自由の第一の敵となる。そのような状況で最も妨げられ脅かされるのは、学術の自由と教育の自由なのである。

③国民党が大学に「党部」を設置し、学生を入党させるように動員することに明確に反対する。

一つの政党は、党義党綱も含めて、少なくともその立場が全体的で、固定化されたものである。それに対して、学生時代の青年は、流動的で、本来も流動すべきものであるが、人生のあらゆるものについて探求、模索、試行錯誤をしている。彼らを入党させることは、まるで萌芽状態の植物に固体肥料、赤ん坊に栄養食品を与えることの如くである。党の拡大は、宣伝に頼り、宣伝は観念の植え付けの方法を利用している。その強引さは、人に鵜呑みにさせるほどである。これは人間成長の規律に反し、「揠苗助長」、即ち苗の生長を助けようとして苗を抜いてしまうことの如くである。

潘にとって、独立した自由な教育は、民主政治を実現するための必須条件である。

「自由、民主と教育」

政治自由と教育自由は相互に関連しあう。真の民主政治においてこそ、真の自由闊達な教育が実現でき、真の自由闊達な教育を通してこそ、真の民主的国家が築きあげられる。

潘は、様々な社会思想や、政治的潮流、そして歴史文化の影響により、青年の自由、健全な成長が妨げられることを憂慮し、青年の間に流行している思潮を解析し、それらの偏りや問題点を取り上げ、青年に注意を喚起した。例えば、二〇世紀以後中国に伝わった三つの主要な思潮、欧米の「個人主義」、ソビエトの「階級集団主義」、独伊の「民族集団主義」は、社会思想の中心問題である個人と社会との関係について、それぞれが個人か、または集団に偏っていると指摘した。特に、左翼思想を追求する青年が多い情勢を鑑みて、「階級集団主義」について、より詳細に自らの見解を述べた。

「青年と社会思想を論じる」（一九三九）

階級集団主義は、社会の秩序や全体の計画性が重要視されるので効率は良いが、多くの弊害や制限が伴っており、その根源の一つは個人を無視し個性を抹消することである。あらゆる秩序や計画が「主義」に基づいて創出されるが、その主義がそれほど寛容なものではない。社会思想が異なると、通じ合えないばかりではなく、駆除されたり、社会に留まるとしても底辺に沈められたりされ、どれほどの個人が犠牲となったか、計り知れないほどである。

数年後、この文を『自由の道』に収録した際、潘は、次のような脚注を入れた。やや長いが、潘の思想を理解するために割愛せずに引用する。

この文は、一九三九年に書いたのであるが、それ以来、ソビエトの政治哲学はもちろん変わることなく、人材と教育に関する基本政策も重要な変動が見られない。ソビエトに感服する友人は、近年ソビエトにおける自然科学の進歩を用いて個性が無視されていないことの証拠としている。一九四五年の春、ソビエトで科学院成立二〇〇周年の記念会が開催されたが、会に参加した各国代表の帰国後の報告書によると、ソビエトにおける科学の進歩は確かに争えぬ事実であることが分かった。一方、西欧のある代表が言及した思想の自由と個性の発展に関する問題点も注意すべきである。第一に、マルクス・レーニンの社会主義思想を基本とする政治哲学が絶対的で、批評されることがいっさい許されない。第二に、革命以後、自然科学の発展はスピーディーだが、社会科学は決してそうではない。言うまでもなく、この二点は相互に関連する。第三に、最も奇怪なことは、自然科学者は、政治思想に問題があると言われたり特務工作員に告発されたりする場合、いまは実験室で研究を行なっていても、明日は行方不明になる可能性があることである。この類の報告書に基づいて考えれば、六〜七年前の議論を改める必要はないと思う。

潘は、階級闘争の方法で社会主義革命を行うソビエトの社会状況に注目し、特にその思想的絶対性や、個人に対する集団による抑圧などの政治的特質に対して、批判的な態度をとっていた。ちなみに、ソビエトにあまり好感をもっていない点は、羅は潘と共通した。かつて羅は、共産党の人民政協を開催する呼びかけに対して、「協和外交を行い、ソビエト一辺倒にならない」ことを呼びかけに応じる条件として共産党に明言すべきだと、他の「左寄り」の民盟指導者たちに向かって強く主張していた(36)。

また、潘は、講演会や雑誌記事などを通して、青年に対し直接戒め諭したり忠告したりした。

「青年と社会思想を論じる」

この十数年来、青年と接触して、最も憂慮してきたのは、思想的不健全さである。この不健全さは基本的には二つのパターンがあり、一つは混乱、もう一つは偏激（偏り過激）である。

「青年と社会思想を再論」（一九三九）

現在、青年の社会思想には偏りや盲点が多く存在している。第一に、現象のみ知ってその背後の原因を追及せず、社会を改造することばかりに急進し、社会を理解することを怠る。または、反対に書斎の中の学問ばかり追究し、社会生活を不問に付す。第二に、社会改造に出した処方箋は、個人の自由を過剰に強調するものか、或いは、集団の利益ばかり重視し個人を無視するもの。第三に、社会認識が一部の社会的現象や事実のみを取り上げて根拠とし、唯心や、唯物、主観意識決定論、経済決定論など、「唯」という頭文字が付く哲学、主義、史観を盲信する。

四　潘の個人論

これまで、潘の民主社会論を紹介した際、個人に関する議論にもいろいろと触れたが、これからは、角度を変えて、個人そのものに着眼した潘の個人論を整理してみる。それは、①健全な人間、②個人の独立、「慎独」、独学、③潮流の前に個人のとるべき姿勢、④修養など、四つの要点に分けられる。

①潘の論じた「健全な人間」は、「優良な品性」をもつ者である。

「民主政治と民族健康」（一九四四）

個人の優良な品性は、自主性、積極性、自我を表現する欲求、自我をコントロールする力をもつ一方、社会性に富み、同類意識、思いやり、公正と正義の感覚なども具える。即ち、一人の人間としての個性と、人類共有の共通性を同時に具備することである。

②独立した個人は「慎独」、「独学」をする。

「慎独」は、即ち慎み深く、一人でいる時でも律義を守ることである。「独学」は、即ち自ら進んで探求していく精神をもって、物事を独自に深く考えることである。

「青年の志と思想——独学」（一九四二）

青年には、導きや手本が不可欠だが、最も重要なのは自ら学ぶことで、「独」となる時期が必要だ。今の青年は、独自に宇宙に沈思し、独自に古人と交流し、独自に生命の意義を探求する機会がほとんどない。古代の賢人曰く。学の道は、止を知ってはじめて定あり、定あって静に入り、静に入ってはじめて安を感じ、安を感じてはじめて慮ができ、慮ができてはじめてものを得ると。

③個人は、潮流において流されずに、水の流れに逆らう魚のように「潮流中の努力家になる」べきだ。

「学問と潮流」（一九三〇）[37]

最近、つねに潮流や、潮流に順応するという言葉を聞く。はたして潮流なるものがあるのか、ここではそれを断定せずに、仮にわれわれが潮流の中にいるとしたら、学問で生計を立てる者がいかに対応すべきかについて考える。諸々の物の激しい谷川に対する対応法には幾つかの種類がある。木の葉や草根、落ち花のように完全に水に流されていくのが第一種。岩石や大樹の古い根のようにいくら急激な渓流でもいささかも動かないのが第二種。第三種は、川底にいる魚のように身体を上流に向かわせ流れに逆らうものだ。彼らは潮流中の努力家である。

もし潮流たるものが人の世、社会、思想界にもあるなら、その潮流に対する対応法には幾つかの種類がある。潮流の方向や目的を問わずにいつも付いて行く者は残花落葉のようだ。潮流の方向や目的を問わずにいつも固守不動な者は谷の頑石のようだ。潮流の方向や目的を読みとり、方向が正しくない、目的が光明ではない流れに対して、逆らって安易に付いて行かない者は魚のようだ。学問で生計を立てる者はこの第三種の人間になるはずだ。渓流の魚のようになれば、流れに身を置きながらも、渦巻きに巻き込まれずに壊滅を免れることができる。

潮流は、風俗や気風の如く、必ずしも全部価値のあるものではない。学問で生計を立てる者は、趨避取捨すべき、時代の潮流の提唱者、選択者になるべきであり、受け身的な順応者になるものではない。少なくとも魚のように潮流の中の努力家になるのだ。

上記の文からおよそ一二年後、潘は再び潮流に対して個人が取捨選択すべきであると主張した。

「刊行物と潮流、気風」（一九四二）

私の結論は、次のようである。もしも本当に潮流なるものがあるなら、潮流にも善し悪しがある。良い潮流には順応すべきで、何の痛痒も感じないような潮流には順応してもしなくてもたいしたことにはならず、悪い潮流には抵抗しなければならない。人間は魚に及ばずにはいられないのだ。

④「能明能恕」が個人修養の重要な目標である。

「品格教育を論じる」（一九四〇）

われわれ民族の経験及び先賢の遺訓から一つの行為の基準を学ぶことができる。それは、相異する個性の発揚と群居生活の和を両立させるために、絜矩（己の心を以て他を推し量り天下に及ぼす）を重んじる恕と、「浸潤之譖、肌受之訴不行」（水のように徐々に沁みこんだ讒言も、肌を切るほど切たる誣告も、看破できる洞察力）の明である。恕も明も可能にする前提条件は、内面を節制することである。

潘の個人論の主眼点は、健全な個人を育てることで、健全な個人の集合で作り上げられた社会は自然に民主社会となる。

五　自らの位置づけと志

建国初期、共産党は、民主党派出身者や無党派知識分子を新政府の各レベルの機構、国立となった大学の管理職などの要職に多く任用したと同時に、新政権の各種の会議に参加させたり、また、各種の代表団成員として国外を訪問させたりした。職位を得ること、会議や活動に参加できることは、共産党に信頼されることの証明となる一方、本人たちが時代と共に「進歩」したか否かを周囲が評価する基準の一つともなった。

潘の周囲に、要職に任命されたり、新政権の各種の会議に参加させられたり、また、中央代表団員として地方に派遣されたりして、大活躍している友人が少なくなかった。例えば、呉晗[38]と費孝通がいた。二人については、すでに紹介したが、ここでは、彼らの建国初期の役職や活動を簡潔にまとめてみる。

呉晗は、潘の西南聯大以来の同僚であるが、一九四八年に共産党華北根拠地に入り、一九四九年三月に清華大学軍管会代表、一九四九年一一月北京市副市長に任命され、中国人民政治協商会議に代表として参加した。

費孝通は、一九四九年初、共産党中央所在地の河北省西柏坡へ赴き、毛沢東らと会見した。その後、清華大学校務委員会常務委員、代理教務長、共産党の政治理論の「共同必修課程」の責任者、一九五〇年七月に中央政府「中央民族訪問団」西南団、一九五一年六月に中南団の副団長に任命され、少数民族地域を訪問。北平各界代表会議や、政治協商会議などの重要会議に正式代表として参加した。

友人たちの華やかな政治参加と比べれば、潘は、政治協商会議に参加することができず、大学校務委員会常務委員にも任命されず、また、政治理論学習に消極的で、共産党組織に「落後」した者と見なされて[39]、周囲の友人にも心配された。日記では、「政治活動に不向き」と自認し、また、人間関係や民盟内部小集団間の不和により、参加しようとしても呼ばれないこともあったと記した。

一九四九年九月一〇日(40)

同人にもっと積極的になれと忠告された。余は消極的なのかと自問したが、校務は真剣にこなしており、消極ではないのだ。ただ政治活動に不向きなだけで、他人も余の特徴を理解してくれるので無理に誘いに来ないのだ。城内の団体活動（筆者は民盟関係の活動と推測）にあまり参加しなかったのは、実は主催者に呼ばれなかったからである。余に参加してほしくない者がいるからである。

費は、潘に公の場にもっと「顔を出して」積極的な姿勢をアピールしてほしかったが、潘はそれを断った。

一九四九年九月二七日(41)

政治協商会議の祝賀会が大学において開催されるとのことで、スピーチの依頼が来た。きっと孝通の提案だ。彼は、余が悶々としていると見て、余にもっと公の場に顔を出してほしいのだ。学生たちも相次いで説得に来たが、余はいっさい拒否した。

大きく変化した環境の中で、潘は、自らの身の振り方についてどのように考えていたか。友人に「志」について聞かれる際、「教育と読書に志す」と語った。

一九四九年一〇月六日(42)

今日は旧暦中秋であるが、休日ではない。伯駒[43]と食事の約束をしたので、城内に入った。（中略）伯駒に招待された塩業銀行の食堂での昼食は、なかなかのご馳走で、日常の食事ではなく、まるで宴会だ。新政府が成立したばかりで、人材が大量に必要だ。同席者がそれぞれ志を語ったが、余の番になると、教育と読書に志し、老いるまでそれにしか従事せず、ほかは力の及ばぬものだ、と余は言った。

世の中や他人がどうであれ、自分は自ら選んだ道を歩むといった態度が、潘の「学問で生計を立てる者」としての信念とつながる。この時期の潘は、自ら書いたとおり、「流れに逆らい、潮流中の努力家」のようである。革命による時勢の変化に対して、熱心に追従し進歩を追求する周囲の熱烈な反応とは一歩距離をおいて、趨避取捨の態度をとり、教育と読書に執着し、我行我素、即ち他人が何と言おうとしても自分のいつものやり方で行動する屈強さが見られた。

ところで、志に関する会話の後まもなく、潘はいきなり中央政府政務院文化教育委員会委員に任命された。

一九四九年一〇月二〇日[44]

昼、新聞を読む。新政府が中央政府各部、委員会の人事を公布、政務院文化教育委員会四二名委員の中に余の名前があり、びっくりした。[45]余が友人に「教と読に志をもつ」と言ったばかりなのに、まったく予想外だった。

一九四九年一〇月二一日[46]

四二名の委員会に清華から春晗、孝通、三強と余の四名も入り[47]、学生たちがたいへん喜んで祝賀に来ると言っている。祝賀なんかいらないが、日曜日は暇なので、我が家に来てもらい、余と孝通はお茶と点心を用意してもてなしをすると約束した。

一九五一年一〇～一一月、潘は中国人民政治協商会議第一届全国委員会第三回会議に参加した。費と呉が第一回会議から参加していたのと比べれば遅くなったが、これでやっと友人たちと肩を並べた。潘の文集第七巻の巻頭に、会場で毛沢東と会話している写真が掲載された。

費は、晩年、一九四九年に共産党華北根拠地に入って以降、自分の「人生の路線はもはや自分ではなく、共産党によって決められることとなった」と述べた[48]。当時、清華大学の教壇を離れて、中央民族訪問団に入ったり、中央民族大学に転職したりしたのは、全部共産党の指示に従ったことだったという。

「人生の路線が共産党に決められること」は、費一人ではなく、大多数の知識分子の共通の経験であった。「潮流中の努力家になる」という明確な認識をもつ潘も、とうとう逃れることができなかった。

六　読書、図書購入、翻訳

潘は、本にまつわる行動を日記に綴る習慣があり、どういう時間帯で、何の題名の本を読んだか、どの本屋から何の図書を購入したか、またこの時期に始まったエンゲルス著書の翻訳など、はっきりとした記録が残されている。まず、一九四七年一月一日から一九四七年九月二日までの八か月（以下第一期）と、共産党政権下の一九四九年八月一三日から一九五〇年三月六日の七か月（第二期）の二つの時期[49]に分けて潘の読書内容を紹介する。そして、第一期と比べて第二期に見られる変化に注目し、この時期の政治が知識分子の学業や知識の蓄積に与えた影響を考える。また、潘の翻訳活動を考察し、マルクス主義に対する彼の態度を分析する。

表1　潘の読書の内容分類　第1期（1947.1.1 ～ 1947.9.2）

分　　類	種*	日数
①古詩と文集	7	39
②個人の年表	20	20
③史書と史料	5	12
④氏族宗譜・名門家譜	11	11
⑤西洋思想及び関連研究	9	9

*種は冊ではなく、合訂本や全集の場合、冊数は複数であることがある。

1　読書

読書範囲の広さから、潘の造詣の深さ、教養の高さが窺われる。

第一期の読書内容の分類、図書数、読む日数などは、表1の通りである。

潘は、就寝する前に詩集を読む習慣があった。この時期に読んだのは、唐代詩人李白、李商隠のほかに、高啓（一三三六～一三七四）、文徴明（一四七〇～一五五九）、王次回（一五九三～一六四二）、曹寅（一六五八～一七一二）、王時敏（一五九二～一六八〇）、いずれも明清時代の文人で、蘇南（江蘇省南部）出身者のものである。[50] 詩集を読むことは、潘にとって単なる文学作品の鑑賞ではなく、蘇南の科挙合格者や紳士に対するかねてからの問題関心と関連して、研究対象の内面を理解する手立てでもあった。

年譜は二〇種にも及ぶが、やはり明清時代に集中し、江南地域出身の科挙合格者や、官僚、文人のものが多い。[51]

史書と史料に関しては、司馬遷の『史記・孔子世家』、王源の『左伝評』、民国の考証家張惟驤が編集した『明清巍科姓氏録』のほかに、[52] 潘は時間を費やして清代の「朱墨巻」を多く読んだ。朱墨巻とは、科挙試験の郷試と会試の答案であるが、[53] その中に解答のみではなく、受験者の家系や一族、指導を受けた師門なども詳細に記載されるので、[54] 潘にとって、科挙合格者や彼らの出身宗族を研究するかっこうの材料となる。当年、潘は北平地区で収集した九一五部朱墨巻を費孝通と共同で分析し、論文「科挙と社会流動」を作成した。[55]

表2　読書年表の個人の出身地域

江蘇	浙江	他地域	不詳
呉偉業（1609～1672）、太倉	銭薇（1502～1554）、海塩	金声（1598～1645）、安徽休寧	
孫爾準（1770～1832）、金匱	沈近思（1671～1727）、銭塘	祁韵士（1751～1815）、山西寿陽	林至山
顧廣圻（1770～1839）、元和	王楚堂（1770～1839）、仁和	魏源（1794～1857）、湖南邵陽	張啬翁
湯貽汾（1778～1853）、武進	王文韶（1830～1908）、仁和	趙昀（1808～1877）、安徽太湖	馮叔惠
潘曾沂（1792～1852）、呉県	龔易図（1835～1893）、福建閩県		
邵亨豫（1817～1883）、常熟			
潘祖蔭（1830～1890）、呉県			
陸宝忠（1850～1908）、太倉			

氏族の宗譜と名門の家譜は一一件であるが、多数は江蘇省の宗族か、明清時代にその一部が他省から江蘇に移住したものだった(56)。前者は、例えば、『西営劉氏譜』武進県、『武進費氏譜』、武進県、『虞陽邵氏年譜』常熟県、『呉越銭氏宗譜』、後者は、例えば、『績渓廟子山王氏譜』、『大阜潘氏譜』、など。

西洋の思想と学術研究について、日記には、思想流派の名称や本の題名のみに言及しているが、次の各派の原著や研究書物を読んでいる。地理学派の社会思想、生物有機論の社会思想、種族論の社会思想、経済学派の社会思想、新実証論、W. Goodsell の『家族制度』、フロイド弟子テオドール・ライクの恋愛心理学『性心理学』、ハーバード大学教授エルトン・メイヨーの講演録『工業文明の政治問題』、等々。

第二期の読書内容の分類、各類における図書数、読んだ日数などは、表3の通りである。

一九四九年以降、潘の読書の時間や種類が明らかに減少し、特に趣味の古詩を読まなくなった。代わりにマルクス主義著書を読むことが目立つようになり、また、時事や世界情勢を知るために『参考消息』を読み(57)、ロシア語の勉強も始めた。

この時期に読んだ欧米の学術図書は、アメリカの文化人類学者

表3　潘の読書内容の分類　第2期（1949.8.13 ～ 1950.3.6）

分類	種	日数
①マルクス主義著書	3	28
②『参考消息』		12
③欧米の学術図書	3	7
④氏族宗譜、姓氏研究	2	7
⑤個人年表	3	3

マーガレット・ミードの『三つの未開社会における性と気質』[58]、カール・マンハイムの『時代を診断する亡命者』、ロバート・ブリフォーの『母たち』などであった。

族譜に対する関心が衰えていなかったようだが、落ちついて読書する時間が確保されにくくなるにつれて、読んでいた族譜は、蘇州顧氏の『唯亭顧氏譜』の一種類しかなくなった[59]。

個人年譜の種類もだいぶ減り、ただ、徐同柏（一七七五～一八五四）、張金吾（一七八七～一八二九）、瞿中溶（一七六九～一八四二）の三種類、それぞれ一回しか読んでいない[60]。

潘が最初に読んだマルクス主義著書は、『ソ連共産党ボルシェビキ史』であり、一九四九年九月より、ソ連共産党（ボルシェビキ）マルクス・レーニン主義研究院が刊行した英語版のエンゲルスの『家族・私有財産・国家の起源』を読み始め、同年一二月から同書の翻訳に着手し、翌々年七月に完成した[61]。

2　図書購入

潘が二つの時期に購入した図書の内容分類は、表4の示した通りである[62]。図書購入も読書と同じく、第一期と比べれば、第二期は種類的にも量的にも少なくなり、マルクス主義の著書を購入しはじめた。

日記には、購入した図書に関するメモ書きが時々見られるが、それは、潘の図書購入の意図や当該図書の捉え方などを窺わせるものである。

例えば、一九四九年八月、ソビエトで出版されたトロフィム・ルイセンコ著、*Situation in Biological Science*（英語版）と、その中文訳『生物科学の現状』を購入した際、日記には、「ルイ

表4　購入図書の内容分類

第１期（1947.1.1 ～ 1947.9.2）	第２期（1949.8.13 ～ 1950.3.6）
①拓本と朱墨巻数百種	①古書５種
②古書２種千冊余	②個人年表３種
③族譜と家譜３種	③族譜と家譜３種
	④地方誌２種
	⑤マルクス主義著書及びソ連の学術図書３種

センコは、ソビエト農業生物界の権威であり、メンデルやモーガン[63]にもっとも強く反対する一人である」と記した。アメリカで生物学と遺伝学を学んで、そして、人間社会を理解する際、特にこの二つの領域の自然科学の最新認識と人文社会科学の視点を融合しようとしてきた潘にとって、社会主義ソ連における生物学の現状及び「マルクス主義的生物学」は、個人的な興味の所在のみではなく、マルクス主義を探察する視角でもあった。潘は、あくまでも学者の態度でマルクス主義に接した。

また、『崇川書香録』を購入した際[64]、次のメモ書きを残した。

三世代以上も継続した読書人の家柄は、崇川だけでも百以上ある。三世代連続して国士監に入学し生員となったことが実現してはじめて『録』に収録される。このような名門は五〇家余りだ。この分析手法は、余の『明清の嘉興における名家』と類似するが、欠けているのは婚姻と要素分析である。が、『録』はそれまでになかった記録である。

研究方法論を重視する姿勢が紙上に現れて、また、常に自分の研究法を他人のと比較しながら検討し、自らの研究手法を相対化する姿勢を窺わせた。

3　翻訳

潘はエンゲルスの『家族・私有財産・国家の起源』を購入し、精読し、翻訳まで手がけた。一見、革命以後の「潮流」の影響による行動のように見える。もちろんその要素を否定することができないものの、翻訳原稿を丁寧に読めば、翻訳は、前述したマルクス主義図書を購入した際の態度と同じく、学者の態度で臨み、終始学問的な検討を行なっていたことが分かる。

潘の翻訳者としての姿勢は、たいへん堅実かつユニークで、忠実に翻訳するばかりではなく、中国読者の理解を手助けするために、原著や英語版より大幅に注釈を増やした。特に力を入れた第二章、第三章では、新たに付けたり本来のものに手を加えたりした脚注は、それぞれ一六五個、四七個だった[65]。その結果、一七五頁ほどの本文に対して、注釈の部分は一六七頁にも及んだ。潘は、大量の脚注を通して、中国人に西洋や世界を紹介し、地理名称の由来から、神話、キリスト教、西洋の人類学や民族学の学説と学者、古代ヨーロッパの民族、アメリカインディアンの諸部族、民族間親族称呼の比較、植民地の先住民族に対する壊滅的打撃などまで説明した。

また、潘は、エンゲルスが提示した家族、氏族、国家に関する視点を中国の古典や諸子の説と比較し、関連する中国の古代思想を整理した。そして、エンゲルスがモーガン[66]を引用しながら紹介したアメリカインディアンのイロクォイ族、古代ギリシャの氏族などの状況と比較して、中国における氏族制度の起源や、その機能などを、多くの古典や史書を引用し、詳細に説明した。

一方、潘は、エンゲルスの著書に対する全般的な評価を避けた。訳書原稿の目次に「訳者附言」があるが、その文章は実際には作成されなかった[67]。訳書の場合、訳者の附言・解説・後書きなどと名付けた文は、一般的には翻訳された著書の学問的な意義や、現在の社会や世界との関連性を説明することが不可欠な内容である。マルクス主義を理解することの意義や、エンゲルスの著書の現代的意義を説明することは、ステレオタイプの流行語を避けてきた潘にとって、おそらく正直に書きづらい問題となる。それが、少なくとも理由の一つとなって、附言を作成しなかったのではないかと思われる。

それにしても、集団の政治理論学習に消極的な潘は、なぜこれほど「熱心」にエンゲルス著書の翻訳に取り組んだのか。一九四六年に潘が費孝通の『生育制度』のために書いた序文「匯と派」から、その理由を見つけ出すことができるかもしれない[68]。

潘は、社会に対する解釈の差異により、社会思想が諸「派」に分かれた一方、派を超えて様々な思想を融合する動きは「匯」と自ら概念を創って説明した。また、現状としては、各学派の間で、それぞれが一定の役割を分担し、互いに呼応し合う面もあるが、もっと普遍的なのは、相互に排斥したり攻撃したりする現象だという。派に固執する弊害は、偏狭、独断、私見に囚われることであり、「もっと広汎な立場、もっと超越的な展望をもつべきだ」と提唱した。

また、潘は、立場や方法論、依拠する社会的勢力により、社会思想を「比較的厳格な社会思想」「社会理想」「空想と瞑想」の三つに分けた。「社会思想」は、社会を実証的に考察したり、解釈したりすることを重要視する。「社会理想」は、社会を実際に改造することに重点をおく。「空想と瞑想」より、潘がさらに警戒するのは、実際の政治と一体化となった「社会理想」である。それは、固定化された「主義」の形をとったり教条やスローガンと化したりして、また、政治権力を後ろ盾にして人びとにその教義や信条を押しつけるばかりで、疑いや拒否する権利を与えない。ソ連、ナチスドイツ、第二次世界大戦期のイタリア、三民主義の中国、いずれもその例であるという。潘が主張したのは、政治に対する功利主義的な判断と峻別し、政治の主義や論理を学問の俎上に載せて「社会学や心理学の立場で」冷静に分析し批評する立場である[69]。

主義には善し悪しあり、主義を執行する者には公益と私益のための区別があり、主義の社会効果にも大いに差がある。これらは別の問題であり、主義信仰者の問題、政治家の問題である。われわれは、社会学や心理学の立場でそれらを概観し、分析し、評論する権利をもつのである。

エンゲルスの著書に対する潘の姿勢は、まさに「派」ではなく、「匯」の立場に立ち、政治と一体化した「社会思想」を脱政治化して、学問的に認識することであった。

マルクス主義を指導思想とする共産党革命が中国で勝利したことにより、マルクス主義をさらに深く理解せざるを得なくなった。潘は、集団の政治理論学習に消極的でありながら、独自に選んだ著書を通してマルクス主義を探索し、そして、翻訳にさえ取り組んだ。彼自身は、まさに彼の言う「潮流中の努力家」の魚のようで、潮流に流されず、そこから逃げもせず、潮流と忍耐強く付き合った。

七　沈従文の「生命観」と時代との不和

沈は自我と新しい政治体制や時代との間に深刻な不調和が存在すると自覚していたことを、前章で紹介した。ここでは、まず、夫人への手紙にその自覚意識をはっきりとした言葉で綴った一文を紹介する。

一九四九年九月二〇日 張兆和への手紙(70)

書籍に書かれた真理や、あらゆる明白な道理、善意の言葉等は、すんなり私の脳裏に入ることができない。圧迫と冷漠も私を征服することができない。私は厳しく反省してきたにもかかわらず、自我をとうとう忘れることができず、ことに自らの意見や先入観を離れることができない。

では、沈の自我とは何か、そのコアをなしているのはどのような意識なのか。手紙や日記分析を通して沈の自我を分析してみる。人文社会学者である潘の独立精神が、彼の社会思想によって支えられたと言えるなら、文学者である沈の自我は、人間の命を見つめる生命観によって支えられていたと言えよう。

一九五〇年四月、華北革命大学に入学してまもなく、周囲になかなか馴染めずに痛楚、困惑に陥った沈は、友人に出した手紙に自らの人生を顧み、自分たるものの特徴とは何かを分析した。その中に、生涯記憶に刻み、自らの人生観の形成に深い影響を与えた出来事に触れている。

一九五〇年四月　布徳への手紙[71]

私の特別なところは、この生涯において、社会や他人にいかに踏みにじられても、苦しみを耐えた後、いつも愛で報いたことです。作品における個々の人物の裏には、どれも孤独や苦痛から這い上がった私個人の歴史が刻まれていました。こうなったのは、ある出来事の影響です。およそ三〇年前、芷江県懐化鎮[72]にある小さな村で、橋の上に一列の兵士が天秤棒を担いでいる二人を護送しているのを見かけました。その一人はまだ子どもであり、担いでいたのがその子自身の両親の頭だった！　この場面に遭遇した衝撃は、その後の創作にずっと響いていて、人生や、弱肉強食の現実に対する悲哀、不憫の感情が心に満ち、作品にも人間や世界に対する愛が溢れるようになった。

少年の両親はどうして殺されたのか、反乱者か、それとも犯罪者か、或いは乱闘者なのか、沈は説明しなかった。いずれにしても未成年者にそのようなことをさせたのは、何という非人道的で無慈悲な扱いだろう。沈は人の世の「残忍」という言葉でしか形容できないような場面に出会い、強い衝撃を受けた。人の世には、苦難を背負う人間、不条理な現実、強い者の弱い者に対する凌辱が満ちているのだ。その衝撃が、愛を以て人間と接し、愛の文学で人の世を表現するアイデンティティ形成の糧となった。

沈は、また、別の友人宛の手紙で、幼少期以来の下層社会の生活体験を紹介する際、もう一つの生涯忘れられない出来事に触れている。

一九五〇年秋　程応鏐への手紙(73)

都市に来るのが、自分の単純な信念の所為です。それは、即ち社会は新たに立て直すべき、人と人との関係も新たに立て直すべきだということ。田舎で目の当たりにしたのは、いつも善良な人民が強権の生け贄となることであり、私自身もその一員であるので、受けた数々の苛みはどれも饑餓より耐えがたいものだった。芷江県のある鎮に駐屯した時のことですが、一人の青年が種々の苦しい刑罰を受けた後、身代金で釈放された。およそ一か月後、町で子どもを抱いている彼を見かけた。彼は誰とも話を交わさずにいたが、その代わりに誰に対しても微笑んでいた。落ち着いて静かな微笑み。この微笑みから、私は一生変わらない大切なものを教わり、影響を与えられた。

苦難に浸されている人間の生命が目の前にある。受難している人間、その人間の受ける苦境を愛に満ちる心をもって見つめ、文学的に洗練、道徳的に昇華させ、小説や散文の形で人間社会に還元する。これは、文学者沈従文が認めた一人間としての自分の生き方であり、そして、彼の文学創作の方程式でもあった。しかし、革命以後の新文学の提唱と流行で、自らが信じて堅持してきた生き方と創作姿勢が根元から動揺され、「新しい基準下では、もはや有害無益とさえ言えるのだ」と沈は友人宛の手紙に嘆いた(74)。

それ故、前述した通り、彼は文学者としての生き方を諦めた。しかし、それでも沈は自らの人生観から時代に疑問をもち続け、問い続けた。華北革命大学期の日記には、次の一文を残している。

一九五〇年九月三日[75]

将来の国家の指導者たちがこのような雰囲気や習慣の中で育つことは、憂慮すべきことだ。自らの生命とは何なのか、それを以て何ができるか、何をすべきか、何が足りないのかなどについて、まだ真の理解ができておらず、思索も足りない。自らの生命を有効に利用することさえ自覚意識をもっていないのに、どうして他人の生命を生かせることができるのか？　教条的な学習方式で、過剰な睡眠[76]、無益な空談、無駄な浪費ばかりで、国を愛することができるのか？

沈は、自らの生命に無自覚のまま空論を堂々巡りするような思想改造や、「トランプ、囲碁、演劇、舞踊」で「良い群衆関係」を築く革命大学校内の流儀とは、一線を画して、「行動しながらの思想改造」を自ら行なった。沈の「行動」とは、厨房で手伝うことと、便所を掃除することだった。沈にとって、大言壮語ばかりを口にすることや、主義や思想の一様な宣伝活動をすることより、「没文化」（教育をあまり受けていない）と見られていた炊事夫たちと肩を並べて働いた方がよほど愉快なことであった。しかしこれらの雑用は、「遠大な革命理想」を語る討論や高揚する雰囲気を演出する演劇や舞踊ばかりに熱心で、それで評価を稼いでいる革命大学の大多数の学員にとって、軽蔑するとまでは言わなくても、あらゆる仕事が革命の目標を実現するものだという建前があるので実際言おうとしても言えないのだが、自らやろうとするほどのことではなかった。沈の「行動」は、ちょうど食べることや排泄することなど命に不可欠なことと関係し、周囲の見方や反応がどうであれ、自らの生命観をもっているからこそ、独自にやり続けられたのである。親族への手紙に、次の一文があった。

一九五〇年九月一二日　張梅渓[77]への手紙[78]

私はもうすぐ卒業です。試験の成績は丙丁の間で、政治問題に対する解答が低能だと自認します。ここにおいて、厨房の炊事夫のみと友達となったようで、彼らの身から学んだものは小組の学習よりずっと多い。知識分子が空談ばかりを好んだり、トランプ、囲碁、演劇、舞踊に命を無駄遣いしていることにまったく感心できないのです。群衆路線を重視すれば、それらの活動をするべきだが、私にはできません。ですから、おそらく群衆関係の点数も丙丁です。人民に奉仕する思想を学んで、私がとった行動は便所を掃除することで、皆にも声を掛けたが、「思想改造は学習や討論を通してやることだ」という返事であった。私の「やりながら思考するのだ」という見方に賛同してくれる人は一人もいなかった。

潘と沈は、それぞれ強調する点が異なるものの、個人を重要視している。潘にとって、自由な探求、独立性をもちながら、他人に対する同類意識と思いやり、社会性に対する責任感、公正と正義の感覚なども具える個人こそ、民主社会の礎である。沈にとって、個々人の生命が大切にされ、尊重され、愛される社会が理想的な社会である。彼らのこのような思想を包容できなかったばかりではなく、全面的に排斥したことこそ、共産党革命やイデオロギーに潜む根源的問題だったのである。

注

（1）張瀾（一八七二～一九五五）、字表方。一九四一年一〇月から一九四五年一〇月まで民盟の前身である中国民主政団同盟中央

執行委員会主席、一九四五年一〇月から一九五五年二月死去まで中国民主同盟中央委員会主席。前掲、『中国人名大辞典』(一一四七頁)を参照。

(2) 沈鈞儒(一八七五～一九六三)、字秉甫、号衡山、建国初期は民盟中央副主席である。前掲、『中国人名大辞典』(一〇〇五頁)を参照。

(3) 史良(一九〇〇～八五)、建国初期は民盟中央政治局委員である。前掲、『中国人名大辞典』(二七九～二八〇頁)を参照。

(4) 章伯鈞(一八九五～一九六九)、建国初期は民盟中央常務委員、中国農工民主党中央執行委員会主席である。前掲、『中国人名大辞典』(一九一五頁)を参照。

(5) 羅隆基(一八九八～一九六五)、字努生、建国初期は民盟中央常務委員である。羅は、一九二〇年代にアメリカやイギリスに留学し、ロンドン政治経済学院で政治学博士を取得。前掲、『中国人名大辞典』(一三三四頁)を参照。潘と羅との交友関係は長く、一九二〇年代一緒に雑誌『新月』を編集して以来の付き合いであった。

(6) 張東蓀については、第一章注(38)を参照。

(7) 『潘光旦文集』一一巻:三一八頁。

(8) 曽昭倫(一八九九～一九六七)、化学者、民盟中央常務委員、北京大学教務長兼化学系主任。一九二〇年代にアメリカに留学し、マサチューセッツ工科大学で博士号を取得。一九五七年に右派とされた。前掲、『中国人名大辞典』(二〇四四頁)を参照。

(9) 『潘光旦文集』一一巻:三二〇～三二一頁。

(10) 例えば、民盟中央副主席章伯鈞は農工民主党の主席で、副主席馬叙倫(一八八五～一九七〇)は中国民主促進会中央理事会主席であった。共産党である民盟盟員は、例えば、高崇民(一八九一～一九七一)、楚図南(一八九九～一九九四)、薩空了(一九〇七～八八)、周新民(一八九六～一九七九)など、当時ほとんど共産党員の身分を公開しなかった。前掲、『中国人名大辞典』(五七、一七五八、二〇六八、一八二〇、一三九七頁)を参照。

(11) 章詒和『残月が長江に流れる』(一八六頁、香港:オックスフォード大学出版社、二〇〇七年)を参照。

(12) 『潘光旦文集』一一巻:三三二頁。

(13) 「表老」は民盟中央副主席主席張瀾、「衡老」は民盟中央副主席主席沈鈞儒のことである。名前や字の後に「老」をつけて呼ぶのは、年配の学問の大家や、威信や権威をもつ者に対する尊称である。

(14) 民国時代、国民党の統治地域と共産党に距離を置いた人びとを、共産党根拠地と共産党を擁護する人びととの間に、共産党に対する呼び方に差異があった。前者は、「共党」、国民党の宣伝物では一文字を変えて「共匪」と称した。後者は、必ず「共産党」と呼ぶ。潘が日記に「共党」と記したのは、ただの略称である可能性もあるが、共産党と一定の距離を置いていた姿勢の露出であることも否めない。
(15) 羅、潘らと沈、章らとの対立について、前掲、章詒和『残月が長江に流れる』（一七七～一九八頁）を参照。
(16) 『潘光旦文集』一一巻：三三三頁。
(17) 範朴斎（一八九五～一九六〇）、民盟成員、一九四九年一〇月から政務院参事、反右派闘争の際右派とされた。
(18) 陸欽墀（一九一一～七七）、民盟成員、歴史学者、東呉大学、吉林大学などで教授、右派とされた。
(19) 『潘光旦文集』一一巻：三三四頁。
(20) 『潘光旦文集』一一巻：三三七頁。
(21) 「団結して進歩の道へ―民盟四中全会拡大会議に参加する代表の感想」『光明日報』（一九四九年一二月三一日）に紹介された代表たちの感想には、「毛主席や周恩来総理の指示に従う」、「団結」などが強調された。
(22) 前掲、章詒和『残月が長江に流れる』（一八八頁）を参照。
(23) 『潘光旦文集』一一巻：三三四～三三五頁。
(24) 『潘光旦文集』一一巻：三三一～三三三頁。
(25) 『潘光旦文集』一一巻：三三二頁。
(26) 『潘光旦文集』一一巻：三三一頁。
(27) 「解放以来」『人民日報』（一九五〇年二月二日）、『費孝通全集』六巻：四二五～四三〇頁。
(28) 『潘光旦文集』一一巻：三三〇頁。
(29) 張宗麟（一八九九～一九七六）、教育学者から革命に参加した共産党内知識分子。建国期に北平区軍管会文化接管委員会教育接管部副部長、華北高等教育委員会秘書長。前掲、『中国人名大辞典』（一二二一頁）を参照。
(30) 潘日記の記述（人名は本文のまま）を要約すると、清華大学教職員学生代表大会の進行過程は下記の通りである。『潘光旦文集』一一巻：三一四～三二〇頁。
一一月九日、社会学系教職員小組会があり、代表大会の準備について討論する。皆に代表会に関心をもってもらうのが狙いのようだ。これもきっと孝通が考案したのだ。

一一月一三日午前、教職員連合会執行委員会が孝通宅で開かれ、各系が提出した代表大会への提案を討議。

一一月一五日、社会学系の同僚が拙宅で会合をし、澤霖を全学代表大会の代表にすると議定した。

一一月一七日夜、臨時校務委員会に出席し、全学代表会議出席者の名簿を議決。

一一月一八日夜、全学代表会議予備会が開かれた。

一一月二二日午後、全学代表会議提案審議小組会、図書館と文物館に関する提案を審議。夜、別の提案審議小組会、文学院と法学院に関する提案を審議。

一一月二四日夜、提案審議小組会、研究、翻訳、編集諸問題に関する提案を審議。

一一月三〇日、全学代表会議開幕。教育部副部長銭俊瑞が演説をした。

一二月二日、法学院代表会に出席、代表大会時の発言者と決議執筆者を決める。

一二月三日、文学院、法学院の代表座談会、学制とカリキュラムに関する提案を準備する。夜、代表大会主席団会。会議こそ出席したが座っていただけである。

一二月四日、閉会式。張宗麟が演説。

(31)『費孝通全集』六巻：三八四～三九二頁。
費の文によると、代表会はおおむね下記の手順を踏まえて行なわれた。
1 各学系及び教員、職員、工警（用務員、雑役夫、守衛）、家属（革命以後、あらゆる人が一定の「組織」に所属し、主婦や老人なども地域ごとに住民組織に編制された）などの組合から二五三名の代表が選出された。代表会の主席団は校務委員会が兼任する。
2 全体会より一か月前の一〇月三一日に、「校務委員会工作報告書」が各系、団体に配布され、教職員、学生、工警、家属などあらゆる清華大学成員が所属する団体の会議に参加し、報告書を審議し、大学の教育や管理、福祉などの現状や改革について討論し提案する。
3 代表が代表する範囲の提案を整理、提案書を作成し主席団に提出する。二〇種類、合計三六四の提案書が提出された。
①教学の指導体制、②文学院、法学院の教学改革、③学制改革、院系の調整、系務会議、経費・図書・設備の配分、④一年次の教学、⑤大学院教学、⑥研究活動、⑦教員人事制度、⑧職員学習制度、⑨図書館、⑩職員人事制度、⑪事務局の体制、⑫守衛工作、⑬合作社、⑭学生食堂、⑮施設建設、⑯娯楽体育、⑰付属子弟学校、⑱医療保健、⑲校務委員会、⑳その他。
4 主席団は提案書について討論する際、提案書に一つずつフィードバックのコメントをつけて、提案書の分類に対応して成立した二〇のワーキンググループに渡す。それらのワーキンググループは五日間かけてさらなる議論をし、代表全会への五一の議案書を作成した。
5 全体会議にて議案書が審議され、議決された。
(32)『費孝通全集』六巻：四〇〇～四〇三頁。この文は、第二章二節で紹介したが、ここでは、関連する内容をより詳細に要約する。

以前、欧米の民主に憧れた自分は、共産党が民主を実践しないと思った。その理由は、まず、民主制度は必ず選挙や国会などの形式が伴わなければならないこと、次に、共産党が主張した独裁が民主と釣り合わないことの二点であった。しかし、選挙によって選出されたものでなくても、各領域のさまざまな身分の代表が参加する代表会は、代表性のある真の民主だ。また、かつて知識分子の民主活動を暗殺などの手段で抑圧する国民党反動派が鎮圧されてはじめて人民の代表会議が堂々と開かれたことを見て、敵に対する独裁は民主を実行することと密接に関係するのだと悟った。

(33)「解放以来」『費孝通全集』六巻：四二五～四三〇頁。この文は、第二章二節で紹介したが、ここでは、関連する内容をより詳細に要約する。新政協が私に与えた教育は極めて大きい。最大の収穫は、私が「われわれ」という言葉を自然に発するようになったことである。即ち、共産党との溝を埋めた。以前、どうしても「わたしたち」と「あなたがた」を言うばかりであった。なぜ埋められたか。共産党の作風に感化されたからである。共産党は共産党なりの主張を持っている。それは解放前の私の主張と開きがあった。共産党の主張は人類の長い歴史をベースにして考えるので全体的で、社会全体の発展を視野に入れるので統合的だと学習を通して理解した。全体的と統合的である故に、局部的なものも包容し、一方的な偏りを指摘することができるのだ。したがって、人に心より服させる力を持つ。心服したら悦ぶ、すなわち、真理を見つけ出すときに喜ぶのだ。一方、力で屈服させることもあるが、それは人の心まで征服することはできない。

(34)『潘光旦文集』五巻：二一五～五二七頁。以下、この本に関する個別な引用の出所を省略。

(35)いずれも一九四六年に著したものである。『潘光旦選集』三巻：三九七～四二三頁。

(36)一九四八年四月三〇日、共産党がメーデーのスローガンを発表し、人民政協の開催を呼びかけた後、香港にいた沈鈞儒と章伯鈞などの民盟左派は、すぐさま反応し、人民政協に参加する談話を発表した。上海にいた羅は、民盟中央香港常務委員会の知らせを受けた後、同じく上海にいる民盟中央主席張瀾を説得し、香港のメンバーに手紙を出し、共産党の呼びかけに応じる際、「1成立する政府は必ず連合政府である、2民盟は絶対に独立する政治集団である」などの二点に是非とも留意するように要請した。その後、羅は張瀾、黄炎培の賛同を得て香港への手紙をもう一度送り、次の三項目を民盟が人民政協に参加する条件として共産党に明言すべきだと書いた。1協和外交を行い、ソビエト一辺倒にしない。2民盟盟員と共産党員は互いに二重所属をしない。3民盟は共産党と協議を結び、政治綱領が異なる場合、民盟は随時に連合政府から撤退し野党になることを明記する。前掲、章詒和『残月が長江に流れる』（一八二～一八三頁）を参照。

(37)この文は、『自由の道』に収録されたものではなく、一九二七～二八年の二年間、潘が上海の『時事新報』の学芸欄「学灯」を編集している間に書いた二〇数本のエッセーの一つで、『潘光旦選集』三巻に収録、三四～三六頁。なお、教育の普及を促進し、新しい知識を伝播することを主旨とした「学灯」は、一九一八年から一九二八年までおよそ一〇年間継続され、張東蓀、匡僧、頌華、郭虞裳、宗白華、李石岑、鄭振鐸、柯一岑、朱隠青、潘光旦、銭滄碩などがその編集を担当した。
(38) 呉晗に関しては、第二章注(25)、第四章注(4)を参照。
(39) この時期の清華大学共産党総支部の上位党組織への報告書には、潘を「思想改造に懐疑、抵抗的態度をとっている者」と区分された(詳しくは第八章三節)。
(40) 『潘光旦文集』一一巻:二九五頁。
(41) 『潘光旦文集』一一巻:三〇〇頁。
(42) 『潘光旦文集』一一巻:三〇二~三〇三頁。
(43) 張伯駒(一八九二~一九八二)、収集家、書道家、画家、京劇研究家、塩業銀行常務理事。前掲、『中国人名大辞典』(一一九二頁)を参照。
(44) 『潘光旦文集』一一巻三〇七頁。
(45) 潘の中央人民政府文教委員会委員の任期は、一九四九年一〇月から一九五四年までである。
(46) 『潘光旦文集』一一巻:三〇七頁。
(47) 呉晗、費孝通、銭三強(一九一三~九二)のことである。
(48) 前掲、朱学勤「費孝通先生訪談録」を参照。
(49) それぞれ『潘光旦文集』一一巻:二二七~二八六頁、二八七~三四一頁。
(50) 詩文集の作者や題目は下記の通りであり、括弧の中の作者に関する説明は筆者が『辞海』(上海:上海辞書出版社、一九八九年、『中国人名大辞典 歴史人物巻』(上海:上海辞書出版社、一九九〇年)などに基づいて整理したものである。
李白(七〇一~七六二、字太白、唐代詩人)、『李太白集』
李商隠(八一三~八五八、字義山、唐代政治家、詩人)、『李義山詩集』
高啓(一三三六~一三七四、字季迪、江蘇省蘇州生まれ、明代詩人)、『青丘集』『鳧藻集』
文徴明(一四七〇~一五五九、号衡山居士、江蘇省蘇州生まれ、明代画家、詩文家)、『甫田集』
王次回(一五九三~一六四二、江蘇省金壇生まれ、明代詩人)、『疑雨集』
曹寅(一六五八~一七一二、清代官僚、文学者)、『楝亭蔵書十二種』
王時敏(一五九二~一六八〇、号煙客、江蘇省太倉生まれ、明代官僚、画家)、『王煙客集』
(51) 二〇件の年表は下記の通りであり、括弧の中の年表主人と編集者に関する説明は同注(50)。
呉偉業(一六〇九~一六七二、字駿公、号梅村、江蘇太倉生まれ、清初期詩人)、『呉梅村年譜』顧師軾編

顧廣圻（一七七〇～一八三九、字千里、号澗蘋、江蘇元和生まれ、清代蔵書家）、『顧千里年譜』趙詒琛編
孫爾準（一七七〇～一八三二、江蘇金匱生まれ、清代進士、閩浙総督）、『孫文靖公爾準年譜』
湯貽汾（一七七八～一八五三、字若儀、号雨生、江蘇武進生まれ、清代画家、武将）、『湯貞愍公年譜』陳韜編
潘曾沂（一七九二～一八五二、字功甫、号小浮山人、江蘇呉県生まれ、清代挙人、慈善家）、『小浮山人年譜』自編
邵亨豫（一八一七～一八八三、字汴生、江蘇常熟生まれ、清代進士、官僚）、『自訂年譜』自編
潘祖蔭（一八三〇～一八九〇、江蘇呉県生まれ、清代進士、官僚、金石収蔵家）、『潘文勤公（祖蔭）年譜』
陸宝忠（一八五〇～一九〇八、字伯葵、江蘇太倉生まれ、清代進士、官僚、教育家）、『陸文慎（宝忠）供年譜』
銭薇（一五〇二～一五五四、字懋垣、号海石、浙江海塩生まれ、明代進士、官僚）、『太常公年譜』
沈近思（一六七一～一七二七、浙江銭塘生まれ、清代進士、官僚）、『沈端恪公年譜』
王文韶（一八三〇～一九〇八、字夔石、浙江仁和生まれ、清代進士、官僚）、『王文勤公年譜』
金声（一五九八～一六四五、字正希、安徽休寧生まれ、明代進士）、『金正希先生年譜』
祁韵士（一七五一～一八一五、字鶴皋、山西寿陽生まれ、清代歴史地理学者）、『鶴皋年譜』自編
王楚堂（一七七〇～一八三九、清代進士、清代雲南布政使）、『雲翁自訂年譜』自編
魏源（一七九四～一八五七、字黙深、湖南邵陽、清代進士、思想家、史学者）、『魏黙深行述』
趙昀（一八〇八～一八七七、号遂翁、安徽太湖、清代進士、官僚、史学者）、『遂翁自訂年譜』自編
龔易図（一八三五～一八九三、福建閩県、清代進士、官僚、蔵書家）、『自訂年譜』自編
『鑑園主人林至山年譜』林履荘編
張嗇翁（清の状元、明国以後実業家に変身）、『自訂年譜』自編
『馮叔惠行述』一九〇七年刻印

(52)　司馬遷（前一四五または一三五～?）『史記・孔子世家』、王源（一六四八～一七一〇）『左伝評』、張惟驤（一八八三～一九四八）『明清魏科姓氏録』。

(53)　明や清代に科挙試験の郷試と会試において、受験者の解答巻は「墨巻」と称される。採点者の不正を防ぐために、墨巻は「謄録人」と呼ばれる役人に朱ずみで謄写された「朱巻」を採点者に採点してもらう。一方、科挙に受かった後に合格者が試験場の作文を印刷し周囲に贈呈する冊子も「朱巻」と呼ばれる。

(54)　贈呈冊子の朱巻には、受験者の履歴を記入する部分がある。履歴は「譜系」と「師承」に分けられ、前者は、さらに父系直系祖先及び配偶者を記入する「上欄」と、父系傍系祖先と配偶者及び女性親族を記入する「下欄」に分けた。後者は、「授業」「問業」

「受知」などの欄目があり、直接教わる師や指導してくれた先輩の名前を記入する。

(55) 「科挙と社会流動」『社会科学』（四巻一期、北京：清華大学、一九四七年一〇月）。『潘光旦文集』一〇巻：一一二～一三一頁。

(56) 一一件の『族譜』は下記の通りであるが、それぞれの宗族の居住地や編集者について、筆者の調べにより確認できたものも併せて記する。

①『西営劉氏譜』江蘇省武進県、②『虞陽邵氏年譜』江蘇省常熟県、③『武進費氏譜』江蘇省武進県、④『呉越銭氏宗譜』、⑤『績渓廟子山王氏譜』安徽省績渓県、王集成編、一九三五年出版、⑥『犹存録』高郵孫氏族譜、孫應科（一七七七～一八三五）編、⑦『龔氏家譜』、龔自閎（一八一九～一八七九）、清の進士、官僚編、⑧『湖州費氏譜』、⑨『大阜潘氏譜』、⑩『甌山金氏如心堂譜』、⑪『帰氏世譜』。

(57) 『参考消息』は新華通信社が主宰し、参考消息新聞社が編集し出版する新聞であり、外国の報道や評論を転載し紹介することを主要な内容とする。一九三一年に創刊。

(58) 潘の日記には、「マーガレット・ミードの『性別と性情』を読んだ」と記してあったが、『三つの未開社会における性と気質』を指すと推測する。

(59) 表3の「④氏族宗譜、姓氏研究」に二件とあるが、『唯亭顧氏譜』のほかに、中国姓氏の由来に関する資料一種類がある。

(60) 三件の年表は下記の通りであり、年譜の対象者と編集者に関する説明は筆者が調べたものである。

『徐寿臧年譜』、徐同柏（一七七五～一八五四）、字寿臧、浙江嘉興、清代貢生、古文古字専門家。

『張月霄年譜』、張金吾（一七八七～一八二九）、字慎旃、号月霄、江蘇省常熟、清代蔵書家、目録学家。

『瞿木夫年譜』、瞿中溶（一七六九～一八四二）、字木夫、上海嘉定、清代進士、官僚、篆刻家。

(61) 『潘光旦選集』四巻：二一～三九一頁。

(62) 購入した図書の詳細は下記の通りである。

〈一九四七年一月一日～一九四七年九月二日〉

①拓本と朱巻数百種、拓本には碑文が多い。

②『四庫全書総目』、紀昀（一七二四～一八〇五）他編纂。『古今図書集成』一部（二一八函（ケース）一六二八冊）。

③潘祖蔭の所蔵する『大阜潘氏譜』。『崇正同人系譜』。洞庭山『太原王氏譜』（道光版と宣統版の二種）。

〈一九四九年八月一三日～一九五〇年三月六日〉

①『列伝』（元大徳本）、『松陵文献』、潘檉章（一六二六～一六六三、江蘇省呉江生まれ、明末清初の史学家）著。『清殿試考略』、傅增湘（一八七二～一九五〇、進士、民国初期の教育総長、蔵書家、目録学家）著。『三国志世系表』、周明泰（一八九六

～一九九四、民国初期の官僚、実業家、史学者）著。『清代征献類編』、厳懋功著、一九三二年。

②『辛稼軒年譜』、辛棄疾（一一四〇～一二〇七）、字幼安、号稼軒、南宋の辞人、鄭騫著。『李恕谷年譜』、李塨（一六五九～一七三三）、字剛主、号恕谷、清の儒学者、馮辰之著。『顧亭林年譜』、顧炎武（一六一三～一六八二）、（元代の名は絳、字忠清、清代に改名）、字寧人、号亭林、明末清初期の思想家、張穆著、嘉業堂出版。

③『騰沖青斉李氏宗譜』（五巻五冊）、李印老編。『崇川書香録』（合訂本四冊）、清代袁景星、劉長華編、同治七年（一八六八）出版。『海寧陳家』、孟森之著。

④Lysenko, *Situation in Biological Science*, published in the Soviet Union。Lysenko 上記図書の中文訳『生物科学現況』。Friedrich Engels,*The Origin of the Family, Private Property and the State*, 1884. Friedrich Engels, *The Part played by Labour in the Transition from Ape to Man*, 1876.

⑤『広東通志列伝』、温廷敬著。『呉県誌』、曹允源他編。

(63) G. J. Mendel（一八二二～八四）、オーストリアのアウグスチヌス会の司祭、遺伝の基本法則を発見した植物学者。Thomas Hunt Morgan（一八六六～一九四五）、遺伝の染色体説を樹立した米国の遺伝学者、生物学者。

(64) 注（62）〈一九四九年八月一三日～一九五〇年三月六日〉③を参照。なお、崇川は現在の江蘇省南通地区。

(65) 注には、①原注、②英訳者注、③潘注、④原注＋潘注、⑤原注＋英訳者注＋潘注の五種類ある。第二章は、③一二〇、④一三三、⑤一二、第三章は③四七、④一、⑤一一である。なお、潘の訳書について、王健「潘光旦の『家族・私有財産・国家の起源』に関する訳注を読解」『上海師範大学学報』（三九巻五期、二〇一〇年九月）がより詳しい。

(66) Lewis Henry Morgan（一八一八～一八八一）、アメリカの文化人類学学者、主著『古代社会』を一八七七年に出版。

(67) 目次の注には、「目次のみあり、文が見当たらない」と書かれた。『潘光旦選集』四巻：二頁。

(68) 「匯と派」『潘光旦選集』三巻：三〇六～三四四頁。

(69) 『潘光旦選集』三巻：三三二頁。

(70) 『沈従文全集』一九巻：五五頁。

(71) 『沈従文全集』一九巻：六七～七〇頁。

(72) 湖南省西部に位置する。当時、沈の所属する部隊は芷江県で駐屯していた。

(73) 『沈従文全集』一九巻：八九～九四頁。

(74) 一九五〇年四月、布徳への手紙、『沈従文全集』一九巻：六八頁。

(75) 『沈従文全集』一九巻：七七頁。

(76) 共産党根拠地系の大学では、学生に対して軍隊式の生活管理が実施され、消灯、起床時間が一定しており、睡眠時間が長いなどの状況から発した感想と推測する。
(77) 張梅渓については、第四章注(58)を参照。
(78) 『沈従文全集』一九巻:八六頁。

第六章　『蘇南土地改革訪問記』をめぐって

一九五一年二月下旬から四月初旬まで、潘光旦は「中央人民政府政務院と共産党中央統戦部の呼びかけに応じて」、同じ社会学系の講師全慰天とともに、太湖流域を中心とする蘇南（江蘇省南部）地域へ赴き、土地改革を見学した。潘らは、土地改革の見聞や感想を新聞や雑誌に連続的に投稿し、一九五二年に『蘇南土地改革訪問記』（以下『訪問記』）と名付けて単行本を出版した(1)。

本章は、『訪問記』をめぐって展開する。具体的には次のようである。第一に、『訪問記』における階級区分、階級関係、土地制度、及び土地改革に関する内容を紹介し、それを潘の民国期の関連研究と比較する。第二に、潘らが土地改革の現場で収集した様々な事実やデータを以て農業経済学者董時進の「江南には封建がない」という説に反駁し、「蘇南では封建勢力が濃厚に残っている」と主張したことを踏まえて、潘の「封建」という言葉の使用法に注目し、彼の民国期における「封建論」と比較する。第三に、董時進の土地制度と土地改革に関する観点はそもそもどういうものなのかを追究すると同時に、同時期に董を厳しく批判した他の経済学者の論点を紹介し、それを批判者たちの民国期の関連研究と比較する。

『訪問記』は、マルクス、レーニン、及び毛沢東、劉少奇などの共産党指導者の語録や指示を多く引用し、それらに照準を合わせながら分析を行なう。この時期になると、前章で分析した、時勢と距離をおいて独自な視点を保とうとする潘の矜持が潜められ、「進歩」した他の知識分子と同じく、共産党の論理、特に階級闘争論を用いて物事を分析するようになった。董時進の批判者たちも同様、革命思想への同調が見られた。したがって、『訪問記』をめぐる分析は、実際、共産党の理論や言説を分析することでもある。

党の思想への順応は、潘らをかねてからの思想に背いたり、それと正反対の論調を唱えたりする境地に立たせた。彼らの革命以後の語りを民国期の思想と比較し、前後の相異を確かめることは、もはや一個人の思想的、学説的一貫性や連続性の問題を超えて、彼らのかつての社会思想を以て、革命以後本人たちの筆によって綴られた共産党の言説を相対化し、後者の特徴をより明確にする意味をもつ。

序章に述べた通り、『潘光旦文集』に収録された潘の一九五〇年代の日記は一九五〇年三月までで、土地改革を見学する一九五一年までの間に何が生じて、なぜ潘の姿勢に変化が現れたか、日記ではその答えが求められない。一方、姿勢に変化が見られたにもかかわらず、『訪問記』には、潘らしい筆致や、歴史への探求心と豊かな知識による独特な眼ざしが残されており、どこか余裕をもっていて、時にはプロレタリアート的戦闘的な意気込みとは無縁な文人的ユーモアを混じえたり[2]、階級闘争に対して「無用な」学究的な知識も組み入れたりした[3]。

一　『訪問記』について

『訪問記』の「前記」に、潘は、土地改革に関する一連の記事の主旨を説明した[4]。

第一に、巻頭を飾る記事「誰が『江南に封建なし』と言えるのか?」において、蘇南における「封建的搾取の一般的状況」を紹介し、「江南に封建なし」説に反駁する。

第二に、「蘇南における封建勢力の幾つかの特徴」「蘇南農村における二種類の租佃制度」「『義田』から蘇南の封建勢力を見る」などにおいて、蘇南における「封建勢力」の特徴に注目し、由来や形成から見ればそれが「帝国主義の侵略と密接に関連する部分もあれば、土着的な部分もある」と分析する。

第三に、「土地改革は激しい闘争の連続だ」「枯樹に花が咲く」「土地改革以後小農経済発展の問題」などにおいて、土地改革の進行状況とその過程に生じる「激しい階級間の戦い」を報告し、これからの農村社会は社会主義の道に歩まなければならないと論じる。

『訪問記』に貫いた基本的な論点は、次のようである。

①中国農村問題の根源は、「封建的土地所有制」にある。土地所有権が高度に集中し、少数の地主が大部分の土地を占有していることが蘇南における土地所有の現状である。
②蘇南農村における階級区分の基本的な特徴は、自作農が少なく、佃農（小作農）の比率が極めて高いことである。
③「地主、国民党反動政権、帝国主義などの三つの敵は密に結合して」、農民を残酷に搾取している。
④土地改革は激しい階級闘争であり、「敵と戦わなければ改革ができず、戦いが激烈でなければ改革は徹底的なものにならない」。
⑤土地改革をして封建的な地主搾取の土地制度を廃止して以後、土地私有制ではなく、社会主義の集団化の道を歩まなければならぬ。

『訪問記』は、表1に示した通り、マルクス、レーニン、毛沢東をはじめとして共産党や政権の指導者たちの「教導」「指示」「談話」を頻繁に引用した。それらに照準して、或いはそれを検証しながら、階級区分や土地制度の現

表1 『訪問記』にその言葉が引用された人たち

革命導師	マルクス	レーニン（2回）
	スターリン	
中央政府	毛沢東（中央人民政府主席、2回）△	劉少奇（中央人民政府副主席、3回）△
	高崗（中央人民政府副主席兼東北行政委員会主席2回）△	
	黄炎培（中央政府政務院副総理）	李書城（中央人民政府農業部部長）
地方局	習仲勳（共産党中央西北局書記）△	彭真（北京市長）△
	饒漱石（華東軍政委員会主席）△	劉瑞龍（華東土地改革委員会主任）△

△：中国共産党員。

状を解釈した。潘のこれまでの文章は、古今東西の思想家や学者の著述から引用することはしばしばであったが、これほど政党の指導者や政府幹部の所見を引用するのは初めてである。

ここでは、共産党指導者の指示や発言を引用する具体的な例を若干紹介する。例えば、前述した基本的な視点①は、劉少奇の『土地改革に関する報告』（以下『報告』）を引用した。

旧中国の農村社会に存在するあらゆる問題の根源は、明らかに封建的搾取の土地所有制度にある。劉少奇副主席は、「これは我が民族が侵略され、圧迫され、貧困と落後に陥った根源であり、我が国の民主化、工業化、独立、統一及び富強の基本的な障害である」と指摘した⑤。

劉副主席によると、華東⑥の地主が占有している土地と公有地は、耕地面積の「三〇から五〇パーセントを占める」という。各省や地区の地権集中状況は異なるが、山東、安徽北部、江蘇北部、そして、安徽南部、蘇南、浙江、福建など、北から南への順で土地の集中度が高くなる。北部さえ封建があるのに、どうして江南に封建がないと言えるのか⑦？

また、視点③は、饒漱石と毛沢東の講話を引用した。

華東軍政委員会主席饒漱石は、「華東の広大な農村地域（特に江南地区の上海、杭州、南京の三角地帯）では、帝国主義、官僚資本主義、農村の封建勢力などが相互に結合し浸透しあう形態を顕著に呈しており、農村経済は半封建的な性格をもつ」と明確に指摘した（『華東軍政委員会工作任務の報告』一九五〇年二月四日『解放日報』）。われわれの蘇南農村での一か月半の訪問の見聞は、この見解の正確性を証明した。[8]

毛主席はかつて次のように指示した。「帝国主義、封建主義と官僚資本主義などの敵の集中的な表現は、蒋介石国民党の反動的統治である」（『晋綏幹部会議における談話』）。封建地主と蒋介石国民党の反動的統治との結合は、中国各地域に共通に存在するが、蘇南と浙江一帯ではさらに顕著に見られる。そこからも、蘇南農村の封建勢力と帝国主義、官僚資本主義とは、密接に連係していることが分かる。[9]

そして、視点⑤は、レーニンとスターリンの語録を引用した。

土地改革後の農村において階級分化は普遍的に存在する。レーニンは次のように教導した。「小生産者からは、連日経常的、自発的に資本主義とブルジョアが大量に生産される」（「共産主義における「左翼」小児病」『レーニン文選』第二巻六九二頁）。農業集団化を実施する前のソ連はまさにこのような状況だったので、レーニンは、農民階級を「最後の資本主義階級」と呼んだ。[10]

われわれの革命はプロレタリアや共産党に指導されたもので、プロレタリアと共産党は農村における資本主義要素の発展に対して高度に警戒し、その自由氾濫を阻止し、そして、個体経営の農民を集団化、社会主義の道へと積極的に導くのである。スターリンが指摘した通り、われわれは農民経済を「社会主義へと発展させなければならない」（「レーニン主義に関する幾つかの問題」『レーニン主義問題』中国語版第二一九頁）[11]。

総じて、『訪問記』は、農村問題の所在、土地制度の性格と評価、地主と国民党政権及び帝国主義との関係、さらに農村の発展道路などの問題を、ほとんど革命理論や共産党指導者たちの視点に沿って捉えていると言える。

二　『訪問記』を潘の民国期研究と比較して

『訪問記』に取り上げられた土地制度や階級区分などの問題は、実際、民国期には潘はあまり専門的に研究したことはなかった。したがって、それらの問題をテーマとする論考はほぼないに等しい。だが、歴史観や、科挙、人材、社会流動、地方の「望族」（名家と有力な宗族）などに関する著述には関連する内容がある。以下、潘の民国期の関連研究を整理し、『訪問記』の論点と比較する。

1　「封建」という概念について

『訪問記』には、第一章の題目「誰が『江南に封建なし』と言えるのか？」を皮切りに、「封建」という語が頻繁に使われ、ほとんどが形容詞として様々な名詞の前に付けられた。しかし「封建」とは何か、どういう意味で使っているかに関しては、説明がなかった。

文章を読むかぎりでは、「封建」を冠した名詞は、だいたい次のような意味群に分けられる。

①地主を意味する。例えば、「封建（大）地主」「封建地主階級」「封建勢力」などは、個々の地主、または地主階級のこと、「封建統治者」は、武器や兵士を保有し地域住民を支配する地主を指す。
②搾取的土地制度や租佃関係を意味する。地主が土地を佃農に貸して地租をとる土地制度を「封建搾取的土地所有制度」「封建的土地制度」「農村における封建主義」と言う。また、地租の形式について、貨幣地租を商品経済と関連するものとする一方、「実物地租は封建経済の印である」とした。そして、町に移住し、工業や商業を営みながら、土地を手放さずに占有し続けて地租をとるような地主を「封建的尻尾を付けている」と揶揄した。第一章の最後に、土地が地主に集中し、大多数の農民が佃農であるといった現状に言及し、「蘇南には、封建があるのみではなく、かなり非道な封建だ」との結論を出した[12]。
③マルクス主義の社会発展段階論における一時代、または一社会形態を意味する。「封建社会」はプロレタリア革命以前の、「封建的土地制度」が主要な経済制度であった王朝時代を指す。封建時代の政権を「封建的政権」と呼ぶ。「封建的政権」が宗族の義荘（詳しくは後述）に対して、税糧を減軽するなどの特権を与えることを「封建的作法」とした。
④「二五〇〇年前の」分封制時代を「典型的な封建時代」「領主封建主義時代」で表現する。現存の宗族の「義田（詳しくは後述）」を「領主封建主義」時代の遺物と見なし、「義田をもつ地主の封建性は普通の地主よりさらに甚だしい」とした。その理由は、主として義田が売買できないことである。「普通の地主が中国社会を停滞させたのに対して、義田の地主は中国社会を領主封建主義時代に後退させるのだ」。

『訪問記』の「封建」という用語の使用法は、もちろん、潘らの創造ではなく、革命の言説や共産党指導者から受け継いだものである。ここでは「封建」論に対して、体系的に考察するつもりはないが、潘の使用法と革命の言説との類似性を確認するために、劉少奇の『報告』や毛沢東の著述における「封建」の使用状況を整理してみる。

劉の『報告』には、「封建的土地所有制度」「地主階級の封建搾取の土地所有制度」などがあり、「封建」は、終始土地制度と関連づけられ、その性格を定義するのに使われた。(13)

毛沢東は、一九三九年に書いた『中国革命と中国共産党』において「古代の封建社会」の一節を設け、「封建」をおよそ次のように説明した。(14)

①歴史上の一社会形態。奴隷制度を抜け出して以後、封建的経済制度と政治制度を実施する封建時代があった。この封建社会は周秦以来、三〇〇〇年も続いた。封建時代は、主に次のような特徴からなっている。

②特徴一、自給自足の自然経済が主要であり、地主と貴族が農民から搾取した小作料を消費に当てた。

③特徴二、封建的支配階級であった地主、貴族、皇帝が土地の圧倒的な部分を握り、農民は土地のほんの少ししかもたないか、或いは全然もたなかった。

④特徴三、地主階級の国家は、膨大な数の官吏と農民の弾圧に使う軍隊を養うために農民に貢物や税金、無償の労役を強制した。

⑤特徴四、封建的搾取制度を保護する封建国家は、秦が境目となって、それ以前は諸侯が割拠して覇を唱える封建国家時代で、それ以降は専制主義的、中央集権的封建国家時代である。

⑥封建社会の主要な社会矛盾は、農民階級と地主階級との矛盾である。

『訪問記』の「封建」の使用法は、明らかに共産党指導者の解釈と類似する。それは、西周（紀元前一一〇〇頃〜

七七二）以降の王朝時代、地主が土地を占有する土地制度、地主の農民に対する搾取、中央集権的国家政府と税収制度、自給自足の自然経済などの意味を兼有するものである。地主層と朝廷、地権と皇権、紳権と皇権、経済制度と政治体制など、それらは歴史的にも構造的にも異なるものであるが、「封建」色に染まったものとして一括して「封建」でまとめた。

潘は、民国期の著述において、明らかに異なる意味で「封建」を使用し、中国の歴史に対する解釈も違っていた。ここでは、潘の一九三〇～四〇年代の「封建」に関する論点を整理してみる。

一九三〇年、「文化の生物学観」において、潘は、日本を文化が栄えている国の一つとして捉え、近代化の成功が中世以来の封建文化と密接に関係すると分析し、中国の封建制度は早くも二〇〇〇年も前に消滅した、と明言した。[15]

日本は、封建文化の諸特徴、武士階級の存在、それによる人材の養成と温存、武家の厳密な紀律などによって、より順調に封建社会を工業文明へと移転させた。それに対して、中国は、真の中国的封建制度は二〇〇〇年前にすでに消滅したために、日本と同じなような利点がない。

一九三六年、潘は、燕京大学を訪れていた著名なイギリス人社会人類学者ラドクリフ＝ブラウンの集中講義「中国における家族制度の過度な発展とその背景」を紹介する際、家族や親族制度の歴史、宗族制度と封建制度の関係などについて、自らの見解も付け加えた。その際、再び「封建制度は紀元前三世紀に廃止された」と明言した。[16]

宗子権制度[17]を有する父系宗族は周民族文化の一大特徴である。宗族制度は封建制度とともに存在し、しかも不可分の一部分である。宗子権の形成については、幾つかの説がある。①諸侯は跡継ぎの長男以外の諸公子に、領地をそれぞれ与えることで、一宗か多宗となる。一宗の場合、次男とその長男、長孫が宗子権をもち、大宗と呼ぶ。多宗の場合、あらゆる公子とその長男、長孫が宗子権をもち、それぞれ大宗となる。②甲国の公子が乙国に来て、乙国に忠誠を示し、領地をもらうと、宗として成立し、彼自身及び彼の長男、長孫らで大宗を構成する。③平民である人間が自らの努力によって、家族のランクを高め、宗を成立させる資格をもつようになり、宗族が彼の代から築いていく。

この三つの説をそれぞれ主張する人びとの間で、多くの弁論が行なわれた。私見では、三つの説とも認められる。ただ、それぞれの適応時期が異なる。①は、封建社会の初期に適応する。②は、中期に適応し、封建諸国の貴族人口は増大し、移動しなければならなかった。③は、末期に適応し、貴族はしだいに解体し、階層内の横の、地域間の移動ばかりではなく、階層間の縦の移動も始まった。

（中略）

以上、以下の議論と関連するので、くどくどしさを厭わずに宗族の歴史を復習した。封建制度は紀元前三世紀に廃止されたが、それとともに、宗法的社会組織も消失した。但し、制度と精神は別々に論じるべきである。制度は、即ち真の封建制と宗法は、紀元前三世紀に官府が廃止を宣告する前、前七～八世紀、春秋時代以前すでに衰退しはじめた。一方、宗法の精神は、組織制度の一部とともに未だに継続されており、特に湖南、江西、福建、広東、安徽南部、浙江東部などの地域では、歴史のある時代以来氏族が強大化し、封建時代の宗族を遥かに凌いだ。氏族制が家族制と通底し、言い換えれば、中国の家族制度は氏族と大家族の二つの性格を兼有する。中国は、家族を中心とする家族至上主義の社会であり、家族制とともに宗法の精神もまた三〇〇〇年も持続してきた。

一九四七年、アメリカ社会学者オルガ・ラングの『中国の家族と社会』のために書いた書評に、潘は、ラングが唯物史観の社会発展段階論を中国の家族制度にあてはめて、大家族制を否定的に捉えて、核家族を「自由と進歩思想の具現」として評価することを、「時代意識の先入観」による誤った認識として批判した。同時に、唯物史観の社会発展段階論は中国に適応せず、中国では、封建時代の後に順番に到来するはずの資本主義が現れず、実際、官僚専制王朝が長く中国を支配したと指摘した。ここでは、潘は、封建時代と専制王朝時代とをはっきりと分けている。[18]

ラングの進歩史観は唯物史観からのものである。それには封建主義、資本主義、社会主義などの社会発展段階があるが、問題はこの段階論が中国に適用しないことである。中国では、封建時代の後、工業資本主義が現れるまでに、不幸にもいわゆる官僚専制時代を挟んで、しかも二〇〇〇年も持続した。この点はラング自身も認めており、しかもそれを中国が順調に資本主義に進入しなかった理由とした。だが一方、ラングは唯物進歩論を中国にあてはめようとしており、時代意識による先入観であるとする以外、解釈することができない。

総じて、民国期の潘は、「封建」を、第一義的に土地を諸侯に封ずる政治制度と、それの基礎を為していた血縁組織の宗族という意味で捉えていた。分封制の封建社会が崩壊して以後、宗法の精神と制度が東南中国各地域における父系血縁集団の宗族に継承され、「封建」は一時代で完結したものではなかった。しかし一方、「封建」の脈絡を引いた宗族は、あくまでも民間の親族組織であり、王朝の政治制度そのものではないと分析した。

それで、革命以後の革命の言説に付和雷同して唱えられた「封建」と潘の持論としての封建論とは、明らかに異なることが分かる。ここでは、相異が存在することとその内容の比較にとどまり、それぞれの歴史との相応性や、その是非を論じることは、控えることにしたい。それはまた多くの検討が必要となり、本論の範囲を超えるからである。

ただ一つだけ指摘しておきたいのは、民国期の「封建」は、歴史における具体的な時代、制度、階層、民間組織などに適応し、分析的概念であるのに対して、革命の言説に同調した「封建」は、何よりも唯物史観の社会発展段階論に基づく概念で、王朝時代（分封性と専制官僚制との分別すらせず）、土地制度、土地を占有する地主階級、地主による搾取行為、為政者の治世理念、社会の倫理道徳思想にまであてはめて、それらを全部同一な性質のものと断じており、その意味でより先験的なのである。

2　土地所有制度などの経済制度の社会に対する影響について

「枯樹に花が咲く」において、潘らは、民国期に中国社会の「千瘡百孔」（満身創痍）の現状を憂慮する文人たちが、社会問題を解決するために出した様々な処方箋をほとんど「不切実際」（実状に合わない）のものとし、社会問題を解決するためのカギはやはり「封建搾取の土地所有制度を改変する」ことであると主張した[19]。

革命以前、普遍的な貧困、饑餓といった現状の原因をめぐっては、工業化の遅れや、人口の多さ、農村教育レベルの低さ、工業を発展するための資金不足、自然災害、文化の衰退など、様々な議論があった。われわれも類似する考えがあり、時には悲観論に陥り、時には断片的な資料を収集して、それに基づいてとりとめのない議論をした。

しかし、実は、問題の根本は封建搾取的土地所有制度にあるのだ。したがって土地制度の改革は、当然、あらゆる問題を解決するカギとなるのだ。縺れた麻をナイフですっぱりと切るのはあまり良い方法とは言えず、糸の端を見つけだすのが必要だということの如く、土地改革はその糸の端だ。また、上等な酒を醸造するのに良質な酵母が必要である如く、土地改革はその良質な酵母だ。

革命以後、あらゆる社会問題の根源は、「封建搾取」の土地制度にあるという観点は、潘の民国期の視点と異なった。上述したラングの書評では、潘は経済決定論的唯物史観を批判した[20]。

生産技術も含めて経済は、社会生活の一要素であり、社会にいろいろな影響を与えることは否定できない。だが、それを唯一絶対的な決定力をもつ要素にしたり、社会がそれぞれの状況に応じて一定の発展段階に分けられたり、また、その段階論が普遍的定律だと決めつけたりすることは、少しでも社会思想（社会理想ではなく）を理解している者なら、どうしても受け入れがたいことである。

潘は唯物史観を全面的に否定したのではないが、歴史のあらゆる側面が経済によって決定される経済決定論には賛成しなかった。また、潘の唯物史観批判は、社会現象の捉え方にとどまらず、認識論の次元にも及んだ。一九四六年に「青年と社会思想を再論」において、青年たちに次のように忠告した[21]。

社会現象に興味をもつ青年は多いが、中には視点が偏っている者が少なくない。例えば、多くの青年が唯物史観や経済決定論を信じて、社会や歴史が完全に経済活動や生産様式によって解釈することができると考えている。この考えは、誤ったというより、偏っているのだ。実は、経済や生産様式は、社会や歴史を解釈することができないのではなく、解釈できるのは一部分でしかなく、全部はできないのだ。青年たちの過ちは、部分をもって全部としたことである。彼らの社会に関する理解は、あまりにも単純化している。偏りという名の過ちは、むろん、唯物史観のみではなく、ナチスドイツの青年たちの社会思想も同様である。それは追究すると、唯種主義、種族主義に遡れる。哲学、主義、史観、学説など、唯という語を付けるなら、おそらく偏らないものがない。学者と思想家は、何らかの唯を信じると、偏りの過ちを犯すのは必至だ。

潘は、社会や歴史を捉える際、「唯」を付けない実証的分析的社会科学の方法論や、多元論の社会観の立場に賛成していた。[22]

社会やその変遷を認識することは、けっして容易なことではない。オーギュスト・コントが実証主義の社会学を創立して以来、社会学者は宇宙にあるあらゆる現象を塔状の構造をもつものとして捉えてきた。人類社会の漸進的な進化は、物理、化学、生物、人間心理など下から上への一層また一層の層面を形成させた。われわれは、社会を解釈しようとすれば、目前の社会現象の由来や、中に含まれる物理化学的要素、生物的要素、心理的要素、社会文化的要素、そして、これらの要素間の相互関係や相互影響などをそれぞれ指摘しなければならない。一つの要素のみに集中し、ほかの要素を見逃したり否定したりすることは、偏りだ。

潘の多元論的立場は、歴史に対しても貫かれた。是と非の二分法を歴史と未来に適応し、虚無主義の態度で歴史を全面的に否定し、未来を盲信することに賛成せず、歴史を「文化の蓄積」として捉え、丁寧に、慎重に取捨選択すべきだと論じた。[23]

社会の仕組みをまだ理解できていないまま大いに改革を論じることの弊害は、言葉では尽くせない。われわれは社会理想をもたなくてはならない一方、歴史に対して明確な認識をもたなければならない。いま、改革を唱える人たちは、往々にして過去を把握できておらず、甚だしきに至っては、歴史を根本から否定しているのだ。歴史の罪悪は言われるほどのものではないので、過去をひっくるめて葬ろうとすることはやり過ぎなのだ。

文化は歴代蓄積の結果である。社会改革の成功を収めようとすれば、文化的蓄積から参考となるものを吸収し、文化に対して選別、評価し、時代に合うものは継続し、合わないものは改造するという姿勢をとらなければならない。既往の蓄積は非ばかりで是が一つも無いことでもなく、将来の新事業も是ばかりで非が一つも無いことでもない。過去を全面的に否定しようとしても、実際、現実的にはできないばかりではなく、理に適っていないのだ。強引にやろうとしたら、庭がまだできていないのに籬《まがき》を撤する如く、改革家自身が困るのだ。(24)

機能主義の相互関連的、多元的社会観と改良主義的、漸進的社会思想を信奉していたことから、「唯」物史観と社会問題を一括して解決する革命思想を主張するようになることは、潘の本来の社会思想を逆転するような変化と言える。

3 「義田」「義庄」の性質と役割について

第四章「『義田』から蘇南の封建勢力を見る」は、一〇頁前後のほかの章と比べれば、四〇頁にのぼる長文であり、義田義庄の由来や発展の歴史、性格と社会的機能、官府との関係、紳士や官僚が義田義庄の創設や拡大に果たした役割などを紹介し、義田が搾取により維持される封建勢力の砦で、欺瞞性をもつものであると結論づけた。この章の視点も、また、民国期のものと異なった。義田義庄を次のように説明した。[25]

ある地域に居住する氏族や宗族は、族内から輩出した地位、権力、財産をもつ者によって大量に購入した耕地を一族以外の小作農に貸し出し、地租として納入された食糧を長期的、計画的に一族の者の救済や補助に使用する場合、当該土地を義田という。義田の管理や租米の分配を担当する機構を義庄という。

定義そのものが脱イデオロギー的で、また、義田義庄の由来や発展についても、多くの史書から様々な史実を引用して淡々と説明した。ただ、義田義庄の性質や役割に関しては、革命的用語を用いて政治的なレッテルを貼り付けて、断定的な評価を下した。それは、だいたい次のような諸点を含む。

①義田は中国の封建社会から発生した制度で、帝国主義などの外来勢力の影響とは関係がない。地主階級が義田を設立する目的は、主として二つある。一つは、貧困層に対する救済や補助によって、農民階級との階級対立を緩和し、農民階級を分化させて、自分たちの統治を長く維持することである。もう一つは、均分相続の家族制度により、世代交代とともに土地が零細化する傾向にあるので、分割、販売不可の義田で家産の分散化を防ぐことである。

②義田は、秦漢時代以前の宗法制度を継続する役割を果たし、「尊祖、敬宗、睦族」、即ち祖先を敬う、嫡傍の系統を重んじる、一族の求心力を保つといった宗法の三原則を実践するための経済的保障を提供する。したがって、義田義庄は、分散的な小農生産をする農民を所在地域の地主に隷属させる役割を果たす。

③土地権の移転や流動は売買不可能な義田に凍結された。土地を大量に占有し、勢力のある少数の宗族は、地域で跋扈し、社会を二五〇〇年前の典型的封建時代へと後退させた。
④義田義庄は官僚政治と相互に密接に関連する。まず、義田は一族から輩出した官僚の手で設けられることが多い。また、義田の拡大、宗族の経済力の増大により、一族からもっと多くの官僚や紳士が産出されることとなり、宗族が封建政権や封建政治の維持に貢献する。一方、官僚政府は義田の購入を奨励し、義庄の管理を監督し、自然災害発生時に義田の税糧を減軽するなどの特権を宗族に与えて、義田を護る。
⑤義田は搾取によって成り立っている。義田を最初に創立した北宋の官僚、名士範仲淹をはじめとして、各時代に現れた創設者や提唱者たる官僚や紳士たちの主たる願望は、同族者の衣食住や、学業、婚姻、葬儀などを補助することであった。補助の範囲はかなり限定されていたばかりではなく、地主階級から輩出された彼らは、補助金の源泉である地租が農民に対する搾取で得られたものとはまったく意識されていなかった。
⑥結論としては、義田は、名目的には貧者弱者を救済し、孤老を扶助する「義」であったが、実際は、大地主が長期的に土地を占有する手段であり、農民に対する集団的、組織的封建搾取制度であり、実質的には「不義」であった。

義田をめぐる議論には、土地制度、紳士、官僚、名士、王朝政治体制、宗族における相互補助など、様々な要素が絡んでいた。『訪問記』では、義田の搾取性や封建性を理由にこれらの階層や人物、社会制度、習俗も、一概に否定的に捉える傾向があった。

民国期に、潘は義田そのものを考察対象とすることはなかったものの、以上の諸問題は、多くの論考のなかで触れられていた。ここでは、関連する代表的な論考を整理してみる。[26]

①宗族と科挙合格者や官僚、紳士、その他の人材との関係について。a『明清時代嘉興における望族[27]』（一九三七）、b「近代蘇州における人材」（一九三五）、c「科挙と社会流動」（一九四七）。

②科挙合格者、紳士などの人材やその社会的役割の評価について。a『明清時代嘉興における望族』。

③家族制度と政治体制との関係について。d「家族制度と政治体制」（一九四七）。

④宗族の維持と系譜の作用について。e「中国家譜学の略史」（一九二九）、f「家譜と宗法」（一九三〇）、g「家譜の作法」（一九四八）。

⑤宗族の社会的役割について。h「家譜はいま何の意味をもつか――黄崗王氏家譜序文」（一九四七）。

各論考に関する詳細な紹介は省くが、『訪問記』の観点と比較するために、以下、関連する部分のみを提示する。

①大きな宗族や歴史の古い門閥家である「名門望族」とそこから輩出した科挙合格者、官僚、紳士との関係性を肯定的に捉える前提に立って、諸々の史料や資料に基づいて、個々の人物と出身宗族、家族と関係を図表化し、その成功を支える経済力とは何かを明確にした。

aは、『嘉興府志』と清代盛楓の作成した『嘉禾徴献録[28]』を筆頭に一六種の家譜や族譜、一六種の朱墨巻を参照して、「嘉興望族血系図」を九一図作成した。潘の目的は、譜学と人材学とを融合して、人材を多く輩出する嘉興の望族と、府志に登場する官僚、名士、科挙の合格者などの人材との関係性を明確にすることである。家系に五人以上の人材を輩出すれば、一つの「血系の分図」を作成し、また、宗族間の縁組を整理し、「血系の合図」という「血縁網」を作成した。明、清代に嘉興から輩出した四〇名の「巍科人物」、即ち「科挙における最高位合格者で、会元、状元、榜眼、探花及び伝臚[29]」のうち、一七名がこの血縁網の出身者であるので、潘は、「嘉興の血縁網は人材を誕生させる集合体である」と結論した。

bは、蘇州地域に歴代輩出した科挙合格者[30]、官僚[31]、学者[32]、詩人[33]、画家[34]、俳優[35]など六つの種類の人材を統計し、様々な人材が多く輩出した原因を恵まれた自然と人文地理的環境、詩や文など洗練された文化が濃厚に存在すること、名門望族における世代間の遺伝と継承などに帰した。特に名門望族について、潘は、明清代に挙人以上の科挙合格者を数多く輩出した宗族、二七人の彭氏、二九人の潘氏、及び八世代の間画家が二九人も現れた文氏を例として挙げて、家柄や血統と人材との関係を説明した。

費孝通と共著したcにおいて、潘らは、主として北京で収集した清代康熙〜宣統年間の朱墨巻九一五部を利用して、科挙合格者の出身地、社会階層、家柄などを分類し、科挙制度が社会階層間の流動性をもたらしたか否かを分析した。科挙は、下層出身者の社会的上昇に道を開いたが、その成功者はけっして多くはなかった。また、合格者の出身から見ると、半分以上は大地主で、小地主は少数で、小作農などはほとんどいなかったことから、合格者を支える最大の経済力は土地であるとの結論を下した[36]。

②家庭の出身は何であれ、収入源は何であれ、科挙合格者や紳士は人材であり、その社会的功績が大きいと認めるべきであると潘は主張した。

人材とは何か。潘はbにおいて、「事績や功業を残した人は基本的には人材である」と述べた。また、aにおいて、『明清巍科姓氏録』（一九二五）の著者張惟驤の論点を引用して、科挙の上位合格者を人材として評価した[37]。

すべての巍科人物が人材として評価できるか否かは定かではないとしても、張惟驤の言葉が妥当だと思われる。彼は、「この五者の皆が皆、恵みを世に施し模範を後世に示すことができるわけではないとしても、道徳、偉業、節操、義理に関する文章を著すだけでも、士は歴史に輝き、人心を潤おす功績が大きい。よって、聖人君子は科挙の科目によってその偉大さを増幅するわけではないとしても、科目は聖人君子を判断する材料ではないということはけっしてない』（『明清巍科姓氏録』跋文）。

民国期に、潘の「人材」であるか否かの判断基準は、「道徳、偉業、節操、義理に関する文章を著す」こと、「人心を潤おす功績」であり、出身が地主とか、収入源が土地とかの理由で、「人材」を否定するわけではなかった。

③ dにおいて、潘は、西洋と比較しながら中国における家族制度と政治体制との関係性について論じた。家族制という社会制度の政治に対する影響を視野に入れ、政治制度の改革は家族制の改善を含まなければならないと主張した。[38] けっして土地改革期のように、土地制度ばかりを以て、政治体制の性質を決めつけるのではなかった。

西洋の民主主義の政治体制は、歴史的因習的に発展してきた面があり、西洋における家族制度の有り様に影響された。歴史における中国の王朝は専制君主制であり、独裁制ではなかった。専制君主制のもとでは、「天高皇帝遠」（帝王の力もローカル社会に及ばないこと）、父権制が発達した。中国の民主化は、「揠苗助長」（苗の生長を助けようとして苗を抜いてしまう）式の乱暴な手段で、いきなり政治体制を打破してはいけない。家族制度の改良から始めるべきだ。

④ 族譜や家譜に関する一連の著述において、潘は、周代以来の家譜編纂の歴史や、家譜の社会的役割の変化を分析した。王朝時代、族譜が主として宗法の三原則「尊祖、敬宗、睦族」を維持する道具として編纂されたが、その役割が時代とともに変化し、民国期となると、遺伝学や人材学の研究材料ともなった。また、家譜編纂に見られる弊害を改めて、新たに三原則を提案した。第一に「世経人緯」、即ち世代を経線、各世代の子孫を緯線とする。第

二に「家尽一図」、即ちあらゆる家族を一つの図に収める。第三に「有人必録」、即ち以前記録されていなかった、嫁いだ女子、嫁いできた女子、夭逝者、犯罪者、出家した僧侶なども記録する。

潘は、古代以来の伝統を愛護し、それを新時代で生かすという方法を考えると同時に、そのなかに温存されてきた時代に合わない風習や弊害、例えば、男女の不平等、非人道的な慣習などを、改造したり廃除したりするように呼びかけた。

⑤hにおいて、潘は、宗族が従来果たしてきた七つの機能のうち、嫡傍の系統を重んじる、官僚選抜のために家柄の根拠を提供する、同姓の通婚を防止するなどの三つを廃除すべき以外に、祖先を敬う、一族の求心力を保つ、婚姻相手を選択する、一族の名誉を愛護するなどの四つは、現代社会の状況に応じて改良しながら継続すべきであると主張した。また、国民政府が行政制度として保甲制度を強制的に施行することにより、基層社会の親族組織が破壊されてしまい、社会安定のためにも、保甲制度より、むしろ宗族の役割を果たすべきであると指摘した。ここでも、潘は、伝統を選別して生かしていくという視点を貫いた。

総じて、民国期に潘は、歴史、社会階層、人材などの問題に関して、多元的な視角をもっていて、一概に肯定することも、否定することもなく、物事の由来や様態、他との関連性、時代との呼応性などを念頭におきながら、より客観的に考察していた。また、伝統の維持と社会の改良や進歩のために、維持すべきところ、改進すべきところを細心に具体的に提案していた。

三 「江南に封建なし」説と董時進批判

『訪問記』第一章のタイトルにも入れた「江南に封建なし」という説は、農業経済学者董時進が提唱するものと思われていた。一九五〇年五月、『光明日報』には、「果たして蘇南に封建がないのか」という記事が掲載され、「蘇南においてある部分の人びとが、蘇南に『蘇南に封建なし』と主張し、董時進という人も毛主席に上書して同様な論調を強調した。彼らは土地改革政策に反対している」と記した。[39]そして記事は、蘇南における「地主の封建的搾取」に関する様々事実を羅列して、「江南に封建なし」論者たちを批判した。

1 董時進の毛沢東への手紙

一九四九年一二月、農業経済学者董時進は、共産党の土地改革政策に異を唱える手紙を毛沢東に送った。同時に、彼は手紙を数百部印刷して、共産党の他の指導者や、各民主党派の領袖、農村問題に関心をもつ友人、教育や学術研究部門などにも送付した。[40]

手紙の主旨は、土地を地主や富農から奪いとって農民に平均的に配分する土地改革政策が、中国の土地制度に関する誤った認識に基づいて設定されたもので、ただちに認識を是正し、土地改革運動を中止すべきであると主張したことである。

この長文の手紙の前半は、「土地改革政策の根拠である土地制度の封建性」をめぐって展開し、中国の土地制度と地主階級は「封建的」ではないと、董は主張した。

①なぜ、「土地制度全体が封建的なものである」という言い方に賛成できないのか。中国の土地制度は、土地を自由に売買、租借することのできる私有制度だからである。土地は、私有制度における自由に売買、租借することのできる他のもの、例えば、家屋、車両、船、機械、家畜などと同様であり、これらの物品が封建的と思われずにすむのに、どうして土地だけが封建的とされなければならないのか。

②なぜ、「すべての地主は封建地主である」という言い方に賛成できないのか。田舎で土地を購入することは、小規模な財産を保存する保守的な方法であり、大金持ちの軍閥、官僚と買弁は、この方法を採らないか、たとえ土地を購入するとしても、彼らの財産におけるほんの一部にすぎない。地主のほとんどは田舎の土臭い者であり、中に確かに悪ボスがいるが、少数であり、大多数は勤勉で安分守己（分に安んじて己を守る）である。「地主が高利貸をして農民を搾取する」と言われているが、実際、貧乏人も少額の金さえあれば、すぐ貸し出して利息を得る。これは農村における金融に関する慣行である。

手紙の後半は、董は、その他の意見として九点ほど提示した。

①新民主主義革命は小資産階級と連帯する政策が決められているが、農村における小地主や富農も、もちろん小資産階級である。したがって、彼らの土地や財産を没収して彼らを敵に回すことは、新民主主義の主旨に違反するのである。

②戦争の後、建国の初期に、緊要なのは社会秩序を安定させ、人民を休養生息させることである。土地改革の実施は、土地所有者を不安でびくびくとする状態に陥らせることとなり、時宜に合わないことだ。

③共産党は度々私有財産を保護すると宣言し、そして、都市における裕福者の動産不動産や、私有工商業に対して保護しているのに対して、農村の人びとのもっとも主要かつ正当な私有財産である土地をある部分の人民から没収し、他の部分の人民に分配している。極めて不公平である。

④新民主主義の土地政策は、耕す者が土地をもつことであるが、土地を平均的に分配する土地改革がもたらしたものは、耕す者の土地までが奪われて他人に配分される一方、土地をもらっても耕さない人もいるという

現状だ。

⑤地主と富農が地主と富農になった理由は、彼らの大多数が能力が高く、勤勉で、効率よく仕事をしたからである。これらの優秀な者は、本来国家の保護や奨励に値する。貧農が地主や富農になれなかった理由は、彼らの道徳観念が高尚で、他人を搾取したがらなかったことではなく、条件さえ整えば、彼らも地主や富農になるのである。国家は、小さな土地を与えるということより、むしろ産業を発展させて農業以外の就労機会を増加させるなどの方法で、貧農を援助すべきである。

⑥歴代の政府は、土地規模を根拠にした累進税率や、大金持ちから重税をとるなどの税収法を採用してきた。土地改革で土地を一律に平均的に配分した結果、零細な土地しかもたない個々の農家は、税の負担が増加するに違いない。

⑦中国の耕地はすでに十分零細化していたのに、さらに細かく配分したら、農業の経営や発展に非常に不利である。

⑧土地改革以後、農民の生産熱意が高まったとよく言われているが、この評価は額面通りに受け入れることはできない。熱意は時間が経てば冷めるのだ。また、いつかあらゆる農家が耕地の狭さに不満をもつ日が必ず来るのだ。

⑨土地を平均的に分配する政策はすでに公布しているが、まだ実施されていない地域がたくさんある。この時期の大きな危機は、誰も土地に愛着がなく、責任感をもたないことだ。どうせもうすぐ他人のものとなると思い、肥料もやらず、灌漑水路も疎通せず、田の畦にある樹木が伐採された。耕地に対する破壊が目に見えるのだ。

総じて、董は、土地改革は中国の土地制度や国情に合わず、土地に対する収奪政策は都市における私有財産に対する保護政策と不均衡であり、土地改革で激発した農民の生産熱意は一時的なもので、長期的には土地の分散化は、農業生産の発展や、国家税収の確保には不利であるなどと主張し、土地改革政策に反対した。

手紙の最後に、董は、ただちに土地の平均的配分を中止し、代わりに土地所有の限度額を決めて、超過分の土地は国家が買収し、自作農に耕させせながら毎年少しずつ地代を国家に支払うという形で購入させるといった土地政策へと転換することを進言した。

2 「江南に封建なし」説批判

一九五〇年四月、前述した『光明日報』の記事より先に、雑誌『観察』では、座談会紀要「董時進が土地改革を反対するために上書をした問題について」が掲載された[41]。座談会は北京農業大学教授應廉耕と韓徳章が中国農村経済研究会(以下農村研究会)の元メンバーたちに呼びかけて開いたもので、発言者は七人だったが、氏名が明記されずに、代わりに甲乙丙丁などを冠された。

ここでは、農村研究会について簡単に説明する。この農村経済を研究する学術組織は、マルクス主義経済学者陳翰笙を中心メンバーとして一九三三年に上海で成立したものである。一九三四年に月刊『中国農村』を発行すると同時に、「中国経済情報社」「文化資料供応社」を設立し、各新聞社に論文や資料を提供してきた。また、一九三六年に新知書店を創立し、マルクス主義の著書の出版を手がけた。日中戦争が勃発するまでに大都市を中心にして会員は千人以上にのぼった。会員向けの「中国農村経済研究会会報」創刊号(一九三四)は、会の研究範囲を次のように規定し、会員たちは様々な農村地域で現地調査を行ない、農村経済や村落社会に関する多くの論文を発表した[42]。

①中国農村経済を研究する方法を検討、②農業経営の形態と性質、③土地配分制度と租佃制度、④農村金融、⑤農村市場と商業資本の役割、⑥税制、⑦農村手工業、⑧農業労働における雇用制度、⑨農民の離村、⑩被災状況とその分類、⑪農民運動。

農村研究会の元メンバーたちの董を批判する発言は、董個人に対する批判と、董の論点に対する批判に二分される。前者は、主として、同じ農村研究会の会員として「掲老底」、即ち董の正体を暴露し、その誤った立場と認識が過去から一貫したものだと摘発したのである。例えば、次のような発言がある。

主席甲：董の手紙の主旨は土地改革に反対することである。封建的地主階級は、断末魔のあがきをして、恐喝や、詭弁、悲鳴、欺瞞などの手段を使い尽くし、最終的には毛主席の恩赦を乞う。董の虚言は反駁するのに値しないが、多くの善良な人びとが彼に騙されるのを避けるために、われわれは董の虚言を徹底的に摘発しなければならない。そのために、今日座談会を開く。

発言者丙：董とは民国期からずっと弁論してきが、彼の認識錯誤の根は実に深く、なかなか非と認めない。彼は地主階級の立場に立つ地主階級の代弁者である。

主席甲：董はアメリカに留学したので、ブルジョア農業経済学の影響を深く受けた。そのために、彼は中国の土地制度の封建性を認識することができず、真理への扉を自ら閉ざした。

発言者戊：魯迅先生は「論戦の際、日和見主義者を警戒せよ」と教示してくださったことがある。当時、日和見主義者は、わざわざ魯迅に挑んで、魯迅が応戦すれば、魯迅の論戦相手としての自らの身代が高くなると知っていたから。董が毛主席に上書したのも、注目されたい野心によることなのだ。

董の論点に対する批判は、主として中国土地制度の「封建性」をめぐって展開された。董が土地改革に反対する主な理由及び彼の様々な認識錯誤の主な原因は、土地制度の「封建性」を認めないことによるという。「封建性」とは何か、発言者たちは明言しなかったが、「封建性」の現象をいろいろと列挙した。

発言者己：中国の土地制度に少しでも知識をもつ者なら、誰でも土地制度の封建性を認める。封建性は他の何でもなく封建性だ。董は地主が勤勉だと言っているが、馬鹿げた話だ。勤勉で家を興した個別な中小地主は確かにいるが、いざ地主となると、勤勉さを完全に喪失して搾取に頼る寄生虫となる。私の故郷では、地主が全然働かずに毎日アヘンを吸ったり、モルヒネを注射したり、食べたり、飲んだり、遊んだりしていたばかりで、農民に対する超経済的搾取で生きている。彼らは地租による収入を大量に得ていても土地に投資しない。本当に土地制度が農業生産の発展を妨げている。

発言者たちは、董が土地制度に封建性がない理由として挙げた、土地の自由売買と租佃の自由契約について反論した。

発言者丙：所謂「土地の自由売買」とは、実は農民が地租を納められず、高利貸へも借金を返却できない状況の下で、地主が政権の後ろ盾を受けて、土地を「自由に」農民から奪い取ることである。所謂「自由契約の租佃関係」とは、実は農民が土地を奪われ、生存の手段がない状況の下で、やむを得ず地主に依存し、高額の地租を耐えるうえ、地主のために家屋建造や、農繁期のお礼奉公、家事労働などの超経済的搾取を受ける。

このような赤裸々の超経済搾取を「自由売買」「自由契約」と誤認することは、董が政治経済学の常識をあまりにも欠いていると言わざるを得ない。

董の認識錯綜の根元は、現行の土地制度の農村における生産力の発展に対する束縛を認識していないことにあり、それで、土地改革の生産力を解放する偉大な革命としての意味も認識できなくなった、と指摘された。文面から、座談会の参加者は、中国農村研究会の時期から董と弁論してきたことをうかがわせた。中国の土地制度の現状や改革の道をめぐって、民国期に、農村経済や社会の研究者の間で、公的にも、個人の間でも、論戦が繰り広げられていた。けれども、座談会における董批判は、単純に過去の論戦の延長というより、政権のイデオロギーや論法をもち込んだものであった。批判する側が、もはや民国期からもち続けてきた左翼思想や、マルクス主義経済学の立場を強調することも超えて、新政権に同調し、異論を唱える相手を共産党政権の「敵」という位置に追い込むといった政治批判の色彩が強かった。

四　董の批判者の民国期における土地制度に関する研究と視点

董批判会の主催者應廉耕と韓徳章は、第一章で紹介した通り、二人とも民国期にいろいろな農村地域において実地調査を実施し、多くの論考を発表した。その内容は、土地制度、農業と農場経営、農産物の貿易と市場、農村金融など多方面にわたった。[43] ここでは、應廉耕「四川省の租佃制度」（一九四一）、韓徳章「浙江西部の租佃制度」（一九三二）を取り上げ、土地制度に関する彼らの民国期の論点を整理して土地改革期のものと比較する。

1 應廉耕の「四川省の租佃制度」

一〇章より構成されたこの論文は、金陵大学農業経済系、四川農業改進所農情報告書などの調査資料に基づいて作成されたが、原文の視点を下記の通り要約した。

①地権、即ち農人の土地に対する所有権について

地権の状況は極めて不合理である。土地所有者が働かずに利益を得ているのに対して、土地をもたない者は一生懸命働いても収穫が僅少である。佃農の多くが生活さえ維持できない状況下では、農業生産が発展しにくいという経済面の問題が生じるばかりではなく、政治的には、階級間の対立が形成され、動乱を引き起こしかねない。

②土地制度の改革について

土地制度の弊害は数千年来の積弊で、一挙にして改正することができない。土地制度に対する抜本的な改造が必要であるが、それは経済制度の改革であるので、政治制度に対するように急激で過激な手段をとってはいけない。

中国では、土地は投資の対象であり、自由に売買することができる。地主には、大地主が少数で、大多数が小地主である。土地は彼らが苦労して得た金で購入したので、工商業者の投資と本質的には同じだ。国家は工商業者の資産を剝奪せずに地産のみを没収するなら、理に合わないことだ。

土地の私有制は土地法に保護されることで、いきなり地主階層を一掃することはできない。できるのは、「地権を平均する」「耕す者が土地をもつ」という目標に向かって、地主と佃農との関係を改善し、相互の対立を減少し、生産利益を合理的分配するなどを求めて、一歩一歩前進することだ。

③不均衡な地権の現状をもたらした社会的政治的原因の多様性

a 膨大な人口の圧力。人が少なく、土地が多い時代には、土地制度の如何を問わずにいたが、たいした弊害がなかった。現在、人口が多いのに対して、土地が少ないので、地権をめぐる争いが生じた。

b 民国以後四川省において自作農が減少し小作農が増加したことは、軍閥が割拠する情勢と密接に関連する。厖大な軍費を支えるために軍閥は苛酷に徴税し、各レベルの官吏も巧みに名目をつけて民衆から各種の税をとってどさくさ紛れにぼろもうけしている。耐えられない小農は、農場を売り出すしかない。但し、一九三一〜三二年あたりに軍政が軌道に乗ったばかりの時期には、軍人や官僚がそれほど威張らずに、工業も発展しており、投資家が続々と工業に投資したので、耕地の価額が下落し、自作農が増加した。

c 匪賊の猖獗。匪賊が殺人、放火、略奪などの悪事をして、民衆が安居できないので逃亡する。その中に自作農や半自作農が多く含まれているので、農村における小作農の比率が高まった。

d 軍人と政客が不正で得た大金で土地を大量に買い入れるので、地権が少数者に集中する局面が形成された。

e 世界経済に影響されて、一九三二年大恐慌の際、我が国の農産品の価格が暴落し、自作農が多く破産した。

④地租の現状とその高低に影響を与える要素について

地租の現状としては、地主が土地から得た利潤は平均では一五・八二パーセントであり、中国地政学会が主張する八パーセントと比べれば高いが、工業や商業と比べれば全然及ばず、後者はつねに投資額の数倍にもなる。地租に影響を与える要素は、次の通りである。

a 最も大きい影響要素は、耕地の供給関係である。農村人口が多く、耕地が少ない場合、地租が上昇するのに対し、人口が少なく、耕地が多い場合、地租が下落する。

b 農作物価格の上昇や下落が地租の上昇と下落をもたらす。

c　地方の農業生産の条件、社会的環境の影響。例えば、土壌の肥瘠、灌漑水利や交通の便、地方の治乱、など。これらの条件がそれぞれの異なる地域における地租と「土地使用の公正地租額」（Fair rent）との比較から見ると、人口が多い、他の社会的諸条件がわりと良い巴県の地租は五九・三二パーセントと高く、人口が少ない、他の社会的諸条件も良くない万県の地租は八・九パーセントと低い。

⑤地主と佃農との関係について

一般的には、豊作の年に地主と佃農の仲は悪くはないが、凶作の年には地租をめぐるトラブルが多発し関係が悪くなる。但し、地主には様々なタイプがある。自然災害の年に、温厚な者は地租を減免し、滞納する部分の利息も追及しない。苛酷な者が減免を認めずに、滞納部分の利息も厳しく要求し、また、標準より大きい容器で地租の農作物を量る。一方、佃農にも様々なタイプがあり、悪賢い者もいる。彼らは、被災状況を水増しして報告し、寡婦や年老いた地主を欺き、契約通りに地租を納めない。

地主と佃農とは、親戚関係や、友人関係、同じ宗族の成員であることは少なく、一般的には見知らぬ同士の関係であり、交わした契約に基づいて耕地の賃借を行なう。社会的には平等であるはずだが、貧富の格差や、土地が少なく人口が多いなどの理由で、主佃関係は主人と下僕との関係となることもある。

地主には居郷者と居外者の分別がある。居郷者は田舎に居住し、農場から遠く離れない。居外者は都市に居住し、農場から遠く離れる。地主の職業については、前者は農業経営者や、商業主、紳士などで、後者は軍閥や官僚、富商、裕福な紳士などである。地主と佃農との関係状態は、地主の居住地や職業によって異なる。一般的には、居郷者が農事に熟知し、佃農の耕作を指導したり監督したりして、佃農との間で、意思疎通をし、災難時には相互補助をする。それに対して、居外者は佃農の顔を知らず、名前さえ知らないこともあり、触れあいがほとんどない。たまには農場に行って視察することがあるが、多くの場合、管理や地租の収集などいっさい代理人に任せる。それが主佃関係を悪化させる一因でもある。代理人は地主の勢力を笠に着て小作農を威圧し、時には、地主が佃農を替えようとしていると偽称し、小作農をだまして財物を巻き上げることさえする。

⑥土地制度改革に関する提案について

a 目下、自作農の増加を促進することが緊要である。そのために、貧しい農民の土地購入を助成する助成金財源の確保を図りながら、土地を受領する農民の条件と制限、土地の持ち主への補償方法などについて、各地域の実情や農民の能力に応じて適切な政策を設定しなければならない。

b 地租額を制限すること、農地改良に助成すること、地主と佃農とのトラブルの解決に政府が仲介して地主の佃農に対する不公平な要求を廃除させることなど、様々な措置を執って佃農を保護する。

c 品種や、肥料、病虫害防止の方法や農薬、灌漑、土地改良などの面において科学技術や経済に関する知識を普及し、農事を支援し補助する。

d 耕地の購入にせよ、農事の改良にせよ、資金不足が佃農にとって喫緊の問題である。佃農に資金面の援助を与えることは政府の逃れられない仕事である。

前述した通り、董批判の座談会紀要に発言者の名前が公表されていないので、どの発言が應廉耕のものなのかは知る由もない。したがって、土地改革期の應の認識と民国期のものと比較することには困難がある。しかし、以上まとめた應の民国期の土地制度や地主と佃農との関係に関する認識は、座談会紀要全体の内容と比べても、かなり異なっていることを認めなければならない。

まず、民国期では、土地制度や地権の状況がかなり不合理だと認めながらも、過激な手段で急激に改変することに賛成せずに、適切な政策で誘導し、徐々に改善していくことを主張した。革命より改良の手段を執るべきとする点においては、この時期の應は土地改革期の董と一致している。また、地権状況を形成する様々な社会的、政治的、自然環境的要因を分析し、けっして一点張りに「封建的」とレッテルを貼り付けるのみではなかった。

次に、地主に対しては、分析的で、居住地や職業からの分類のみではなく、道徳的にも様々な人間模様があり、それらと関連して佃農との関係もそれぞれ異なることを考察している。けっして、「四六時中満腹して何も仕事をせずにいるだけの寄生虫」という一面的見方ではなかった。多数の中小地主の「土地は彼らが苦労して得た金で購入したので、工商業者の投資と本質的には同じだ」という点では、民国期の應は董と一致している。

そして、地租についても、一概に「搾取」だと一言で片付けるのではなく、地租の高低、変動に影響を与える様々な社会的、経済的、政治的要因を分析し、より客観的総合的に捉えた。

2 韓徳章の「浙江西部の租佃制度[44]」

この論文は、一九二八年、北平社会調査所が中央研究院社会科学研究所の委託を受けて作成したものである。所員曲直生が浙江大学二十数名の学生を指導し、三か月をかけて、浙江省西部（浙西）の八五村落（うち七五村落の資料が有効）の農家で実施した実地調査の資料に基づいて作成したのである[45]。ここでは、特に本章と関連性のある内容を要約する。

①西の土地所有権の現状について

七五村落における自作農、佃農、自作農兼佃農の比率は村ごとに異なり、地域間の差異も大きく、佃農が農家の二五パーセントに及ばない村が二六あり、その中に佃農がまったくない村も七あった一方、佃農が五〇パーセントも超えた村が二〇あった。平均的には、自作農、佃農、自作農兼佃農の比率はそれぞれ三一・九パーセント、三六・七パーセント、三〇・四パーセントである。

地権分布の差をもたらした原因に関しては、「稲作の比重、農場の規模、土地価格の高低などに関するデータがそろっていないので判断しかねる」と述べるに止まり、さらなる分析を控えた。

②佃農が多い理由について

七五村において、佃農と自作農兼佃農の両方を合わせると六七パーセントにも上ることの最大の原因は、稲作のほかに、耕地の欠乏だという。六五村落の統計データによると、耕地一〇畝以下の農家は七一・五パーセント、そのうち耕地五畝以下の農家は三八・五パーセントも占める。

③租佃の様式について

永佃権に関しては、地域間の差異が大きい。浙東では一般的であるのに対して、浙西では極少数の県以外、ほとんど普及していない。この制度は、佃権をめぐって佃農が相互に競い合うことから生まれた。その目的は、佃農が長く土地を借りて耕せることを保障することにある。浙西では、頂首の慣習、即ち佃農が土地を借りる際、地主に敷金を納めることである。頂首は佃農が高額な敷金を地主に払うという点で、永佃権に類似するが、佃農が田面権をもつようには田面を転売したり抵当したりすることができないので、永佃権と異なる。それで、佃農が地租を払わなかった時、地主が契約を撤回する権利をもつ。即ち、頂首は地主の恒常の地租収入を保障するものだという性格は明らかである。

二五年前までは、傭佃が盛んであった。傭佃とは、地主が農業生産用の必需な道具や種、肥料等を全部提供するのに対して、佃農は労役のみを提供する小作法である。収穫した農産物は地主と佃農が八対二の割合で分配する。一九三三年現在、この制度はすでに廃絶した。

④地租を納める方法とその変化について

地租を納める方法は、主として現金、穀物、精米で納める三種類である。関連データがそろった五二村落において、半数以上の佃農が現金で納めるのは一一村、半数以上の佃農が穀物で納めるのは一八村、半数以上の佃農が精米で納めるのは二三村である。納める方法の地域差について、はっきりした原因は明確にできないが、城鎮における商業資本や工業の発展、貨幣経済の普及などにより、現金で納める方向に転換する傾向が見られる。

地租を納める期限が設定され、それを過ぎて納めなかったら、以前は、地主が佃農を県の官府に訴えたり拷問したりして死に至らせることもあった。その場合、地主は遺体の処理や家族にある程度の救済金を出して事を済ませた。これは、調査時、一九二八年以前の社会現象で、今は社会と政治の革新を経てこの悪い慣習は、もちろん、すでに改善された。

韓の浙西農村における租佃に関する分析は、應の四川に関する分析ほど集約ではないとしても、地権状況の地域差、人口の圧力、商業、工業、貨幣経済の発展の租佃様式に与えた影響、地主と佃農との関係に見られる時代の変化などの点において、應と一致している。

五　呉景超の国民政府の土地政策に対する評価

潘らが引用した毛沢東の「帝国主義、封建主義と官僚資本主義などの敵を代表する者は、蔣介石国民党の反動的統治である」という談話は、共産党の国民党政権に対する評価の基調である。革命以後、「国民政府」がほぼ禁句となり、代わりに「国民党反動政権」「国民党反動派」と言い表した。共産党の理論や宣伝では、国民党政権が中国における反動勢力の総本山であり、中国を貧困、落後の状態に陥らせる根本的原因とされた。『訪問記』においても、国民政府を単に封建的搾取階級である地主の利益を守る反動的政権として捉えた。

国民政府に対する政治的攻撃一辺倒と異なり、民国期、知識分子は国民党政権にいろいろと不満をもって批判したり抗争したりしながらも、より客観的に評価していた。ここでは、呉景超の国民政府の土地政策に対する評価をその一例として紹介し、その脱イデオロギー的姿勢が革命以後と対照的なことを理解すると同時に、国民政府の土地政策の一斑を覗いてみる。

一九三六年、呉は『独立評論』に連続して寄稿し、国民政府の土地法と土地政策を批評する一方、地域振興に関する改革を評価した(46)。

「土地法と土地政策」において、国民政府が一九三〇年六月に公布した『土地法』と一九三五年四月に公布した『土地法施行法』の条文を具体的に分析しながら、これらの法律が国民党の理念である民生主義の実現とほど遠いものであると批判した。

例えば、『土地法』第一四条に、地方の需要や、土地の種類、性質などに基づいて、地方政府が個人や団体の所有土地の最高額を制限することができると規定したのに対し、地権を平均的に所有するための条文ではあるが、これだけでは「耕す者に土地をもたせる」という目標に到達することができない。第一に、中国には中小地主が多いために(47)、制限をかけてもその効果が限られている。第二に、たとえ制限を超えた土地があり、それを処分しようとしても、デンマーク、アイルランド、イギリス、革命以前のロシアの政府のように農民に補助金を出すことをしない限り、赤貧状態の農民は土地を購入する力がない。

また、第一七五条に、「不在地主の土地は一〇年以上借地としている場合、その土地を法に基づいて徴収することができる」と規定した一方、第三二九条、第三三〇条に、不在地主の定義を土地所在の市や県を一〇年以上離れて居住する者とし、そして兵役に服する者、修学している者、公職に就く者などを不在地主としないとしたのに対し、呉は、土地を耕す農民に返すための法律ではあると評価しながらも、大きな問題が二つあると批判した。第一に、不在地主と言っても、実際地元の県城や町で居住する者が多く、たとえ遠く離れて居住していても土地の所在地に時々戻ることが可能である。即ち、不在地主を定義する時間、空間的条件は全く無意味なことだ。第二に、兵役、修学、公職など不在地主のレッテルを免除する幅が広いために、ほとんどの地主が逃れられる。そうすると耕す農民に返す土地がどこからも徴収できないこととなる。

たとえ農民に配分する土地があるとしても、第三六八条に、土地の購入者が「一五日以内に補償地価及びその他の補償金を支払うべきだ」と規定されており、困窮する小作農にとって、高利貸から借りなければこの資金を出せず、借金すれば土地を得たとしても高利貸の債務を負うこととなる。

「地方建設の一縷の希望」において、呉は国民政府の農村振興のために施した次のような一連の措置を評価した。

第一は、雑多な税金を廃除する。一九三四年五月に開かれた第二次全国財務会議の席上、税金廃除に関する提案が三四件も提出された。同年六月に国民政府が田賦を増やしてはいけない、田賦以外に六項目の税金を「不合法的税金」と通告した。同年七月から翌年の八月までに全国二三の省市に廃除した税金と雑税は五二〇〇種、免除額が四九一三万元である。金額的にはけっして多くないものの、税制改革の第一歩を踏み出した。

第二に、土地陳報（土地所有者自身による所有地の自己申告）の方法で、地籍を整理し、土地を登記し、田賦を清算する。[48] その結果、田賦を納める土地の量が増えて、政府の税収も増えて、追加徴税額を減らした。

第三に、中央政府は農業発展のための施設、稲麦改進研究所、中央綿産改進所などを設立し、また、中央政府実業部に農本局を設けた。

文章の最後に、呉は、「これらの政策と施設は、農民が負担する税を減軽させ、農民の生産力を発展させるものであり、また、税収の清算整理を通して地方の力を付けるものである。これらの措置は、はたしてすでに破産した農村を繁栄させることができるのか、目標の実現はわれわれのさらなる努力が不可欠である」、と自らの問題や責任として締めくくった。

潘光旦にせよ、應廉耕にせよ、また韓徳章にせよ、民国期では、社会や、歴史、土地制度、農村経済などに対する解釈が多角的で、全体的関連のなかで物事を解釈していた。また、呉景超の文章に表われたように、彼らは国民政府に対して、批判すべきと思うところを批判し、評価すべきと思うところを評価した。しかし、共産党思想へと帰依した後、後者の言説で発声し、歴史や社会の複雑な様態や多層性をもはや自由に捉えて解釈することが不可能となり、タブー視され、共産党イデオロギーが唯一の「意味源」となり、それに基づいての解釈しか許されず、マンハイムが言うような「知の独占」状態が、思想の「単純化、一様化」をもたらした[49]。

注

(1) 潘らが書いた記事は、北京、天津、上海の『光明日報』『人民日報』『進歩日報』『文匯報』『沈観察』『新建設』などの新聞や雑誌に投稿された。『蘇南土地改革訪問記』は、一九五二年八月に北京：生活・読書・新知三聯書店から出版された。『潘光旦文集』七巻（一～一二一頁）に収録。

(2) 「前記」には、次のような一文があった。こわばって少しも弛まない共産党内の知識分子の文風と異なり、文字遊びの風情が紙上に現れている。

「われわれの行程がそろそろ終わろうとする時、旅館の電話帳に「話費半月一結」（電話代は半月ごとに精算すること）が書いてあることに気づいた。この文は逆に読めば「結一月半費話」（一か月半の余計な話を締めくくる）となる。ちょうど私と慰天はこの小冊子を出版することについて相談していたところで、この文を読むと二人は大笑いをした。われわれの見解と議論は、誤ったり、浅薄であったりするものがきっと多いだろうと、「廃話、費辞」に危惧していたところ、われわれの心配事を反映した一文を目にしたので、笑いを誘った」。

(3) 全部で七章より構成された『訪問記』は、平均一〇頁前後の他の章と比べて、第四章「『義田』から蘇南の封建勢力を見る」

は四〇頁にもわたる長文となった。その内容は、第二節で紹介するが、義田の歴史に関する詳細な記述は、潘の歴史に対する嗜好とその知識の豊かさを反映した。雑誌で掲載する際、編集者の意見で四分の一ほどが削除されたが、単行本にした時、潘はその部分の内容を再び組み入れた。

(4)『潘光旦文集』七巻：六頁。
(5)『潘光旦文集』七巻：九九頁。
(6)華東区は、新中国成立から一九五四年までの「六大行政区」の一つで、山東、安徽、江蘇、浙江、福建、上海、などの省市を含む。
(7)『潘光旦文集』七巻：九頁。
(8)『潘光旦文集』七巻：二三頁。
(9)『潘光旦文集』七巻：二九頁。
(10)『潘光旦文集』七巻：一一六頁。
(11)『潘光旦文集』七巻：一一八～一一九頁。
(12)『潘光旦文集』七巻：二一頁。
(13)『劉少奇選集』(下巻：二九～四七頁、北京：人民出版社、一九八五年)。
(14)『毛沢東選集』二巻：四一二～四一五頁。
(15)「文化の生物学観」(『東方雑誌』一二巻一期)『潘光旦選集』二巻：四一～五六頁、文中の引用部分は五五～五六頁の要約。
(16)「家族制度と選択作用」(『華年』五巻二九、三〇期)『潘光旦選集』一巻：一三二～一四五頁。文中で、潘は次のように家族中心主義的精神が三〇〇〇年も続いた理由を説明した。「主として二つある。一つ目は、儒教の影響。中庸的な儒教は個人でもなく、社会でもなく、両者をつなぐ家族を重んじた。「格物、致知、誠意、正心、修身、斉家、治国、平天下」の八つの項目には、斉家が中心だった。二つ目は、過酷な生存競争による。この激しい競争にはより有利な単位は家族だ。」
(17)父親の血を引いた嫡出子の権利。
(18)「評『中国の家庭と社会』」(『世紀評論』二巻一期、南京：世紀出版社、一九四七年七月)『潘光旦選集』一巻：二〇七～二〇八頁。
(19)『潘光旦文集』七巻：九八～九九頁。
(20)『潘光旦選集』一巻：二〇八頁。
(21)『潘光旦選集』三巻：八七頁。
(22)『潘光旦選集』三巻：八六～八七頁。
(23)『潘光旦選集』三巻：八六頁。

(24)『潘光旦選集』一巻：一二九頁。
(25)『潘光旦文集』七巻：四六頁。
(26)『潘光旦文集』『潘光旦選集』に基づいて整理した。g以外は、『文集』に掲載。a三巻：二四九～四〇九頁、b九巻：一二五～一七〇頁、c一〇巻：一一二～一三一頁、d一〇巻：八八～九九頁、e八巻：二四〇～二六一頁、f八巻：二七九～三〇一頁、g『選集』一巻：三二三～三三七頁。h一〇巻：六六～七七頁。
(27)一九三七年に作成され、一九四七年に北京：商務印書館によって出版された。
(28)盛楓は、朱彝尊（一六二九～一七〇九、浙江省嘉興生まれ、清代の竹垞学派の創立者、文学家）の弟子であり、『嘉禾徴献録』は、嘉興地域における傑出した人物の伝記である。
(29)奥崎祐司『中国郷紳地主の研究』（二八三頁、東京：汲古書院、一九七八年）。奥崎は、第四章一節「潘光旦『明清時代嘉興における望族』の再検討」にて、潘の嘉興の望族に関する研究を検討した。
(30)張耀翔『清代進士の地理的分布』を引用し、清代の一甲進士（科挙合格者の上位三名、状元、榜眼、探花）三四二名のうち、江蘇省出身者一一九名であり、全体の三五パーセントを占める、また、張惟驤『明清巍科姓氏録』を引用し、江蘇省の巍科人物（科挙の上位合格者）一八三名のうち、蘇州出身者が六五人である、などを紹介した。注（26）b一三二頁、一三九頁。
(31)潘は、清代朝廷の宰相、六部尚書、総督、巡撫などの官職の中に江蘇省、蘇州出身者を統計し、「高官の輩出状況を地域別見ると、江蘇省は第一であると結論した」。注（26）b一四四頁。
(32)学者の統計には、梁任公『近代学風の地理的分布』、支偉成『清代朴学大師列伝』、蕭一山『清代学者生卒と著述表』などの著述を利用した。
(33)詩人の統計には、沈徳潜『国朝詩別裁集』、銭謙益『列朝詩集小伝』、張維屏『国朝詩人征略』、『乾隆詩壇点将録』などの著述を利用した。
(34)画家の統計には、彭朗峰『画史匯伝』、盛鏞『清代画史』、張庚『画征録』、買宝齢『墨林今話』、秦祖永『桐陰論画』などの著述を利用した。
(35)戯劇俳優の統計には、李斗『画舫録』、安楽山樵『燕蘭小譜』などを利用した。
(36)『潘光旦文集』一〇巻：一二四～一二八頁。
(37)『潘光旦文集』三巻：三七七頁。張惟驤について第五章注（52）を参照。
(38)『潘光旦文集』一〇巻：九八頁。
(39)『光明日報』（一九五〇年五月一〇日）二面。

(40) 「董時進が毛沢東に手紙を送って土地改革を語る」『炎黄春秋』(四期:八五~八八頁、二〇一一年)。この記事は、董の手紙の全文を掲載した以外、一九五一年に香港で出版した本に董が、手紙を書くことの動機や、いろいろな方面に手紙を送付した当時の行動を披露したのを紹介した。

(41) 『観察』(六巻一二期、一九五〇年四月)。

(42) 一九三七年、日中戦争勃発後、当該会は武漢、長沙、桂林などへと移転。終戦後、上海に戻り、一九五一年に解散。汪効駟「中国農村経済研究会述論」『安徽史学』(二期:六四~六九頁、合肥:安徽省社会科学院、二〇一一年)、三谷孝「第二章中国農村経済研究会とその調査」小林弘二(編)『旧中国農村再考――変革の起点を問う』(五五~八四頁、東京:アジア経済研究所、一九八六年)を参照。

(43) 例えば、李文海他(編)『民国時期社会調査叢編』農村経済巻(上)(中)(下)(福州:福建教育出版社、二〇〇九年)に収録した応廉耕と韓徳章の論文は下記の通りである。應廉耕(下):「四川省の租佃制度」(一九四一年)。韓徳章(中):「綏遠の農業」(一九三一年)、「河北省深澤県農場経営調査」(一九三四年)、「浙江西部農産品貿易の実例――米、生糸、山の幸」(曲直生と共著)(一九三二年)、(下):「浙江省西部農村における借貸制度」(一九三二年)、「浙江西部の租佃制度」(一九三三年)。

(44) 本論文は『社会科学雑誌』(四巻一期、北平〈現北京〉:社会調査所、一九三三年)に掲載され、前掲、李文海他(編)『民国時期社会調査叢編』農村経済巻(下):五七五~五八八頁)に収録。

(45) 本論文と同じ調査資料を利用した「浙江省西部農村における借貸制度」(『社会科学雑誌』三巻二期、一九三二年)の「著者の言葉」、前掲、李文海他編『民国時期社会調査叢編』農村経済巻(下):一頁。

(46) 呉景超「土地法と土地政策」『独立評論』(一九一号:一二~一六頁、北平:独立評論社、一九三六年二月)、「地方建設の一縷の望み」『独立評論』(二〇一号:四三~四六頁、一九三六年五月)。

(47) 呉は、「農情報告」三巻四期を引用して、中国における農家土地所有情況を紹介した。一〇畝以下:三五・八パーセント、一〇~二〇畝:二五・八パーセント、二〇~三〇畝:一四・二パーセント、三〇~五〇畝:一六・五パーセント、五〇畝以上:八・三パーセント。

(48) 土地陳報及び国民政府の土地政策について、笹川裕史「日中戦争前後の中国における農村土地行政と地域社会――江蘇省を中心に」(『アジア研究』四三巻第一号:七五~一〇六頁、東京:アジア政経学会)により詳しい。なお、費孝通『江村経済』「第一一章土地の占有」に、土地測量について言及した。

(49) 前掲、マンハイム『イデオロギーとユートピア』一二二頁。

第七章　蘇南における階級、土地制度と土地改革

潘らが『訪問記』に「江南に封建なし」論を反駁するのに真っ先に挙げた「封建的現象」とは、人口の極少数の地主階級が、大部分の土地を占有して、小作料を佃戸から過度に徴収し農民を過酷に搾取することである。これは、明らかに共産党の土地改革論から援用した論点である。

一九五〇年六月、劉少奇は、政治協商会議での講話「土地改革問題に関する報告」において、土地改革について次のように説明した(1)。

土地改革の基本的内容は、地主階級の土地を没収し、土地が少ないか、またはまったくない農民に分配し、地主という階級を根こそぎ廃除して、封建搾取の土地所有制度を農民の土地所有制に変えることである。このような改革は、中国数千年の歴史においてもっとも徹底的な変革である。

どうしてこのような改革を行なわなければならないのか。中国の土地制度は極めて不合理であるからだ。旧中国の土地状況は、基本的には、農村人口の一〇パーセント未満の地主と富農が、七〇～八〇パーセントの土地を占有し、残酷に農民を搾取しているのである。

同年五月、華東軍政委員、蘇南行政公署主任管文蔚が『光明日報』記者のインタビューに応じて「江南に封建なし」論を反駁した際、「地主や富農が七〇パーセント以上の耕地を占有する」呉県の例を挙げて、蘇南における土地の大部分が地主や富農に所有されていると述べた(2)。

極めて不合理的な土地所有状況が存在するからこそ、土地改革が必要であると言うのだ。この未曾有の改革は人民に歓迎されて、その正当性が知識分子にも広く認められた。そして、先の各章で述べた通り、土地改革運動に実際に参加したことで、知識分子の思想改造は大いに促進された。

一方、先の各章では、知識分子の民国期の社会思想や歴史観との対比を通して、共産党思想の二分法的階級区分論が現実を単純化し図式的に捉える問題や、革命の対象である「封建主義」という概念の曖昧さ、土地問題の解決に国家による土地買収などの漸進的な提案や議論をまったくせず、地主に対する直接的奪取に拘泥すること、そして、土地改革の現場に普遍的に存在する暴力の行使などの問題点が浮かび上がった。

本章では、潘らの『訪問記』が取り上げた蘇南に注目し、土地改革期の資料ばかりではなく、一九二九年に陳翰笙の率いた研究チームが無錫県で行なった農村調査、一九三六年に費孝通が呉江県廟港郷開弦弓村で行なった調査などの民国期の研究や論考、近年の追跡調査や考察などを総合的に分析することを通して、土地改革以前のこの地域における土地制度や階級の実態に近づきたい。そして、土地改革期の階級や土地制度に関する認識、地主打倒の階級闘争を再考し、この「轟々烈々」即ち、勢いよく壮大に展開された革命運動に潜んでいた様々な問題点をさらに明確にしたい。目的は、土地制度をめぐる事情の複雑さを理解すること、また知識分子を服膺させた共産党の土地制度改造の思想と政策は、はたして社会の現実に適正なものであったのかを考えることである。

一　地主の所有地の比率をめぐって

蘇南とは、一般的には江蘇省境内を流れる長江より南の地域を指す。新中国成立初期、鎮江、常州、蘇州、松江などの四つの地区と直轄市無錫市を所管する行政区であり、土地面積三万三三四平方キロメートル（約四五九六万畝）、人口一三二六・六万人、そのうち農村人口一一四八万人、農地二四一九・三万畝（畝＝六・六アール）、一人あたりの平均耕地はわずか二・一畝であった。[3]

蘇南は、潘らの『訪問記』によると、中国の他の地域と同じく、少数の地主が多くの土地を占有していたのである。しかし、いったい地主がどれほどの土地を占有したかを調べると、土地改革期の各種の統計数字に相互に差があることに気づく。共産党政権の各部門で作成された報告書には、それぞれ異なる数字が提示され、地権の地主への集中度に関する認識も一致していなかった。そして、この時期の統計を民国期の考察や、一九八〇年代以後の実地調査などと照合すれば、さらに整合性をもたないこととなる。

まず、蘇南地域全体の地主人口と所有土地の比率について、劉少奇の上記談話において、江蘇省の所在する華東地区における地主の土地と公堂地（宗族の族田である義田や祠堂、墓地、寺院の土地など）が全体の三〇～五〇パーセントを占めると提示されたことを筆頭に、以下のように様々な統計数字が出された。

①『訪問記』は、土地改革期に実施された二三県四一郷に対する調査のデータから、蘇南では地主の土地と公地が四〇パーセント、その比率の高い常熟県と呉県ではそれぞれ六五・四と七八パーセントも占めていると劉の談話を証拠づけている[4]（表2、表3を参照）。

表1　『訪問記』が提示した1950年土地改革以前における地主とその所有土地の比率

地区・県	地主人口（%）	地主所有の土地（%、公営地を含む）
蘇南	2	40
常熟県	5.6	65.4
呉県（2郷平均）		78

潘らは、「土地改革は激しい闘争の連続だ」（以下「土改闘争」）において、蘇南各地区の地主土地の占有率をより具体的に示した。(5)「地主の戸数は、平均的に二パーセント、具体的には、無錫二・一、松江二・二、鎮江三パーセントであるのに対して、土地総数における地主土地の占有率は、平均四〇パーセントくらいであり、地権がより分散している無錫は二〇～二五パーセントである以外、宜興と溧水は三五パーセント、松江（宝山、川沙以外）と蘇州は六〇パーセント、宜興県の個別地区、例えば官庄は八〇パーセントにも上る」。

②華東軍政委員会土地改革委員会が蘇南二五県九七三村の統計に基づいて作成した『華東農村経済資料第一分冊　江蘇省農村調査』では、地主の人口は蘇南全人口の三・〇二パーセント、所有地は土地総面積の三六・二パーセントを占めるとされた。(6)

③華東軍政委員会土地改革委員会が一九五二年に刊行した『上海市郊区蘇南行政区土地改革画集』は、一七二二郷の統計に基づいて蘇南における地主の人口と土地占有の比率は、それぞれ三・二五、三四・二パーセントと記した。(7)

④共産党蘇南区農村工作委員会は、一九五〇年に「蘇南二〇県一七二二郷土地改革以前各階層の土地占有状況比較表」（以下「比較表」）を作成し、蘇南の地権は集中しているとは言えず、地主土地所有の全国平均値三八・二六パーセントより、およそ一〇ポイントも低く、地主の人口が全人口の三・一八パーセント、地主の所有地と公堂地がそれぞれ蘇南土地面積の二八・三二、五・九一パーセントを占めると公表した。(8)

以上の各方面の統計を整理すれば、表2に示す通りである。

表2　蘇南地域の地主人口と所有土地に関する各種の統計

統計提供者	地区	調査（刊行）年	地主人口（%）	地主所有の土地（%）
①『訪問記』「土改闘争」	23県41郷	1951	2	40（公堂地を含む）
②華東軍政委員会土地改革委員会	25県973村	1952	3.02	36.2
③華東軍政委員会土地改革委員会	1,722郷	1952	3.25	34.2
④蘇南区党委員会農村工作委員会	20県1,722郷	1950	3.18	34.23（公営地を含む）

上記各種の統計数字には、数ポイントの差しかないように見えるが、土地面積で計算すれば、一パーセントの差は、およそ二四万一九〇〇畝の差となり、けっして軽視できるような差異ではない。特に、①と③④との間には、一四〇万畝ほどの差もある。

次に、各地区や県の地主所有土地面積に関しても、様々な統計数字がある。各種の統計は、東部の蘇州、松州地区の各県が西部の鎮江、常州地区の各県より地権が地主に集中する傾向を共通に示しているものの、同一地域に関しては相互に差が見られた。例えば、高淳県に関して②と④との間に、呉県に関しては①と④との間に、それぞれ二〇や三〇ポイント以上の差がある。また、蘇州地区と松江地区に関しては①と②との間に、それぞれ一〇ポイントの差があり、土地面積に換算すると、それぞれ六三・九万畝と五一・四万畝の差となる。いったいどれほどの土地が地主に占有されていたかに関しては、地主の土地を没収することを主要な任務とする土地改革の時期に、確実な統計や統一された見解が存在していなかったと言わざるを得ない（表3を参照）。

陳翰笙が、無錫県二二の村において「少なくとも一七三種類の大小異なる畝が存在し、各村には平均的に五〜二〇種類があった」と述べているように、土地の測量単位「畝」の広さが統一されていなかったことに留意したい[9]。これは、地主所有土地に関して様々な統計があることの原因の一つとなったかもしれない。一方、畝に様々な種類があるとしても、同じ時期の同じ場所の耕地に関しては地元ならではの一貫した計算法があるはずである。土地の測量単位が統一されなかったことが、各種の統計の差に関する説明にはなりかねることも否めない。

そして、土地改革期の地主所有土地に関する統計を民国期の政府や研究者の考察と照合する

表3　蘇南各県における地主所有土地に関する統計（%）*

統計提供者	専区				県名								
	蘇州	松江	常州	鎮江	常熟	呉県	太倉	昆山	高淳	江陰	揚中	金壇	宜興
①	60	60			65.4	78							35
②	50	50	40	40				54.8	35 ～ 38	20 ～ 30		47	47
③													
④						42	46.3	52.5	14.2	19.5	11.2	43.2	

* 統計提供者と資料出所は表2と同じである。

表4　地主人口と所有土地の比率に関する土地改革期と1920～30年代との比較

統計提供者	調査（刊行）年	地区	地主人口（%）	地主の所有土地（%）
国民政府行政院農村復興委員会	1933	常熟（7村）	1.3	28.2 *
①	1951	常熟県	5.6	65.4
陳翰笙	1929	無錫（20村）	5.7	47.3 **
④	1952	無錫県		21 ***

* 国民政府行政院農村復興委員会『江蘇省農村調査（上海：商務印書館、1934年）、加藤祐三『中国の土地改革と農村社会』（東京：アジア経済研究所、1972年）45頁から引用。なお、農村復興委員会及びその農村調査について、井上久士「農村復興委員会の組織とその農村調査」、小林弘二（編）『旧中国農村再考』（東京：アジア経済研究所、1986年）85～110頁に詳しい。

** 陳翰笙『現代中国の土地問題』（上海：国立中央研究院、1933年）（『陳翰笙文集』47～72頁）。

*** 華東軍政委員会土地改革委員会（編）『華東農村経済資料第一分冊　江蘇省農村調査』（1952年）332頁。

と、また大きな差異が見られる。常熟県に関して、国民政府行政院農村復興委員会の調査では二八・二パーセントであったが、土地改革期の統計では六五・四パーセントに上がっている。また、無錫に関しては、陳翰笙らの調査では四七・三パーセントであったが、土地改革期の統計では二一パーセントまで下がっている（表4を参照）。

二つの時期の統計の大きな相異について、どのように理解すべきなのか。

民国期の統計は一部の村落に対する調査で得られたものであるので、土地改革期の統計との差は、部分的平均値と全体的平均値の間に生じたものである可能性がある。ただ、それにしても、部分と全体との傾向が一致していないこと、しかもその不一致があまりにも大きいという問題点が残る。

或いは、それは、一九三〇年代から一九五〇年代初期まで約二〇年間に生じた土地所有権の変動として理解することが可能である。だが、その場合、地理的にわずか数十キロしか離れていない常熟と無錫とで、正反対の動きが見られ、常熟では土地が地主に集中するのに対して、無錫では地主が土地を手放す傾向が示された。

また、畝の単位が複数存在することと関連して、民国期と土地改革期の統計は同じ基準を使用していなかった可能性も否定できないし、統計自体が確実ではなかったという可能性もある。

いずれにせよ、蘇南における民国期以降の地権変動については体系的な考察が少ないので、表4に示された地権変動の理由を究明するのは困難を極める。

二　土地所有権の変動と地主

だが、少なくとも表4は、蘇南における地主の土地所有は恒常的なものではなく、変動するものである、或いは変動の可能性があることを提示した。実態はどうだったのだろうか。

これからは主として、費孝通が考察した呉江県開弦弓村や、陳翰笙が考察した無錫などの地域に注目し、実例を通して土地所有権の実態を分析してみる。なお開弦弓村は、一九八〇年代に沈関宝や恵海鳴らが費の研究の追跡調査を行なったことにより、村における地権の変動はより継続的に記録されている[10]。費や陳らの考察に見られた土地所有権に関する実態は、まとめると次のようなものである。

土地を自由に売買することができる土地制度の下では、蘇南では、中国の他の地域と同じく、土地は往々にして同じ地主や農民に恒常的に属するものではなく、その所有権は家族や階層の間、都市と農村の間に移転していた。また、一口に土地所有権と言っても、実際には、土地に対する権利がいろいろなかたちで分割されて、複数の地権形態があり、地権の移転も様々な形式があった。そして、地主は、田舎に居住し農業で営利する者以外、都会や県

表５　開弦村における土地所有と利用

土地の所有と利用形態	所有・利用者の権利と義務	居住地	所有者名称
完全所有権	田底、田面の両方を所有	村内	自作農
・自ら耕作			
・貸与	小作人に貸与して小作料を取る		
田底権	土地所有権をもつ。土地登録の名義人、土地税を政府に納入	都市や町	不在地主
・貸与	耕地を耕作する権利がない、耕地を小作人に貸与して小作料を取る		
田面権	田面の物権を所有	村内	佃戸
・自ら耕作	地主に小作料を納める		
・貸与	「承租人」* に耕作させて地租を受け取って田面料の部分を控除するうえ、地主に小作料を納める		

*「承租人」とは「種戸」とも言うが、田面権をもつ小作農から土地を借り入れて耕して、小作農に地租を納める人のことである。

城に居住し商業や金融業を営む者、政客や地方の軍閥の身分をもつ者も多くいた。

1　複雑な地権所有形態

費は、一九三九年にイギリスで出版された *Peasants Life in China*（中国語版『江村経済』）において、開弦村における複雑な土地所有状況を紹介した[11]。簡潔にまとめると、地権は、完全所有権、田底権（所有権）、田面権（永久耕作権）の三つの形態に分けられ、それぞれの所有者が土地を他人に貸与して地代をとったり、また土地を売り出したり、抵当に入れたりすることができるのである。

「完全所有権」は、文字通りに土地の所有権を完全にもつことであり、実際に自作農がこの種の地権をもつことが多い。完全所有権から分割した田底権と田面権は、それぞれ独立した形で地主と小作人双方に運用される。小作人が小作料（佃租）を滞納しないかぎり、地主は田面権を奪い取ることができない[12]。この土地慣行は「一田両主」とも言う。一田両主は「開始時期については諸論あり確定することは叶わないが、明代以降には全国各地で見られ、中華人民共和国の成立に至るまで存続した[13]」。

複雑な事情をより分かりやすく理解するために、費の考察に基づい

表6　無錫地方の地権分析表

		地権類型	内容	称呼
a	田底田面所有権	永久所有権	自ら耕作、地租を支払わず、受納もせず	永業自作農
b		目下自ら耕作しないが永久所有権	蓋頭租を受納する	永業地主
c		暫定的所有権を購入	自ら耕作、地租を支払わず、受納もせず	暫定自作農
d		暫定的所有権をもつが耕作しない	花厘租を受納する	暫業地主
e		目下所有権をもたないが永久耕作権をもつ	地租を支払う	地租を納支払う自作農
f		田面を暫定的に売り出すが所有権を保留	花厘租を田面の買主に支払う	暫留自作農
g		土地を売り出したが買い戻す権利を保留	耕作せず、地租を支払わず受納せず	虚名自作農
h	田底	永久所有権	地租を受納する	永業地主
I		暫定所有権	地租を受納する	暫業地主
j	田面	目下自ら耕作しないが永久耕作権をもつ	種戸から蓋頭租を受納し、地主に地租を支払う	地租を受納する佃農
k		永久耕作権	地主に地租を支払う	永業佃農
l		暫定的耕作権をもつ	蓋頭租を田面所有者に支払う	暫業佃農

* 地権や租佃関係に関して、各地域の慣習や用語が多様で、同じ蘇南地域でも各県で異なる。この表において、陳は無錫地域の用語をそのまま使用した。bの蓋頭租とは、田面権を借り入れた種戸が田面権の持ち主に支払う地租、fの花厘租とは、田面権のない小作農が田面権の持ち主に支払う地租のことであると推測する。

て表5「開弦村における土地所有と利用」に整理した。

陳翰笙は、無錫調査の報告書において地権の複雑な形態を紹介し、二二村における一二種類の地権を「田底田面占有営業権」、「田底所有権」、「田面耕作権」などの三つのグループに分類して、「無錫地方の地権分析表」を作成した⑭（表6を参照）。

2　「地主」は誰なのか、その「階級本性」とは

土地改革の際、「地主」という言葉は、「土地の持ち主」という言葉本来の意味をはるかに超えて、政治的符号となり、農民を搾取する手段である土地を独占する「封建勢力」の代名詞となった。このような「地主」認識には、費や陳らが提示した現実に存在する複雑な地権形態から見ると少なくとも二つの疑問点が浮かび上がる。

第一の疑問は、地権が複雑に分割された状態下では、土地はいったい誰のものなのか、或いは土地の持ち主という意味の「地主」は誰なのか、それを単純明快に答えることはできないのではないかということである。第二の疑問は、もし「搾取」を「自ら労働せず耕す者からその労働成果をとること」と定義したら、搾取するのは地主だけではないのではないかということである。

これらの疑問を解くために、これから、呉江や無錫及び蘇南に関する諸考察を踏まえ、民国期の土地制度及びその特徴を整理してみたい。

第一に、表5や表6が示した通り、地権は、完全所有権、田底権、田面権などの三つの形態に分かれており、それぞれが、販売、抵当、貸与のかたちで移転することができる。また、その移転には、時間的に永久と暫定の二つの形式がある。したがって、地権の多様化と分散化、地権移転形式の多様化が、民国期の蘇南あたりの土地制度の大きな特徴である。

完全所有権をもつ自作農は、飢饉や、食糧不足、家に病人が出たなどで金が必要になる場合、土地を処分する。その際、往々にして田底と田面とを分けて別々に処理する。田底権を売り出すことがしばしば生じたが、抵当に入れることでも債権者から高利にはなるが金を借りられる。だが、その金で難儀を一時的にしのいだとしても、高い金利付きの借金を返すことができない結果、田底権を手放さざるを得なくなることが多い。これは、自作農が小作農に転落する過程でもある。一方、田面権を種戸に貸与すれば「蓋頭租」をとることができる。

都市や町の土地取引市場において、土地、主として田底権が流通し、自由に売買される。それによって、不在地主が増加していく。「田底所有権は、個人、家族、政府などあらゆる法人に属することが可能であり、私人的でも公共的でもあり得る」[15]。

呉江県あたりでは、地主が小作農に土地を貸与する際、田面権をもつ者に対して「大租田」、もたない者に対して「小租田」の形で貸し出し、それぞれ課した地租の量が異なり、両者の間にかなり大きな差がある。沈関宝によると、一九四八年に大租田と小租田の地租は、一畝あたり平均的にそれぞれ七八斤（一斤＝五〇〇グラム）と一八〇斤であり、畝の平均的生産高のそれぞれ二五パーセントと五八パーセントを占める。(16)

地租の差から、田面権をもつことは、小作農にとって極めて重要なことが明らかである。田面権をもつ小作農が、金がほしいという理由以外に、家に労働力がないことや、主要労働力が出稼ぎに出かけたなどで自ら耕作できない場合、種戸に耕作してもらい、本来の小作料にさらに一定の地代を加えた地租を受納することができる。

地権の異なる所有形態はそれぞれ一定の階級、例えば、田底権と地主、完全所有権と自作農、田面権と小作農とより密接に関連して一定の対応関係が見られるが、一方、そのつながりは必ずしも必然的なものとは言えず、実際には、一戸の農家が幾つかの種類の地権を同時にもつことも少なくなかった。費孝通によると、開弦弓村で、より明確に分かれていたのは、不在地主と村の農民であり、村に在住する「土地の完全所有者、小作農、種戸などの間には、輪郭がはっきりする厳密な階級が存在せず、常に一つの家族には、完全所有権をもつ土地もあれば、他人に貸与した土地もあり、そして他人や不在地主から借り入れた土地をも耕している」というのが実態である。(17)

第二に、出租・承佃関係と地権移転の形式の複雑化にともなって、表7に示した通り、土地に関する様々な権利から生じたいろいろな形式な地租や代金が、支払われたり受納されたりしていた。

完全所有権や田底権だけではなく、小作農のもつ田面権も「蓋頭租」という代金を受納することが可能なことや、開弦弓村において一つの家族が様々な形態の地権をかさねて有する複数形式の地租や代金を同時に支払うことから見れば、地租は、共産党が主張するような「極悪無道な地主の階級本性による搾取」、地主階級のみが行使する「収

表7　土地に関する様々な権利と地租、代金

受納する側	支払う側	地租名	表6と対応
①田底権田面権の両方をもつ者	田面権を借り入れて小作する者	蓋頭租	b
②田底権田面権の両方に暫定所有権をもつ者	「小租田」の小作農	花厘租	d
③田底の永久所有権をもつ者	「大租田」の小作農	普通の地租	h
④同上	「小租田」の小作農	花厘租	
⑤田底の暫定所有権をもつ者	「大租田」の小作農	普通の地租	
⑥同上	「小租田」の小作農	花厘租	
⑦暫定耕作権を購入した者	田底権をもつが暫定耕作権を売り出した者	花厘租	f
⑧田面権をもつ者	田面権を借り入れて小作する者	蓋頭租	j, l

奪手段」というより、階級をまたがって広く実践された土地制度であり、土地に対する一定の権利に基づいて代金を得る社会慣習であると捉えた方がより当時の社会の実態に近いと考えられる。

もちろん、地租の形式が多種多様と言っても、地権、特に田底権所有者に支払う小作料が地租のもっとも基本的な形式である。民国後期には、小作料が極端に高くなった。地主には、小作料を収奪するために小作農の生命さえ奪い取る苛酷な行動をする者も少なからずいた。このような状況は、貧しい小作農による反抗を激化させ、彼らに共産党の土地改革運動に参加するように奮い立たせたのである。但し、地主の小作農に対する苛酷な地租収奪は、一定の歴史的、政治経済的背景の下で発生したことを見落としてはならない。それについては後述するが、ここではとりあえず、地租という土地制度は、歴史や社会の様々な要素によって形成された社会環境の中に存在することを指摘しておきたい。

第三に、戦争や、政治情勢、政府による課税などに影響されたために、地権形態や、地租、ならびに土地所有者が急激に変動していた。

一九三六年に開弦弓村土地のおよそ三分の二の田底権は、都市や県城に在住する不在地主が所有していたと費は紹介した(18)。

しかし、土地改革開始前に村の不在地主の土地占有率は相当程度下がり、

表8　土地改革期に開弦弓村の階層と土地占有率（%）

不在地主	地主	半地主 富農	富農	小土地 出租者	中農	貧農	雇農	その他
17.3	4.7	2.9	5.9	2.5	44.4	21.1	0.8	0.7

表9

	抗日戦争前	抗日戦争中後期	国共内戦期
呉江県田底権1畝の価格（石）*	10以上	5	1～4

*1石＝10斗＝150斤

五分の一未満となっていた。それにともなって、本来土地のない小作農が土地を取得して、自作農（土地改革に中農と区分された）が増加した。土地改革期に区分された各階層の土地比率は、表8の示す通りである。[19]

費の研究の追跡調査を行なった恵海鳴は、一九三〇年代以降の地権変化について次のように分析した。[20]

①抗日戦争期及び国民党と共産党の内戦期に、地価が大幅に下がり、土地のない農民か少ない農民が購入しやすくなった（表9を参照）。

②抗日戦争前に土地の抵当は現金で精算していたのであるが、戦時中通貨価値が低落したので、農民が買い戻しやすくなった。

③抗日戦争期に地主の多くは大都会に逃れて、地租の徴収が困難となったために、土地を手放さざるを得なくなった。

④抗日戦争の開始後、国民政府が徴収する租税が量的にも種類でも大幅に増加し、例えば、「経常税」（一戸ごとに月数斗～一石）のほかに、「壮丁米」（兵役や労役の代わりに納める税、五、六斗～数石）「生糸税」「酒税」「養豚税」「羊毛税」「船税」などがある。しかもその多くは「按畝攤派」、即ち土地所有者に一畝あたりで平均的に負担してもらうかたちで徴収するので、土地が多ければ税の負担も多くなるために、多くの土地をもつ大地主ばかりではなく、少ししか土地をもたない自作農さえも、一定数以上の土地を購入しなくなった。

表10　松江県と常熟県における地価の変動（単位：石）

		抗日戦争前	抗日戦争初期	抗日戦争中後期	抗日戦争終結後	1948年
松江	田底	6～9	7～8	不詳だが下落	9	1～4
	田面	2～4	2～4	2～4	2～4	3～5
常熟	田底	5	4			1
	田面	5	5	5		4

また、国共内戦期の地価下落は、主として共産党解放区で実施された土地改革の影響と政治体制の変革に対する予測によるものだと沈関宝は分析した。この時期に、不在地主たちは相次いで土地を手放して、開弦弓村では、千畝近くの土地が売りに出されて、自作農や土地のない小作農に購入された[21]。

地価の変動及びそれにともなう地権の変動は、開弦弓村のみではなく、他の県で、例えば、莫宏偉の松江や常熟に関する研究でも証明された[22]（表10を参照）。

以上から、民国期に、戦乱や、政治体制の変動、国家や地方政府の租税の増加などに影響されて、地権が常に変動し、土地の所有者が絶えず入れ替わっていたことが明らかとなった。

地主の土地離れが租税の大幅な増加に関係するという恵海鳴の指摘を受けて、ここでは租税と農民の税負担、及び地租との関係について考えてみたい。

国家財政と農民税負担との関係は、小島淑男が指摘したように「清代・民国期を通じて、各時期の国家財政を支える主柱が税糧であり、その直接負担者が土地所有者である」と言えよう[23]。

そもそも民国政府の増税は、日中戦争期から開始されたのではなく、陳翰笙は、民国元年（一九一二）から民国一七年（一九二八）までの一六年間の政府財政と農民の税負担の関係を研究し、次のように指摘した[24]。

十数年来、中国の茶、生糸の輸出が逓減してきたのに対して、食糧、綿の輸入は逓増してきた。農業が破産し、原材料が急騰し、工業と商業が不景気になるなどにより、政府の財政収入が減少した。

一方、政府の軍事費予算は逐年拡大し、一九二八年の軍事費は一八九三年の三一倍にも上って八億元となった。そして、各地を割拠する軍閥間の戦争により、各省の軍事費も増大し、一九二〇年の江蘇省の軍事費は一九一四年の二倍となり、年度財政予算の四一パーセントを占めており、それよりももっと高い湖北省は九四パーセントをも占めていた。

財政の赤字を埋めるために、政府は、外国から借款するばかりではなく、国内の銀行からも強制的に資金を調達し、また、紙幣を大量に印刷したり、補助貨幣を発行したりした。それらによってもたらされた経済的負担は、最終的には人口の八〇パーセントを占める農民に転嫁されることとなる。一方、農民から直接徴収する各種の租税が大幅に増加した。一六年の間、田地税が全国平均では三九・三パーセント、江蘇省では三六・六パーセントも上がった。

田地税の増大につれて、それに伴い地租も上昇した。税と地租との関係について、村松祐次は次のように指摘した[25]。

税の来源は租である、或いは小作農が租を支払わなければ、地主が税を払うことが不可能となる。総じて租から税へ、小作農から地主を経て国庫へ、農業余剰移転の連鎖関係は、一貫して実質的・内容的につながっており、これを途中で断ち切れば、究極における「国課の転輸」そのものが妨げられる。

村松は「官権と地主利益との抱き合わせ」がいかに実現したかを説明するために、税と租との関係の仕組みを実に簡潔な相互関係図にまとめた。

蘇南では近代以来、地租が絶えず上昇する傾向にあった。沈関宝の考察によると、呉江県では、一九四八年の地租が一八四四年と比較すれば、大租田が一・五～五倍、小租田が四～一四倍ほど上がった[26]。その上昇は、税の増大が大きな一因である。もちろん、税のみと関連するのではなく、ほかにも、例えば、人口の増加や、商業資本の農業への投資などに影響される。いずれにせよ、その結果、地租は小作農にとってたいへん過酷なものとなる。

地租は、土地制度の一環で、政治的にも経済的にも他の様々な制度や要素に影響されて変動していた。しかし土地改革の際に、地租はもっぱら「地主階級の搾取本性」によるものと取り扱われて、地主個人に対する道徳論的な批判を展開する材料とされた。

第四に、地主たる者の「多面性」及び「地代、高利貸、商業による三関節収奪の構造」が挙げられる。費や陳の考察によると、一九二〇～三〇年代、蘇南の田底権をもつ地主の多数は都市や町に在住する不在地主であった。彼らは何をする人たちなのか。陳は次のように指摘した[27]。

中国の地主は外国の地主と異なって、大多数は多面的人物である。彼らは、地租受納者であり、商人や、高利で搾取する者、行政官吏でもある。多くの地主兼高利貸者が地主兼商人にもなれる。また、地主兼商人が地主商人兼政客にもなれる。そして、商人や政客も地主になれる。地主の大半は醸造所、搾油所、穀物倉をもっている反面、問屋や雑貨屋の主人が往々にして土地の抵当権者でもある。地主が質屋や店をもつことは、軍政当局が銀行をもつことと同じくらいあたりまえのことである。

表11　江蘇省374大地主（1人あたり土地千畝以上を所有）の主要な職業

	軍政官吏		質屋・銭庄・高利貸者		商人		実業家	
	戸数	%	戸数	%	戸数	%	戸数	%
江蘇南部	44	27.33	69	42.86	36	22.36	12	7.45
江蘇北部	122	57.28	60	28.17	31	14.55	無し	
合計	166	44.39	129	34.49	67	17.91	12	3.21

そして、陳は、江蘇省の三七四大地主の職業を表11のように紹介した。地主の職業は、経済が発達していなかった江蘇北部で最も多いのが軍政官吏であったのに対して、南部では、質屋・銭庄・高利貸者だった。質屋の資本金の大部は地租から来ており、質屋は「高利貸、商業、地主の三位一体の組織である」と陳は指摘した。

小島淑男は、陳と同じく「地主・商人・高利貸の三位一体構造」に注目し、「三関節収奪の構造」と名付けて、蘇州や無錫あたりの地主の実例を踏まえて、その収奪の仕組みを以下の通りに分析した。[28]

地主・商人・高利貸の結合による収奪の構造は、商品作物の栽培、商品生産を目的とする家内手工業を行なう農民たちを、多様な形式を通じて多角的な収奪を行なうのに適している。農民は、農業を開始するにあたって資金融資を受け、収穫後には高利を付けて返還せねばならず、その農業生産物も、代金納地代（折価）のために売り急いで買いたたかれ、しかも、市価以上の地代換算額により事実上の増租（小作料の増額）を強制されているのである。佃農に対する封建的収奪が、単に地代のみを対象とせず、高利貸・商業をも通じて行なわれ、時代そのものも代金納の強制を通じて事実上の増租をはかるという収奪の構造＝農民収奪のための三関節を体現するものこそ、地主・商人・高利貸の三位一体である。

『訪問記』において、潘らは蘇南一帯で伝わっていた民謡を引用して地主が農民を高利貸で搾取する方法を紹介した。[29]

民謡

農民の背中に二本の刀が挿され、
重い租米、高い利銭。
農民の前に三本の道があり、
川に身を投じる、首を縊くる、牢屋に入れられる。

また、常熟県における高利貸の幾つかの方法を例として、地主の金儲けに対する貪欲さを批判した。

①「放債米」、即ち米を借りることで、返却期限は六～一〇か月ほどで、平均的には一石を借りて一・五石、利息の高い場合は二石を返却する。
②「売青苗」、即ち田んぼに成長している苗を抵当に入れて借金することで、返却期限は一～三か月ほどで、収穫期に市場価格より三割、利息の高い場合は五割低い価格で債権者に穀物を売る。
③「放豆餅」、即ち肥料としての豆粕（薄い円形にするもの）を借りることで、平均的には一〇個を借りて一二個、利息の高い場合一四個を返す。
④「放過洋」、即ち借金することで、返却期限は一〇日ほどで、一日の利息は平均的には五パーセント、利息の高い場合は一〇パーセントである。

以上の諸研究も、土地改革期の地主批判も、基本的には高利貸が地主特有の農民を搾取する手段であるとした。

しかし、最近の研究に紹介された土地改革期の調査資料から見ると、地主は高利貸の主要な債権者ではあるが、高利貸の貸与をするのはけっして地主のみではなかった。高利貸は農村金融の慣行として、階層をまたがって広く実践されていた。これも、土地の貸与と類似して、その広がりにはそれなりの社会的背景があった。

実際には、高利貸の貸与とその債権者には四つの類型がある[30]。

①地主や富農が高利貸をする。
②地主や富農が都市や町で経営する米屋、花屋、町工場などが高利貸をする。
③都市や町の質屋、商店が高利貸をする。
④小売商人、店員、鉄道労働者、紡績工場労働者が高利貸をする。

各階層に高利貸の債権者が一定の比率を占めていた。全面的な調査資料がないものの、七県の一四郷村での調査によると、高利貸の債権者戸数の総戸数における比率は表12の通りである[31]。

また、蘇南五県の七郷鎮に対する調査によると、各階層における高利貸の債権者戸数の比率は表13の通りである[32]。

各地域に差が見られるものの、基本的には、地主層における債権者戸数の比率が高く、そして、限られた調査ではあるが、債権者戸数においては地主による貸与の部分が大きい[33]（表14を参照）。

しかし、表12と表13に示した通り、自作農としての富農や中農も、そして貧農さえも高利貸しに手を出していた。債権者戸数の普遍的存在は、債務戸数の多さに関係する[34]（表15を参照）。

負債したのは、貧困層の農民ばかりではなく、自作農の富農や中農、そして地主も負債があった[35]（表16を参照）。

表 12　高利貸の債権者戸数の全戸数に占める比率

調査地名	債権者戸数	総戸数	比率（%）
呉県、呉江県、句容県、高淳県 宜興県、金山県、無錫県	494	8,177	6.04
最高比率：宜興県雲渓郷上東村	14	194	7.22
最低比率：金山県河涇郷 3 村	6	145	4.14

表 13　蘇南 5 県 7 郷鎮の各階層における債権者戸数の比率（%）

県・郷鎮	地主	富農	中農	貧農	商人
呉県保安、新橋、青雲郷	12.29	21.9	11.18	5.85	－*
呉江県浦西郷	28.58	5.77	4.35	0.59	－
句容県水南郷	36.36	2.27	3.48	1.53	－
高淳県肇清郷	55.0	43.9	7.64	0.4	－
無錫県坊前鎮	－	16.67	7.17	3.13	12.5

* －の部分は、該当者がいなかったか、それとも調査しなかったかは不明である。

表 14　呉江県浦西郷債権者の食糧貸与状況に関する調査（%）

	地主	中農	貧農
債権者総戸数における比率	12.5	75	12.5
貸与総額における比率	94.34	3.8	1.86

表 15　蘇南 5 県 7 郷鎮の負債戸数状況

県・郷鎮	総戸数	負債戸数	比率 %
呉県保安、新橋、青雲郷	3,083	868	28.15
呉江県浦西郷	727	267	36.73
句容県水南郷	1,122	793	70.68
高淳県肇清郷	1,133	288	25.42
無錫県坊前鎮	773	182	23.54

表 16　蘇南 5 県 7 郷鎮の各階層における負債戸数の比率（%）

県・郷鎮	地主	富農	中農	貧農	商人
呉県保安、新橋、青雲郷	－	21.73	27.9	31.09	24.27
呉江県浦西郷	－	33.65	43.12	33.24	－
句容県水南郷	15.15	46.68	36.43	91.65	
高淳県肇清郷	－	－	20.83	32.02	23.86
無錫県坊前鎮	22.22	16.67	27.69	21.25	20.93

表 17　高利貸の食糧を借り入れた農家に関する調査 *

負債理由	比率（%）：a. 無錫、金山、武進	b. 松江	c. 無錫
①疾病、葬式	31.76	49.9（②含む）	33.8
②生活を維持する	18.73		52.11
③農業生産や耕地購入	12.3	16.2	11.27
④商売経営資金	11.09		
⑤地租の支払い	7.91	5.2	
⑥雑税の支払い	5.8		
⑦返済	2.08		
⑧その他	10.33	28.7	2.82

* 調査対象：a. 無錫県坊前鎮、金山県新卯郷 2 村、武進県梅港郷 2 保、借り入れた食糧総量 18,960 石。b. 松江県新農郷王家村第 20 組。c. 無錫県安龍山郷第五保、負債戸数 71 戸。

負債の原因はいろいろとあり、地域によっても具体的な理由は異なるが、疾病や食糧不足などが主要な理由であった[36]（表17を参照）。

高利貸の実状をまとめると、以下の特徴が見られる。

①高利貸は地主の特権ではなく、他の各階級にも債権者が存在した。

②農家における負債者の比率が相当高く、しかも貧困層だけではなく、自作農も負債する。

③高利貸が蔓延る背景には、貧困の普遍化、食糧不足の恒常化、疾病、死亡による家族の崩壊及び医療など保障制度の不存在、融資など金融制度の不備、抗日戦争や国共内戦による租税や雑税の増加、地租の上昇などが、重要な要因として存在した。

④総じて言えば、高利貸は③の社会的背景の下に生み出された歪んだ金融慣習である。経済力のある地主は確かに他の階層に比べてこの手段をより常用して貧困な農民から金を絞り取っていたが、それは、「地主の階級本性」や「悪虐無道」の悪習性というより、むしろ、弱肉強食の厳しい生存競争の社会環境から生み出された金融慣習が然らしめるものであった。

土地改革前の、所有者と耕作者が分離し、そして土地所有権や耕作権の所有者と実際の耕作者との分離が存在する土地制度を弁護するつもりは毛頭ないが、不合理的な制度を二元論的に切り離し、一部の人を絶対的な悪者にして、あらゆる責任を彼らに負わせる論理には異議を唱えたい。

三　階級区分の政治的経済的指標

蘇南の土地改革は、一九五〇年二月から、現状調査や、幹部訓練などを内容とする準備段階に入り、同年一〇月に全面的に展開し、翌年の一二月に終了した。

初期段階では、大衆動員以外、一番重要な作業は階級区分であった。階級区分が依拠したのは、共産党中央委員会や中央人民政府政務院が公布した一連の規定・指示・法令であった。(37)

①一九四八年五月、共産党中央が一九三三年に共産党中央革命根拠地瑞金民主中央政府の土地改革に関する規定a『農村の階級をいかに分析するか』、b『土地改革における問題に関する決定』を再公布

②一九五〇年六月、劉少奇の「土地改革問題に関する報告」

③一九五〇年六月、『中華人民共和国土地改革法』（以下『土地法』）

④一九五〇年八月、中央人民政府政務院が『政務院農村階級成分区分に関する決定』を公布（以下『政務院決定』）

⑤一九五一年三月、中国共産党中央委員会の『農村階級成分区分に関する補充規定』を内部指示として下達（以下『補充規定』(38)）

革命勝利以後、全国範囲で展開された土地改革は、基本的には共産党瑞金根拠地時期の政策を踏襲し、それをモ

デルとした。しかし、華中、華南などの新解放区の社会、経済状況は、山岳地帯にある根拠地や、北方の解放区とかなり異なっており、土地改革政策はいろいろと修正を加えざるを得なくなった。

階級区分に関しては、①から⑤まで規定・指示・法令は連続性があるものの、時間の推移やその適用範囲の拡大と共に、その内容にははっきりとした変化が見られた（表18を参照）。

ここでは、全国範囲の土地改革期の土地改革政策の特徴を分析すると同時に、それに存在する問題点も整理してみたい。

第一に、階級が増やされた。③までは、基本的には地主、富農、中農、貧農、労働者など五つの階級だったが、④⑤には、小土地貸与者、貧民、遊民、宗教職者、小手工業者、手工業資本家、手工業労働者、自由職業者、小商人行商人、商業資本家、革命烈士家族などが新たに加えられた。また、各階級の細分化も進められて、例えば、地主階級に、③までの破産地主、軍閥・官僚・土豪・劣紳、地租執事、高利貸者のほかに、二番地主、地主兼その他の職、悪覇、開明紳士などが加えられた。

だが、区分する階級が多くなったとしても、階級区分においてもっとも重要なのは地主と富農を確定することに変わりはない。これは、「敵我」、つまり「階級敵人と人民」の両大陣営の境界線を定めることと結びつく。「階級敵人」である地主に対して、「五大件」と呼ばれる土地、住居、食糧、農作業の道具、家畜などを剝奪することができる。地主に関する規定だが、かぎりなく「敵」に近い存在である富農に対しても、実際、土地改革の現場では、同様に剝奪する現象は少なくなかった。土地改革に関する報告において、劉少奇は次のように述べた[39]。

地主の土地を没収すると同時に、地主の役畜、農具、余った食糧と余った家屋を没収する。家屋にある家具も家屋と共に没収し、農民に配分する。

表18　全国範囲の土地改革期における共産党の階級区分政策

階級名	特徴	
	①②③	④⑤
地主	土地を所有し、自分では労働せず、或いはただ補助的な労働をするだけで、農民を搾取することによって生活する者	同左
破産地主	破産したが、労働せず、生活状態が中農以上である者	同左
軍閥・官僚 土豪・劣紳	地主の中でもとくに悪辣な者、地主階級の政治的代表	同左
地租執事	地主を助けて小作料を取り立てたり、家の差配をしたりして、地主の農民に対する搾取を生活の主要源泉にする者	同左
高利貸者	(①a) 高利貸による搾取を生活の主要源泉にしており、生活状態が普通の中農以上である者	
二番地主		地主から土地を大量に借り入れて、自ら耕作せずに他人に貸与して地租をとる者
地主兼職		ほかの職業に従事しながら、地元の地主並みの土地を占有して小作農に貸与して地租をとる者
悪覇		反動的な勢力を組織したり依拠したりして、人民から略奪し、暴力や権勢で人民を圧迫したりする者
開明紳士		地主階級の極少数だが、蔣介石政府の反動統治に反対したり、帝国主義の侵略に抵抗したりし、人民民主事業に賛同したりする者
富農	一般に土地を所有しているが、いっさい所有せずに借り入れる場合もある。自分も労働するが、恒常的な搾取を生活の一部または大部分の源泉にしている。搾取方式は主として作男を雇用することである	同左
半地主式富農	②③、他人の貸与した土地が自ら耕作したり、作男を雇用して耕作したりする部分を超える者	同左
反動富農		革命前と革命以後、重大な反革命行為をした者

中農	土地を所有し、生活の源泉は自分の労働によるが、土地借り入れている者もいれば、わずかながら他人から小作料や金利などを受けとって搾取をする者もいる	同左
富裕中農		生活状態が普通の中農以上であり、わずかながら他人を搾取している
貧農	土地をわずかしかもたないか、またはまったくもたないかので、土地を借り入れて耕作する者	同左
労働者	（雇農を含む）土地も生産用具もいっさいもっておらず、完全に、或いは主として労働力を売ることによって生活している	同左
小土地貸与者		他の職業に従事することや家に労働力がないなどの理由で少量の土地を他人に貸与する者
債利生活者		貸金の金利で連続して3年以上生活する者
貧民		定職がなく、生活が困難な者
遊民		（俗称チンピラ）職業や土地、正当な生活手段がない者
宗教者		牧師、神父、和尚、道士、占い師、風水師など
小手工業者		小規模な工場、生産用具をもって自ら生産をする者
手工業資本家 *		規模の大きな工場を所有し、労働者を雇用して生産する者
手工業労働者		生産資料をもたずに、手工業資本家や小手工業者、消費者に労働力を売る者
自由職業者		医者、教師、弁護士、新聞記者、著述家、芸術家など
小商人行商人		少量の資金で商人や生産者から仕入れをして販売する者
商業資本家 *		商業資本を占有し、労働者を雇用して商業活動を行なう者
革命烈士家族		辛亥革命以来の革命闘争、抗日戦争中に亡くなった烈士父母、妻（夫）、子女、16歳以下の弟妹

太字は、瑞金根拠地期の階級区分になかった、新たに加えられた階級区分の名称である。

* ④において、「手工業資本家」「商業資本家」の区分があったが、⑤では、統合して「農村工商業家」とされた。

表19　地主に関する具体的な基準

「有労働」	普通の状況の下では、家族成員に年間３分の１の時間、即ち４か月以上、主要労働に従事する者が１人いるだけで、有労働とする。３分の１の時間未満、ならびに主要労働に従事していない場合、有労働とは言えず、補助労働と言う。但し、家族人口が多い、例えば15人以上の場合、家族労働人口のうち、３分の１以上の労働力が主要労働に従事してはじめて有労働と言う。
「主要労働」	農業生産における主要な作業、例えば、畑を鋤き起こす、田植えをする、穀物を刈り取るなど。
「補助労働」	農業生産における副次的な作業、例えば、畑の除草をする、野菜栽培を手伝う、役牛の世話をする、など。

第二に、階級区分には「定性分析」に併せて「定量分析」の基準が提示された。③までは、階級に対して基本的には「定性」、即ちそれぞれの階級の性格を定義することにとどまるのに対して、④⑤は、従来の定義に基づきながらも、「搾取量」という概念を導入して、地租や、各種の雇用労働を搾取の量に換算し、それが家庭収入における比率を計算することで階級を区分することとなった。そして、時間的にも基準を設定し、例えば、「解放時から遡って三年連続で地主の生活状況を維持する者を地主とする」、階級を時間と共に変化するものとして扱った。

地主であるか否かの要は、「有労働」であるか否か、即ち家族に農業労働に従事する者がいるか否か、またその労働が「主要労働」であるか否かのことである。土地をもちながら、「有労働」ではない、またはその労働が「主要労働」ではないと判断される場合、地主と区分される。具体的には、表19に示したようである。[40]

「定量分析」を典型的に表しているのは、地主と半地主式富農、富農と富裕中農の区別に関する説明だった（表19、表20を参照）。地主の中には、家族成員に一年中主要労働に従事する者がいたり、作男を雇用して農業経営をしたりする者がいるが、このような地主と富農とは、はっきりとした区別が付かない。両者の区別に関して、次のような基準が設けられた[41]（表20を参照）。

表20　地主と半地主式富農の区分基準

地主	半地主式富農
家族成員に1年の3分の1以上の時間、主要労働に従事する者がおり、または作男を雇用して自ら農業経営をしている。	同左
他人に貸与する土地、即ち地租を取る土地aが、自ら耕作する土地と作男を雇用して耕作する土地の合計である土地bの3倍以上。例:a150畝、b50畝以下。	aがbの3倍以下
占有する土地がより多い場合、aがbの2倍以上。例:a200畝、b100畝以下。	aがbの2倍以下

地主と半地主式富農と極めて相似することと同じく、富農と富裕中農も相当相似しており、その区別も搾取の量で規定された[42]（表21を参照）。

第三に、階級区分に関する経済的基準には、少なくとも以下の二つの問題が存在する。それらによっても、全体的には論理的な統一性や一貫性が欠如し、都合次第の解釈や乱用の余地を残した。

①絶対的な基準（例えば、作男の雇用人数）と相対的な基準（例えば、搾取量が家族総収入における比率）とが相矛盾し、相互に否定したり相殺したりするところがある。また、搾取の量と財産の多寡の二つの基準が併存していて、ダブルスタンダードとなっている。

例えば、富農を判別する基準には、「作男二人を雇用する」という絶対的条件と、「搾取による収入が家族総収入の二五パーセントを超える」という相対的条件が別々に設けられた[43]。実際には、作男二人を雇用しても「搾取による収入は家族総収入の二五パーセント」を超えない家族もある一方、作男一人を雇用しても搾取の部分が総収入の二五パーセントを超える家族もある。この矛盾について、『補充規定』には、次のような解釈と規定があった[44]。

それは、搾取の相対量に関して言えば、確かに不公平のように見えるが、搾取の絶対量について言えば、二人雇用の搾取量は、一人雇用の二倍であり、搾取による収入が大きければ、得た利潤が多い。そのために、この規定は公平である。この規定に基づいて、一人を雇用する者、またはその他の搾取を併せて一人雇用の搾取量に満たない者は、た

表 21　富裕中農と富農の区分基準

富裕中農	富農
中農の一部で、生活状態が一般の中農より良く、他人に対するわずかな搾取をする	作男を雇用するなどで他人を搾取する
搾取による収入は家族総収入の 15 パーセントを超えない。	同左部分が 15 パーセントを超える
家族の人口が多い、労働力が少ない、自然災害や疾病死亡などに遭遇したなどの特殊な状況の場合、15 パーセントを超えても 30 パーセント未満で、群衆に異存がなければ富農としない。	
富農と同様な量の搾取をしていても、その搾取が解放期まで 2 年経っていない。	搾取が 3 年以上継続してきた
改定：搾取による収入は家族総収入の 25 パーセントを超えない。*	同左部分が 25 パーセントを超える。
・具体的な計算方法	・具体的な計算方法
a. 作男 1 人を雇用し、または搾取総量が作男 1 人の雇用に相当する。	a. 作男 2 人を雇用し、または搾取総量が作男 2 人の雇用に相当する。
b. 作男 2 人を雇用し、または搾取総量が作男 2 人の雇用に相当するが、家族人口が多く、生活が裕福ではない場合、富農としない。	b. 搾取量は同左、生活が裕福である。
c. 搾取量が作男 1 人雇用分以上、2 人未満の場合、家族総収入の 25 パーセントを超えなければ、富農としない。	c. 搾取量は同左、但し、家族総収入の 25 パーセントを超える。
d. 年単位で臨時工や月工を 120 日雇用する場合、作男を 1 人雇用することに相当。	d. 同左
e. 搾取量は、他人に対する搾取から他人から受けた搾取を差し引いて計算する。**	e. 同左

* 『政務院決定』の中に、富裕中農を区分する決定的な基準である 15 パーセントと、それに対する改正の 25 パーセントの両方が提示された。

** 搾取量の計算について、『補充決定』に次のような計算方式と事例が出ている。

計算方式：$\dfrac{\text{雇用労働者による収入}-\text{雇用労働者の賃金と食事代}}{\text{雇用主による収入}+\text{雇用労働者による収入}}\times 100$

事例：ある農家は、自らの労働で穀物を 30 石収穫し、作男を雇用して穀物を 30 石収穫する。作男の賃金と食事代 15 石、土地を貸与したことによる地租収入 14 石、豚の飼育による収入 8 石、他人に支払う債務利息は 10 石である。

$$\frac{(30\text{石}-15\text{石})+14\text{石}-10\text{石}}{30\text{石}+30\text{石}+14\text{石}+8\text{石}-10\text{石}}=\frac{19}{72}\times 100=26.4$$

とえ搾取量が総収入の二五パーセントを超えても、富農にしてはならない。反対に、二人を雇用する者、またはその他の搾取を併せて二人雇用の搾取量を超えた者は、たとえ搾取量が総収入の二五パーセントに満たなくても、富農にしなければならない。

「作男二人の雇用」という絶対的な条件を、搾取量の総収入におけるパーセンテージという相対的条件より優先させることで、一見矛盾は解消したかのように見える。しかし、すぐ次の一文がこの絶対的条件を軽々と否定した。

但し、家族人口が多く、生活が裕福ではない者は富農としない。

「富農としない」ことは、つまり、かつての搾取行為を追及しない、「生活が裕福ではない者」が搾取したとしても、いっさいを帳消しにすることができることを意味する。そうすると、同じ程度の搾取をしていても、搾取で豊かになった人が悪く、豊かになれなかった人は悪くない。あれほど強調された「極悪非道の搾取」を追及するといったような階級闘争の観念が、ここでは貫かれていない。その代わりに、「裕福ではない」家を富農にしても没収できるものが何もないという現実主義の論理がその基盤に作用している。持つ者を悪者にするうえそのような家から取るというような階級区分の基準は、階級闘争の大義に、「吃大戸」（飢饉などで貧民が金持ちの家へ押しかけて食糧や金品を奪い取ったり食べたりすること）の貧者文化が影を落としていることが透けて見える。

実際、土地改革の現場では、大衆運動の手段で、平均的生活水準より上の家から取れるものを取ってしまうという「均貧富」（貧富を等しくする）の現象が、地域を問わず、形も様々だが、より普遍的に見られた。(45)

一方、そもそも裕福になれたか否かは、本人の勤勉さや、能力、家族成員の協力状況など搾取以外の条件に大いに左右されており、裕福になれた者のみを追及するなら、豊かさの創出に伴う努力や素質を否定する結果を招きかねない。これも、個別の基準に関する問題だけではなく、土地や財産を直接的に剝奪する土地改革そのものに伴う問題だった[46]。

②量的分析に基づく階級区分における階層間の区切りは、共産党政権によって政治的に設定されるものであり、そこには恣意性が顕著に見られる。階級区分は、当人たちにとっては、家の土地や財産の没収や配分などに関わる切実な問題のみではなく、「敵か」「人民か」、それ以後の政治的身分を決められる重大な事柄である。数字の上下変動の操作で、それほどの質的な差異を決めてしまうことの根拠は、いったいどこにあるのか。

表21に示された通り、富裕中農と富農とを区分する基準が短期間内に二回ほど修正されて、しかも『政務院決定』には、その二つが同時に提示された[47]。富裕中農の判別基準における搾取量に関して、家族総収入に占めるパーセンテージを一五から二五までに高めた理由は、何なのか。また、富農の区別基準における作男二人雇用に関して、富裕中農の一人雇用との分別が異なる階級に至らせる決定的な意味をもつだろうか。いずれにせよ、量的に連続性のあるところに質的判断と直結するような区切りを付けることに関しては、論証と説明が不足したりまったくなかったりしたことは否めない。

小土地貸与者と地主との区別についても、恣意性が見られる。他人に土地を貸与して地租を取ることは両者の共通点であるが、貸与する土地の量は、前者が文字通り少量であるのに対して、後者が大量であると想定された。ところが現実には、地権者がきっちりと両極に分かれることはなかった。土地を他人に貸与する農家には、土地の占有状況や労働日数、搾取量などに対する総合的な判断により、地主に区分することができないものの、貸与土地の量が地主と大差のない者も少なくなかった。『補充規定』には、次のように規定された[48]。

各地の政府は、当地の土地占有状況に基づいて、小土地貸与者一世帯あたりの土地の占有と貸与に関する適切な最高基準を設定する。この最高基準の数量は、当地の最小地主や富農一世帯あたりが占有する土地の量なみにすべきである。但し、高すぎてはならない。人民に公平だと思われる数値基準でなければならない。この数値基準は地区公署または県政府により提出し、省人員政府の許可を経て決定する。

境界線が顕著に存在していないところに人為的に区切りを付けて、別々の階級に分けようとする場合、境界線は政治的に決定するしかなかった。結局、地主と小土地貸与者の区別基準の設定は、地元政府に任された。だが、実際に経済的な指標で区分された階級は、人びとの政治的運命をも左右した。小土地貸与者は、政治的に「階級敵人」のカテゴリーに区分されずに済んで、経済的にも地主より良い待遇を与えられた。『補充規定』には、次のように規定された[49]。

貸与する土地が政府が決めた最高基準以下である者を小土地貸与者とし、以上である者を地主とする。小土地貸与者は、地域における一人あたりの平均土地数の二倍に相当する土地を保有することが可能である。

総じて、土地改革運動は、大衆動員の政治運動や階級闘争の形式で行なわれた経済制度の変革と土地の再分配である。したがって、実際、この運動は、土地制度の変革のみではなく、様々な政治的、社会的、経済的な役割も重ねて担った。例えば、「地主階級の本質」や「搾取の仕組み」などを内容とする階級闘争論の宣伝や教育に「啓発」されて、地主などの「階級敵人」と闘い、共産党を擁護する「人民」を形成すること、新生の共産党政権の基礎を固めること、国民党政権と関わりのある勢力を鎮圧すること、反社会的な匪賊や悪党を一掃すること、そして、貧困や饑餓に喘ぐ農民を救済する、革命勝利以後の国家を支える農業生産の基盤を整備すること、等々である。政治的要素と経済的要素を混淆したことが土地改革運動の基本的な特徴である。この特徴が、実際の進行内容や、土地改革の言説、具体的な政策に顕著に現れたのである。

①「大多数の被搾取階級の農民と搾取階級の地主との你死我活（食うか食われるか）の熾烈な階級闘争」として展開された土地改革は、地主のいない村でも、或いは本来「平和土改」、即ち穏やかに土地制度の改革と土地の再分配のできる地域でも、むりやりに地主を選定したり、地主に対する階級闘争を行なったりした。

大衆向けの宣伝や政治教育は、階級闘争論一辺倒であり、地主が無条件に「妖魔化」即ち完全な悪者とされた。地主の「階級本性」は残酷に農民を搾取することだ、農民の貧困は地主に搾取されたからだ、などの「革命道理」が繰り返された。貧しい農民に対して、土地や財産を取り戻すためにも、立ち上がって、地主を憎み、「階級界線」即ち敵味方の境界をはっきりとつけて、革命的立場にしっかりと立って地主と闘おう、と「階級覚悟」（階級自覚意識）に目覚めるように促した。

土地改革の進行中、地主のレッテルが貼られて不服を唱えたり、徴収した地租の量をごまかしたりするなどの行為に対しては、ほぼ例外なく「階級敵人の抵抗」や、「階級報復」という階級闘争の問題として捉えて、当人たちを厳しく追及し、鎮圧した。

一方、土地改革工作隊や、農民協会、貧しい農民は、地主階級と戦うという階級闘争の看板さえ掲げれば、地主の家から食糧や家財を過度に剝奪しても、闘争大会で地主を拷問したりリンチしても、ほとんど制止されたり追及されたりすることがなかった。

②極めて多種多様な土地所有形態や労働状況の下では、あらゆる住民を定められた階級の基準に照して区分するのは極めて困難なことだが、それでも、階級区分を進行させなければならなかった。その理由は何であろうか。それは、「階級闘争」には不可欠なことと考えられた。階級、とくに革命闘争の対象である「階級敵人」地主を確定することが、階級闘争の論理を貫徹するためにいちばん緊要な問題だった。そして、「勝利の果実」と呼ばれる、地主や富農から没取した土地や財産を配分する際に、階級に対応して割り当てるので、村内各世帯の経済状況に対する評価としての階級区分が必要だったのである。

階級区分の基準には経済的基準と政治的基準とが併存しており、例えば、地主に「悪覇」、富農に「反動富農」の区分がある。そのために、本人の政治姿勢や、国民党政権との関わりなどの政治的要素が、往々にして家の経済的事情に加味されて、問題がない人より一段と厳しく追及された。

「土地改革の根本大法」である『土地改革法』には、「富農が自ら耕作し、または人を雇用して耕作する土地及びその他の財産を保護し、犯してはならない」という規定がある。[50]だが、「反動富農」とされた者は、この規定が適用されずに、『政務院決定』が別個に決めた「本人及び反革命行為をした家族成員の土地と財産を没収する」[51]という経済的な処罰が与えられる。これは、一方、土地改革の現場において、「反革命行為」を口実に富農の土地と財産を剥奪することに便宜を提供した。

③土地改革運動の進行中、共産党政権は「革命秩序の維持と土地改革政策の実施を保障する」という名目で、地主のほかに、旧政権に携わる者や、革命に反対する勢力、悪党、匪賊などの鎮圧に乗り出した。一九五〇年七月に、政務院が「人民法廷組織通則」を通達し、県レベルの行政機構に、「人民法廷」を組織し法的処置を司る権限を与えた。[52]

革命の秩序と土地改革政策の実施を保障するために、省及び省以上の人民政府は必要に応じて県（市）人民法廷の成立を命じることを許可する。その任務は、人民民主独裁を強化し、土地改革を順調に完遂するために、人民と国家の利益に脅威を与える者、暴動を企てる者、社会の治安を破壊する悪ボス、土匪、特務、反革命分子、ならびに土地改革法令を犯す罪人などを処罰する司法の諸手続きを司ることである。それ以外、土地改革の階級区分における紛争や、その他の案件なども、人民法廷により受理される。

土地改革が過激に展開されているさなか、人民法廷は成立し、政治的案件とともに土地改革関連の問題も処理する権限が与えられたものの、関連する法律が整備されておらず、法廷の構成員もほとんど法律知識のない共産党員や、共産党に追従する青年学生のみだった状態の下では、[53]「法廷」と名付けられても、真の法的手続きを履行することとはほど遠く、ただ処罰しようとする対象に対する新政権が下した政治的判決や、ときには激高する大衆による暴力行為までに、法的体裁を繕うことだけだった。この時期に処刑された人の数は、開弦弓村だけでも三人がいたこと（詳しくは四節）から見ても、けっして少なくなかった。

④経済的基準で区別した階級に政治的意味合いが付与された。地主と富農の中に、政治的要素が加味されて「悪覇地主」「反動富農」とされる者以外、大多数は、政治とあまり関わりがなく、主として「搾取の量」や「労働の量」などの経済的指標によって定められたのである。しかし、経済的指標で区分された階級であるにもかかわらず、地主や富農とされると、「階級敵人」というカテゴリーに入れられて、「階級本性」が搾取で反動的だと決めつけられることとなる。文化大革命終了までの長い間、この政治的位置づけは、本人たちのみではなく子女や孫の世代まで、

その社会生活や人間関係、個人の運命に大きな影響を与えたのである。(54)

四　開弦弓村の土地改革と地主に対する「階級闘争」(55)

開弦弓村が所在する呉江県では、一九四九年五月に人民政府が成立し、一九五〇年八月に土地改革が始まり、翌年二月に終了した。県域内の土地改革は、共産党呉江県委員会に決められた五つの段階に沿って進行した。

①情況調べ。土地改革工作隊は、農会小組長座談会、農会会員座談会、農家訪問、土地測定などの方法で、地権と階級状況を掌握する。

②大衆動員。方針と目標は「思想的動員に重点を置き、貧雇農を中心として中農を団結させ、富農を中立させ、地主を孤立させる反封建の統一戦線を結成すること」であった。この段階において、農民に対する思想教育が行なわれて、今まで地租をどのくらい納めたか、どうして地主に収めなければならなかったか、土地は誰が開墾し耕してきたかなどの問題が討論されて、農民が貧困や苦痛に満ちた生活を強いられたことの根本的な理由は地主制だという「革命道理」が繰り返し説明された。

③階級区分。土地改革を指導する幹部や工作隊員は『政務院決定』に基づき、地主と富農、半地主と富農、富農と中農、地主兼工商業者と工商業者兼地主、地主と小土地貸与者などの区別に注意しながら、階級区分を行なう。進行する際に、作業の手順が厳格に定められる。まず、工作隊は、貧農、雇農、中農を内定する。次は、貧雇農や中農の中から土地改革に積極的に参加する者を選んで座談会を開き、地主や富農の家庭事情に関する情報を収集し、地主と富農を内定する。最後に、村民大会を開き、工作隊が内定した階級区分の案を討議して許可する。

階級を内定する際に、依拠したのは主として次のようなデータである。a 税賦登録、b 所有土地、自耕作土地、貸与土地（大租田、小租田）、借入土地（大租田、小租田）など各種の地権や土地量、c 債権状況、その金額と利息、d 常傭の作男と臨時工の雇用状況、e 家族人口、労働力人口、主要労働と補助労働などの労働状態、f 農業以外の職業と従業年数。

④没収と配分。地主の土地、住居、食糧、農作業の道具、家畜などの「五大件」、半地主富農や富農の自作以外の耕地を没収し、土地がないか少ない農民に配分する。この段階において、土地が配分された農民の中に、「他人も苦労して入手した田んぼなのにただでもらえるの？」、「田んぼ一畝を得るには十数石の穀物が必要だったのに、どうして？」など、他人の田畑を受領することに躊躇する者が少なくなかった。このような農民に対して、土地改革工作隊は、地主の土地が搾取で得られたという道理を説明して、説得するのに努めた。

⑤総括と基層政権建設。土地改革の経験を整理し、村で農民協会などの政治組織を設立し、村幹部の人選を決める。

開弦弓村の階級区分の結果、九つの階級が区分されて、それぞれの人口と土地所有状況は、表22に示した通りである。

表22から見ると、村人一人あたりの土地面積はわずかで、地主でさえもけっして多くなかった。また、「地権状況は複雑で、地主や富農、小土地貸与者ばかりではなく、貧農や雇農も一定数量の土地を他人に貸与している。即ち、貧農と雇農は佃戸と土地貸与者の二重的身分をもっているのである」[56]。

開弦弓村には大地主がいなかったので、大衆動員の「訴苦会」、即ち地主による搾取や圧迫の苦しみを訴える群衆大会の際、訴える内容が乏しかった。土地改革工作隊は、保長を担当する地主に兵役や労役をむりやりやらせられた、地主の家で作男をしたときにいじめられたなどを地主が農民を圧迫する例として挙げて、地主に向かって闘

表 22　土地改革前開弦弓村各階級の土地と人口 *

階級	戸数	人口	比率（%）	所有土地（畝）	比率（%）	一人平均土地	自作（畝）	貸与（畝）		借入（畝）	
						（畝）		大租田	小租田	大租田	小租田
不在地主	—	—	—	526.8	17.3	—	—	—	—	—	—
地主	4	28	2	144.37	4.7	5.2	52.21	—	92.16	—	1.68
半地主富農	1	10	0.7	87.98	2.9	8.8	24.92	—	63.06	—	—
富農	10	49	3.6	181.89	5.9	3.7	138.54	—	43.35	—	0.25
小土地貸与	7	25	1.8	63.17	2.5	2.5	10.05	—	53.12	—	—
中農	139	599	43.7	1356.36	44.4	2.3	1217.49	5.6	133.27	4.5	262.32
貧農	179	639	46.6	644.7	21.1	1.0	599.45	—	45.28	29.88	609.04
雇農	11	21	1.5	26	0.8	1.2	18.5	—	7.5	2.5	20.03
その他	6	—	—	21.1	0.7	—	20.1	—	1	—	40.0
合計	357	1,371		3,052.37							

* 沈関宝「解放前の江村経済と土地改革」346 頁表 3、347 頁表 4、373 頁表 8 に基づいて作成した。地主の所有土地に関して、表 3 は表 4 や表 8 と一致していないが、表 8 と表 4 を参考にした。

表 23　開弦弓村の地主、富農の家族人口と土地所有と使用状況 *

番号	姓氏	階級	家族人口（人）	所有土地（畝）	自作（畝）	貸与（畝）	自作率（%）
1	沈	地主	8	56.72	21.43	35.29	37.8
2	周	〃	5	43.56	13.17	30.39	30.2
3	周	〃	10	33.45	11.93	21.52	35.7
4	談	〃	5	10.64	5.68	4.96	53.4
5	周	半地主富農	10	87.98	24.92	63.06	28.3
6	邱	富農	5	24.92	16.29	8.63	65.4
7	金	〃	4	21.54	12.34	9.2	57.3
8	周	〃	4	20.98	14.48	6.5	69.0
9	談	〃	5	20.86	16.87	3.99	80.9
10	呂	〃	5	20.11	17.01	3.1	84.6
11	周	〃	4	18.89	11.31	7.58	59.9
12	周	〃	8	18.66	17.22	1.44	92.3
13	王	〃	8	15.72	14.72	1.0	93.6
14	談	〃	4	12.99	11.08	1.91	85.3
15	周	〃	2	7.22	7.22		100
合計			15	414.24	215.67	198.57	

* 沈関宝「解放前の江村経済と土地改革」表 8 の引用であるが、分かりやすくなるために順序を変えたり自作率を付け加えたりした。

うようにと村人を説得した。

開弦弓村の地主、半地主富農、富農の家族人口、土地所有と使用状況は表23に示した通りである。

当時の農民協会の幹部の回想によると、地主は、基本的には「有労働」であるか否か、自作と貸与の土地の比率で区分されたという。表23から見ると、地主の自作率は4番の談以外、全員四〇パーセント以下であった。談は、「偽郷長」、即ち国民党政権時代に郷長を担当したことにより、自作率は五〇パーセントを超えて、それほど低くなくても、地主とされた。この事例から、地主の判定に政治的要因が作用していることが分かる。

ここでは、表23の5番の半地主富農・周と3番の地主・周の家族の回想を紹介し[57]、それを通して、江南農村の土地改革における階級区分の方法をより具体的に示したい。

半地主富農・周の回想

父親は兄弟二人であり、分家した際に一三畝の土地をもらった。父親は農業に従事する傍ら養蚕もしており、ちょうどアメリカが中国から生糸を大量に購入する時期で、高値で売れたので一気に儲かった。その金で土地を二〇数畝購入した。その後、養蚕業の経営が順調で、土地をまた三〇畝ほど購入した。土地は、不在地主や、小売業を開始しようとする農家から購入した。

土地改革前、家族は一〇人であった。父親と僕たち兄弟三人はともに農業労働に従事し、作男を「半人」*1のみ雇ったので、土地を村で一番多くもっていても、地主とされずに済んだ。

階級区分の際、農民協会の会議には私たちは参加したことがなかったので、どのように進行したかは分からなかった。ある日、呼ばれて会議に参加し、工作隊員が地主と富農の家を公布し、我が家は半地主富農と区分された。地主周は*2、「土地があんなに多いのに富農で、我が家の土地はこんなに少ないのにどうして地主なの？

そして、末っ子が農業労働に従事しているのに」と不平を言った。工作隊員は、「止しなさい。この人たちは農民であり、あなたのみ眼鏡を掛けて長衫[*3]を着ている。あなたの末息子はまだ一四歳で、主要労働力とは言えない」と周の弁解を退けた。周はまだ言い返そうとしたが、工作隊員がカッとして、階級区分の本[*4]を周に投げつけて、「自分で読みなさい」と言った。それで、周は地主という区分を受け入れた。

我が家の階級区分についてある人は、「この家では父子とも一年中農業労働をしていて、どうして半地主富農となるの?」と工作隊員に聞いたが、「まさに彼らが労働に参加したので、半地主富農にした」と工作隊員が答えた。事前に、父親が、「村では我が家の土地が一番多く、地主になるのを免れられないかもしれない。私たちは文字も読めないし、言われたことをそのまま受け入れなさい」と言っていたので、その場で、僕は、「何も分からないので、言われたとおりに半地主富農でけっこうです」と返事した。

工作隊員は、地主に対して「よく聞け、あなたたちは、家の船や、農具を売ってはならない。桑の木を伐採してはいけない。値打ちのある物を隠したり売ったりしてはいけない」と言い付けた後、僕や富農に対して、「あなたたちの船や馬車、桑の木、農具などは、あなたたち自分のもので、どのように処理しても良い。田んぼは自らが耕していた分だけあなたたちのもので、他人に貸与した分は没収する」と言った。私たちは「はい、分かりました」と答えた。

その後、地主家の船は没収され、家財もずいぶん取られたが、我が家は貸与した分の土地は没収されたものの船も家財も取られなかった。私たちはそれまで通りに、栽培した野菜を船に乗せて町や上海まで運び販売するような生活を続けた。

＊1　「半人」・・・雇用労働を労働量で計算し、一人未満であるので「半人」とされた。
＊2　「地主周」・・・家族人口などから、表23の3番の周だと思われる。

＊3 「長衫」・・・旧時、金持ちや文人など労働に従事しない人びとが着る長い男物の中国服である。
＊4 「階級区分の本」・・・沈関宝によると、『政務院決定』だという。

地主・周の息子の回想

土地改革のとき、私は二二歳で、師範学校を卒業してから学校で教員をしていた。兄は蘇州製糸工場で働き、弟は一四歳であった。家には祖父の代に購入した土地が三〇数畝あり、父親は土地を購入したことが一度もない。祖父は土地を大切にしたが、私たち兄弟が家を出てほかの職に就いて、家に労働力がないので、人を雇って耕したり、土地を他人に貸与したりした。それで、搾取をしたとされ、父親は地主とされた。しかし、父親は工作隊員が決めた地主という区分に服せず、地元の復興のために蚕糸合作社の事業に尽力し、自家の農業生産に従事する暇がなかったことを理由にして自己弁護をした。この態度が反感を買い、そして父親が国民党政権の下で、郷長や村長を担当していたことも罪となって、処刑された。

半地主富農周と地主周の息子の回想は、蘇南土地改革現場の状況を生き生きと反映している。彼らの回想から、少なくとも以下の各点が読み取れる。

①土地の購入は、地租によるのみではなく、養蚕などの副業収入によっても可能である。事実としては、手工業、養蚕、商業などで稼いだ金で土地を購入した家も少なくなかった。階級闘争論の「地主はもっぱら搾取で起業した」という論点は、少なくともこの部分の事実を無視した。

②地主や富農に対する階級区分の作業は、前述した共産党呉江県委員会が決めた順序通りに行なわれた。つまり、工作隊や農民協会、村民の小組会などで地主と富農を内定してはじめて本人たちに通達するかたちで進められた。その結論に服しない場合、本人の申し分を聞き入れることがないばかりではなく、不服を唱えるその行動自身が「階級敵人の抵抗」と見なされた。

③地主と富農の待遇は異なる。富農が他人に貸与した部分の土地を没収されたものの、自家耕作の土地、農具、船、その他の家財を保留できたのに対して、地主は土地も、それ以外の家財も没収された。

④地主周と地主談はともに地主の判定に政治的な要素が加えられた。

地主周は、呉江師範学校近くの広場で公開処刑された。罪名は「悪覇地主」だった。開弦弓農民協会の訴状は、周の罪業として、「匪賊と結託して村民を殺害した。金を貸した相手を自殺に追い込むまでに返済をきつく催促し、相手の土地を奪った。地主のために小作農から地租を取り立てることをした。壮丁を四人拉致した。蚕糸合作社主任を担当した際に米や金を私用した」などと羅列した。呉江県人民法廷の判決文は「周宝山を死刑と判決し、家産を全部没収し、一部を家族に渡す以外、合作社に返却する」と記した。[58]

一九三六～三七年に周が郷長を担当している間、費孝通が開弦弓村で実地調査をした。『江村経済』において、費は、村政府を紹介する際に、周を二人の村長の一人として紹介した。[59]

村長は、村民に近い存在であり、煩雑な仕事を多く担当している。村人のためにいろいろなことをし、例えば、手紙を書く、読む、その他の文書を代筆する、貸借双方のために貸し借りの計算をする、結婚式の司会をする、争いを仲裁する、公共財産を管理するなど。また、村や村民の安全を守る、政府の行政命令を伝達し、執行するなどの行政業務を担当する。そして、村の発展のために様々な措置をとるが、蚕糸事業に関する改革はその一例である。

前任陳村長は、六〇歳前後で、科挙に合格した秀才だった。民国初期、村で私塾を経営し、村の唯一の読書人であった。その後、村長を担当し、村の蚕糸事業の改革のために、蚕糸改進社や、合作生糸工場などを設立した。

現任周村長は、父親が瓦商人であり、小さい頃家庭教師に教わったが、成人後兄とともに農業に従事した。彼は誠実で、読み書きもできるので、蚕糸改進社の助手に選抜され、農村改良工作者と村人の両方から信頼を得て、しだいに村の公務を担当するようになった。陳村長の推薦により、郷長となり、村長も兼任した。

村の年長者たちは、面倒なことを避けるために村長を担当したがる人がほとんどいない。教育を受けた抱負のある若者も、この仕事には前途がないという理由で退ける。候補者選びの範囲が広くない。村のリーダーになるのに重要なことは、村落の代表として外部に向かうときでも、村の事務を処理するときでも、公衆の承認と支持を得ることである。陳は元教師、周は蚕糸改進社の助手であり、彼らの公衆に服務する精神と能力が、彼らが権力と威信を得られた理由である。村には、教養のある人が少なく、経済的報酬がほとんどない状況の下で責任を負いたがる人はさらに少ない。村長は報酬がないが、人びとの尊敬や、名誉が得られて、謝礼としての贈答も時々受け入れる。

自作農出身の周は、村の公衆事業に熱心であり、有能だった。抗日戦争、国共内戦などの戦争環境において、村のリーダーとしても困難が多かった。「壮丁を拉致した」ことが、周の死刑判決の理由の一つであったが、それは、明らかに上の命令を執行することだった。そして、村民の争いを仲裁すること、当事者のために貸し借りの計算をすることなど、トラブルに巻き込まれて、恨みを買われる機会が多かった。人民法廷はどれほど当時の事情を配慮して判決したかは分かりかねるが、そもそも、証拠調べを行なったのか、死刑判決の基準は何なのかなども、全く明確ではなかった。

呉江県人民法廷は県域一〇区において、闘争大会の形式での公開審判を九三回行ない、地主や悪覇七一九名を審理し、そのうちの二八二名を処刑し、一二〇名を収監した。開弦弓村が所在する開弦郷では、七名の地主と悪覇が処刑された[60]。

革命以前の中国における土地制度は不合理であり、大部分の土地は少数の人に占有された。但し、その土地制度が国内の政治や経済ばかりではなく、国際経済や、戦争など様々な要素によって絶え間なく変動し、それぞれの階級に固定化された成員は存在しなかった。また、土地制度は社会制度である以上、少数の富裕者だけではなく、普遍的に民衆に実践されていた。そして、経済制度や秩序と対応して、地域社会の道徳観や、教育体制、社会的権威、伝統文化の伝授体系なども形成された。

土地改革は、そのときまでの三年間という短期間の、政治的に決められた経済的指標で階級区分をし、その区分を無条件に政治化し、地主を革命の「敵人」にして、家財を剥奪するのみではなく、人命までも過激な闘争で奪ってしまう。「地主という階級を根こそぎ廃除する」という革命大義のもとで社会本来の複雑な状況は無視され、「階級仇恨」という名で恨みの文化が培養されて、富裕層と関連する伝統文化、慣習も一掃する対象とされたのである。

注

(1) 劉少奇「土地改革問題の報告」中共中央文献研究室(編)『建国以来重要文献選編』(第一冊:二八七~三〇七頁、北京:中央文献出版社、一九九二年）。

（2）荘晴勲「はたして蘇南に封建がないのか　蘇南行政公署主任管文蔚に聞く」『光明日報』（一九五〇年五月一〇日）。

（3）華東軍政委員会土地改革委員会（編）『上海市郊区・蘇南行政区土地改革画集』（一頁、上海：華東軍政委員会土地改革委員会、一九五二年）、華東軍政委員会土地改革委員会（編）『華東農村経済資料第一分冊　江蘇省農村調査』（三三一〜三三二頁、上海：華東軍政委員会土地改革委員会、一九五二年）によると、蘇南地区の行政や人口、耕地などは下の表の通りである。

（4）潘光旦、全慰天『蘇南土地改革訪問記』『潘光旦文集』七巻：九頁。

（5）潘光旦、全慰天「土地改革は激しい闘争の連続だ」『私が見た蘇南土地改革運動』（一一六〜一二四頁、無錫：蘇南人民行政公署土地改革委員会（編）、一九五一年九月）。単行本『蘇南土地改革訪問記』が出版される前、「蘇南における封建勢力の幾つかの特徴」「誰が『江南に封建なし』と言えるのか？」「蘇南農村における二種類の租佃制度」「『義田』から蘇南の封建勢力を見る」「土地改革は激しい闘争の連続だ」などの文章は、前記本に収録され出版された。一方、蘇南各地区における地主の土地所有状況に関するより詳細な説明は『訪問記』には削除された。なお、前記本には、潘光旦、全慰天のほかに、清華大学教授孫毓棠、李宗津、燕京大学教授鄭林荘、林庚、北京大学教授卞之琳、胡世華、北京師範大学教授蘇競存、馬特、輔仁大学葉蒼岑及び民主党派メンバーの文章が収録された。

（6）前掲、華東軍政委員会土地改革委員会（編）『華東農村経済資料第一分冊　江蘇省農村調査』三三二頁。

（7）前掲、華東軍政委員会土地改革委員会（編）『上海市郊区・蘇南行政区土地改革画集』一頁。

（8）莫宏偉『蘇南土地改革研究』（一五〜一六頁、合肥工業大学出版社、二〇〇七年）。

（9）陳翰笙『中国農村経済研究の始まり』（一九三〇年）（汪熙、楊小仏（編）『陳翰笙文集』三一〜四二頁、上海：復旦大学出版社、一九八五年に収録）。

地区・専区	属する県	人口総数	農村人口	耕地面積（畝）	一人あたり（畝）
蘇南	27	13,266,027	11,481,016	24,192,669	2.1
蘇州	常熟、呉県、太倉、昆山、呉江	3,023,937	2,697,482	6,385,757	2.4
松江	金山、松江、青浦、嘉定、宝山、川沙、南匯、奉賢、上海	2,418,859	2,318,399	5,174,682	2.2
鎮江	丹陽、丹徒、句容、江寧、溧水、高淳	2,577,461	2,363,780	5,229,394	2.2
常州	江陰、武進、常州、宜興、金壇、溧陽	4,378,234	3,968,541	7,250,041	1.8
蘇州市		463,560	83,854	45,606	0.5
無錫市		403,976	48,960	107,189	2.2

（10）沈関宝「解放前の江村経済と土地改革」、恵海鳴「土地改革から合作社運動までの江村」、潘乃谷、馬戎他（編）『社区研究と社会発展――費孝通教授学術活動六〇周年記念文集』（三二一～三九一頁、三九二～四一五頁、天津：天津人民出版社、一九九六年）。
（11）費孝通『江村経済』（一二四～一四〇頁、南京：江蘇人民出版社、一九八六年）。
（12）小島淑男『近代中国の農村経済と地主制』（三四頁、東京：汲古書院、二〇〇五年）。
（13）斯波義信（編）『中国社会経済用語解』（一七六頁、東京：東洋文庫、二〇一二年）。
（14）『陳翰笙文集』三六頁。本文の内容との関連性や、理解しやすくするためなどの配慮により、陳の原表を省略したり、内容の配置を変更したりした部分がある。
（15）前掲、費孝通『江村経済』一三一頁。
（16）前掲、沈関宝「解放前の江村経済と土地改革」三三〇頁。
（17）前掲、費孝通『江村経済』一三四頁。
（18）前掲、費孝通『江村経済』一三四頁。
（19）前掲、沈関宝「解放前の江村経済と土地改革」三四六頁表3に基づいて作成。
（20）前掲、恵海鳴「土地改革から合作社運動までの江村」三九二～三九三頁。
（21）前掲、沈関宝「解放前の江村経済と土地改革」三五〇～三五一頁。
（22）前掲、莫宏偉『蘇南土地改革研究』三二～三三頁。
（23）前掲、小島淑男『近代中国の農村経済と地主制』七五頁。
（24）陳翰笙「中国農民が負担する租税」（一九二八年）（『陳翰笙文集』一～三〇頁）。文中の引用は、陳の原文に対する要約である。
（25）村松祐次『近代江南の租棧　中国地主制度の研究』（三七頁、東京：東京大学出版会、一九七八〈一九七〇〉年）。
（26）前掲、沈関宝「解放前の江村経済と土地改革」三二九～三三〇頁。
（27）前掲、陳翰笙『現代中国の土地問題』『陳翰笙文集』六〇～六三頁。
（28）前掲、小島淑男『近代中国の農村経済と地主制』一八三～一八四頁。
（29）前掲、潘光旦『蘇南土地改革訪問記』『潘光旦文集』七巻：一二頁。
（30）前掲、莫宏偉『蘇南土地改革研究』四五頁。
（31）中国共産党蘇南区委員会農村工作委員会（編）『蘇南土地改革文献』（五三三～五三四頁、一九五二年）、前掲、莫宏偉『蘇南土地改革研究』四六頁から引用。

(32)『蘇南土地改革文献』五三四～五三五頁、前掲、莫宏偉『蘇南土地改革研究』四七頁から引用。
(33)共産党蘇南区委員会「呉江県浦西郷債務状況調査表」、前掲、莫宏偉『蘇南土地改革研究』四六頁から引用。
(34)『蘇南土地改革文献』五三〇頁、前掲、莫宏偉『蘇南土地改革研究』四三頁から引用。なお、表12と対応するために、表12にある郷の統計数字のみを引用してほかの郷村を省略。
(35)『蘇南土地改革文献』五三四～五三五頁、前掲、莫宏偉『蘇南土地改革研究』四四頁から引用。
(36)中国共産党蘇南区委員会『蘇南区農村利貸情況』(一九五一年六月)、前掲、莫宏偉『蘇南土地改革研究』五三頁から引用。
(37)前掲、莫宏偉『蘇南土地改革研究』七九～一二三頁。
(38)①a前掲、『毛沢東選集』一巻：一八三～一八七頁。②注(1)を参照。③前掲、『建国以来重要文献選編』第一冊：三三六～三五〇頁。④前掲、中共中央文献研究室(編)『建国以来重要文献選編』第一冊：三八二～四〇七頁。⑤前掲、『建国以来重要文献選編』第二冊：一〇二～一二〇頁。
(39)注(38)②二九五頁。
(40)注(38)④を参照。
(41)注(38)④⑤を参照。
(42)注(38)④を参照。
(43)注(38)④三九三頁。
(44)注(38)⑤一一二～一一三頁。
(45)例えば、先に土地改革を行なわれた東北解放区の吉林省長白県では、荒れ地が多いので、地主を区分する基準と、地主とされた者の家から没収する財産が、土地ではなく、生産道具と食糧だった。即ち、貧しい農家が欲しいのは土地ではなく、生産道具と食糧であるために、それらをもつ家を地主にして、地主家の生産道具と食糧を剝奪した。前掲、白介夫「長白地区土地改革運動の記録」を参照。私が実地調査をした遼寧省海城県では、村人の平均的生活水準より高い富裕中農に対しても、地主や富農と同様な扱いをし、食糧や、布団、衣服、女性の貴金属装飾品、時計などを強要した。聶莉莉『劉堡 中国東北地方の宗族とその変容』「第五章土地改革による新たな編成」(東京：東京大学出版会、一九九二年)一五五～一七九頁を参照。
(46)董時進が毛沢東に送った手紙には、次のような例が挙げられた。私の遠くない親戚であるある兄弟三人は、二〇数年前に分家した際、家の財産からそれぞれ七〇～八〇畝の土地を相続した。長男は真面目な人で、農業に従事する傍ら行商もし、節倹して貯めた金でさらに五〇～六〇畝の土地を購入した。次男は賭博をしたりアヘンを吸ったりして、あっという間に土地を全部売ってしまった。三男は早くも土地を売り出して商売の資本金にして、商人として成功し、町に不動産や会社をもつ。土地改革の際に、悪者の次男は土地が配分されて、笑っている。金持ちの三男は資産が町にあるので、安全である。一番勤勉な長男は、土地が没収されて、泣いた。誰もが長男のために不平を感じるだろう。前掲、「董時進が毛沢東に手紙を送って土地改革を語る」（第六章注（40））を参照。地主には、様々な人間模様があり、もちろん「極悪非道」で手段を尽くして農民から不正に利益を得る者もある一方、勤勉で誠実な者もある。土地改革期の宣伝では、地主を一様に悪者にした。

(47)　『政務院決定』（注（38）④三八九頁）に、「（説明）ここで注意すべきこと—富裕中農と富農との区別は、富裕中農の一年の搾取量は家族総収入の一五パーセントを超えず、富農は一五パーセントを超えることである。この種の区切りの設定は実際階級区分時に必要なものである」、また（三九三頁）に、「政務院補充決定—前の二、三章で規定した富裕中農と富農との区切りである、年間の搾取量が家族総収入の一五パーセントを超えるか否かという基準を、年間の搾取量が家族総収入の二五パーセントを超えるか否かに改定する。二五パーセントを超えない者は、中農か富裕中農とする」とそれぞれ提示した。つまり、後述の修訂をなさずに「一五パーセント」の基準をそのまま提示したのである。

(48)　注（38）⑤一〇五頁。

(49)　同上。

(50)　『土地改革法』第六条、注（38）③三三七頁。

(51)　注（38）③三九三～三九四頁。

(52)　「人民法廷組織通則」、前掲、中共中央文献研究室（編）『建国以来重要文献選編』第一冊：三五一～三五四頁。

(53)　例えば、沈従文一九五二年一月一九日の日記に学生が人民法廷の構成員であることに関する記載があった。「ここで、何人かの若い幹部に会う度に、時代の変化は実に不思議だとしみじみと思う。彼らは一六～一七歳の中学校二年生で、物事が順調でないとすぐ泣きべそをかいているが、半年前からすでに清匪反覇において裁判を担当し、人を銃殺する命令を下すことをしてきた」『沈従文全集』一九巻：二九二頁。清匪反覇とは、土匪を粛清し、悪ボスを処罰することである。

(54)　地主富農及び彼らの子女の待遇や運命に関しては、聶『劉堡　中国東北地方の宗族とその変容』「第七章政治運動と親族」（東京：東京大学出版会、一九九二年）を参照。

(55)　この節は、主として前掲、沈関宝「解放前の江村経済と土地改革」と前掲、恵海鳴「土地改革から合作社運動までの江村」に基づいて整理した。

(56)　前掲、沈関宝「解放前の江村経済と土地改革」三四七頁。

(57)　半地主富農周と地主周の家族の回想は、前掲、沈関宝「解放前の江村経済と土地改革」が紹介した内容を要約したものである。

(58)　前掲、恵海鳴「土地改革から合作社運動までの江村」三九六～三九七頁。呉江県で土地改革当時の記録を調べた恵海鳴によると、地主周に関する記録は、開弦弓農民協会の訴状、呉江県合作聯合社の訴状、反革命分子登記表、呉江県人民法廷判決文などがある。周の略歴書には次のように記載されていた。周宝山、男、五八歳。悪覇地主。一九二九～三五年開弦生糸精製運輸販売合作社会計、一九三六～三七年郷長、抗日戦争後、匪賊や日本軍侵略軍とぐるになって農民にいばりちらす。一九三九～四五年蘇州市長生教会で伝道師兼味噌工場管理者。一九四六年開弦弓村に戻り、蚕糸合作社主任、一九四七～四八年郷民代表。一九五〇年一二月一六日に逮捕、一九五一年三月一八日死刑実行。

(59) 前掲、費孝通『江村経済』七五～七七頁の内容を要約。

(60) 前掲、沈関宝「解放前の江村経済と土地改革」三八八頁。

第八章　知識人の思想的転換から中国革命を読む

終章である本章は、一つの社会階層としての知識分子がなぜ集団的に思想改造を受け入れたかに関して、彼ら自身と政治体制の両方から、その理由をより明確にしたい。

知識分子側の理由に関しては、彼らの晩年の回想も借りて彼らが思想改造を受け入れた当初の心情に再び近づきながら、主として知識分子の時代に対する察知のあり方や、社会における自らの位置づけに関する自覚意識に注目する。それと同時に、思想改造の道における知識分子の相互影響や、労働者農民出身の共産党基層幹部、下層農民の彼らに対する影響も併せて分析する。政治体制側の理由に関しては、政治統制の核心的な特徴である組織制度、集団活動、ならびに共産党政権のイデオロギーに注目する。

最後に、潘と費を例として思想改造後の知識分子の運命に触れる。知識分子は思想改造をやり遂げたとしても、結局、最後まで共産党政権に信頼されるような存在にはなれなかった。それもまた、知識分子の性格と政治体制の性質の両方に理由があると考えられる。

一　おのおのの思想改造とその共通点

思想改造に対して、知識分子の間では、個々人は共産党政権から与えられた政治的評価や、位置づけ、本人たち本来の政治態度や、歴史観、社会観、国民党政権下における政治への関わり方などに関する相異と関連して、その受けとめ方や、とり組む姿勢に個人差が見られた。一方、個人差とほぼ無関係に、新社会に「居場所がなくなる」という危機感や、潮流に追従する決意など精神面における共通点も見られた。そして、最初は消極的で、抵抗感を抱いた者でも、遅かれ早かれ結局は、思想改造の道を歩むことに帰着した。

馮友蘭と雷海宗は高教会に解職された後、自ら進んで農村の土地改革に参加し、村で土地改革工作隊員として勤勉に働き、「将功贖罪」をして、共産党に追従する意思を行動で表明した（第四章）。馮や雷とは対照的に、共産党政権に信頼され、様々な役職に任命されて、大学の政治理論学習の責任者という大任までも委ねられた費孝通は、一見、馮や雷ほどの緊迫感をもつはずはなかったが、実は、この時期の費も、馮や雷と同じく、深い危機感を抱いていた。ただ、馮や雷の危機感に組織的外圧の要素があるのとは異なり、費の場合、主として「内心から芽生えた」ものだった。一九八七年、費はアメリカ人類学者パスターナックのインタビューに応じる際、革命直後の自分を次のように回想した(1)。

その時期、私は沈黙を保つこともできるが、自分自身を改造する必要性があると本気で考えていた。一九五〇年に出版した『私のこの一年』に、この時に書いた一連の文章を収録した。共産党の人びとの姿に見られた力は、すっかりと私を圧倒し、思想を混乱させてしまったと同時に、自らを反省する念を内心から芽生えさせた。自分自身でも意外だが、新思想は強行的に私の脳裏に入り、今までの思考は正しいものではない、あらゆるものの見方を考え直さねばならないと信じこませた。共産党は、腐敗した国民党政権を打倒し、新しい社会を創り出し、人民に恩恵を与え、これで中国は新しい時代に邁進した、と未だに私は信じている。ただ、当時の私は、新社会には私の居場所がなく、私の思想に誤りがあり、私のような者は受け入れられないのだと困惑していた。

費の危機感は、主として時代や、人民、大変革をしている中国社会について行けるか否か、今まで通りに知識分子の役割を果たせるか否かというところからのものである。この種の危機感は、知識分子の間では広くもたれていた。

かつて、列強に侵略され、内戦が続き様々な弊害がはびこる中国社会において、憂国の士である知識分子たちは状況改善のためにいろいろと努力してきていた。費孝通のように精力的に実地調査をして現状究明をしようとする者もいれば、潘光旦のように歴史と文化の複雑な様態を解釈し、民族文化の精髄を受け継ぐ「思想的健全さ」を備える個人の養成に力を注ぐ者もいる。また、呉景超のように自ら政府機構に入り、社会問題の改善に実際に取り組む者もいれば、馮友蘭のように著書で民族の精神を鼓舞しながら、自ら国民政府の各機構で講演や講義をして公務員を教育する者もいた。しかし、彼らの努力は空しく、現実の変革に対する影響は微小であった。一方、彼らがいろいろと躊躇して受け入れられなかった共産党革命が、少なくとも革命が勝利した時点では、堆積してきた様々な問題を一気に解決したように見えた。それは、彼らが共産党と革命を受け入れて、自らの思想を改造しようとした重要な原因だと思われる。

馮友蘭を例として見てみよう。馮は、解職されるなどの政治的プレッシャーを受けたにもかかわらず、「政治的にも道徳的にも威信が高かった」共産党を本心から受け入れて、共産党に信服した。晩年に著した『三松堂自序』

に次のように述懐した[2]。

共産党と毛主席は、中国人を統率して「三座大山」をひっくり返して、三つの山に抑えられた人民を解放した。中華民族全体はこの事実を認めて、共産党と毛主席に対して無限に尊び敬って愛するのだ。解放以後の数年間、中国共産党と毛主席の話と行動は、中国人民の意志を反映し、権威をもっていた。この権威は、孟子が言うように「力で服させる」のではなく、「徳を以て服させる」のだ。これは、覇道ではなく、王道だ。陳腐の言葉のように聞こえるが、意味合いが正しいものだ。

共産党革命を本心で受け入れた以上、伝統的な指導者層である士の精神を受け継いだ知識分子は、傍観者にはなれなかった。変革の潮流を追いかけて、自己改造をしながら、新社会に自分の居場所を見つけ出し、革命事業のために知恵袋の役割を果たそうとした。馮は典型的にそのような一人であり、一九四九年一〇月に毛沢東に出した手紙に、「積極的にマルクス主義を学習し、思想改造をし、五年以内にマルクス主義の立場、観点と方法論に基づいた新哲学史を作成する」という決意を伝えたことを、第二章で紹介した。明らかに、それは馮の哲学家としての使命感に駆り立てられた決意であった。それより先の同年六月に、馮は『進歩日報』に「哲学者当面の任務」を寄稿し、新しい時代における「哲学家の使命」を強調した[3]。

中国共産党は、あらゆる政治的、軍事的障害を取り除いて、この長い歴史をもつ古い国で新しい世界を築こうとしている。中国哲学家の当面の任務は世界を改変するこの事業に取り組むことだ。むろんあらゆる人がこの任務を担う義務を負うが、哲学家は特殊の使命をもつ。それは、即ちしっかりと世界を解釈することだ。もし哲学家が正しく世界を解釈することができたならば、この解釈が世界を改変する行動の指南となり、哲学家の世界を改変することへの貢献となる。哲学は歴史の方向を改変したり創造したりすることはできないが、歴史の方向を解釈することができる。そうすることで、自覚性のないものは自覚性のあるものとなり、盲目的な行動は目的や計画をもつ行動となり、歴史の変革は加速度的に完成できるのである。

馮の自負を、費は「為王者師」の観念として解釈し、知識分子が普遍的にもっていたと述べた。[4]「為王者師」は、字義的には帝王の師になることだが、広義には為政者に助言すること、政権に影響力をもつことを意味する。この観念は、王朝時代以来の士の伝統的精神であり、時代が変わろうとも、知識人たちは同様な役割を果たそうとした。しかし、共産党は、知識分子のこの種の高ぶった態度を許すはずがなかった。毛の馮に対する、まずは謙虚な姿勢でマルクス主義を学べと促したとの返事に、共産党は膨れあがった知識人の使命感に水をさしてきっぱりと拒否する態度を明確に示した。

思想改造運動において、周囲が争って進歩しようとするとき、より冷静さを保つことができたのは、本書の考察対象者の範囲で言えば、潘光旦と沈従文だった。二人は、少なくともしばらくの間、周囲の動静に従わずに、独自の知性や感受性に矜恃をもって、躊躇、懐疑、批判の目で時勢を静観した。時代の潮流に巻き込まれながらも、しばらくではあるが自我の防波堤の中に居られたのは、それぞれがもっていた人間や、生命、個人と社会との関係に関する深い洞察と信念が、流行の意識や周囲の動向との間に壁を作ることができたからである。例えば、潘の「健全な個人」をベースにした「民主社会論」などの社会思想や、沈の個々の生命を愛する生命観は、彼らを時勢や、集団、教条的な概念の前に立ち止まらせた。

だが、その後、潘は蘇南へ、沈は四川へ赴き、土地改革の現場における階級闘争に参加したことが転機を与え、潘が階級闘争論、沈が個人よりも国家を優先する観念を受け入れて、かねてからの思考や信念を封印した。但し、沈の手紙や日記からは、自らの内面を取り替えたり封殺したりすることは、本人にとっていかにも辛くて悲愴感の伴う魂の闘いであったことが伝わってきた。

知識分子の中に、極少数であるが、董時進のような「不識時務」、即ち時代の潮流に疎《うと》い者もいた。董は、他の知識分子のように「革命の深遠な意味」を悟ろうとせずに、愚直に自らの学識や所見に基づいて、土地改革を疑問視し、毛沢東に手紙を送り、土地改革を中止せよと諫言した。そのため、厳しく批判され、その後まもなく、董は中国を離れてアメリカに移住し、アメリカの大学で教鞭をとり、国籍もアメリカ籍に換えた(5)。董を批判するために、彼の元研究仲間や同僚などが批判者として動員された。ある専門領域に批判の的となる人物が現れると、同じ専門の知識分子が批判する任務を担当せねばならなかった。批判の任務をやり遂げることそれ自体が、思想改造をやり遂げることであった。

このように、中国から離れない限り、思想改造は、知識分子にとって不可抗力であり、誰一人逃れることができなかった。

二　「価値変換はある集団状況に根ざしている」

二〇〇〇年、費は朱学勤と対談した際に、再び建国初期の思想改造に言及し、一九八七年にパスターナックのインタビューに応じたときの捉え方と異なり、自己批判をした(6)。

●：最初からうかがいましょう。一九五〇年代初期、知識分子にとって第一歩は思想改造ですが、あなたは当時どのように受けとめたのでしょうか。

費：私自身も改造しようとしました。心底から悦服し、しかもいかに話を運び、いかに自分自身を批判するかに関しては、要領を得ていると思っていました。私は率先して思想改造をし、範を示しました。私の手本を見て皆はどのように話をすれば良いかが分かったのです。これは、功過で論じるならば大きな誤りであり、知識分子には済まないことをしました。

このような自己批判は、パスターナックとの談話にはなかった。費の一貫した認識なのか、それとも晩年になり現れた変化によるものなのかは、断言できない。が、いずれにしても、費の「範を示した」行動や、新聞や雑誌に寄せた多くの思想改造に関する文章は、当時、清華大学の同僚ばかりではなく、知識分子層全体に大きな影響を与えたことは事実である。

マンハイムは、中世の教会による「知的独占」が崩壊した後の、近代における価値変換に対して、次のような分析視点を提示した(7)。

ある社会の生の体系の総体をすみずみにまでわたって変える価値変換のような、社会的意義を帯びた行動様式にとっては、純個人的な生活史やその分析に没頭するだけでは十分とはいえぬ、ということである。価値変換は、基本的には、何百何千もの人びとがめいめい固有のやり方で現存社会の転覆に加わるような、ある集団状況に根ざしている。つまり、これらの人びとは、各人の上にのしかかっている生の状況という複雑な全体の中に身を置き、そこで新しいやり方で行為するという意味で、めいめいがこの価値変換を準備し、またそれを達成するのである。（中略）単独の一個人における特定の新しい動機付けは、多くの人びとが様々な仕方で参加しているある動機付けの複合体の一部にすぎないのである。

マンハイムは、社会の価値変化は、無数の個人の「新しい動機付け」が互いに有機的に連結して新たに「動機付けの複合体」を形成していく過程において実現するものだと主張した。知識分子の思想改造も、「何百何千もの人びとがめいめい固有のやり方で」参加し、相互に影響し合う状況下で展開されたのである。先の各章においても、知識分子が相互に影響し合う事例をいろいろと紹介した。

他人に大きな影響を与えた費自身も、先輩の学者や周囲から多大な影響を受けており、費の思想的変化の契機である一九四九年初頭の共産党解放区西柏坡訪問は、実際、張東蓀、雷潔瓊などの先輩学者に導かれたものであった(8)（第一章）。その後、活躍するようになった費は、まだ「悶々としている」潘光旦を心配し、全校集会で発言する機会を提供するなどで潘の前進を促した（第五章）。また、清華大学の土地改革工作隊を企画した潘は、社会学系の若手教員に土地改革に参加し新社会に適応しようと説得した（第四章）。沈従文でさえも、延安へ赴いて共産党員となった作家丁玲、何其芳、曹葆華などと自らの苦境を比較し、助言を求めた（第四章）。

相互に影響し合うことは、互いに「善意」で忠告し批評することもあり、場合によって厳しく批判、抑圧することもあった。自他ともに「進歩した知識分子の示範」と認められた費さえも、「進歩の重荷を背負っている故に驕って思想改造を怠っている」と友人に猛省を促された（第二章）。仲間の哲学者や読者からの新理学に対する批判を受けて、馮友蘭は『光明日報』などの全国紙で容赦ない自己批判をせざるを得なくなった（第二章）。土地改革反対論を唱えた董時進は、かつての研究仲間に厳しく批判され、孤立させられ、国を去る生き方を選ばざるを得なかった（第六章）。

このように、共産党政権を本心から受け入れたという共通の心理は、思想改造の動力となり、知識分子の相互の提携、刺激、競合、批判は、彼らの「進歩」する歩調を速める一因となった。

一方、少数ではあるが上層エリートの共産党根拠地への訪問や、多数の一般知識分子の土地改革への参加は、短い期間ではあるが、知識分子に共産党を擁護する貧困農民や、農民出身の共産党基層幹部と身近に接触し、共に仕事する機会を与えた。この経験は、知識分子にとって衝撃的で、人により共産党を受け入れる内面の転換点ともなった。費は、華北平原で出会った共産党軍隊に食糧を運送する、延々と続いた整然たる農民の行列が自分にとって「当頭棒喝」の如く感じた。多くの土地改革参加者の文章に見られる通り、「老幹部」、農会成員、立ち上がった農民の一人ひとりの「堅忍持久」「真剣」「忠誠」「自信」「対敵闘争の堅定」などの姿から、彼らは、群衆路線、プロレタリア精神、人民に奉仕する方針などの共産党思想の現実味を体得し、共産党に喚起された民衆の力に「圧倒された」。

知識分子が語った土地改革や、共産党幹部に関する感想は、彼らの真実の気持ちであろう。ただ、先の各章で提示した土地制度や農村階層に関する複雑な事情、及び彼ら本来の実証的総合的な研究方法論と社会思想に鑑みれば、この折の彼らの論調には問題を単純化、一面化、絶対化する傾向が感じられる。その視線や思考が特定の方向に仕向けられ、独自の社会思想がほぼ継続されず、普遍的なヒューマニズム的感覚さえも麻痺していた。

政権側に按配された土地改革参加の出先、階級闘争論や地主階層の搾取性と罪悪しか語られないような政治的言説的環境、暴力が伴う「階級闘争」の現場、短い滞在期間、「落後性」という原罪を背負って思想改造のために土地改革工作に参加するという知識分子自身の精神状態など、ありとあらゆる「集団状況」が、知識分子の農民と接するときの受けとめ方、その視線、思考をある特定な方向に仕向けた。

三　政治統制の組織的制度的特徴

知識分子を思想改造に向かわせた「集団状況」の中で最も基盤にあるのは、大学が接収された後、知識分子の置かれた組織的状況である。大学や研究機関における共産党組織と行政は、政治統制の手法で知識分子を管理し、日常的、身近な活動を通して絶えず知識分子の思想に影響を与え続けた。

新政権の政治統制の組織的制度的特徴は、先の各章の内容と関連して論じる場合、主として以下の三つを挙げ、それの知識分子に及ぼした影響も併せて論じる。

第一に、あらゆる社会組織を政権の行政機構の体系に組み入れ、政権がすみずみまでに直接管理するような社会態勢を編制した。革命以後、大学も含めてあらゆる教育と研究機構は、政府に統制され、大学の管理部門も行政の一機関となった。清華大学の校務委員会が上からの指示を執行して馮と雷を辞職させたことに見られるように、本来の大学自治の最高議事機構である校務委員会は、決定権がなくなり、上からの指示に異議を唱えることさえできず、単に一執行機関となり、大学自治の伝統がこれで途絶えた。

実際、その後まもなく、校務委員会が解散され、大学管理の行政化はさらに進んだ。また、共産党委員会、総支部、支部、小組などの共産党組織が各レベルの行政機構に設置され、党務専門の幹部が配置された。そして党組織が同級の行政機関を凌駕し、絶対的な指導的地位に置かれた。

このように、社会の底辺部まで整備された行政網と党組織は、党や政府の命令や指示、政策の貫徹を保証した。大学における党組織の重要な任務の一つは、知識分子の思想的動態を把握し、随時に上級組織に報告し、そして彼らへの対応方法を提案することである。建国初期に清華大学及び北京市の共産党委員会は、少なくとも表1に列挙した内部報告書を作成した(9)。

党組織は、党員を通して教授たちの政治態度や思想状況を把握し、教授を「進歩・中間・落後」の三つの類型に分類し、また「落後」の人びとから代表的人物を特定してその言動を具体的に記録する。潘は大学が接収されてからずっと「落後」の筆頭とされていたが、蘇南土地改革に関する一連の文章を発表した後に落後のレッテルが外さ

表1　共産党組織が作成した報告書と関連内容

作成者	時間	題目	関連内容
1. 北平軍管会	1949.1.26	清華大学の状況分析と改造方法	管理層と教授には、実権を握る「元老派」、「国民党と三青団分子」、「『新路』派」などの派閥がある。馮友蘭と雷海宗は反動的「国民党派」に属する。潘光旦は問題視されなかったようで言及されなかった。
2. 清華党総支	1949.12.23	教授と学生との関係に関する清華総支彭珮雲、何東昌の報告書	文法学院の教授を①「思想が進歩的正確な者」4名、②「積極的に努力している者」15名、③「思想改造に懐疑、抵抗的態度をとっている者」16名の3種類に分けた。費孝通、呉景超が②に区分されたが、潘は③の筆頭である。
3. 清華党総支	1950.1.31	校長問題に関する意見	
4. 北京市委会	1950.2.24	北京市教授の思想動態に関する総合報告書	教授たちに見られる思想的変化を共産党中央に報告。呉景超を「中間及び落後分子であったが積極的に思想転換を行っている」、馮友蘭を「反動的だが土地改革に参加し、自己批判をしている」者の例として紹介。
5. 中共北京市委学校支部工作科	1950.3.25	清華等3大学の教授の土地改革参加の状況	土地改革に参加する教員の名前、動機、それぞれの現場での態度と仕事状況及び思想的収穫。雷、馮の積極的な態度と努力が評価された。
6. 清華党総支	1950.4.27	清華文法学院教員と学生が北京郊外で土地改革に参加する状況	文学院と法学院の教員と学生による土地改革工作隊の人数、赴き先、現地滞在時間、参加者の思想状況と仕事状況。
7. 清華党総支	1950.6.10	清華5月教授状況報告	教育部の大学教育会議が出した教育改革に関する意見に対する教授たちの反応を報告。潘は教授たちが急激な改革に反対することに大いに賛成し、共産党にノーを言うことに「興奮」。
8. 中共北京市委会	1951	北京市各大学の教師の思想状況	「共産党は現在民主的のように見えるが、これから自由がなくなるのだ」「『人民日報』の文書はほとんどステレオタイプ的なもの」などの潘の「落後言論」が言及された。
9. 清華党総支	1951.8.15	清華大学中間と落後教授の思想状況	141名の教授中に、進歩的な者以外に、中間的な部分と落後した者がそれぞれ50人と40人ほどで、名前も挙げられたが、潘は落後した者とはされなかった。
10. 清華党総支	1951.10.27	教授の思想問題	潘の「自由主義的思想的傾向」が「相互の批評の展開」の妨げとなっていると言及。
11. 中共北京市委学校支部工作科	1951.12.18	清華大学潘光旦教授最近の思想状況	「大学教師政治理論学習と思想改造」運動における潘の思想状況、社会学系が潘の思想問題を討論、批判するために3回会議を開いたことを報告。

れた。それでも、本書の考察対象ではないが一九五一年一〇月に展開された「大学教師政治学習と資産階級思想批判運動」（以下、「大学教師思想批判」）において、遡って追及され批判された。

第二に、集団活動は社会生活の基本的な活動様式となり、思想管理や政治運動も集団単位で行なわれた。「集団主義」は、「プロレタリアート道徳観」や人民に対する思想教育の主要な内容の一つとされ、個人は集団に服従する者とされた。

第二章「清華大学の大課」に見られる通り、政治理論学習運動の際、清華大学では様々な集団活動が行なわれていた。全校レベルでは、報告会、動員大会、総括大会、表彰大会などが行われた。学部レベルでは、補習会、総括会、表彰会などが行われた。最も基本的な活動単位である小組レベルでは、さらに多様な活動、例えば、成員間の自己批判をしたり互いに批判し合う「批評と自己批評」、互いに褒め称えたり励まし合う「相互表揚」、争って「進歩」する「相互競賽」、模範人物を推挙する「選挙先進人物」等々が挙げられる。

潘が見学した「入党儀式」に見られる通り、集団や集団活動が個々人の思想管理に重要な役割を果たしていた。「党員や群衆から厳しい批評や詰問を受けた」新党員は、その批評や意見を戒めとし、自らの思想や、行動、道徳観を正す。このような集団で特定の個人を批評することは、入党儀式などの特殊な場面に限らず、日頃の学習会や、職場の集会、共産党支部の党員会、青年団の活動日などにおいても、恒常的に行われていた。

おのおのの集団の中で中心的な役割を果たしていたのは、上から任命されたリーダーとその周囲にいる「積極分子」たちであった。往々にして、彼らは集団主義を実践する「模範」とされ、小集団内だけではなく、その上の中、大集団、ならびに全国範囲で表彰され、名誉を与えられる。費が思想改造において「皆の手本」となったのも、このような集団構造を背景としていた。模範人物の手本は、集団成員に個人行為の方向性をリアルに示して、個々の成員がその方向に向かって「めいめいのやり方」で奮って努力すればするほど、集団内の同一化が増幅する。

集団生活に提唱されたのは、政治的基準を中心とする二元論的思惟様式に貫かれた革命の道徳観である。革命の道徳は、ブルジョアや封建地主の「陳腐な堕落した」道徳と対立するプロレタリアート道徳であり、「崇高で斬新な道徳観」とされた。それは、個人主義ではなく集団主義、自由主義ではなく革命の紀律を堅く遵守する精神、享楽主義ではなく犠牲と貢献の精神、低俗さに溺れるのではなく崇高さを追及する精神、革命に対する動揺ではなくしっかりした忠誠心などを内容としていた。

日常的な集団活動を通して、集団の成員間では、相互に団結し、競争する関係が形成されると同時に、相互に干渉し、監視する関係も生じた。個々人が緊張感をもって集団活動にとり組み、「群衆関係」（他の集団成員との人間関係）に神経を使い[10]、集団や多数の動向に追従する雰囲気を醸成する。また、一人ひとりの参加によって構成された集団の力は、逸脱者を矯正したり、落後者を牽引したりする機能をもっていた。

しばしば行なわれた政治運動の際に、集団活動がさらに活発化され、党に闘争目標と指定された人物には集団攻撃が集中した。「大学教師思想批判」において、批判の対象となった潘は、自己批判の深みが足りないという理由で、社会学系や全校の集会で「過関」できず、即ち群衆に許されることができなく、繰り返して集会において自己批判をし、五回ほど自己批判書を提出して、やっと「過関」できたのである[11]。

集団の仕組みと力は、反右派闘争や文革などの大きな政治運動際にさらに顕著に見られた。パスターナックに対して、費は反右派闘争の時に受けた「群衆からの攻撃」について、次のように語った[12]。

あらゆる人は、私の過去の著述から何かしらのものを探し出して私を批判する材料としていました。私の大多数の友人と同僚も私を批判する立場に立ちました。皆は私を攻撃しました。彼らはそうせざるを得なかったのです。私は、自分がすっかり孤立したと気づき、社会的地位も仕事の場も失い、完全に異端となり、もはや集団の成員ではなくなりました。

あらゆる人が「あなたは誤った、誤った、誤った」と言い続けるなら、あなたは抵抗できるのでしょうか？きっと自分に何かの誤りがあったにちがいないと思うでしょう。群衆からの攻撃！　私ははじめてこのような境遇を体験しました。あらゆる人に背かれました。ただ一週間ほどの間に。[13]

「ただ一週間ほどの間にあらゆる人に背かれました」という状況は、政治運動の来臨で一朝にしてなったものではなく、普段の集団や思想管理の政治体制の所産とも言える。

第三に、共産党政権は、階級闘争論や革命に対する貢献度などの理論的現実的な基準に基づき、あらゆる階層に政治的評価を下し、あらゆる個人に階級所属という身分を与え、個々人や階層に関する政治的ヒエラルキーを形成した。

このヒエラルキーには、搾取と被搾取、革命と反革命、人民と敵という二元対立的思惟様式が徹底されている。階級区分にまず重要なのは、「敵我」即ち敵と人民との区分である。地主、国民党残留勢力、反革命分子などが、革命の敵とされ、鎮圧の対象とされた。敵に対しては、惻隠、憐れみの情をかけてはならず、多くの知識分子の土地改革参加感想文に見られる通り、内面に少しでもこのような思いが浮かんだら自己批判すべきとされていた。人間の平等、「人道主義」、温情など、知識分子が本来普遍的に有する価値観念が、この政治的ヒエラルキーの前で、捨てなければならない「精神的重荷」となった。

人民内部においては、農民、労働者、都市貧民、小業主、知識分子などの区分があり、各階層の中はさらに細かく分類された。労働者と農民は革命の主力であるのに対して、それ以外の諸階級は革命と反革命の間の中間派のように位置づけられた。

階級区分と評価基準は「被搾取＝革命＝先進、搾取＝反革命＝反動」とされ、被搾取階級は革命の担い手であるために一番先進的である、搾取階級は反革命であるゆえに反動であるという政治的論理が中核となっており、政治性のみが強調された。文化、教養、社会性など階層形成の複雑な多面性に関する考慮はなく、それらをむしろ搾取階級に付属するもの、革命の立場に立つための妨げとして捉えた。反文化、反教養的な傾向が顕著であった。それによって、知識分子の備えている知識や教養は無用、有害とさえ見なされ、文革の終了までの二十数年にわたって、知識分子は、とかくすれば、「劣っている根性が原因だ」と咎められて、戦々恐々、「挟着尾巴做人」、即ち恐れ慎まなければならなかった。

四　「唯一の意味源」としてのイデオロギー

マンハイムは、「機能主義的立場」から世界観やイデオロギーの「心理学的、社会学的機能」を次のように解釈した。[14]

魔術的、宗教的世界観によって担われていた意味づけがすべて「虚偽」に属するものであった時代においても、やはり――純然たる機能的立場から眺めても――、意味づけは、客観的な外界の経験はいうにおよばず、内面の心的現実の諸断片にも一本筋を通し、それらを一定の行為複合との関連で整除するのに役立つものだった。われわれの付与する意味づけがいかなる源泉に発するものであろうと、或いはそれらが真実であろうと虚偽であろうと、そうした問題とはかかわりなく、意味づけが一定の心理学的、社会学的機能を果たすものだということ、つまり、共同で何ごとかをしたいと念じている人びとの注意を一定の「状況の定義」に注がせるものだということは、すでに周知のことがらである。

思想改造を経て知識分子は、革命思想をその真理性が革命の勝利により証明された「正確な世界観」として受け入れ、自ら進んで歴史や社会に対する「誤った解釈」を放棄し、階級闘争論や、唯物史観、社会発展段階論など共産党のイデオロギーを以て歴史、社会、階級などを理解し、物事の意味を革命理論に求め、そこから「一本筋を通した」解釈を引き出そうとした。例えば、「知識分子の種々の思想錯誤の根源がその階級所属や政治構造における位置づけにある」という費の論点、あらゆる「静観」の哲学を批判し、思想の根源を革命的実践のみにあるという馮の主張、搾取性や封建制を理由にして紳士、官僚、名士、宗族などを一概に否定する潘の一連の記事などは、彼らが革命理論を応用して社会や歴史、思想に与えた新たな解釈であった。

「純然たる機能主義的立場」から見れば、革命思想は間違いなくそれなりに系統化され、論理性を備えており、革命的実践の指導に大きな役割を果たしたと言える。しかし、有効に機能したとは言え、その構造上の問題を看過してはいけない。この「新思想」の思惟様式としての最大の問題は、その政治性一点集中的な視点と、物事を白黒に分ける絶対的二分法の思惟様式にある。この思惟様式により、思想体系には柔軟性や包容力が欠如し、物事を一面的に捉えることとなった。しかも、偏っている世界観であるにもかかわらず、あたかも歴史の必然性を全面的に反映した唯一の真理であるように自認し、権力を利用し、群衆の力も動員して、異なる見方や認識をすべて抑制し、たとえ「真知灼見」(確実な見解)であっても、完全に歴史の必然性に逆らう「誤謬」として排除した。

マンハイムは、イデオロギー、特に中世の教会の「知的独占」に関し、次のように指摘した。(15)

われわれの意味が流出する源泉、即ち意味源は、事物の中でも活動と深い関連をもった側面だけを強調し、その安定をはかり、さらに集合体の活動のために、すべての事物の底に流れている不断の流動過程を蔽い隠すものなのである。要するに、それは、様々な方向に向かう傾向をもった与件が現存の構造関連とは別個の機構をつくりだすことを排斥する。そういうわけで、すべての概念は、現存する意味源泉とは別に、可能性としてある意味源泉が、一種のタブーであることを表現している。と同時に、それらが行為のために、生の多層性を単純化し、一様化するものであることをも表現している。

共産党政権とそのイデオロギーによる知識分子の思想に対する排斥は、まさにマンハイムの言う、イデオロギーと「深い関連をもった側面だけを強調し」、他の側面を無視し、他の「可能性としてある意味源泉」をタブー視する「知的独占」であった。潘光旦、費孝通、馮友蘭、呉景超などが放棄した思想と受け入れた思想の内容から見ると、本来の流動的、多面的、生命力のある社会生活や、無限な複雑さが潜む人間自身への多角度、多元的、相対主義的な視座から、「単純化、一様化」、教条化、絶対主義的な視点へと転換することであった。

五　革命思想のレトリックに熟達した「局外者」

建国初期の思想改造を経て、知識分子たちは「思想的進歩」を遂げたにもかかわらず、一九五七年の反右派闘争の際、その多くは、やはり反共産党、反社会主義の右派とされて、本書の研究対象者である潘光旦、費孝通、雷海宗なども免れえなかった。右派とされた背景や理由などは、本書の考察範囲を超えるので省略するが、一つだけ指摘したいのは、右派とされたのは、彼らの革命思想に対する信奉と無関係ではないという点である。

例えば、費の右派としての「罪行」(罪業)には、「人民代表制度に反対する」、「党の指導に不満をもつ」などがあるが、それは、実際、費は、革命の目標でもある「真正の人民民主主義」を実現するために、人民代表制度の実施方法に改善方法を提言したこと、あらゆる知識分子を社会主義建設の事業に動員するために、知識分子をもっと信頼するように提言したことであった[16]。要するに、革命の思想や目標を信じたからこそ、それが偽りなく実現するために誠実に考え、率直に共産党政権に進言したのである。言わば、知識分子が信仰し忠誠を尽くそうとしたのは、革命の思想と目標であり、共産党の組織や政権そのものではなかった。共産党にとって、彼らは終始「自己人」即ち内輪の人にはなれなかった。

但し、潘や費らのような「高級知識分子右派」は、大多数の無名の知識分子右派と異なり、辺境地にある「労働改造農場」に流刑にされず、北京に留まることができ、生活面では優遇された。一九六六年に文革が始まるまでの九年間、主として学習会や、共産党幹部の報告会、農村や工場の見学、映画や演劇などの革命文芸の鑑賞、読書などに時間を費やし、仕事として、従事したのは、辞書を編纂することと指定された図書を翻訳することであった。費はパスターナックに対して、この期間のことを次のように紹介した[17]。

一九五七年以後、私は文章を発表することが許されなかったが、翻訳は許された。書局が提案した歴史書のリストから訳したいものを選び、何冊か翻訳した。一九五九〜六二年の間、私たちは思想改造のために、農村や工場を訪問した。あらゆる生活費、活動費は政府から支給され、特殊の支給カードも配られ、普通の人びとが入手できないものもわれわれは購入できた。若い右派と比べれば、われわれの生活環境は恵まれていたと言える。但し、われわれは社会から隔絶した存在となり、自分たちの小社会の中で生活するしかなかった。教壇に立つことしようとしても史書しか手に入らず、新しい学術図書には一切接することが不可能であった。読書もももちろん許されていなかった。

潘の一九六一～六五年の日記を見ると、「高級知識分子右派」の訪問団は、内モンゴル、福建、江蘇、山東、山西、北京近郊農村、江西、湖北などの地域を訪問し、人民公社の成果展や、階級闘争展示会などを見学したり、貧農による「訴苦」(地主の搾取を受ける苦しみを訴える)に参加したり、また革命根拠地などの「革命聖地」を参観したりした。様々な学習会の活動は、例えば、民族学院研究部の時事問題を学習する「神仙会」、民盟中央学習会、『毛沢東選集』学習会などが、定期的に行なわれた。彼らが鑑賞した映画や演劇は、ほとんど階級闘争論を宣伝するものであった[18]。仕事として為したのは、全員右派である作成グループ成員と共に『辞海・世界の民族』を編纂することであった。この時期に、潘は余暇を使って史書を大量に読み込んだ[19]。

一見、共産党政権は、高級知識分子に良い生活を提供し、丁寧に扱ったようだが、教壇に立つことを許さず、新しい学術図書と接することをさせず、文章を著したり発表したりすることももちろん許されなかった。集団での見学、訪問活動以外、社会や普通の人びととの接触はほとんどできなかった。確かに費が述べた通り、彼らは「社会から隔絶した存在となり」、社会から排除された「局外者」となった。

思想的にも、知識的にも、狭められた環境の中で長期的に生活し、見たものも、読んだものも、聞いたものも、ほとんど共産党政権のイデオロギーに基づいたものであり、「耳濡目染」、即ち見慣れ聞き慣れるにつれて、イデオロギーのレトリックを自然と操ることとなり、そして、日記の中でさえも、イデオロギーの「意味源」から物事を捉えるようになった。

晩年の日記において、潘は時々知識分子の思想改造に言及したが、その態度は建国初期と対照的であった[20]。

一九六一年二月七日

午後、「神仙会」に参加。私は、旧知識分子の所謂「修養」や「逆来順受」（無理なことをも受けて忍ぶ）「知足不辱」（足りることを知れば辱めを受けることはない）の特性に、知識、闘争、矛盾、革命を無視する危険性が潜むと強調した。

晩年の日記に、知識分子に言及するときに常に「旧」や「資産階級」などの形容詞を付けて、そして、その「階級的特性」と結びつけて思想改造の必然性を論じるようになった。

一九六三年一月一一日

午後、人民大会堂で中共統戦部が開いた報告会に参加し、彭真同志の報告「国際情勢と思想改造」を聞いた。彭の話は思想改造から入るのではなく、革命が必要か、社会主義革命は本国でやり遂げたらもう終了するか、それとも継続革命をして全世界に押し広げていくか、革命は犠牲が伴うが、犠牲を払う心構えをもっているか、現代修正主義は革命を裏切ったが、われわれは革命を最後まで堅持していくか、などの一連の問題から切り出した。これで、思想改造の意義は言わなくても十分明らかである。

十数年前に共産党幹部の報告を聞いたときの、退屈さを感じたり、報告者が自ら信じるものに他人にも帰依するように説教する態度に感心しなかったりする態度と比べものにならないほど、報告の内容をすんなりと受け入れた様子をうかがわせた。

一九六四年八月一一日

聶真院長[21]は、連日の座談会の内容を三つの問題にまとめた。第一に、資本主義から共産主義への移行期における階級、階級矛盾と階級闘争。第二に、帝国主義と修正主義との闘い。第三に、革命性と専門性の関係。第一点は一番重要。われわれ知識分子に歴史的意識をもって思想改造にとり組んでほしいという気持ちが伝わった。革命の根本的な目的は共産主義社会に入ることである。共産主義社会を実現するために、あらゆる階級に公平無私の道徳観をもつ必要があるが、目下労働者階級のみこの基準に達している。だから、思想改造が必要だ。

一九六四年八月一四日

午前座談。私は四五分ほど発言した。趣旨は次のようである。長年、資本階級知識分子は、建設ばかり議論し、革命を無視してきた。建設に成果を収めるために、継続革命、即ち階級闘争をしなければならないことに無知である。どうしてそうなったか。われわれの階級的本質によるところである。

この時の潘は、すっかり慣れた筆致で革命のレトリックを使用しながら、知識分子の思想改造の必要性を共産主義の実現、階級闘争、階級本質などと関連して理解するようになった。マンハイムが述べた「現実の諸断片に一本筋を通す」機能をもつ「意味源」――イデオロギーを、潘は自ら進んで物事の説明に応用した。潘は、文革の際に死亡した。潘の死について、費は悲愴感が滲む文章を残した。[22]

晴天霹靂、災難開始。紅衛兵の号令の下で、私たち「元右派」は一斉に囚人となった。潘先生の書斎も寝室も封鎖され、厨房外の廊下で寝泊まりした。身体に廃疾があっても毎日苛酷な労働が課された。翌年六月、座り込んで労働して湿気の原因で膀胱炎に罹ったが、医療を得られず、危篤に陥った。私は昼夜そばに居ても、為す術がなかった。凄風惨雨、徒喚奈何《いかにせむ》。

苛酷な監視労働で、膀胱炎に罹った潘は、一旦病院に送られたが、元右派分子であるために治療が拒否された。そばには最期をみとる家族が居らず、駆けつけてきたのは、近所に住む費だけであった。

文革終了後、第一章で述べた通り、費は、再建された中国社会学会の会長となり、再開された社会学研究の先頭に立った。様々な政治的要職に任命されたこととも関連して、晩年の費の研究は、小城鎮、郷村企業、区域発展などの研究に見られる通り、主として政策提言と密接に関連する応用研究である。この種の研究は、「国計民生」(国の経済と民の生活)に有用なものと見なされて、現行の政治体制の下では、言わば無難に行なえるものである。これらの研究と考察は、早年の農村研究を継続し生かしたものだと費は強調した。

継続された農村研究と比べて、民国期における『郷土中国』や『皇権と紳権』のような社会や文化に関する研究は、封をしたまま再び提起されなかった。一九八四年に出版社の要請で、『郷土中国』が再版されたが、序文において費は、この本を「自分の経歴に残した一つの足跡」、「解放前夜の若者が知識領域に湿しく模索する証拠」とし、内容の評価については、「中の論点は引き続き検討する価値がある」と述べることにとどまった。

『郷土中国』の考察する社会関係、社会統合、伝統的道徳倫理などや、『皇権と紳権』の考察する政治構造は、共産党政権の下では、完全に単一の「意味源」イデオロギーに厳しく管理される領域となり、公の場に登場するのは革命の言説に合致する議論ばかりであった。複雑な社会関係には階級闘争論が、重層的な文化伝統には「封建主義」批判が、さらに中華民族の民族性には一面的な賛美論が適用された。このような状況において旧著を再提起することは、ただ過去の思想をもう一度もち出せば良いといったようなことではない。一時代を支配した、いや、未だに権力を根底から支えて続けているイデオロギーを凝視し、相対化し、長期間に縛られた自分とも向き合うことなしには、とうていできないだろう。それができない限り、過去の思想は「検討する余地がある」としても、歴史の彼方にただ静かに佇むだけだろう。

本書は、中国の知識分子が、建国初期の政治理論学習や、思想改造、ならびに反右派闘争などの政治運動を経て、しだいに共産党のイデオロギーを受け入れ、或いは、受けざるを得なくなったプロセスを呈示した。

政治運動の中で受けた糾弾や非道な迫害はもちろん、イデオロギーによる長期間の拘束だけでも、彼らの思想に大きな影響を与え、かつて見られたような、現実に対する冷徹な目、社会の実態から自ら紡ぎだした新しい概念でステレオタイプの社会観に挑む姿勢、政治権力と距離を保ちつつ民衆にも媚びない中立的な態度、健全な自我の養成に対する細心の注意と独立精神、古今東西を横断する広い視野と現在を相対化する柔軟な態度などのエリート文人としての特徴は、自制され、影を潜めざるを得なくなった。

『郷土中国』を英語に翻訳したアメリカ人ハミルトンは、費にこう聞いた。なぜ農村研究は続けたのに、紳士研究などは中断したのかと。費は、次のように答えた[23]。

私にはできないことです。人間の命は一回しかありません。この一回の可能性を無駄にしてはいけません。自分の経験から得た認識なのです。私の学問は基本的に正しかったが、時代より一歩先に進んだのが問題だったのです。やはり安全な路線に沿って前進するしかないのです。

かけがえのない人間の命。独自の思考と「私の学問」を守りぬこうとすれば、命を代償にしかねないような環境。現実としたたかに切り結び、付き合う道を歩む以上、自らの思考の結晶である「私の学問」を「安全な路線」の外側に置き去りにするしかなかった。

注

(1) 前掲、バートン・パスターナック「経歴・見解・反省――費孝通教授に対するインタビュー」『中央盟訊増刊』一四〜一五頁。
(2) 前掲、馮友蘭『三松堂自序』一六四〜一六五頁。
(3) 前掲、蔡仲徳『馮友蘭先生年表初編』三四七〜三四八頁。
(4) 前掲、朱学勤「費孝通先生訪談録」を参照。
(5) 董保静、胡栄倫、「農業を発展する志を生涯貫いた董時進」『紅岩春秋』(六期、重慶:中共重慶市委党史研究室、二〇〇四年)。
(6) 前掲、朱学勤「費孝通先生訪談録」、原文の内容を前後調整したところがある。問答形式の記事には、「編者のことば」に「上海大学教授朱学勤との対談である」という説明に朱の名前が一回のみ言及される以外、各質問に聞き手の名前が出されず代わりに黒丸がつけられた。二〇〇九年八月に筆者が朱を訪問し、朱と費との対談についていろいろとインタビューし、名前を黒丸に置き換えたことについても説明を求めた。朱は、「費孝通先生が逝去された際、関連記事が必要だが、「自由主義知識分子」というレッテルが貼られた私を顕著に出すことに新聞社が難色を示したために、このような掲載方法となった」と説明した。本文も引用原文に忠実し、聞き手は黒丸のままにする。
(7) 前掲、マンハイム『イデオロギーとユートピア』一二七頁。
(8) 第一章注(38)を参照。
(9) 表1の内部報告書は、前掲、楊奎松『禁じ得ない関心――一九四九年前後の書生と政治』、『清華大学史料選編』を参照した。具体的には、楊奎松:1―二八五〜二八六頁、2―二九〇頁、3―二九〇頁、4―二九〇頁、7―三一一頁、8―二九四頁、9―三一二〜三一三頁、10―三一三頁、11―三一八頁。前掲、『清華大学史料選編』五巻下:5―一五四〜一一六五頁、6―一一四七〜一一五四頁。
(10) 「群衆関係」は、共産党の根本方針の一つである「大衆路線」に根ざした道徳観で、プロレタリアート先鋒隊員である共産党員と「進歩」を追究する積極分子は、リーダーシップを発揮しながら、集団内の人びとと良好な関係を保ち、後者を牽引しなければならない。
(11) 「大学教師思想批判」運動における潘光旦について、楊奎松「思想改造運動における潘光旦――潘光旦『歴史問題』の由来とその影響」『史林』(上海:上海社会科学院歴史研究所、二〇〇七年)六期に詳しい。
(12) 前掲、バートン・パスターナック「経歴・見解・反省――費孝通教授に対するインタビュー」『中央盟訊増刊』一三〜一四頁。
(13) 費孝通を批判する文章を集中的に掲載した、前掲、中国共産党中央民族学院委員会整風弁公室(編)『章羅連盟の軍師費孝通を摘発し批判する』第一輯、第二輯、『費孝通の反動的言動に対する批判』、前掲、科学出版社編集部(編)『マルクス・レーニン主義を堅持しブルジョアの「社会科学」の復活を反対する（第一輯）』『ブルジョアの社会科学の復活を反対する（第二輯）中国科学院社会科学界反右派闘争座談会発言集』『ブルジョアの社会科学の復活を反対する（第三輯）』などを分析すると、一九五七年六〜九月の三か月の間に、費を批判する単独批判会、または他の右派と一緒に批判される合同批判会は、合計三九回（日）にも及んだ。その内訳は次の通りである。民盟中央座談会、中央常務委員会拡大会議など、六回。国務院党外人士座談会、一回。民盟北京市委員会拡大会、三回。全国人民代表大会江蘇省代表団会、二回。全国人民代表大会第一届第四回会議、六日。中央民族学院「費孝通批判大会」、五回。『新観察』雑誌社反右派大会、四回。中国科学院哲学社会科学部・社会科学界反右派闘争座談会、六回。中国科学院社会科学界反右派闘争座談会、六回。

費孝通を批判する者には、共産党幹部、マルクス主義学者、共産党内の知識分子など以外に、著名な学者も数多くいた。例えば、哲学者金岳霖、黄子通、鄭昕、容肇祖、歴史学者陳垣、鄧廣銘、胡厚宣、楊向奎、童書業、白寿彝、楊生茂、言語学者羅常培、王静如、社会学者孫本文、陶孟和、胡先晋、民族学者林耀華、楊成志、人口学者馬寅初、チベット学者柳陞棋、植物学者侯学煜、地質学者劉東生、植物病毒学者周家熾、地理気象学者竺可楨、数学者華羅庚、水利学者陳士驊、等々。

(14)　前掲、マンハイム『イデオロギーとユートピア』一二〇頁。

(15)　前掲、マンハイム『イデオロギーとユートピア』一二二頁。

(16)　前掲、中国共産党中央民族学院委員会整風弁公室（編）『章羅連盟の軍師費孝通を摘発し批判する』第二輯「第三部分」（一五七〜二九一頁）を参照。

(17)　引用は前掲、バートン・パスターナック「経歴・見解・反省——費孝通教授に対するインタビュー」一四〜一七頁関連部分の要約。

(18)　潘の一九六一〜六五年の日記は、『潘光旦文集』（一一集：三四二〜六七三頁）に収録。日記の記載による、潘らが鑑賞した映画と演劇は、『忘れてはいけない』『龍江頌』『印章を奪還する』『翠崗紅旗』などである。

(19)　日記の記載による、潘が読んだ史書は、『明史』『新唐書』『春秋左伝』『資治通鑒』『水経注』などである。

(20)　『潘光旦文集』一一集：三四九頁、四九四頁、五九八頁、五九九頁から引用したが、省略する部分がある。

(21)　聶真（一九〇八〜二〇〇五）、一九三〇年に共産党に入党。一九六四年当時、社会主義学院共産党委員会書記、副院長。社会主義学院は、民主党派の幹部にマルクス主義の教育を受けさせるために、共産党政権が設立した学校である。

(22)　前掲、費孝通「潘光旦先生二三事」『これも歴史だ——思想改造から文化大革命まで一九四九〜一九七九』七〇頁。

(23)　前掲、朱学勤「費孝通先生訪談録」。

あとがき

費孝通先生は、私が修士課程を履修した時の指導教員であった。恩師の思想と行動を学術的考察の対象にすることにいささか不安が伴った。師から習うべきものを習い、それ以外は慎み控えめにするのが弟子たる者の律儀であるという観念をもっていたので、批評したり議論したりすることは、弟子としての「義」に背くのではないかと考えていた。

一方、費孝通先生ら上の世代の知識人たちの、時代に大いに悩ませられていた心的道のりや、政治に翻弄された紆余曲折の運命に直面して、心を動かされずにはいられなかった。どうして彼らの学問が中断せざるを得なかったか、どうして彼らの運命はそうなったか、後輩である私たちが究明すべき課題ではないかと受け止め、歴史を探究しこの課題に答えることは、師の教えに報いることでもあるのではないか、と思う自分もいた。

本書の研究と作成の過程において、多くの方々からのご教示、ご助力をいただいた。

構想の段階において、野村浩一、また荒井信一、石島紀之、一瀬敬一郎諸氏に相談にのっていただき、アドバイスをいただいた。

研究の進行中、東京大学東洋文化研究所「世紀交替期中国における文化転形」研究班、科研費基盤研究（B）「世紀交替期中国の文化転形に関する言説分析的研究」グループで発表する機会をいただき、尾崎文昭、坂元ひろ子、砂山幸雄、村田雄二郎、石井剛、晏妮などの諸氏から、いろいろとご意見、ご教示をいただいた。

中国蔵学研究中心の元研究員鄧瑞齢氏、潘光旦先生の娘であり、北京大学社会学系の元教授潘乃穆氏から、関連史料や研究対象者たち生前のことについていろいろと貴重なご教示をいただいた。清華大学で資料収集をした際には、清華大学教授汪暉氏のご助力をいただいた。上海大学教授朱学勤氏は私のインタビューに応じて、費孝通先生との対談の状況をより詳細に紹介して下さった。華東師範大学教授許紀霖氏は、知識分子の思想改造について、ご自身の見解を語って下さった。

所属大学の同僚である黒沢文貴氏から歴史学的研究の方法論、滝口太郎氏から中国政治研究、元同僚の森一郎氏から思想史研究に関するご教示をいただいた。

松村高夫氏には、本書の原稿を通して読んでいただき、各章の内容構成と分析に関して、いろいろと貴重な意見とコメントをいただいた一方、日本語の表現を丁寧に修正してくださった。

本書の編集と出版にあたって、風響社石井雅氏はいろいろと助言を与えてくださり、相談にものってくださった。

本書は、東京女子大学学会の出版助成金をいただいて出版したものである。この場を借りて、各位及び東京女子大学学会に衷心より感謝の意を申し上げる次第である。

参考文献

中国語（ピンイン順）

阿古什（R. David Arkush）董天民訳
一九八五『費孝通伝』北京：時事出版社。

艾中信
一九八一『徐悲鴻研究』上海：上海人民美術出版社。

巴博徳（バートン・パスターナック、Burton Pasternak）、潘乃穆訳
一九八八「経歴・見解・反省——費孝通教授に対するインタビュー（経歴・見解・反思——費孝通教授答客問）」『中央盟訊増刊』北京：中国民主同盟中央委員会。

蔡錚錚
二〇〇九「建国初期知識分子思想改造の起因（建国初期知識分子思想改造縁起的歴史考察）」『太原師範学院学報』八期、太原：太原師範学院。

蔡仲徳
一九九四『馮友蘭先生年表初編』開封：河南人民出版社。

陳翰笙著、汪熙、楊小仏（編）
一九八五『陳翰笙文集』上海：復旦大学出版社（「中国農民が負担する租税（中国農民負担的賦税）」一九二八年、「中国農村経済研究の始まり（中国農村経済研究之発軔）」一九三〇、『現代中国の土地問題（現代中国的土地問題）』一九三三などを収録）。

陳徒手
二〇一三『故国人民に所思あり——一九四九年以後の知識分子の思想改造（故国人民有所思——一九四九年後知識分子思想改造側影）』北京：生活・読書・新知三聯書店。

崔暁麟

二〇〇三「建国初期の知識分子思想改造運動（浅析建国初期知識分子的思想改造運動）」『経済与社会発展』一一期、南寧：広西社会科学院。

二〇〇三「建国初期の知識分子の社会心理とその原因（建国初期知識分子的社会心態及原因分析）」『広西社会科学』一一期、南寧：広西社会科学界聯合会。

二〇〇五「土地改革と知識分子思想改造（土地改革与知識分子思想改造）」『広西民族学院学報』（現『広西民族大学学報』）二七巻四期、南寧：広西民族学院（現広西民族大学）。

董保静、胡栄倫

二〇〇四「農業を発展する志を生涯貫いた董時進（終生志在興農的董時進）」『紅岩春秋』六期、重慶：中共重慶市委党史研究室。

費孝通

一九三九 *Peasant Life in China*, London: Routledge & Kegan Paul.（市木亮訳、一九三九『支那の農民生活』東京：教材社、仙波泰雄・塩谷安夫訳、一九四〇『支那の農民生活』東京：生活社、戴可景訳、一九八六s『江村経済――中国農民的生活』南京：江蘇人民出版社）。

一九四七『郷土中国』上海：観察社（鶴間和幸代表訳、二〇〇一『郷土中国』東京：学習院大学東洋文化研究所）。

一九四七『生育制度』上海：商務印書館（横山広子訳、一九八五『生育制度――中国の家族と社会』東京：東京大学出版会）。

一九四八『郷土重建』上海：観察社（一九九三『郷土中国と郷土重建（郷土中国与郷土重建）』台北：風雲時代出版公司）。

一九五七「重訪江村」『新観察』一一期、一二期（英文版は "Kaixian'gong Revisited" として 1983 *Chinese Village Close-up*, Peking: New World Press に所収、小島普治ほか訳、一九八五『中国農村の細密画』東京：研文出版）。

一九八九『中華民族多元一体格局』（共著）北京：中央民族学院出版社（西澤治彦・塚田誠之・曽士才・池秀明・吉開将人共訳、二〇〇八『中華民族の多元一体構造』東京：風響社）。

一九九三「潘光旦先生二三事」『此も歴史だ――思想改造から文化大革命まで一九四九～一九七九（這也是歴史　従思想改造到文化革命 1949―1979）』香港：オックスフォード大学出版社。

一九九六『費孝通選集・華人著名人類学家叢書』福州：海峡文芸出版社。

二〇〇四『人類学と文化自覚を論じる（論人類学与文化自覚）』北京：華夏出版社

二〇〇九『費孝通全集』第一～二〇巻、フホホト：内蒙古人民出版社。

馮友蘭

一九八八『馮友蘭学術精華録』北京：北京師範大学出版社。
一九八九〈一九八四〉『三松堂自序』北京：生活・読書・新知三聯書店。
二〇〇九『一種の人生観（一種人生観）』鄭州：大象出版社。
高均英
二〇〇九「建国初期知識分子思想改造の意義」『福建党史月刊』八期、福州：中共福建省委党史研究室。
葛金芳
二〇一三『中国近世農村経済制度史論』北京：商務印書館。
韓徳章
二〇〇九「綏遠の農業（綏遠的農業）」（一九三一）、「河北省深澤県農場経営調査」（一九三四）、「浙江西部農産品貿易の実例——米、生糸、山の幸（浙西農産貿易的幾個実例——米糧、絲繭、山貨貿易的概況）」（一九三一、曲直生と共著）、李文海他編『民国時期社会調査叢編農村経済巻（中）』福州：福建教育出版社。
二〇〇九「浙江省西部農村における借貸制度（浙西農村之借貸制度）」（一九三二）、「浙江西部農村の租佃制度（浙西農村之租佃制度）」（一九三三）、李文海他編『民国時期社会調査叢編　農村経済巻（下）』福州：福建教育出版社。
韓小香
二〇一〇「歴史的回顧と現実的思考——建国初期の知識分子改造運動（歴史的回顧与現実的思考——建国初期知識分子改造運動）」『前沿』一四期、フホホト：内蒙古自治区社会科学聯合会。
華東軍政委員会土地改革委員会（編）
一九五二『華東農村経済資料第一分冊　江蘇省農村調査（一九四六〜一九五〇）』。
一九五二『上海市郊区・蘇南行政区土地改革画集』。
恵海鳴
一九九六「土地改革から合作社運動までの江村（従土改到合作化的江村）」馬戎、潘乃谷他（編）『社区研究と社会発展——費孝通教授学術活動六〇周年記念文集（社区研究与社会発展——費孝通教授学術活動六〇周年記念文集）』三九二〜四一五頁、天津：天津人民出版社。
科学出版社編輯部（編）
一九五七『マルクス・レーニン主義を堅持しブルジョアの社会科学の復活を反対する（捍衛馬克思主義反対資産階級「社会科学」復辟）第一輯』北京：科学出版社。
一九五八『ブルジョアの社会科学の復活を反対する　中国科学院社会科学界反右派闘争座談会発言集（反対資産階級社会科学

復辟　中国科学院召開的社会科学界反右派闘争座談会発言集）第二輯』北京：科学出版社。
一九五八『ブルジョアの社会科学の復活を反対する（反対資産階級社会科学復辟）第三輯』北京：科学出版社。

雷海宗
一九八九『中国の文化と中国の兵（中国文化与中国的兵）』長沙：岳麓書社。

李長偉、呉海光
二〇〇七「建国初期の知識分子改造の大学教師に対する影響（試析建国初期思想改造運動対高校知識分子的影響）」『山東科技大学学報』（社会科学版）九巻三期、青島：山東科技大学。

李　達
一九五八『費孝通の買弁社会学を批判（費孝通的買弁社会学批判）』上海：上海人民出版社。

李　剛
二〇〇七「建国初期知識分子の心態（建国初期知識分子的心態）」『徐州師範大学学報』三三巻四期、徐州：徐州師範大学。

李培林（編）
二〇一一『費孝通と中国社会学（費孝通与中国社会学）』北京：社会科学文献出版社。

李蓉研
二〇〇四「建国初期大学教師思想改造の過程とその影響（建国初期高校教師思想改造運動及影響）」『皖西学院学報』二〇巻一期、六安：皖西学院。

李維漢
一九八六『回想と研究（回憶与研究）』北京：中共中央党史資料出版社。

李文海他（編）
二〇〇九『民国時期社会調査叢編』農村経済巻（上）（中）（下）福州：福建教育出版社。

劉明明
二〇一〇「思想改造運動前後知識分子が自主的に改造する原因（中国知識分子在建国初期思想改造運動前後之主動転変及原因）」『社会科学論壇』二〇一〇年六期、石家庄：河北省社会科学界聯合会。

劉少奇
一九八一『劉少奇選集』（上）北京：人民出版社。
一九八五『劉少奇選集』（下）北京：人民出版社。

呂文浩

二〇〇九『中国現代思想史における潘光旦（中国現代思想史上的潘光旦）』福州：福建教育出版社。

莫宏偉

二〇〇七「建国初期民主人士が土地改革の試練を受ける（建国初期民主人士過土地改革「関」的問題）」『遵義師範学院学報』九巻二期、遵義：遵義師範学院。

二〇〇七『蘇南土地改革研究』合肥：合肥工業大学出版社。

二〇〇八「毛沢東と民主人士が土地改革の『関門』を通る（毛沢東与民主人士過土地改革「関」）」『毛沢東思想研究』二五巻三期、成都：四川省社会科学院・四川省社会科学界聯合会・中共四川省委党史研究室。

毛沢東

一九九二〈一九八七〉『建国以来毛沢東文稿』一冊、二冊、北京：中央文献出版社。

清華大学校史研究室（編）

二〇〇五『清華大学史料選編』五巻（上）（下）北京：清華大学出版社。

潘光旦

一九九九『潘光旦選集』I～IV巻、潘乃谷、潘乃和編、北京：光明日報出版社。

二〇〇〇『潘光旦文集』一～一四巻、潘乃穆、潘乃和編、北京：北京大学出版社。

二〇〇五『中国民族史料匯編』潘光穆、潘光和、石炎声、王慶恩編、天津：天津古籍出版社。

潘乃谷、王銘銘（編）

二〇〇五『「魁閣」へ復帰（重帰「魁閣」）』北京：社会科学文献出版社。

潘乃穆（編）

一九九九『中和位育——潘光旦生誕百年記念』北京：中国人民大学出版社。清華大学校史研究室。

沈従文

二〇〇九『沈従文全集』一九巻、太原：北岳文芸出版社。

沈関宝

一九九六「解放前の江村経済と土地改革（解放前的江村経済与土地改革）」馬戎、潘乃谷他（編）『社区研究と社会発展——費孝通教授学術活動六〇周年記念文集（社区研究与社会発展——費孝通教授学術活動六〇周年文集）』三二一～三九一頁、天津：天津人民出版社。

宋連生

二〇〇九『呉晗の最後の二十年（呉晗的最后二十年）』武漢：湖北人民出版社

王　健
二〇一〇「潘光旦の『家族・私有財産・国家の起源』に関する訳注を読解（潘光旦訳注《家族、私産和国家的起源》解読）」『上海師範大学学報』三九巻五期、上海：上海師範大学。
汪効駟
二〇一一「中国農村経済研究会述論」『安徽史学』二期、合肥：安徽省社会科学院。
汪祖裳他（編）
一九九二『中国人名大辞典・当代人物巻』上海：上海辞書出版社。
呉晗、費孝通（編）
一九四八『皇権と紳権（皇権与紳権）』香港：学風出版社。
呉晗著、蘇双碧、方孜行、方竟成（編）
一九九三『呉晗自伝と書簡文集（呉晗自伝書信文集）』北京：中国人事出版社。
呉景超
一九三六「土地法と土地政策（土地法與土地政策）」『独立評論』一九一号。
一九三六「地方建設の一縷の望み（地方建設的一線曙光）」『独立評論』二〇一号。
二〇〇八〈一九三六〉『第四種国家の道――呉景超文集（第四種国家的出路　呉景超文集）』北京：商務印書館。
五十年代出版社編集部（編）
一九五〇『私の思想はいかに転換したのか（我的思想是怎様転変過来的）』北京：五十年代出版社。
一九五二『私のブルジョア思想を批判する（批判我的資産階級思想）』北京：五十年代出版社。
呉小妮
二〇〇二「建国初期成功した思想改造運動――知識分子の土地改革参加について（建国初期一場卓有成效的思想改造運動――知識分子参加土地改革述評）」『錦州師範学院学報』二四巻二期、錦州：錦州師範学院（現渤海大学）。
笑　蜀
二〇〇二「知識分子思想改造運動」『文史精華』八期、石家庄：河北省政協文史資料委員会。
謝　慧
二〇一〇『知識分子の救国運動――《今日評論》と抗日戦争期中国政策の選択（知識分子的救亡努力――《今日評論》与抗戦争期中国政策的抉択）』北京：社会科学文献出版社。
謝　濤

二〇〇二「レビュー――一九九〇年代以来知識分子思想改造に関する研究（一九九〇年代以来関于知識分子思想改造研究総述）」『党史研究与教学』五期、福州：中共福建省委党校。
謝　泳
一九九九『逝去の年代――中国自由知識分子の運命（逝去的年代――中国自由知識分子的運命）』北京：文化芸術出版社。
二〇〇九『清華三才子』北京：東方出版社。
二〇〇九『書生の困境――中国現代知識分子問題簡論（書生的困境――中国現代知識分子問題簡論）』桂林：広西師範大学出版社。
二〇〇九『西南聯大と中国の現代知識分子（西南聯大与中国現代知識分子）』福州：福建教育出版社。
許紀霖
二〇〇七『大時代における知識人（大時代中的知識人）』北京：中華書局。
徐茂明
二〇〇六『江南の紳士と江南社会　一三六八～一九一一（江南士紳与江南社会　一三六八～一九一一）』北京：商務印書館。
徐慶全
二〇〇九『名家書札と文壇風雲（名家書札与文壇風雲）』北京：中国文史出版社。
邢兆良
二〇〇三「建国初期知識分子群の転向（建国初期知識分子群体的転型）」『学海』四期、南京：江蘇省社会科学院。
閻　明
二〇〇四『中国における社会学――一個の学科と一つの時代（社会学在中国――一門学科与一個時代）』北京：清華大学出版社。
楊奎松
二〇〇七「思想改造運動における潘光旦――潘光旦『歴史問題』の由来とその影響（思想改造運動中的潘光旦――潘光旦「歴史問題」的由来及其後果）」『史林』六期、上海：上海社会科学院歴史研究所。
二〇一三『禁じ得ない関心――一九四九年前後の書生と政治（忍不住的「関懐」――1949年前后的書生与政治）』桂林：広西師範大学出版社。
楊清媚
二〇一〇『最後の紳士――費孝通を例としての人類学史研究（最后的紳士――以費孝通為個案的人類学史研究）』北京：世界図書出版公司。
楊聖敏他（編）
二〇〇九『費孝通先生民族研究七〇周年記念論文集』北京：中央民族大学出版社。

應廉耕
　二〇〇九〈一九四一〉「四川省の租佃制度（四川省租佃制度）」李文海他編『民国時期社会調査叢編』農村経済巻（下）福州：福建教育出版社。
于鳳政
　二〇〇一『改造』鄭州：河南人民出版社。
翟志成
　二〇〇八『五論馮友蘭』台北：台湾商務印書館。
張冠生
　二〇〇〇『費孝通伝』北京：群言出版社。
張　浩
　二〇一〇「建国初期における知識分子思想改運動（建国初期知識分子思想改運動述評）」『理論界』三期、沈陽：遼寧省哲学社会科学連合会。
張楽天
　二〇〇五『理想に告別——人民公社制度の研究（告別理想——人民公社制度研究）』上海：上海人民出版社。
張　研
　一九九一『清代族田と基礎社会構造（清代族田与基層社会結構）』北京：中国人民大学出版社。
章詒和
　二〇〇七『残月が長江に流れる（順長江、水流残月）』香港：オックスフォード大学出版社。
張祖道
　二〇〇八『一九五六、潘光旦の調査の旅（一九五六、潘光旦調査行脚）』上海：上海錦繡文章出版社。
張一平
　二〇〇九『土地権の変動と社会構造の変化——蘇南土地改革の研究（１９４９～１９５２）（地権変動与社会重構——蘇南土地改革研究（１９４９～１９５２））』上海：世紀出版集団・上海人民出版社。鄭家棟、陳鵬（編）
　二〇〇二『馮友蘭を解析する（解析馮友蘭）』北京：社会科学文献出版社。
中共中央文献研究室（編）
　一九九二『建国以来重要文献選編』第一冊、第二冊、北京：中央文献出版社。
中国共産党中央民族学院委員会整風弁公室（編）

一九五七『章羅連盟の軍師費孝通を摘発し批判する（掲露和批判章羅聯盟的軍師——費孝通）第一輯』北京：中国共産党中央民族学院委員会。
一九五七『章羅連盟の軍師費孝通を摘発し批判する　費孝通の反動的言行に対する批判（掲露和批判章羅聯盟的軍師——費孝通対費孝通反動言行的掲露）第二輯』北京：中国共産党中央民族学院委員会。
中国社会科学院、中央檔案館（編）
一九九二『中華人民共和国経済檔案資料選編　農村経済体制巻　一九四九～一九五二』北京：社会科学文献出版社。

雑誌・紀要・新聞

『独立評論』
一九三二～一九三七、一号～二四四号。
『観察』観察社
張東蓀
一九四六「士の使命と理学（士的使命与理学）」一巻十三期。
一九四八「知識分子に告げる（告知識分子）」四巻十四期。
焦孟甫
一九五〇「知識分子の改造を論じる（論知識分子的改造）」六巻六期。
君　羊
一九五〇「清華大学の全校生が思想点検の意義、経過と成果の報告（清華全校学生進行思想総結的典型意義、経過情況和勝利収穫）」六巻九期。
『観察』編集部
一九五〇「座談会紀要：董時進が土地改革を反対する意見書を差し出す問題について（董時進上書反対土地改革問題）」六巻一二期。
『光明日報』
一九五〇～一九五二。
『南方週末』広州：南方報業伝媒集団
蘇　力
二〇〇五「費孝通先生の学術と中国の法学（費孝通先生的学術与中国的法学）」四月二八日。

朱学勤
　二〇〇五　「費孝通先生訪談録」四月二八日。
『人民日報』　北京：人民日報社
　一九四九～一九五二。
『文史資料選輯』北京：中国人民政治協商会議全国委員会文史資料研究委員会編、中国文史出版社、一九八六復刻版。
費孝通
　一九六二　「英国留学記」三一輯三一～六五頁。
馮友蘭
　一九六二　「『五四』前の北大と『五四』以後の清華（「五四」前的北大和「五四」後的清華）」三四輯一～一一頁。
　一九七九　「私の北京大学での学生生活（我在北京大学当学生的時候）」八三輯三三～九七。
潘光旦
　一九六二　「清華初期の学生生活（清華初期的学生生活）」三一輯六六～一〇八頁。
　一九六五　「アメリカ留学の生活を紹介する（談留美生活）」七一輯一九五～二〇一頁。
『新観察』　北京：新観察雑誌社
　一九五〇・六～一二、一～一二期。
『新建設』　北京：新建設雑誌社
　一九五〇　三巻一～六期。
『学習』　北京：生活・読書・新知三聯書店、一九五一年から『学習』雑誌社
艾思奇
　一九四九　「初めから学ぶ――マルクス・レーニン主義を学習する方法（従頭学起――学習馬列主義的初歩方法）」一巻一期。
沈志遠
　一九四九　「社会発展史の基本的な観点を学ぶ（談学習社会発展史的基本観点）」一巻一期。
艾思奇
　一九五〇　「学習――思想領域における解放戦争（学習――思想領域的解放戦争）」『学習』二巻一期。
于光遠
　一九五〇　「何故、小ブルジョアジーは思想改造をしなければならないのか（為什麼小資産階級要改造自己的思想）」二巻一期。
呉　強

一九五〇「知識分子の批評と自己批評の問題（知識分子的批評与自我批評問題）」二巻九期。
『炎黄春秋』北京：炎黄春秋雑誌社
白介夫
二〇〇八「長白地区土地改革運動の記録（長白山地区土改運動紀実）」一期。
董時進
二〇一一「董時進が毛沢東に手紙を送って土地改革を語る（董時進致信毛沢東談土改）」四期。
張済順
二〇一二「五十年代初期の上海新聞業界の体制転換——民営から党の管轄下へ（五十年代初期的上海報界轉制——従民弁到党管）」四期。

日本語

宇野重昭、朱通華（編）
一九九一『農村地域の近代化と内発的発展論——日中「小城鎮」共同研究』東京：国際書院。
奥崎祐司
一九七八『中国郷紳地主の研究』東京：汲古書院。
河地重蔵
一九七二『毛沢東と現代中国』東京：ミネルヴァ書房。
加藤秀治郎
二〇〇五『政治学』東京：芦書房。
加藤祐三
一九七二『中国の土地改革と農村社会』東京：アジア経済研究所。
小島淑男
二〇〇五『近代中国の農村経済と地主制』東京：汲古書院。
小谷一郎、佐治俊彦、丸山昇編
一九九九『転形期における中国の知識人』東京：汲古書院。
紺野大介
二〇〇六『中国の頭脳　清華大学と北京大学』東京：朝日新聞社。

坂元ひろ子
二〇〇四　『中国民族主義の神話――人種・身体・ジェンダー』東京：岩波書店。
笹川裕史
一九九六「日中戦争前後の中国における農村土地行政と地域社会――江蘇省を中心に」『アジア研究』四三巻一号、東京：アジア政経学会。
佐々木衛
一九九六「アジアの社会変動理論の可能性――費孝通の再読を通して」『民族学研究』六一巻三号。
二〇〇三『費孝通――民族自省の社会学』東京：東信堂。
斯波義信（編）
二〇一二『中国社会経済用語解』東京：東洋文庫。
瀬川昌久・西澤治彦共編訳
二〇〇六『文化人類学リーディングス』東京：風響社。
高畠通敏
一九九六『政治学への道案内』東京：三一書房。
田原史起
一九九六「中国一九五〇年期土地改革における『階級』と農村社会――階級区分工作の実施過程についての考察」『アジア研究』四三巻一号、東京：アジア政経学会。
遅塚忠躬
二〇一〇『史学概論』東京：東京大学出版会。
デーナ、R・ヴィラ、伊藤　誓、磯山甚一訳
二〇〇四『政治・哲学・恐怖――ハンナ・アレントの思想』東京：法政大学出版局。
張新穎著、阿部幹雄訳
二〇〇九「個人の苦境から歴史伝統における『有情』を体得する――沈従文の土地改革期の家書を読む」『言語社会』三、東京：一橋大学大学院言語社会研究科紀要編集委員会。
聶莉莉
一九九二『劉堡　中国東北地方の宗族とその変容』東京：東京大学出版会。
二〇一四「費孝通――その志・学問と人生」趙景達他（編）『東アジアの知識人　5さまざまな戦後　日本敗戦～1950年代』

東京：有志舎。
西澤治彦
　一九八八「漢族研究の歩み――中国本土と台湾・香港」『文化人類学』五号、京都：アカデミア出版会。
野村浩一
　一九七一『中国革命の思想』東京：岩波書店。
　二〇一三「近代中国における「民主・憲政」のゆくえ――戦後・内戦期の政治と思想を中心に」（上）（中）（下）『思想』二〇一三年八、九、一〇号。
ハンナ・アレント
　一九七五『革命について』東京：中央公論社。
　二〇〇四『政治とは何か』東京：岩波書店。
星　斌夫
　一九八八『中国の社会福祉の歴史』東京：山川出版社。
村松祐次
　一九七八〈一九七〇〉『近代江南の租棧――中国地主制度の研究』東京：東京大学出版会。
三谷　孝
　一九八六「第二章中国農村経済研究会とその調査」小林弘二（編）『旧中国農村再考――変革の起点を問う』東京：アジア経済研究所。
毛沢東
　一九七七〈一九六八〉『毛沢東選集』（日本語版）第一～四巻、北京：外文出版社。
丸山真男
　一九六四『現代政治の思想と行動』増補版、東京：未来社。
丸山　昇
　二〇〇一『文化大革命に到る道――思想政策と知識人群像』東京：岩波書店。
マンハイム
　一九七一『イデオロギーとユートピア』東京：中央公論社。
杜崎群傑
　二〇一〇「建国期の中国人民政治協商会議における中国共産党の指導権」『アジア研究』五六巻四号。

山田辰雄（編）
一九九五　『近代中国人名辞典』東京：財団法人霞山会。

英語

Gary G. Hamilton、Wang Zheng
1992　*From the Soil　The Foundations of Chinese Society*, University of California Press, Berkeley・Los Angeles.・London.
Tony Saich and Hans van de Ven（edited）
1994　New Perspective on the Chinese Communist Revolution, New York: M.E. Sharpe, Inc.
Xing Lu
2004　Rhetoric of the Chinese Cultural Revolution　The Impact on Chinese Thought, Culture, and Communication, University of South Carolina press.

ウェブサイト

傅寧軍「徐悲鴻——在新時代的潮流中」「人民網——中国共産党新聞」：
http://cpc.people.com.cn/BIG5/64162/64172/85037/85038/6585574.html。
清華校史研究室「清華史」
http://xs.tsinghua.edu.cn/docinfo/board/boarddetail.jsp?columnId=00301&parentColumnId=003&itemSeq
中国農業大学ホームページ「校友紹介」
http://xyh.cau.edu.cn/ndzg/bnrw/2012-01-09-475.html を参照（二〇一二年二月一二日アクセス）。

マ

ヤ

ラ

タ

ナ

ハ

人名索引

ア

カ

サ

ナ

ハ

マ・ヤ・ラ

サ

タ

索　引

ア

カ

著者紹介
聶莉莉（にえ　りり）
1990年東京大学大学院総合文化研究科博士課程修了。博士（学術）。
専攻は文化人類学、中国及び東アジア地域研究。
現在、東京女子大学現代教養学部教授。
主著書として、『劉堡——中国東北地方の宗族及びその変容』（東京大学出版社、1992年）、『大地は生きている——中国風水の思想と実践』（てらいんく、2000年、共編著）、『中国民衆の戦争記憶——日本軍の細菌戦による傷跡』（明石書店、2006年）、「費孝通——その志・学問と人生」（『東アジアの知識人』第281-299頁、有志舎、2014年）、など。

「知識分子」の思想的転換　建国初期の潘光旦、費孝通とその周囲

2015年12月15日　印刷
2015年12月25日　発行

著 者　聶　莉莉

発行者　石井　雅
発行所　株式会社　風響社

東京都北区田端 4-14-9（〒114-0014）
TEL 03(3828)9249　振替 00110-0-553554
印刷　モリモト印刷

ISBN978-4-89489-215-6 C3022